HET GELUK VAN LIMBURG

MARCIA LUYTEN BIJ DE BEZIGE BIJ

Dag Afrika

Marcia Luyten

Het geluk van Limburg

2015
DE BEZIGE BIJ
AMSTERDAM | ANTWERPEN

DIT BOEK IS TOT STAND GEKOMEN MET STEUN VAN:

het Fonds Bijzondere Journalistieke Projecten (www.fondsbjp.nl)

Koninklijke DSM N.V.

Prins Bernhard Cultuurfonds (Veerkamp-van Beek Fonds en Anjer Fonds)

Prins Bernhard Cultuurfonds Limburg

Stichting Behoud Mijnhistorie

Deze uitgave kwam tot stand door bemiddeling van
Sebes & Van Gelderen Literair Agentschap te Amsterdam.

Eerste druk oktober 2015
Tweede druk oktober 2015
Derde druk november 2015
Omslagontwerp Marry van Baar
Foto auteur Keke Keukelaar
Vormgeving binnenwerk Aard Bakker
Druk Koninklijke Wöhrmann, Zutphen
ISBN 978 90 234 9625 0
NUR 320

www.debezigebij.nl

Voor mijn vader en moeder,
kinderen van de Mijnstreek

INHOUD

Woord vooraf 9

1 Het geluk van Limburg 13

2 Boeren die gingen delven
(1815-1900) 33

3 Van Dorpsstraat naar Industriestraat
(1900-1925) 47

4 Volgzaam en verkracht
(1925-1937) 81

5 De vrijheid in een vogel
(1937-1946) 103

6 Absolutie
(1946-1956) 135

7 Stad van bontjassen
(1956-1960) 175

8 Troje van het Carboon
(1960-1970) 207

9 Verschroeide aarde
(1970-1980) 249

10 Punt erachter
(1980-1989) 303

11 Renaissance
(2015) 327

Dankwoord 363
Geraadpleegde literatuur 365

Woord vooraf

De mijnsluiting was in volle gang toen ik aan het randje van de Mijnstreek werd geboren. Ik zag de horizon veranderen. De vertrouwde, hoge schoorsteenpijpen van de Lange Jan en de Lange Lies gingen neer, koeltorens werden als reuzen geveld, mijngebouwen en steenbergen platgeslagen. Gauw kwamen er graszoden en nieuwe gebouwen overheen. Alsof er niks gebeurd was.

Op de lagere school hoorden we niets over die geschiedenis-in-uitvoering, zo vers dat het bloeden van het landschap overal zichtbaar was. Daarna fietste ik naar de middelbare school in Hoensbroek, het midden van de Mijnstreek. Ook daar leerde ik niks over het immense project dat deze regio onder en boven de grond, in hoofd en hart, in cultuur en infrastructuur had bepaald. Toen ik aan de Universiteit van Maastricht ging studeren, stond mijn studie economie niet stil bij die nabije, voor economie en samenleving zo ingrijpende geschiedenis.

Dat was geen ongeluk. De generaties na 1970 leerden nauwelijks iets over de Nederlandse steenkoolindustrie. De elite wilde deze geschiedenis vergeten, haar overschrijven. Er waren enkele dichters en journalisten, zonen van mijnwerkers, die over het mijnwerkersbestaan mooie en indringende verhalen optekenden, Wiel Kusters is de bekendste. Maar ineens, bijna vijftig jaar na de aankondiging van de mijnsluiting, was daar een nieuwe belangstelling voor dat verdrongen verleden. Die kwam met de generatie van mijnwerkerskleinkinderen die wil weten wat zich onder haar voeten heeft afgespeeld. Hoe het DNA van deze streek is bepaald door een leven in dienst van de steenkool. Er kwam een Jaar van de Mijnen – 2015 – met exposities, verhalentochten, mijnbelevenissen, boeken, een tv-serie, een krant en stadswandelingen tot en met mijntenues op de Amsterdam Fashion Week. De geschiedenis wordt opgediept en verteld.

Ik ging pas zien hoe weinig ik wist van de ontwikkeling van mijn geboortestreek nadat ik had gereisd en geschreven over economieën en culturen van landen duizenden kilometers verderop. Toen ik in 2010 vanuit Kampala naar Limburg keek, realiseerde ik mij dat ik dan wel kon beschrijven hoe kopermijnen Zambia een wankele welvaart brengen, hoe Congo vervloekt is door zijn bodemschatten en hoe in Oeganda de strijd om de aangeboorde olie ontbrandt, maar dat ik niet kon vertellen hoe de mijnindustrie Zuid-Limburg had gevormd, misschien ook vervormd, en hoe dit doorwerkte in de tegenwoordige tijd.

Wel wist ik hoe het Zuid-Limburg na de steenkool was vergaan. Niet best, een kind kon dat zien. Ik zag Heerlen verloederen, was er in de jaren tachtig tussen spuiten en junks door gelaveerd. Mijn vader had me *Christiane F. – Wir Kinder vom Bahnhof Zoo* te lezen gegeven in de angst zijn dochter een keer uit de goot te moeten oprapen. Een kwart eeuw na mijn vertrek was de regio nog niet op kracht, en een fel onbehagen deed zich gelden. Dat dit onbehagen verband hield met de mijnen, leek me aannemelijk. Maar vanaf daar wist ik het niet meer. Want waren de Limburgers dan niet blij geweest toen de mijnen sloten? Het was toch slavenwerk, was me altijd verteld. En gevaarlijk en ongezond. En waarom was er vier decennia later zo weinig nieuw elan?

Ik besloot terug te keren naar Nederland en een boek te gaan schrijven over het leven in een dorp op een steenkolenmijn. Een dat van kaft tot kaft een verhaal vertelt dat inzicht biedt, maar vooral ook gevoel geeft voor wat daar gebeurd is. Het geluk van Limburg is daartoe geweven met twee draden. Die hebben elk een eigen kleur, een eigen textuur; ze wikkelen zich om elkaar heen en laten elkaar soms voor even of langere tijd los. De ene draad vertelt het verhaal van de sociaaleconomische en sociaal-culturele geschiedenis van de Mijnstreek. De andere draad is de familiegeschiedenis van Jack Vinders uit Heilust.

De ene draad is historisch, de andere een vertelling waarin persoonlijke ervaringen en gevoelens doorklinken. De ene is objectief van toon, de ander is deels gebaseerd op de subjectieve ervaringen van Sjaakie, een zwart-witfoto die is ingekleurd. En toch zijn ze innig verweven en onlosmakelijk met elkaar verbonden.

Voor het verhaal over de geschiedenis van de Mijnstreek is Jack Vinders' familiekroniek onmisbaar omdat ze het dagelijks bestaan in een mijnwerkerskolonie van binnenuit beschrijft. Wanneer hij probeert los te komen uit de mijnwerkersgemeenschap, geeft hij als dissident de kolonie de contrastkleur waartegen mores en moraal zich scherper aftekenen.

De familiegeschiedenis krijgt betekenis tegen de achtergrond van het grote sociaaleconomische project waar ze onlosmakelijk deel van uitmaakt en dat voor haar kinderen allesbepalend is geweest.

Marcia Luyten,
Broek in Waterland, najaar 2015

1

Het geluk van Limburg

Wie in Heilust werd geboren, hoefde nooit meer weg. Hier aan de rand van het land, op een door Rijksweg en mijnmuur begrensd stukje Kerkrade, werd een mens geboren, gebakerd en gezekerd. Er was niets dat je nodig kon hebben dat Heilust niet kon geven. Wie zich van de kolonie wilde losmaken, moest daar heel wat voor slopen.

Jack Vinders is een kind van Heilust. De tweede zoon van Hein en Tineke Vinders kwam in 1949 vijfentwintig maanden na de eerste ter wereld. (Dat kon nog net, al had het niet veel langer moeten duren.) De eerste zoon heette Hein, naar zijn vader. De tweede Jack naar Amerikaanse soldaten die Kerkrade even daarvoor hadden bevrijd van de Duitsers. Ze spraken het uit als het meer gangbare 'Jacques'. Op zijn Limburgs: Sjaak.

De baby was bol en rond en paste van kop tot staart in een schoenendoos. In een wolk van Dettol toonde Tineke het kind aan zijn vader en oma. Zo klein als het ventje was, allebei zeiden ze dat de knul een perfect stel handen had voor onder de grond.

Heilust had een kloppend hart, en dat heette de Willem-Sophia. Het was de bron waaruit alles ontkiemde. Al was de steenkolenmijn aan het oog onttrokken door een Chinese muur, zij sloeg het ritme van Heilust. Geen cent kon rollen of hij was eerst onder de grond verdiend. Geen groenteboer stuurde zijn paardenkar door de wijk zonder dat de Willem-Sophia dat goed vond. Parochie, voetbalclub en fanfare waren gesticht met de instemming of het geld van de Willem-Sophia.

Men spreekt wel van het 'delven' van steenkool, maar dat doet geen recht aan wat hier gebeurde. Wat van onder de Willem-Sophia met vereende kracht uit de aarde werd gehaald, werd echt gewonnen. Elke dag vierde Heilust een zwaar bevochten overwinning.

Op het Kerkraadse Heideveld werden voor de werknemers van de Willem-Sophia mooie, grote en lichte huizen gebouwd. Een voortuin met goudsbloemen, akelei en afrikaantjes, achter het huis een moestuin waarin prei, aardappelen, wortelen en alle variaties kool en bonen werden verbouwd. Daar had de mijnwerker een scharrelvarken, een hok vol konijnen en een duiventil; beter hadden arbeiders nog nergens gewoond.

Op 1 maart 1919 ratelde de koets van koningin Wilhelmina en prins Hendrik over de kasseien om te zien hoe de vooruitgang werd opgetrokken. Onder de rook van een van 's werelds modernste steenkolenmijnen groeide een ingenieus organisme, de mijnwerkerskolonie. De kolonie – met de klemtoon op de laatste lettergreep – was een wereld in zichzelf. Hier leefde men van en voor de mijn. Erbuiten keek men op de kompels neer, binnen bespotte men boeren en bourgeoisie. De kolonie scheidde eendracht, toewijding en heldendom af.

Uit Gelderland, Overijssel, Friesland, Groningen, Drenthe, Duitsland, België, Oostenrijk, Polen, Tsjechoslowakije, Slovenië, Italië, Turkije, Griekenland, Spanje en Marokko stroomden arbeiders toe. Als een magneet trok de Willem-Sophia ook kerken, scholen en winkels aan. Dokters, ambtenaren en kasteleins betrokken hun post. Muziek, gymnastiek, toneel en kanaries vulden cafézalen en patronaat – het katholiek cultureel centrum waar de arbeiders werden opgevoed met toneel, cultuur, lezingen en lessen. Het geluid van koperblazers en klarinetten dreef door de straten. De voetbalvereniging bracht Heilust roem tot ver buiten de kolonie.

Het uitzicht verenigde bewoners die aanvankelijk weinig deelden behalve een god en een broodheer. Heel Heilust zag het bovenste topje van de ijsberg die de Willem-Sophia was. Zijn industrieel lichaam bestond uit honderden kilometers ondergrondse tunnels. Dan, nog steeds verstopt achter een acht meter hoge muur: fabrieken, ketelhuis, koeltorens en spoorrails. Zichtbaar vanuit Heilust waren de koppen van twee schachtbokken – stalen staketsels met een hoed erop, de schoorsteen die spichtig dwingend 150 meter naar boven torende, en dan, zo massief uit het niets rijzend dat het leek of er een misplaatst decorstuk voor de lens schoof: de vale steenberg, een grijzig zwart duin van ondergronds afval dat levenloos was en toch onophoudelijk groeide.

De mijnwerkers waren de hoofdrolspelers van deze moderne industrie. Die werden gekneed, gekoesterd, gekoeioneerd. Zij waren het die acht van elke 24 uur diep door doodse gangen kropen. Gewapend met militaire discipline, met de kameraadschap van mensen die hun leven van een ander afhankelijk wisten, en die zich met een (desnoods geveinsde) minachting voor de dood lieten opsluiten in de aarde. Wie zijn demonen niet de baas was, moest boven blijven.

Na hun dienst moesten de mijnwerkers de zon kunnen voelen, de bomen horen ruisen. Het leven bruiste in hun benen die een bal opjoegen. Het leven bruiste in hun bier. Met pils spoelden ze meer weg dan het stof dat hun mond, strot en luchtpijp dichtplakte. In het café ontdeden ze zich van de angst en laafden ze zich aan het bestaan. Altijd wanneer ze thuiskwamen, aaiden ze eerst hun duiven.

De mijn was ook letterlijk het kloppend middelpunt. Nadat in 1904 de eerste kolen van de Willem-Sophia naar boven kwamen, was het hier nooit meer stil. Het knarsende geratel waarmee katrollen de kabels de aarde in brachten. De cadans van karren die kolen naar boven trokken. Dof geraas van lading die werd gelost. De Willem-Sophia sloeg een eeuwigdurend ritme. Alleen het tempo wisselde, dat volgde het volume dat door de aarde werd opgegeven.

De mijnmuur en de afstand tot de schacht dempten het geratel en geklop, tot in de mijnwerkershuizen een sonoor snorren overbleef: de klankkleur van Heilust. Het was een achtergrondgeluid dat één was met zijn omgeving. Niemand die het nog hoorde. Het geluid was er altijd en het zou er altijd zijn, als voor een ongeboren kind de hartslag van zijn moeder.

Op 5 juli 1949 schonk Tineke de Willem-Sophia een tweede mijnwerker. De familie Vinders had een stamhouder erbij en die schatte ze allereerst op zijn arbeidskracht. Hendrik Vinders, opa van de kleine Sjaak, werkte ondergronds in de Willem-Sophia. Zijn andere opa was eveneens kompel, in Schaesberg, totdat die stikte in zijn slijm. Ook de tweede man van Tinekes moeder werkte ondergronds. En de jonge vader, Hein Vinders, stond sinds zijn zeventiende bij de Willem-Sophia in het magazijn. Hij spoot stofmaskers schoon. Zijn zonen zouden zich over werk geen zorgen hoeven te maken. De Willem-Sophia had hen nodig.

Sjaakie was bij zijn geboorte niet alleen voorbestemd voor de mijn, ook de in die jaren snel groeiende katholieke gemeenschap ontving hem met open armen. Terwijl zijn moeder in het kraambed lag, werd hij twee dagen na zijn geboorte gedoopt. Haast was geboden. De pasgeborene moest zo snel mogelijk worden aangenomen in de genade Gods, zodat, mocht de baby overlijden, hij als engel de hemel in kon. Niet-gedoopte, reine zieltjes doolden voor eeuwig net buiten de hemelpoort in het voorgeborchte.

Het waren de jubeljaren van de roomse kerk. Pas een kleine honderd jaar, sinds 1853, mocht de kerk zich in heel Nederland bovengronds vertonen. Boven de rivieren was ze uit het publieke leven verdwenen toen de Nederlandse Provinciën in 1581 de Spaanse koning hadden verdreven en het katholicisme in de ban hadden gedaan.

Zoals dat vaker gaat bij verdrukking, het had de kerk mateloos fanatiek gemaakt. In een eeuw tijd had de roomse kerk zich perfect georganiseerd. Ze bereikte de samenleving van hoog tot laag. Er waren nieuwe parochies met jonge priesters, kloosters vol nonnen die scholen en ziekenhuizen bestierden, een katholieke universiteit, een landelijke katholieke partij, een eigen vakbond, omroep, krant, weekblad en een katholiek verenigingsleven. Als de kerk al enige terughoudendheid had gehad ten aanzien van het privéleven van haar gelovigen, dan liet ze die nu varen.

Tineke was net zwanger van haar tweede toen meneer pastoor aan de deur verscheen; met zijn strenge witte boord boven de zwarte doorknoopte toog dwong die als vanzelf een kleine kniebuiging af. Wanneer de pastoor begon met 'eens te informeren hoe het ging', dan wist je hoe laat het was. Alweer niet over tijd. Nog voor ze de geestelijke koffie aanbood, gaf ze hem waar hij voor kwam: de aankondiging van nieuw leven. 'Eerwaarde, we zijn in blije verwachting.' Zonder koffie was de gezant Gods weer gegaan.

Heilust baarde kinderen met de regelmaat waarmee Willem-Sophia ruwe kolen naar boven bracht. En net als de steenkool werden de kinderen van de kolonie geselecteerd, geprepareerd, van hun oneffenheden ontdaan en in de juiste vorm geperst. De selectie vloeide voort uit de coördinaten van de geboorte: jaar, geslacht, straat, stand. Jongens en meisjes gingen meestal naar hun eigen lagere school. De zonen van mijnwerkers zaten vaak in een andere klas dan de zonen van mijnbeambten. Was de klas gemengd, dan zaten arbeiderskinderen achteraan, die hoefden minder te leren. Daarna gingen ze naar een andere opleiding. De Ondergrondse Vakschool (ovs) voor de mijnwerkers, de mulo of hbs voor de zonen van beambten, opzichters en ingenieurs.

Sjaakie was geboren voor de mijn. Zijn vader had zich nooit afgevraagd wat hij wilde worden, en dat zou zijn zoon ook nooit hoeven doen. Maar nu was de jongen zo klein van stuk dat hij steeds vooraan in de klas kwam te zitten. Ook luisterde Sjaakie graag naar zijn oma, en telkens wanneer hij zich op weg naar school nog even aan haar boezem warmde, zei ze: 'Jongen, je moet goed leren, want wie wat leert die wordt wat.' En Sjaakie wilde wat worden. Zijn grote voorbeeld was meester Schreuder. En dat terwijl meester Schreuder hem op zijn eerste echte schooldag had teruggebracht naar de kleuters. Op die gedenkwaardige dag was Sjaakie alleen het schoolplein overgestoken. Een nieuwe korte broek, zijn schoenen zo vaak gepoetst en gewreven dat ze schitterden in de zon. Hij had maar kort gezwaaid naar zijn moeder die buiten het schoolhek bleef staan. Maar hij haalde de klas niet. In de gang viste meester Schreuder het ventje van nog geen meter uit de massa en vroeg: 'Waar gaan wij naartoe?' Hij nam Sjaakie bij de arm en voerde hem het schoolplein over naar het aanpalende gebouw, naar de bewaarschool voor de vier- en vijfjarigen. 'Hier moet jij wezen, mijn jongen.'

Toen Sjaakie een jaar later bij meester Schreuder in de klas kwam, maakte die het dubbel en dwars goed. Hij kreeg het beste tafeltje (tegen de lessenaar van de meester) en de meeste aandacht. Sjaakie deed onverbiddelijk wat oma hem zei, want 'brave kinderen komen in de hemel'. Al snel raakte hij gewend aan een rapport met tienen.

De meeste kinderen woonden in een huis dat in dozijnen was neergezet. Sjaakie niet. Die was geboren in een 'eigendomshuis', een woord dat zestig jaar later in Heilust nog steeds met iets van ontzag wordt uitgesproken. Dit huis stond los, was ouder dan de kolonie en het enige in zijn soort. Het was in het bezit van een rijke boer die het verhuurde.

Na hun trouwen in januari 1947 huurden Tineke en Hein boven hun stand deze benedenwoning aan de Romeinenstraat 7. Aan de woonkamer zat een erker. Het dak liep schuin in twee delen; het onderste deel veel steiler dan de top, een echte 'Franse kap'. De zolder had twee mansardekamers. Een slaapkamer voor de bewoners van de eerste verdieping, en een slaapkamer voor Sjaakie en zijn broer Hein. Nummer 7 oogde voornamer dan de in serie gebouwde doorzonpaleizen van de woningcorporatie, een zweem van standing die Sjaakie al vroeg wist te koesteren.

Behalve een betegeld buiten dat 'de hof' heette, had het huis geen achtertuin. De hof kwam met een poortje uit in de tuin van opa en oma Vinders. Die woonden aan de Kleingraverstraat 104 in een huis dat al generaties door de familie Vinders werd bewoond. In de ogen van Sjaakie was het immens, met aan de achterkant een harmonica van aanbouw op aanbouw. De tuin was twee voetbalvelden groot, met fruitbomen, een moestuin, kippen, konijnen, een hok vol duiven, een varken – en een betonnen plateau waarop het vroeg of laat in de armen van de slager het leven liet. Het was een tuin zo rijk als die in het boek Genesis en diep genoeg om in te verdwalen.

Hij was nog maar drie, toen Sjaakie de tuin door stiefelde op zoek naar zijn oma. Hij vond haar meestal in de keuken. Dan schikte ze armen en boezem rond het kind zoals een kloek zich over haar kuikens schuift. Klein als hij bleef, paste hij wel tot zijn twaalfde onder oma's vleugels.

Sjaakie groeide op in een grote familie. Tante Hanna woonde in de Romeinenstraat drie huizen verderop. Ook zij kon achterom oma's tuin in lopen, zo diep was de boomgaard. Tante Mina woonde in een bijbouw die tegen oma's huis was aangezet. Over de weg moest Sjaakie de hoek om naar de Kleingraverstraat en zo'n honderd meter lopen tot aan oma en tante Mina. De buurvrouw, een kleermaakster die 'Sjniedere Fieng' werd genoemd, was voor Sjaakie 'tante Fina', haar man 'nonk' Sjef. Melkboer Van de Boogaart van de overkant heette 'nonk Hans' en zijn zoon Jan was Sjaakies beste vriend. Tegen iedereen die zijn ouders kende, zei Sjaakie oom en tante. Heel Heilust was verwant, daar was geen bloedband voor nodig. De kolonie was een familie van families.

Zodra Tineke op zaterdagmiddag begon met het koken van ketels water en ze de zinken teil vulde om haar zonen in te baden, rende Sjaakie de hof over, oma's tuin door. 'Hannah! Tante Hanna! Asjeblieft kom jij mij wassen!' Tineke schuurde hun knieën met Vim. Hanna nam een zacht washandje mee en sopte neuriënd het stof uit hun knieholtes.

De verwanten liepen bij elkaar in en uit. De huizen van Heilust hadden op de voordeur een klink. Nooit was een huis op slot. Om naar de Romeinenstraat te gaan, liep tante Hannah door oma's huis, stak de tuin over, ging op de betegelde hof door de achterdeur het huis van Tineke binnen en door de voordeur naar buiten. Wanneer koffie of suiker op was, werd wat bij de buren gehaald. Dat hoefde je niet te vragen en ook niet terug te brengen. Dat compenseerde de buurvrouw als bij haar de voorraad of het huishoudgeld op was.

En dat was meer regel dan uitzondering. Iedereen in Heilust had tekort. Begin jaren vijftig was er weinig. De gaten die de oorlog had geslagen, werden dubbeltje voor dubbeltje gedicht. Gezinnen dijden uit en kinderen lagen met twee, de kleintjes met drie in een twijfelaar. Sjaakie deelde de zolder met Hein. In huis waren hooguit twee kamers verwarmd. 's Winters kon Sjaakie vanuit zijn slaapkamer de Willem-Sophia soms maanden niet zien. Dan woekerden ijsbloemen aan de binnenkant van het dakraam. In zijn po was de pis bevroren.

Om kolen te sparen, zat 's avonds iedereen bij opa en oma. Tineke en Hein, tante Mina, tante Hanna en de nonkels die geen avondschicht hoefden te draaien, Sjniedere Fieng en nonk Rob, allemaal kwamen ze op oma's warmte af. Er werd koffie gedronken – koffie met de kleur van zwarte thee, maar zeker geen thee. Thee was voor 'de Hollanders', zeiden ze bij Vinders, dat kostte bijna niks. Water dronk ook niemand. Water was voor de kikkers.

Met de bezetenheid waarmee ze voetbalden en ze hun geteerde dorst lesten, zo zaten de mannen de winteravonden te toepen. Een radiohoorspel dreef iedereen bijeen voor het enige radiotoestel in de familie voor *Sprong in het heelal* of *Monus, de man van de maan*. *Sprong in het heelal* was van de KRO en kon zonder probleem worden beluisterd; voor *Monus* werd even gekeken of meneer pastoor kon langskomen. Het werd katholieken streng ontraden naar de VARA te luisteren.

Als het een beetje weer was, leefde Heilust buiten. Overal in de straat stonden naast de voordeur keukenstoelen op de stoep. Deze stoep was geen trottoir, geen doorgang voor voetgangers die elkaar vreemd zijn. In de kolonie was de stoep gemeenschapsruimte, 'parochiaal domein', noemen stadssociologen het. Niet helemaal privé, maar ook helemaal niet voor vreemden. (Al liep hier zelden iemand die hier niet hoorde.) Op de stoep werd geschild, gedopt, gekeuveld. Aardappels en erwten gingen in een pan. Opa pakte dan zijn accordeon, er werd gelachen, gezongen en het nieuws ging rond. De stoep was veilig speelterrein voor de kinderen, al konden Sjaakie, Hein en hun vrienden hier ook altijd spelen op straat. Behalve de dokter en de mijndirecteur had niemand een auto. Meneer pastoor fietste door de wijk. De weg was het domein van paardenkarren en kinderen.

Wanneer Tineke naast de deur zat, bleef Sjaakie een beetje rond de stoep hangen. 'Ga toch spelen, jong,' zei zijn moeder vaak. Maar Sjaakie hield niet van voetbal. Hij keek daar graag naar zijn moeder. De stoep deed haar goed. Ze kwebbelde, ze giechelde en schaterde als er een grap werd gemaakt, zelfs als het geintje over seks ging. Ze leek daar een jong meisje, dacht Sjaak. Zo moest ze zijn geweest toen Hein haar in Schaesberg op de kermis was tegengekomen.

Wat oma Vinders deed toen ze haar vijf kinderen aan de ontbijttafel had, ging door toen die zich in de huizen rondom haar verspreidden. Oma bakte 's ochtends een pan ei met spek – allebei uit eigen tuin. Dan sneed ze haar brood. Het zelfgebakken brood klemde ze tussen linkerarm en borst, kraste er met het broodmes een kruis in, waarna ze krachtig zaagde en gezegende plakken sneed. Wie kon, liep bij oma binnen en nam een stuk brood, wat ei met spek. Het laatste vet werd met de kontjes uit de pan gedept. Sjaakie at nergens lekkerder brood dan bij oma.

Wanneer in de buurt iemand te weinig had, werd wat er was gedeeld. 'Heb je al gegeten?' riep Sjniedere Fieng naar Tineke, als ze wist dat Tineke geen beleg meer in de vliegenkast had liggen. 'Kom toch bij mij, ik eet niet graag alleen.' Kinderkleren moesten tot de laatste draad versteld worden en gingen van hand op hand. Materiaal werd geleend. Zo had in de Romeinenstraat alleen de melkboer een trapladder. Wanneer Hein van de mijn wat planken kon krijgen, haalde hij bij Van de Boogaart de ladder en verfraaide hij zijn duivenhok.

Heilust had zo zijn gemene delers die van de nieuwe wijk een eenheid maakten. Iedereen was arm – al waren sommigen armer dan de anderen. Hein verdiende bovengronds twee derde van een kompel ondergronds. Toch was voor de meesten in Heilust geldnood geen tobberig tekort. De Tweede Wereldoorlog was niet lang daarvoor geëindigd. Dat gaf het nodige contrast; de levendige oorlogservaring reduceerde het gebrek tot een ongevaarlijk ongemak. Kolen voor de kachel werden betaald met bonnen van de mijn. Melk, brood, groente, vis en kolen kochten de vrouwen van karren langs de deur. Niemand betaalde contant. Ook bij de kruidenier werden de boodschappen opgeschreven. De Romeinenstraat heette ook de 'poef-en-plakstraat' omdat iedereen alles op de pof kocht. Eens in de twee weken kwam de melkboer met zijn schriftje de deuren langs – altijd de dag nadat de mannen hun loonzakje mee naar huis hadden genomen. Dan verwisselden de vrouwen het vale poetsschort voor gesteven wit. Wachtend op hun beurt stonden ze opgesteld in de deuropening, de huishoudportemonnee in de hand. Soms moest Tineke de melkboer vragen of de rekening nog even open mocht blijven staan.

In Sjaakies wereld was Tinekes huishouding de maat der dingen. Hij wist niet dat er bij hem thuis minder te besteden was dan bij de gezinnen om hen heen. Wel merkte hij dat de kasten vaak leeg waren. Wanneer hij logeerde bij Jan van de Boogaart aan de overkant, dan bakten ze daar 's ochtends eitjes. Twee kreeg hij er, met een knapperig bruin korstje en veel zout.

Zodra Hein zijn loon kreeg, betaalde Tineke alle openstaande rekeningen. Dan was het geld meestal op. De eerste week werden er nog kaas en cervelaat op krediet gekocht. De tweede week aten ze brood met suiker. Alle dagen borrelde in Tineke de paniek. Hein moest maar zo veel mogelijk overwerken, als het kon een dubbelbetaalde zondag, anders aten ze straks droog brood.

Het was op een woensdagmiddag dat Tineke vroeg of Sjaakie naar de winkel wilde gaan. Het was maar een blok verder; tegenover oma lag de winkel van kruidenier Stufkens en sinds kort kon hij, mits ze grote letters schreef, een boodschappenbriefje lezen. Aan de kassa van Stufkens was het druk. Sjaakie wachtte een hele poos voordat hij de spullen uit zijn mandje op de toonbank kon zetten. Een pak boter, Douwe Egberts koffie, worst en nog zo wat. 'Zes gulden en dertien cent,' zei de kruidenier, die in zijn schriftje bladerde en niet opkeek. (Bijna zestig jaar later weet Jack Vinders nog op de cent het bedrag dat hij moest betalen.)

Sjaakie had geen geld bij zich. Zonder zijn ogen op te slaan zei hij wat hem was opgedragen. '"Opschrijven," zei mama.'

'Opschrijven? Ik schrijf niks meer op,' blafte de kruidenier. 'Helemaal. Niks.'

De man sloeg zijn schrift dicht. 'Jullie blijven maar op de pof kopen. Er staat veel te veel open. Basta. Eerst betalen.'

Sjaak maakte zich nog kleiner. Hij keek zijn schoenpunten strak aan toen hij de winkel uit schoof en rende zo hard hij kon naar huis. Zijn moeder had hem gestuurd omdat ze zich geneerde voor de rekening. Nu moest ze van haar zesjarige zoon horen dat het voor Stufkens met poffen was gedaan. Tineke gooide haar schort op de vloer, trok haar zondagse mantel aan en banjerde naar de kruidenier. Daar stampte een furie binnen. Hoe of hij het waagde om 'die jongen' zo te behandelen?! 'Morgen betaal ik de rekening,' zei Tineke. 'Daarna zie je me hier niet meer. Ik kan overal poefen zonder te worden beledigd.'

Het was een vertoon van assertiviteit dat Sjaakie niet eerder van Tineke had gezien en dat hij ook nooit meer zou meemaken. Het geld voor de kruideniersrekening werd geleend bij oma.

Niet iedereen zat even krap, toch was afgunst een luxe die niemand zich permitteerde. Als er eens een gezin op vakantie kon, dan stond de hele buurt te zwaaien. Zodra één huis een radio had, werd die soms door twintig man tegelijk beluisterd. En de eerste Zündapp werd door de hele straat geaaid. Voor hoorspelen als het populaire *Sprong in het heelal* gingen Tineke en de kinderen naar tante Mina. Toen in 1958 de eerste televisie in de Romeinenstraat kwam, was dat een publiek station. Voetbal, *Dappere Dodo* of een Duitse spelshow dreef de hele Romeinenstraat naar het blauwe licht. Sjaakie maakte nooit mee dat er gedoe was met andere mensen in de straat.

De tweede gemene deler van Heilust was een gelijkvormig leven. Men deelde dezelfde zorgen, dezelfde zekerheden, de hang naar properheid. En in dat alles gaf de Willem-Sophia richting en ritme aan. Steenkoolwinning gebeurde de klok rond in schichten van acht uur. Kompels die 's nachts werkten, sliepen overdag. Dan moesten de kinderen stil zijn en vrouwen dempten bij de waslijn hun stem. Sjaakie en zijn vrienden gingen spelen waar de mannen dagdienst draaiden, al konden ze nooit onbezonnen lachen of schreeuwen. Ze zouden altijd ergens een mijnwerker wekken. Op het rooster van de Willem-Sophia golfde het crescendo en decrescendo door de buurt.

Zoals het werk van de mannen veel gewicht had, zo waren de vrouwen serieus over het hunne. Net als de mannen droegen ze een werktenue. Tineke liep nooit zonder schort rond het huis. Een voddig schort als ze aan het poetsen was, wit met ruches als de melkboer kwam afrekenen. Toen Hein een foto maakte van Tineke, Hanna en de tweejarige Sjaakie, droegen allebei de vrouwen een hagelwit, gesteven schort.

Poetsen was meer dan een dagbesteding. De mijnwerkersvrouwen leefden met het teer. Hun mannen droegen zwarte randen onder hun ogen en hun nagels, al hadden ze op de Willem-Sophia een half uur onder een hete straal gestaan. Hun vingers hadden altijd rouwranden. Op nette portretten van ondergrondse mijnwerkers valt dit het meest op: zondagse kleren, een beste lach, het haar in het vet en de ogen opgemaakt. Ze hadden de ogen omrand met kohl, koolstof, steenkoolgruis dat tussen de wimpers plakt.

De vrouwen vereffenden de rekening van het smerige werk ondergronds. Tineke: 'Al zijn we arm, we zijn wel proper.' Reinheid, zuiverheid, het was een noodzakelijke eerste voorwaarde voor waar het echt om draaide: een toonbeeld van goede zeden zijn. Wie in zijn tuin het onkruid liet woekeren, moest vrezen voor zijn naam. Die zou zijn tijd verdoen aan zaken die niet waren bedacht door de vigerende machten, door de trojka van mijn, kerk en staat. En zonder goedkeuring van meneer pastoor was er geen werk.

Als het voorjaar werd, dan pakten de vrouwen zich samen voor de grote schoonmaak. Tineke en Sjniedere Fieng tilden eerst de matrassen en wollen dekens uit Sjniedere Fiengs huis naar buiten. Die geselden ze met de mattenklopper en daarna keerden ze Tinekes huis binnenstebuiten. Allemaal hadden zij een hekel aan de maandag. Maandag was wasdag. De vuile werkkleren uit de mijn stonden sinds zaterdagmiddag te weken in de teil met water waarin eerst de kinderen waren gewassen. 's Ochtends waren de mijnwerkers met een schone set werkkleren naar de Willem-Sophia gegaan. In een blauw-grijs geruite theedoek gewikkeld zaten dan een broek, een wollen shirt, een werkjas en een schoon paar sokken. 'D'r pungel' heette de bundel van werkkleren. Later zou die symbool worden voor de toewijding waarmee de arbeider zich met zijn plunje onder de arm weer richting de schacht begaf; de toewijding waarmee hij zich liet afzinken naar een broeierige onderwereld waarin hij zijn doodsangst trotseerde om stenen los te bikken.

Maar die compassie kwam pas later. Daar was begin jaren vijftig geen reden voor. De mijnwerker was gevierd. Hij was graag een kameraad onder kameraden, held onder helden. De mijnwerker was gevreesd. Op het voetbalveld was hij sneller dan de rest. Op de kermis sloeg hij harder. Na de verwoestingen van de oorlog waren nu deze 'frontsoldaten' nodig om Nederland op te bouwen.

Dan was er een derde gemene deler, de kerk. Bijna alle mijnwerkers waren katholiek. Ze leefden hun leven volgens de roomse kalender. Die ordende de dag met minstens viermaal een gebed – bij elke maaltijd en voor het slapengaan, en, als Rome dat nodig vond, met extra weesgegroetjes en rozenkransen om Maria te eren. De week was verdeeld in de vrije zondag (met de hoogmis) en zes werk- en schooldagen waarop de kinderen 's ochtends naar de kerk gingen. Het jaar reeg zich aaneen als een ketting van katholieke feestdagen. Er was Kerstmis, carnaval plus de vasten en Pasen. Maar de parels hingen in voorjaar en zomer: de Mariaprocessie, de eerste heilige communie en Hemelvaart met zijn kermis. Wanneer op donderdag de grote vrachtwagens kwamen aanrijden, zaten Sjaak en Jan al op een bankje op het plein te kijken hoe de kermis zich ontpopte. Het waren spannende uren, met steeds als hoogtepunt het moment waarop een zeil werd gelicht en een deel van het spookhuis of de boksbal werd onthuld. Op dat soort momenten zocht Jan naar een klapkauwgom. De bazooka kwam warm en zacht tussen zijn liezen vandaan. Zoals de pastoor in de kerk de grote hostie brak, met zoveel gevoel trok Jan het blok gum in tweeën. Met hun ogen strak op het klussen van de kermisklanten bliezen ze roze bellen.

De Mariaprocessie was een andere favoriet. Sjaakie was gek op Maria. Geen feest maakte meer bezieling en devotie bij hem los dan de optocht voor de Heilige Moeder in mei. Dan hadden de meisjes bloemen in het haar en lange witte jurken aan. Iedereen droeg een brandende kaars. Voorop liep meneer pastoor, naast het Mariabeeld uit de kerk dat door vier mannen op een draagbaar werd vervoerd, een fluwelen kleedje onder haar voeten. Pastoor Vaessen en Maria gingen samen onder een wuft parasolletje. (In andere parochies werd Maria overdekt met 'de hemel', een rijk geborduurd fluwelen baldakijn dat met vier stokken boven het Heilige werd gehouden. Pastoor Vaessen had vast ook liever zo'n robuust afdak voor de Heilige Maagd gehad, meende Sjaakie. Hij zou zich generen dat hij haar in deze parochie niet meer kon bieden dan zijn paarse paraplu.) Voor hen uit trok de harmonie. Die kroop met een slepende statigheid door de straten. Zoals een fiets zwabbert bij te lage snelheid, zo wankelden muzikanten op het plechtig largo van de processiemars.

Samen met Tineke maakte Sjaakie van tevoren een altaartje op de stoep – elk huis haalde zijn Maria naar buiten. Maria stond op het koffietafeltje op een roodfluwelen doek, tussen kaarsen en vaasjes met klaprozen die ze 's ochtends hadden geplukt in het veld. Op zolder, in zijn mansardekamer, bouwde Sjaakie een tweede offertafeltje, zijn eigen Maria-altaar. Hein junior lachte er een beetje om, maar dat deed hem niks. Hein was dan misschien goed aan de bal, zo diep voelen kon hij niet.

Iedereen in de Mariaprocessie liep in een baan links of een baan rechts op de weg. Alleen meneer pastoor ging door het midden, over een fraai tapijt van zand. De preciezen van de straat waren uren in de weer geweest met gekleurd zand, zeven, vormpjes en schepjes. Elke buurt maakte een loper van zand voor het Allerheiligste.

Zodra de schemer doorzette en de steenberg oploste tegen het donkerblauw van de nieuwe nacht, trokken duizenden kaarsjes door de straten. De stoet bad het 'Ave Maria" met een innigheid die het onzevader moest missen. En er werd gezongen: 'O reinste der schepselen, o moeder en Maagd, Gij die in uw arm het Jezuskind draagt.' Het regende zelden bij de Mariaprocessie. Daar was een vermoeden van inmenging van boven. In het euvele geval dat het met bakken naar beneden kwam, hing dagenlang over Kerkraads Heideveld een mist van verslagenheid.

Dat paarlen snoer van de kerk gaf het jaar een verhaal. Tegelijk was het een keten. De gelovigen waren verbonden, ondergeschikt aan hetzelfde gezag, en werden er in gelijke mate door beperkt. Waar die ketting knelde, kon ze moeilijk worden afgedaan. Want wie zich niet voegde naar de voorschriften van de bisschop en zijn herders, werd niet aanbevolen voor een baan.

Het Bisschoppelijk Mandement van 1954 bijvoorbeeld verbood katholieken zich aan te sluiten bij een 'socialistische organisatie'. Lidmaatschap van de VARA, de socialistische vakbond NVV, het

Humanistisch Verbond en al helemaal de Nederlandse Vereniging voor Seksuele Hervorming (NVSH) waren verboden. De Partij van de Arbeid (PvdA) werd ontraden en alleen bij uitzondering mocht naar de VARA worden geluisterd.

Het was Heins belangrijkste daad van verzet tegen Gods regisserende hand. Hij werd lid van de Partij van de Arbeid niet lang na haar oprichting in 1946. Jarenlang hield hij zijn socialistische sympathieën geheim; Tinekes zenuwen speelden op zodra hij over de PvdA begon, want Och Herrejödsje, O Heregod, pas op, pas toch op. Dus was zijn lidmaatschap ook thuis een onbesproken zaak. Een paar jaar voordat de Willem-Sophia dichtging, kwam Hein uit de kast als sociaaldemocraat.

Na Sjaakie bleef de wieg leeg. Niet de warme nestgeur van babymelk en zoete luiers vulde Romeinenstraat 7, Tinekes nervositeit drukte als een onweerswolk op het huis. 'Niet op de vloer lopen!' riep ze als de kinderen binnenkwamen. 'Ik heb gedweild!' Dan sprongen Hein, Heinie en Sjaakie van de drempel naar de kokosmat. 'Niet op de drempel staan, die heb ik gepotlood!' – en dan stapten Hein, Heinie en Sjaakie over de blauwstenen dorpel op het linoleum. Alsof het de muizenissen uit haar hoofd zou blazen, Tineke moest en zou *lufte*. Alle ramen zette ze tegen elkaar open, of het nou bloemen vroor of niet. Tineke verdroeg haar vruchteloze schoot net zo slecht als Heins kozende plagerijtjes. Als hij haar over haar billen streek, duwde ze hem weg. 'Jij viezerik.' Sjaakie miste een warm nest. Vanbinnen en vanbuiten had hij het koud.

De eerste jaren na hun trouwen hadden Tineke en Hein kopje voor schoteltje een servies bijeen gespaard. Tien jaar later werd dat met hetzelfde tempo afgebroken. Uit theedoeken en trillende vingers vielen borden en kommen met gekletter tegen de tegels te pletter. Sjaakie en zijn broer waren steeds minder in huis. Hein trok naar het voetbalterrein of, vaker nog, naar het veldje aan de overkant. Daar maakten ze met truien en jassen een goal en speelden ze tot het te donker was om een bal te kunnen aannemen. Sjaakie stak de tuin over naar oma.

Eerst bracht oma hem nog tegen etenstijd naar de achterdeur. 'Ga je moeder maar even helpen.' Tot op een maandag in 1956 zijn opa niet meer thuiskwam en hij mocht blijven. Hendrik Vinders was in het gemeenschapshuis aan de bar blijven zitten. Na de repetitie van de harmonie had hij zijn tuba opgeborgen en een pilsje besteld. Toen iedereen met koffer en lessenaar onder de arm naar buiten ging, zat Hendrik nog aan de bar, zijn hoofd op het hout. 'Ach Driek. Ach mienge Driek toch,' zei oma steeds weer, toen opa in de achterkamer in zijn kist lag. Hij werd door twee paarden naar de kerk getrokken, achter op een kar, zijn tuba op de kist. Voor de dode uit blies de harmonie zwarte tonen. In tergend trage tred bracht ze Hendrik Vinders weg.

De dood van opa maakte de weg vrij voor Sjaakie. Vanaf toen sliep hij op opa's plek. Of beter, hij lag altijd tegen zijn oma aan. Oma had dons. Zelf was oma zacht en warm. En als ze het ventje tussen haar borsten had liggen, kroelde ze door zijn haar. Dat deed ze overdag ook vaak genoeg. Dan zei ze: 'Kom op mijn schoot, zal ik je even vlooien.' Op school was er altijd wel ergens een klas met luizen, en gif om ze te bestrijden was er niet. Dan was de enige remedie een kaalgeschoren kop – bron van schaamte voor de hele familie, want uithangbord van een tekortkoming; een gebrek aan properheid. En dus werd het kinderhaar alsmaar gecontroleerd. Maar in het vlassige blond van Sjaakie werd nooit een luis gevonden. Oma's gevlooi was van het heerlijkste aaien.

Het leven bij oma bracht Sjaakie rust. Zelden had hij het nog koud. Samen met oma liep hij naar het kerkhof, hand in hand – iets wat hij met Tineke niet meer had gedaan sinds hij naar de eerste klas was gegaan. Oma kletste even bij met Driek, Sjaakie plukte verdorde knopjes uit de begonia's onder aan de steen. Ze zeiden een weesgegroetje of twee en gingen weer op huis aan.

Ook thuis zat oma graag te bidden. Liefst naar de heilige Thérèse van Lisieux. Oma vertelde hem het wonderverhaal van een jonge Duitse vrouw, Therese Neumann heette ze. Zij was een meisje met een goed hart, ze had altijd haar vader geholpen met het zwaarste werk op de boerderij. Tot ze van vermoeidheid instortte en lam en blind werd. Toen had Therese zo intens gebeden tot Thérèse van Lisieux, dat ze genas op 29 april 1923, de dag dat Thérèse van Lisieux in Rome zalig werd verklaard. Ze kon weer lopen en zien. Sindsdien droeg ze in haar handen en voeten de wonden van Jezus Christus. Elke vrijdag liep er bloed uit de wonden.

Dat Sjaakie tienen haalde op zijn schoolrapport, maakte oma al blij. Maar Sjaakie zou zijn oma geen groter plezier doen dan met een tastbaar teken van zijn vroomheid. Als Sjaakie op zolder ging slapen, knielde hij voor zijn bed. Dan sloeg hij zijn handen ineen en fluisterde: 'Lieve Thérèse, geef mij alsjeblieft ook de wonden van Christus.'

Als Sjaakie thuiskwam, viel het Tineke nauwelijks op dat hij er weer was. Ze lag overdag wel eens op bed. Daar zou ze zich zorgen maken over het huishouden, dacht Sjaakie, want wie moest er nou poetsen? Dan sleepte hij uit het schuurtje op de hof een krukje, een emmer en een spons, en dan lapte hij de ramen (intussen steeds naar oma rennend om te vragen welke zeep hij in het sop moest doen en met welke lap hij moest wrijven – want, dat wist hij, er mochten geen zeemstrepen achterblijven). Hij joeg de mattenklopper over het tapijt, hij boende de vloer.

Soms schoof Tineke aan het einde van de middag met haar keukenstoel aan op de stoep. Daar ging het steeds vaker over de trein. De trein die elke dag opstoomde van achter de muren van de Willem-Sophia en die de kolen naar het noorden bracht. De mannen kwamen thuis met het nieuws dat de productie een record zou bereiken. Dat er voor het eerst meer dan zestig wagons kolen zouden worden afgevoerd. Heilust was er vol van. Het kon niet anders of het belang van Limburg was doorgedrongen tot Den Haag en verder. Een ketting van zestig schakels zwart goud dat met de blote handen en zwetende lijven uit het onderaardse naar boven was gehaald; kon je een zwaarder karaats toewijding afgeven?

Op een warme middag gingen Jan van de Bogaart en Sjaakie naar het weiland een kleine kilometer achter het rangeerterrein van de Willem-Sophia. Hier lagen ze wel vaker in het hoge gras, bij het bosje van Spekholzerheide. De grond gloeide en geurde naar de koeienmest die korsten kreeg onder de zon. Smerig, vond Sjaakie. Niemand die hen zag, terwijl zij eersterangs zaten voor de karavaan karren achter de stoomlocomotief. De wagons zouden een paar meter voor hun neus voorbij gaan.

Sjaakie hoorde hem als eerste. Zijn hese fluit, en al snel daarna het zwoegend denderen van een loc die trok om vaart te maken. Zijn zwarte boeg met rode biezen werd gestuwd door een hemelblauwe, torpedovormige romp die stoom uitstootte. Alsof hij gefilmd zou worden, zo hing de machinist uit zijn raampje. De locomotief was langs toen ze zich op hun knieën richtten. Het tellen begon eerst zachtjes en werd harder naarmate de zestig naderde. Vijfenvijftig.. negenenvijftig... ZESTIG... TWEEËNZESTIG... DRIEËNZESTIG... Ze keken de laatste wagon op de rug tot die achter het bosje van Spekholzerheide verdween. Toen sprongen de jongens op. Ze juichten, ze vielen elkaar in de armen zoals hun vaders dat deden op het voetbalveld. Wat een overwinning!

Hun benen draafden door het hoge gras. Zelfs Sjaakie lette niet meer op de mest, ze moesten naar huis, zo snel mogelijk, op de stoep wachtte hun een heldenonthaal.

De stoep was leeg. Er waren wel stoelen, er stond nog een emmertje met het een of ander groen. De deur van de Romeinenstraat 7 stond wijd open en Sjaakie liep naar binnen. Het linoleum was besmeurd. Hij raapte een witte lap van de grond, klaproosrood waren de vlekken. Op het linoleum spiegelde een rood plasje. Sjaakie kon niet tegen bloed. Hij hield zich vast aan de deurstijl. Hij liep toen toch de kamer in, de keuken door naar de slaapkamer waar zijn moeder had gelegen toen hij stiekem het weiland in ging. De lakens lagen opengeslagen en toonden een bed vol bloed.

2

Boeren die gingen delven

(1815-1900)

Limburg als een wormvormig aanhangsel van Nederland, het is een jong beeld. Eeuwenlang lagen de Landen van Overmaas te midden van de Europese grootmachten. Het graafschap Holland was in de vijftiende eeuw, honderd jaar voordat het macht en welvaart zou vergaren, een onbeduidend en flets lapje drassig waterland op de Europese flank. De Landen van Overmaas daarentegen lagen in het hete centrum van politieke en militaire strijd. Daar hadden de bewoners weinig plezier van. Hun akkers werden vertrapt door nu eens Spaanse en dan weer Franse soldaten en ook de manschappen van Willem van Oranje hebben er lelijk huisgehouden; ze staken kastelen en kerken in de fik als er niet snel genoeg brandschat werd betaald. De boeren in de Landen van Overmaas schikten zich elke zoveel jaar naar de zoveelste heer.

In die onveilige tijden voordat Limburg Limburg werd, voordat er met rood-wit-blauw werd gevlagd voor opeenvolgende koningen Willem, was het een absurde gedachte dat dit gebied Nederlands zou zijn. Nederland was Holland, en daar waren ze protestant.

Limburg was katholiek. En er waren andere verschillen die een waterscheiding trokken tussen boven en onder de rivieren. Denk aan de royale horizon van de polder en de dromerige heuvels van het zuiden. Vergelijk de handeldrijvende steden dicht bij zee met de sterk feodale boerenstand in Limburg. Maar uiteindelijk waren die bijzaak. De Limburgse trouw aan Rome en de Hollandse papenhaat maakten een verbintenis moeilijk voor te stellen.

En eigenlijk is dat gevoel altijd gebleven. Het gevoel dat aan de Weense tekentafel in 1815 een zot een fout had gemaakt door met zijn pennenveer de Landen van Overmaas het Koninkrijk der Nederlanden in te trekken. Koning Willem I in eigen persoon had een streep getrokken door het voorstel de nieuwe provincie (Belgisch en Nederlands Limburg) 'Maastricht' te noemen en gaf het de naam van een middeleeuws hertogdom: Limburg. In 1815 waren er maar weinig Limburgers die geloofden dat de samenvoeging lang zou duren en niet lang daarna zetten ze de geschiedenis naar hun hand. De zuidelijke provincies keerden de Hollandse koning de rug toe. In 1830 verklaarden ze zich Belgisch. Maar de Belgische opstand was voorlopig de laatste keer dat Limburg Den Haag afwees. Vanaf het moment dat het koninkrijk belangstelling kreeg voor de Limburgse bodem, begin twintigste eeuw, begon een allengs serieuzere verkering. Toen ging de zuidelijkste provincie bij Nederland horen.

Tot dan hadden de meeste Zuid-Limburgers in kleine, gesloten boerengemeenschappen geleefd, hun hoeves, boerderijen en vakwerkhuisjes verspreid in het zicht van een kerk. Menigeen werd gedoopt, getrouwd en begraven voor hetzelfde altaar. Vaak stond aan de rand van het dorp een kasteel of een herenboerderij. De keuterboeren bewerkten hun eigen lapje grond, pachtten een paar hectare van de grootgrondbezitter of werkten als dagloner op het land van de edelman. Bijna elk dorp had zijn herberg. Soms stond er een molen, een brouwerij, een schooltje en er waren wat ambachtslieden – een smid, een schrijnmaker. Langs de wegen stonden kapelletjes, Mariabeelden en kruisbeelden, en wie langsliep, sloeg een kruisje. De enige echte stad van Zuid-Limburg was Maastricht, en die lag ver weg, op de grens met België.

De grond was de boeren genadig. In de vettige gele löss gedijt het zaad, groeit het graan met zulk gemak dat hier 5000 jaar voor het begin van onze jaartelling de eerste akkers van Noordwest-Europa werden bewerkt. Tussen het zachte glooien van de heuvels lagen de hellende akkers als op een lapjesdeken; veldjes met grillige vormen en wisselende patronen. Het graan wuft wuivend in zijn halmen of het koren in schoven op het gemaaide veld, bloeiende kersenbomen met koeien onder hun hoge stammen, pokdalige velden vol bieten, door paard en ploeg gekraste vorens in het land dat zich opende voor nieuw zaad.

Akkers volgden de loop van beken door dalen. Ze hielden op bij een veldweg, een boshelling of een karrenspoor twee meter lager. Want waar het water heuvelafwaarts zijn weg zoekt, slijt het in de löss een geul, een doorgang die met de eeuwen de vorm van een tunnel kreeg: de holle weg. Op de metershoge zijhellingen van de holle weg groeien varens, klimop en knoestige bomen. Hun wortels komen aan het licht wanneer de grond wegspoelt van de helling waarin ze groeien. Boven buigen de bomen naar elkaar toe. Ze sluiten de holle weg af met een groen dak. Alleen de zon steekt zijn scheuten erdoorheen.

De beboste tunnel was mooi, was magisch, het toneel voor wilde verhalen vol wezens en krachten die met het blote oog niet konden worden gezien, maar wier aanwezigheid zich duidelijk liet voelen. Nadat de zon onder was, meed een mens de holle weg. Het zal Limburg hebben geholpen bij een levendige volksfantasie. Hier scheurden Lucifers handlangers op bokken door de nacht.

Dat ze leefden in een Arcadië, een landschap zoals in de bijbel het paradijs, kregen de boeren verteld door streekgenoten die wel eens boven de rivieren kwamen. De contrastkleur van het vlakke deltaland met platte polders zo ver je kijken kon, gaf het bronsgroen heuvelland een romantische gloed.

Al zolang mensen gereedschap hebben om te graven, is hier in de grond gewroet. De Romeinse reiziger Plinius vertelde terug in Rome dat er mensen waren die 'witte steen sneden als ware het hout'. Hij had in Limburg mergel gezien. Verder terug in de tijd, 3000 jaar v.Chr., werd er bij Rijckholt een heel gangenstelsel gegraven om vuurstenen te delven. Ergens in de middeleeuwen werd een wel heel bijzondere ontdekking gedaan: er was steen die zelf kon branden. Ze noemden hem 'steenkool'.

In Kerkrade, langs de oevers van het riviertje de Worm, op de landerijen van de eeuwenoude abdij Kloosterrade (later Rolduc), werden vanaf de twaalfde eeuw kolen gewonnen. De kolenaders lagen aan de oppervlakte. Met een houweel hakten boeren, knechten en dagloners het zwarte steen los.

Na 1300 was er al iets als een bedrijfsmatige manier van steenkoolwinning; de kolen werden verkocht. Dat er meer kolen onder de grond dan aan de oppervlakte zaten, was inmiddels duidelijk. Om diepere lagen te bereiken, groeven koolputters schuin aflopende gangen. Er waren zo'n zeventig kleine mijnen, elk met een stuk of vijf werknemers. Met mandjes brachten zij hun kolen naar de uitgang, waar ze werden verkocht aan kleine afnemers.

Toen na 1500 ook deze vindplaatsen leeg waren, moesten ze dieper. De mijnbouw werd vakkundiger; er werden schachten van wel 40 meter gegraven. Grondwater moest met handpompen worden weggewerkt. Het Wormdal had honderden kleine mijnen. Met zijn schachten en gangen was het dal een gatenkaas.

Midden zeventiende eeuw ging de abdij Kloosterrade zich bemoeien met de kolen op haar terrein. De abt liet in 1616 een groot pomprad plaatsen waarmee water van grote diepte uit de schachten omhoog kon worden gehaald. Hierdoor kon dieper dan de rivier worden gegraven. In plaats van honderden kleine particuliere mijnen nam nu de abdij van Kloosterrade de steenkoolwinning ter hand. Het bracht de mijnbouw in een nieuwe fase, een van steeds grootschaliger steenkoolwinning.

Dat waren de jaren dat in de Hollandse rivierendelta de Republiek der Verenigde Nederlanden opbloeide. In 1581 had de republiek zich met de Acte van Verlatinghe afgescheiden van de Spaanse Nederlanden. Niet lang daarna werd in 1602 de Verenigde Oost-Indische Compagnie (VOC) opgericht, gevolgd door de West-Indische Compagnie (WWC). De overzeese handel met Azië, West-Afrika en Noord- en Zuid-Amerika bracht de nieuwe republiek ongekende rijkdom. Het moerassige laagland aan de Noordzee werd een wereldmacht.

Toen de Noordelijke Nederlanden zich in 1581 afscheidden, bleven de Zuidelijke Nederlanden achter in het katholieke Spaans-Habsburgse rijk. En terwijl Holland aan zijn Gouden Eeuw begon, bleef het in het zuiden duister en gevaarlijk. Spaanse garnizoenen spookten er rond. Na 1672 kwamen de Franse troepen van Lodewijk XIV de boel verstieren. Alles wat werd opgebouwd, werd door opeenvolgende en elkaar bevechtende legers vernietigd of geroofd. Soldaten eisten voedsel en vee. De bevolking was en bleef straatarm. Daar kon één steenkolenmijn in Kerkrade niet veel aan veranderen. Een groot deel van de opbrengst werd door wisselende overheersers opgeëist.

In de jaren voorafgaand aan 1794, het begin van de Franse tijd, was in de Zuidelijke Nederlanden heftig gevochten: na de bestorming van de Bastille waren de Franse revolutionaire troepen de grens overgetrokken. De revolutionairen waren onderling verdeeld en konden een gezamenlijke vijand gebruiken. Die vonden ze in het Ancien Régime dat buiten Frankrijk nog steeds op het pluche zat. België werd onder de voet gelopen, maar in de Zuidelijke Nederlanden stuitten de Franse troepen op de grote Europese Coalitie die het opnam voor de verdreven Franse koning. Met matig succes. De legers van Engeland, Oostenrijk, Pruisen en de Verenigde Republiek der Nederlanden legden het af tegen de Fransen. De Landen van Overmaas kwamen samen met de hele Republiek der Verenigde Nederlanden onder Frans bewind. Met de voorspoed was het toen wel even gedaan. De Gouden Eeuw was al in 1672 geëindigd, honderd jaar later hoorde Amsterdam ook niet meer tot de rijkste steden ter wereld.

Populair werden de Fransen niet. Ze inden hoge belastingen, ze vorderden paarden en in hun afrekening met de in het Ancien Régime machtige roomse kerk sloten ze kerken en kloosters. Van de abdijmijn eisten ze gratis kolen, maar de mijnwerkers weigerden daaraan mee te werken. Boeren gingen liever het land op dan onbetaalde steenkool naar boven te halen.

Moe van het gedoe plaatste de bezetter de abdijmijn van Kerkrade onder de Franse wet. Die bepaalde dat niet de landeigenaar, maar de Franse staat het alleenrecht had op ontginning. In 1795 kwam de abdijmijn onder leiding van 'de Franse administratie van de domeinen'. Sindsdien heette ze *Les mines domaniales*, ofwel: de Domaniale. Zo zou ze blijven heten, tot haar sluiting bijna twee eeuwen later.

In de jaren na de Franse annexatie wisselde de Domaniale menigmaal van eigenaar. Nadat in 1815 Napoleon bij Waterloo was uitgeschakeld, wilden de Europese mogendheden het Franse gevaar voorgoed indammen. Op het Congres van Wenen werden daartoe robuuste buurlanden gevormd. België en Nederland werden samengesmeed tot één land; het Verenigd Koninkrijk der Nederlanden. 'De Domaniale' ging over van de Franse naar de Nederlandse staat. Koning Willem I kreeg daarmee een mijn in zijn schoot geworpen. Hij was er maar wat blij mee. De opbrengsten konden hem helpen zijn opgelopen staatsschuld te saneren (ook toen). Maar daar kwam niet veel van terecht. De Fransen hadden de mijn verwaarloosd; de kwakkelende Domaniale leverde niks op.

Pas in 1828 kreeg de Domaniale een opknapbeurt. Er werd begonnen met de bouw van twee nieuwe schachten, de eerste stoomophaalmachine werd neergezet. Maar nog voordat de eerste mijnwerker met een lift was afgedaald en omhooggetakeld, kwamen de zuidelijke provincies in opstand. Ze wilden af van Willem I. Hij was autoritair. Hij gunde de katholieken geen vrijheid van onderwijs en dwong de Franssprekende elite en Walen tot de Nederlandse taal. Daarom scheidden ze zich in 1830 af van het koninkrijk. Limburg sloot zich bij België aan. Alleen Maastricht bleef Nederlands.

In politiek onzekere tijden investeert niemand in een mijn, helemaal niet wanneer er, zoals hier, een oorlog wordt uitgevochten. De Domaniale verpieterde verder omdat Willem I en het afgescheiden België om Limburg vochten. Tot in 1839 op de Conferentie van Londen koning Willem I zich uiteindelijk neerlegde bij een definitieve afscheiding van België en daarmee bij een splitsing van Limburg in een Nederlands en een Belgisch deel. Nederland kreeg er zijn huidige vorm.

Het Koninkrijk der Nederlanden had nu zijn appendix, zijn anker in het zuiden, waardoor Nederland nooit echt een Scandinavisch land zou zijn, omdat het met zijn katholieke Limburg letterlijk aanhaakte bij het hartland van Europa. De Domaniale kwam weer terug bij de Nederlandse staat. Vanaf toen heette Limburgs eerste mijn ook de *Hollendsje koel*, de Hollandse mijn.

De Domaniale was een speelbal die had rondgedobberd op de golven van machtsstrijd en opeenvolgende nationaliteiten, zoals het in heel Limburg in de achttiende eeuw duizelde van de wisselende voogdij. In amper vijftig jaar tijd had de doorsnee inwoner van oostelijk Zuid-Limburg vijf nationaliteiten gehad. Iemand uit Bingelrade was vóór 1794 Oostenrijks-Spaans, daarna Frans, dan Nederlands, toen Belgisch en ten slotte weer Nederlands onderdaan.

En toen werd de Hollandse mijn in 1845 nog half-Pruisisch ook. Het was namelijk de Aken-Maastrichtsche Spoorweg-Maatschappij die bereid was een spoorlijn te trekken van Aken naar Maastricht met een vertakking naar de mijn in Kerkrade. Die infrastructuur was essentieel; je verdient niets aan een mijn als je de grondstoffen niet kunt afvoeren. Het was de spoorwegmaatschappij die het financiële risico nam een spoorlijn te leggen in een gebied zo dunbevolkt als Zuid-Limburg. Als compensatie kreeg ze voor 99 jaar het vruchtgebruik van de Domaniale.

Behalve de grote mijn was er nog een andere officiële onderneming, de Neuprickmijn, met daarnaast een hoop kleine, informeel georganiseerde mijnen in bedrijf. In de Domaniale werkten alleen mannen. De kleine mijnen lieten ook vrouwen en kinderen langs een lange verticale ladder tientallen meters afdalen. Met acht jaar konden jongens en meisjes ondergronds. De jongsten sjouwden de door vader en broers gehakte kolen in een mand op hun rug naar boven.

Terwijl in Limburg de landlozen als slaven door donkere gaten in en uit de aarde kropen, zat Engeland halverwege de negentiende eeuw al midden in zijn industriële revolutie. Ook het Belgische Wallonië had heel vroeg een bloeiende mijnindustrie, in de Borinage, en rond Gent ontstond een geïndustrialiseerde textielindustrie. Al in 1790 werd daar mechanisch katoen geweven en in 1830 werkten in Gent 16.000 arbeiders in de textiel. Vlak over de grens met Nederlands Limburg demarreerde Luik als industriële koploper, met aan de oevers van de Maas het eerste grote industriële complex met hoogovens, staalgieterijen, smederijen en constructiewerkplaatsen. Kerkrade en Heerlen bleven onbeduidende stippen op de landkaart.

Hoe anders verging het Maastricht in de negentiende eeuw, en dat dankzij de ambities van één man. Daar opende Petrus Regout in 1836 zijn eerste aardewerkfabriek, iets wat nooit zou zijn gebeurd als de Belgen en de rest van Limburg zich niet hadden afgekeerd van Nederland, en als Maastricht niet als enige Limburgse stad bij de Nederlanden was blijven horen. Het Limburgse verraad was door de Nederlanders bestraft met een importverbod uit het nieuwe België. De handelaar in aardewerk en glas kwam daardoor zonder spullen te zitten; zijn kristal en potterie importeerde hij uit België. Toen hij geen waar meer kon inkopen, is hij het glas- en servieswerk maar zelf gaan maken. Het was het begin van het Sphinx-imperium, waarin Regout uitgroeide tot Nederlands eerste grootindustrieel.

De fabrieksarbeiders van de Sphinx draaiden lange dagen tegen een schamel loon. Hun werk was zwaar en vaak gevaarlijk. Toch hoefden hen er bij ziekte of een ongeluk niet op te rekenen dat de baas ze hielp aan een dokter. Arbeid gaf bestaansrecht, vond de industrieel Regout, en geen bestaansrecht zonder arbeid. In de glas- en aardewerkfabrieken werkten kinderen de nacht door. Zodra zijn zakelijk belang in het geding was, toonde Regout zich paternalistisch: hij zou soms in het holst van de nacht in pyjama de straat zijn opgegaan, de kroegen langs, om zijn arbeiders naar bed te jagen.

Toen hij in 1878 overleed, was Regout de rijkste man van het land. De weelde van zijn kasteel Vaeshartelt en zijn landgoederen stak schril af tegen de verpaupering van de arbeiders in de binnenstad van Maastricht. De oude Regout maakte nog net mee dat het Kinderwetje van Van Houten werd ingevoerd, in 1874. Het spraakmakend optreden van zijn zoon voor de parlementaire enquêtecommissie in 1887 bleef hem bespaard. Petrus Regout junior werd daar ondervraagd over de nachtelijke arbeid van jongens in de glasblazerij. Hij antwoordde: 'Och, ik weet wel dat de studenten ook wel eens niet naar bed gaan zonder daarom ziek te worden.'

In het licht van de hardvochtige industrialisatie elders was de Domaniale mijn oprecht begaan met haar arbeiders. Er was een jonge ingenieur uit Delft aangesteld als directeur. Ego van der Elst maakte de kwakkelende mijn winstgevend. Tegelijkertijd trof hij sociale voorzieningen voor zijn arbeiders. Al in 1852 had de Domaniale een ziekenkas die dokterskosten en medicijnen betaalde. Van der Elst vond het onrechtvaardig dat na ziekte of ongeluk een mijnwerkersgezin moest leven van gebedel en liefdadigheid. Tegelijkertijd diende de sociale kas een ander, niet onbelangrijk doel. Het Fonds ter Ondersteuning van de Arbeiders in Dienst van de Domaniale Steenkolenmijn moest 'het woelen der socialisten' tegengaan.

Heel anders ging dat in de kleine, informele mijnen. Daar werd zonder vangnet door het hete stof gezwoegd. Wie een dag niet kon werken, had een dag geen geld. De mijnwerker had alleen de zekerheid dat hij zich over zijn pensioen geen zorgen hoefde te maken; de vijftig zou hij waarschijnlijk niet halen.

Of hij werkte bij de Domaniale of in een kleine mijn, weten we niet. Wel staat vast dat Jan Mathijs Vinders een 'koolwerker' was. Hij woonde in Kerkrade, en in 1845 trouwde hij daar met Maria Catharina Simons. Nog geen jaar ging voorbij of het stel kreeg een zoon, Jan Mathijs Hubert Vinders. De beroepskeuze van een Vinders was in 1846 nog niet bij geboorte in steen gebeiteld. Toen Jan Vinders junior in 1874 trouwde met Maria Catharina Hilgers, stond hij te boek als 'pleisteraar', een soort stukadoor. Toch is de kans groot dat ook hij, de overgrootvader van Jack Vinders, onder de grond heeft gewerkt. Iedereen in Kerkrade trok naar de mijn zodra er even geen ander werk was. Koolwerker was je niet uit overtuiging, je werd het bij gebrek aan beter. Een stukadoor zonder opdracht kon ondergronds in elk geval wat verdienen.

Ook is het waarschijnlijk dat Jan Vinders junior, de bouwvakker, begon met de bouw van het huis aan de Kleingraverstraat, het huis waar Sjaakie zich later warmde onder oma's boezem. Toen begin twintigste eeuw de Heilust werd gebouwd, kreeg het huis dat eerst vrij lag, een wijk. Het is tot zijn sloop ergens in de jaren zeventig bewoond door opeenvolgende generaties Vinders. Elke volgende zoon zou er zijn eigen bijbouw aan metselen. Vanuit zijn hart, de keuken, dijde het huis met het vertakken van de stamboom uit.

In 1881 werd in dat huis opnieuw een zoon geboren. Dit keer geen Jan, maar een Hendrik, Hendrik Joseph Vinders. 'Driek' zou zijn latere vrouw Anna hem liefkozend noemen, totdat hij in de woonkamer in zijn kist lag. Ook Anna Roumans, Sjaakies zachte gewatteerde oma, was opgegroeid in wat later Heilust werd. Toen Hendrik in 1907 met haar trouwde, was de bruidegom 'mijnwerker' van beroep. Hij werkte ondergronds in de mijn die toen net een paar jaar open was, de Willem-Sophia. De zus van Hendrik, Maria Catharina, was een jaar eerder al met een mijnwerker getrouwd. De familie Vinders werd een geslacht van mijnwerkers.

Nadat de Domaniale in 1846 onder beheer van de Aken-Maastrichtsche Spoorweg-Maatschappij was gekomen, ging het de Hollandse mijn voor de wind. Ego van der Elst zette stoomwerktuigen en pompinstallaties neer en groef nieuwe schachten. In 1871 konden de kolen over het spoor worden afgevoerd. De eerste jaren trokken paarden de kolenkarren, tot even later de eerste stoomlocomotief kwam. De stoommachine was op zichzelf een aanjager van de steenkoolindustrie; de hitte die nodig was om stoom te krijgen, werd opgewekt met het verbranden van steenkool. En zo was de industrialisatie eind negentiende eeuw de grote motor achter de booming business van steenkool. In 1893 was de productie 60.000 ton steenkool per jaar. Met 400 arbeiders was de Domaniale verreweg de grootste werkgever uit die streek.

Een mijnwerker werkte negen uur op een dag en kreeg daar één gulden voor, zes gulden in de week. Dat was iets minder dan wat verdiend werd in de nieuwe fabriekjes die opdoken in het kielzog van de mijn. Er waren nu wasserijen die linnengoed bleekten, ateliers die zijden linten maakten – een teken dat de welvaart snel steeg. Er stond in Kerkrade een fabriek voor wollen dekens. Hier kreeg een volwassen arbeider een weekloon van 7 gulden. Vergeleken bij een boerenknecht, een stenenbakker of een timmermansknecht was een mijnwerker daarentegen goed betaald. Zij verdienden nog geen 2 gulden per week. Limburg was aan de vooravond van de twintigste eeuw een slaperige provincie met stille armoede als gemene deler.

Van oostelijk Zuid-Limburg was Kerkrade het grootste dorp. De bakermat van de West-Europese mijnindustrie was in 1893 met

7500 inwoners aanzienlijk groter dan Heerlen. Alleen als het ging om allure, was Heerlen nummer één. In 1865 had Heerlen enkele petroleumlampen langs zijn wegen gezet. Ook al hadden Parijs, Londen en zelfs Amsterdam toen al straatlantaarns op gas, in het zuiden was de straatverlichting avant-garde. Heerlen heette 'de lichtstad', en dat was nog maar een opmaat van wat komen ging.

Wie zich eind negentiende eeuw geestelijk wilde ontwikkelen, moest nog steeds naar Kerkrade, naar Rolduc. De abdij die was voorgekomen uit het middeleeuwse Kloosterrade, was uitgegroeid tot een centrum van macht. Het herbergde Nederlands eerste katholieke Hoogere Burgerschool (hbs), gymnasium, en de opleidingen filosofie en theologie. Lange tijd zouden katholieke politici en bestuurders afkomstig zijn van Rolduc. Dat in 1923 niet hier maar in Nijmegen de eerste katholieke universiteit verrees, zou geen toeval zijn. Een academische opleiding met de bijbehorende onafhankelijkheid van geest zou de opbouw van een mijnwerkersstam hinderen.

Het soezerige Limburg werd uit zijn sluimer gewekt door de goudkoorts die grote investeerders richting kolen dreef. Industriëlen uit Aken en België vroegen de Nederlandse staat concessies om het Limburgse steenkolenbekken te ontginnen.

Toch, als het ontwaken van Heerlen aan één persoon zou moeten worden toegeschreven, zou dat Henri Sarolea zijn. Deze Maastrichtse spoorwegondernemer maakte als jonge ingenieur carrière in de Indische kolonie. Op Sumatra legde hij de eerste spoorbaan aan. Bij zijn terugkeer naar Nederland, in 1886, kocht hij een huis in Heerlen. Al vanuit Nederlands-Indië was hij bezig geweest met plannen voor een steenkoolindustrie in Heerlen. Dat grondstoffen niets waard zijn zonder een deugdelijk spoor, wist Sarolea als geen ander, en dus zette hij alle twee in gang.

In 1889 kreeg Sarolea zijn concessie voor een lokale spoorweg.

Die zou van Sittard via Heerlen naar Kerkrade en Herzogenrath lopen. Sarolea werd de directeur van de Nederlandsche Zuider-Spoorwegmaatschappij. Tegelijkertijd was hij samen met de broers Honigmann uit Aken bezig een grote mijnconcessie te verwerven. In 1891 richtten ze de Maatschappij tot Exploitatie van Limburgsche Steenkolenmijnen op. Twee jaar later kregen ze de grootste mijnconcessie die de staat tot dan toen had afgegeven. Het was het begin van de Oranje-Nassaumijnen. Pal naast Heerlens nieuwe treinstation werd een schacht voor de Oranje-Nassaumijn geboord en begon onder en boven de grond de steenkolenmijn uit te dijen.

Sarolea zelf zou niet meer meemaken hoe het boerenland voorgoed zou veranderen door de transformatie die hij was begonnen. Terwijl Friedrich Honigmann werkte aan het afdiepen van schachten op de door hem ontwikkelde boormethode, stierf Sarolea, 56 jaar nog maar, aan een hartstilstand. Kort daarop zou de welvaart van Heerlen ontbranden op het vooruitgangsgeloof en de ondernemingsgeest die Henri Sarolea had meegebracht. In 1870 nog, toen de Frans-Duitse Oorlog was uitgebroken, had Nederland het niet nodig gevonden Limburg te verdedigen. De Nederlandse troepen trokken zich toen terug achter de Moerdijk. Nu zou het zou niet lang meer duren of Limburg zou geen aanhangsel meer zijn. Limburg zou als wingewest hoog op de Haagse agenda's komen. Nederlands industrialisatie was begonnen in het zuiden.

3

Van Dorpsstraat naar Industriestraat (1900-1925)

Een vloek die een zegen leek; talrijk zijn de gebieden waar bodemschatten de bevolking slecht zijn bekomen. Kijk naar het hart van Afrika, naar Congo. Afgemeten aan de waarde van goud, tin, koper, kobalt, cassiteriet, coltan, bauxiet en diamant in de grond is dit het rijkste land op aarde. Wee de Congolezen, op hun schatrijke bodem worden ze vermalen en vermorzeld in de smerige oorlogen om hun grondstoffen.

Helemaal zo gek niet dat de Zuid-Limburgers grote reserves hadden bij de aangekondigde mijnbouw. Eind negentiende eeuw stonden zij niet te popelen om naar kolen te gaan graven; zich te begraven om de aarde uit te hollen. Want kon je ongestraft geweld gebruiken tegen de schepping? Waren die Hollanders wel te vertrouwen? En wilden ze alle dagen versjacheren in het levenloze stoffige zwart, in plaats van met de seizoenen mee te bewegen en hun oogst van de grond te rapen? De aarde overweldigen in plaats van zich te voegen naar het glooien van hun heuvels?

Dat duistere beeld van de steenkoolindustrie werd gevoed

door schrijvers van naam. Emile Zola schreef in 1885 het prachtige, vuistdikke *Germinal* – vertaald als *De mijn*, waarin de voormalige treinmachinist Etienne Lantier leiding geeft aan een opstand van mijnwerkers in Noord-Frankrijk. De Limburgse reisschrijver Felix Rutten las *Germinal* en zag hoe de mijnen, 'een hellemonster', Wallonië hadden veranderd:

> Wat mijngebied wilde zeggen, had ik destijds droevig genoeg te Luik ervaren met zijn grauwe voorsteden en walmende schouwen, verpeste fabrieksoorden met hun afgesloofde en holwangige arbeidersbevolking, mannen in de mijngroeven afgedaald, waarvan zij naar boven stijgen als roetzwarte duivels, geradbraakt in hun leden, met knipperende ogen, ontwend geraakt aan de zon en de blijdschap der dagen, verdoemd tot duisternis en nacht. De mijn vrat als een hellemonster het bloeiend veld weg en het vredig bestaan van de dorpen...

De Limburgse bedenkingen staken af tegen de goudkoorts van hen die er rijk van hoopten te worden en die niet zelf onder de grond gingen: de ingenieurs en de investeerders, de Sarolea's, Honigmanns en de Franse Wendels. Zij waren geen Limburgers, ze kwamen uit Luik, Brussel, Aken en uiteindelijk ook van boven de rivieren, uit Holland. Ze trokken na 1850 naar Heerlen en Kerkrade voor concessies om kolen te winnen.

Al in 1860 was voor het steenkoolveld in het Kerkraadse Spekholzerheide de concessie 'Willem' afgegeven aan de Bergwerkvereeniging voor Nederland. De investeerdersgroep werkte samen (onder de Duitse term voor steenkoolwinning: *Bergwerk*) om concessies te bemachtigen. In 1861 kwam daar de concessie 'Sophia' bij. Maar het boren van een schacht voor de Willem-Sophia mislukte keer op keer. De schacht liep vol water, de Bergwerkvereeniging ging failliet.

Pas toen de Duitse ingenieur Friedrich Honigmann ontdekte dat je door natte grondlagen kon boren door eerst de bodem met stikstof te bevriezen, lag het mijnbekken van Zuid-Limburg open voor ontginning. De concessie Willem-Sophia werd in 1898 overgenomen door de Brusselse Société Anonyme des Charbonnages néerlandais Willem et Sophia. De gebroeders Honigmann haalden in 1899 de eerste kolen uit de Oranje-Nassaumijn I in Heerlen naar boven. Oranje-Nassau II volgde in 1902 en later dat jaar begon de Willem-Sophia in Kerkrade te draaien, het jaar waarin de Nederlandse Staat besloot dat ze in de steenkoolwinning niet achter kon blijven.

De Limburgse weerzin tegen het ondergronds zwoegen bleef groot, maar groot was ook de armoede. Het inkomen lag maar liefst 40 procent lager dan het Nederlands gemiddelde. Een op de vijf kinderen stierf hier voor zijn vijfde jaar. Zelfs de romanticus Felix Rutten zag in dat verzet weinig zin had. 'Je kon de vaart van de tijd niet keren, vooruitgang niet stuiten. De mijn was levensbehoefte.'

Tegen heug en meug stelden de Limburgers zich op en kwamen ze aan boord van de steenkoolindustrie.

De familie Vinders woonde al aan het Heideveld van Spekholzerheide toen de Heilust nog moest worden gebouwd. De grote tuin achter het huis aan de Kleingraverstraat 104 ging aan drie kanten over in weiland en akkerland. Na 1900 werd de horizon opgevuld. Suikerbieten werden gerooid, graan werd voor een laatste keer gemaaid, de aarde gewalst en geplaveid met de moderniteit.

Er verrezen schachtbokken, fabriekshallen die met hun ronde bogen er modern en vriendelijk uitzagen, de eeuwig rokende schoorsteen op het ketelhuis, een steenwasserij, daarachter het steeds uitdijende rangeerterrein en overal bulten op de aarde; heuvels van steenkool en molshopen steenafval die bleven groeien tot bergen van tientallen meters hoog. Even verderop, aan de overkant van de Rijksweg in Terwinselen, richtte zich achter de Staatsmijn Wilhelmina met bijna honderd meter hoogte een zwart bergmassief op.

Op zo'n 200 meter van de voordeur van de familie Vinders liep op een talud de lange mijnmuur, een soort Chinese Muur die het mijnterrein afscheidde en die links en rechts richting de horizon de bocht om ging. Zoals de mijnmuur de Willem-Sophia beschermde, zo bood de mijn haar arbeiders een zekerheid die er eerder niet was. Limburgse families leefden van de opbrengst van hun grond, van de melk en het vlees van hun dieren. Wat men niet had, werd geruild. Die ruilhandel zou nog lang blijven bestaan. Toen Sjaakie vijftig jaar later voor zijn oma dahlia's haalde bij een buurman, betaalde hij met een mandje eieren of een vergiet vol pruimen.

Geld kwam er pas met de mijnen. De werknemers van de Willem-Sophia hoorden in Kerkrade tot de eerste arbeiders met een vast inkomen. Ze kwamen te wonen in kleine enclaves die het kapitalisme verwelkomden. Heilust verrees met een aardig winkelarsenaal: een slager, een paardenslager, een kruidenier, een melkboer die ook kolenboer was, een schoenenlapper, een kapper en een allee van cafés. De hoek om lag de Akerstraat van Spekholzerheide met duurdere kledingzaken en warenhuis De Magneet dat alles verkocht wat in huis werd gebruikt.

Wat in sociale studies 'bestaanzekerheid' heet, bestond hier niet tot de jonge mannen in loondienst gingen. Op de velden konden aardappels verpieteren en het vee kon bezwijken aan de varkenspest, op de ondergrondse akkers werd altijd geoogst. De seizoenen waren buitenspel gezet. Ongeacht de opbrengst, elke twee weken kwam er een loonzakje.

Met de Willem-Sophia in de voortuin zaten de mannen van Vinders op vijf minuten lopen van hun werk. Hendrik Vinders, 21 jaar oud, was een moderne mijnwerker van het eerste uur. Vanuit zijn ouderlijk huis aan de Kleingraverstraat liep hij door de Batastraat naar de Industriestraat. De Dorpsstraat had kort daarvoor zijn bijna honderd jaar oude naam moeten afstaan; een glorieuze toekomst diende zich aan en dat moest worden uitgedrukt. De oude straat heette nu 'Industriestraat'. Hendrik ging daar het spoor over om door de poort in de mijnmuur het terrein van de Willem-Sophia op te lopen, een laatste hijs aan zijn sjekkie voor hij naar binnen ging.

Bij de portiersloge dromden jongemannen op een kluitje. Een voor een passeerden ze de portier die hun hun penning gaf, een koperen fiche met links en rechts van een boorgat de letters 'w' en 's' – alsof er 'wos' stond – met daaronder hun persoonlijke cijfer. Hendrik Vinders was nummer 701, een 'voorman'.

Vandaar liepen de mannen naar het badlokaal. Op maandagen had Hendrik een schoon werktenue in zijn pungel, de blauw-grijs geruite theedoek, geknoopt. De andere dagen haalde hij in het badlokaal zijn plunje aan een ketting naar beneden. Dan trok hij zijn zweethemd aan (flanellen borstrok), een broek (geen onderbroek), een jasje, sokken en schoenen. Zijn gewone kleren plus een handdoek takelde hij aan de haak omhoog. Het plafond van het badlokaal werd als een druipgrot waarin de bundels kleren als stalactieten naar beneden hingen. Met zijn helm, zijn penning en een pakket boterhammen in de hand ging Hendrik een mijnlamp en een blikken drinkfles met koude thee halen, en sloot dan aan bij de mannen van zijn afdeling, bij de zwijgende menigte voor de liftkooien. Voordat hij de liftkooi in stapte, gaf hij zijn penning af.

Eenmaal door de poort werd Hendrik Vinders nummer 701 – dat wil zeggen, voor directeuren, bazen en opzichters. Voor de negen of tien mannen met wie hij in de stalen liftkooi stapte om weg te zakken in de aarde was hij een kameraad, een koempel. Een van wie hun leven afhing, zoals hij het zijne in hun handen wist. Het onderaardse had geen nooduitgang.

Eerst was er de val. De kooi hing aan kettingen en werd langs katrollen naar onder gebracht, maar in de afdaling viel het gevoel van geleiding weg. Hij onderging het als een vrije val van honderden meters die de maag tegen de huig wierp. De kooi schuddebonkte en ratelde van bruut neerwaarts geweld, waarbij de kompels overeind bleven omdat opeengeperst de een de ander stutte. Hendrik had geleerd tijdens deze rit het hoofd uit te schakelen. Anders was de kracht te groot en de angst te machtig voor het systeem mens. Zijn laatste daad bij vol verstand was het slaan van een kruisje als de deur van de liftkooi met een dreun in het slot viel.

Eenmaal beneden werd Hendrik opgeslokt in het natte, vuile duister waar de lucht, klam en warm, al vaak gebruikt was, waar muizen wegsnelden voor zijn stappen. De muizen kwamen als verstekelingen in het stro voor de pony's die de kolenwagons trokken. De Willem-Sophia had muizen, de Domaniale ratten, en waar muizen zijn, zitten geen ratten. Gewikkeld in vetpapier nam Hendrik zijn boterhammen mee naar beneden. Meteen als ze beneden kwamen, aten de kompels hun brood op. Wie wat wilde bewaren tot de lunch, vond alleen nog kruimels. Dan hadden de muizen alles op. Maar dat was maar ongemak. Het waren andere risico's waarover hij zich zorgen moest maken.

De gevaren van het mijnbedrijf waren groot. Nieuwe gangen werden gedreven met dynamiet, waarna die door houten balken moesten worden gesteund. Eén foute stut en een gang kon instorten. Bovendien was veel van het Limburgse carboon vetkool. Dat bevat meer mijngas dan de magere steenkool uit bijvoorbeeld de Borinage in Wallonië. Mijngas ontbrandt bij de minste vonk en geeft grote kans op ontploffingen. De mijnwerkersliefde voor vogels is voor een deel van dat gevaar afgeleid. Kompels namen kanaries mee de mijn in om te controleren op mijngas. Waar het beestje dood van zijn stok viel, dreigde gevaar.

Glück auf wensten mijnwerkers elkaar als de ene ploeg de liftkooi uit kwam en de volgende erin ging. De groet was overgenomen van de eerste Duitse mijnwerkers die de Limburgers het vak waren komen leren. Het was een voorbede, Glück auf, dat je weer veilig boven mocht komen.

Die hachelijke opsluiting schiep een intimiteit die de mannen boven de grond nergens meer zouden vinden. Ze waren tegelijkertijd kwetsbaar en stoer, iets wat soldaten in een patrouille of onderzeeër ervaren en wat een onverbiddelijke lotsverbondenheid gaf. Ze noemden elkaar kompel, naar het Duitse 'maat'. Of iemand een Pool was of een Fries deed er onder de grond niet toe. Wie niet goed samenwerkte, bracht zichzelf en de anderen in gevaar. Het zweet, de angst en de nukken van die tien kameraden werd ze vertrouwder dan de geur van hun eigen vrouw.

Aan het einde van de dienst, terug bij de liften in de centrale schacht, kreeg Hendrik zijn penning weer. Terug boven werd de penning opgehangen aan een van de manshoge kamerschermen met haakjes die in rijen stonden opgesteld. Nachtploeg, middagdienst en avondploeg hadden hun eigen rek. Duizenden koperen schildjes blikkerden aan het rek als de schubben van een reusachtige maliënkolder. Na een mijnongeluk gaapten aan een vol rek de lege plekken. Vonnissen van hen die waren achterbleven.

Hendrik en zijn maten liepen van de liftkooi weer naar het badlokaal – de enkeling die ongewassen op huis aan ging, kwam als een neger thuis. Daar gooide Hendrik zijn werkkleren op de grond – drijfnat, zwart en stijf, en stonden ze met honderden onder de douche te schrobben tot het vuil loskwam. Ze konden niet zelf bij hun rug, d'r *poekel*, daarom wasten mijnwerkers elkaars rug. 'Poekelen' is in het dialect een werkwoord dat niet alleen 'ruggen wassen' betekent, het drukt ook vriendschap uit, vanzelfsprekende hulpvaardigheid. Ploegen wisselden, kameraadschap stond vast.

De angst ging nooit weg. Ze werd bezworen met rituelen. Voordat de mannen de kooi in gingen, zeiden ze een onzevader en een weesgegroetje. De mannen die boven kwamen, wensten hun een behouden terugkeer. En ze vereerden de alomtegenwoordige heilige Barbara, die in uren van nood werd aangeroepen.

Barbara was in de middeleeuwen een van de favoriete heiligen. Ze leefde twee eeuwen na Christus en was de dochter van een rijke heiden. Haar vader sloot haar op in een toren om haar af te schermen van alle invloeden van buiten. Desondanks zou ze tot het christendom zijn bekeerd. Barbara vroeg haar vader toen om een derde raam in haar toren, als symbool van de Heilige Drie-eenheid. De vader werd woest en liet haar folteren. Toen Barbara vasthield aan haar geloof, heeft hij zijn dochter onthoofd.

De toren waarmee Barbara eeuwenlang is afgebeeld, werd na de middeleeuwen symbool voor de loop van een kanon, en langs die weg werd Barbara gaandeweg de beschermheilige van mensen die met dynamiet werken, zoals mijnwerkers. Liefdevol spraken ze over haar als 'ut Berbke' of 'Sinte Berb'. Ze kreeg standbeelden, en parochies, scholen, fanfares en sportclubs werden naar haar vernoemd. In beelden en op schilderijen was Barbara overal, in nissen, in parken en plantsoenen en natuurlijk in de schachtgebouwen en liften waar de kompels zich overgaven aan het carboon.

Op 4 december eerden de mijnwerkers hun patrones met een groots feest alsof het kermis was. De mijnwerkers hadden vrij en de scholen waren dicht. De dag begon met een plechtige mis, vaak gevolgd door een processie, een optocht waarin de kinderen meeliepen verkleed in oude mijnwerkerspakken, en daarna was er *Frühschoppen* – de Duitse traditie om aan 't eind van de ochtend samen te komen in een bar of feesttent. Dan vloeide ter ere van Sinte Berb het goudgeel pils. De kinderen kregen een zak snoep, en 's avonds was er vuurwerk en dansen.

Tientallen jaren eerder, toen de eerste mijn in gebruik was genomen, bleken er geen ervaren kompels voorhanden. De mijnen hadden ladingen mijnwerkers van elders nodig, ze kwamen uit Polen, Slovenië, Bohemen, Italië en Duitsland. Er waren nauwelijks Limburgse jongens die ondergronds wilden werken, en nog minder die het konden. Nadat ingenieurs uit Aken of Delft de schachten hadden afgediept en het mijnwater werd weggepompt, moesten geroutineerde mijnwerkers steengangen en pijlers aanleggen. Daarvoor waren schiethouwers nodig – experts in het gebruik van dynamiet om nieuwe gangen te drijven, en mannen die veilige stutten konden zetten.

Ook voor de ondergrondse opleiding van nieuwe arbeiders waren mensen met kennis van mijnbouw onmisbaar. Net als in het leger of op zee werd gevaar beheerst door menselijke kundigheid. Een ervaren meesterhouwer nam een klasje nieuwkomers mee naar 'het kolenfront', een naam die verraadt dat hier meer gaande was dan alleen het winnen van delfstof. Van de 'mijnvader' leerden zij een gang stutten met hout – liefst van grove den, want dennenhout 'spreekt voor het breekt'. Voorafgaand aan een instorting kraakte het hout.

Moeilijk en gevaarlijk werk werd gedaan door de rovers. Uit een pijler waar alle steenkool uit was gewonnen, haalden zij de stutten weg, zij 'roofden' de stutten, waarna de gang instortte. Deze superspecialisten wisten wanneer 'de berg breekt'. Het traditionele systeem om dat te leren, de relatie meester-gezel, kon de razendsnelle uitbouw van de mijnindustrie nauwelijks bijhouden.

Behalve in Kerkrade hadden Limburgers geen ervaring met steenkoolwinning. De mijnen ronselden arbeiders in het Ruhrgebied en de Waalse Borinage. De Walen spraken geen Nederlands of Duits, maar ze waren zo hard nodig dat de opzichters dan maar Franstalig waren. Bij de Duitse mijnen werkten aardig wat Nederlanders, maar die verdienden in Duitsland meer voor minder uren werk. Die kwamen niet zomaar terug.

Geronseld werd er ook boven de rivieren. In Noord-Brabant en Gelderland – want nog behoorlijk katholiek –, later ook uit Drenthe, Overijssel, Friesland en Groningen werden jonge mannen gehaald om het grote project van Zuid-Limburg te laten slagen. Al snel werd nog verder weg naar mankracht gezocht. Ruim tien jaar later pas, in 1913, zou in Heerlen de eerste ambachtsschool worden geopend. Bij die gelegenheid juichte De *Kerkraadsche Courant.* 'De behoefte aan bekwame vaklui doet zich in onze streek ten zeerste gevoelen, niet alleen omdat de industrie er eene steeds hogere vlucht neemt, maar ook omdat er zoo weinig menschen zijn die hun vak werkelijk grondig verstaan.' Dat kwam volgens de krant mede door 'het winstbejag van de ouders', die hun kinderen veel te jong geld laten verdienen 'zonder erop te letten of de kinderen gevormd worden tot bekwame ambachtslieden'.

Limburg was Nederlands eerste provincie waar in de twintigste eeuw grote stromen migranten naartoe kwamen. Uit Slovenië (dat nog deel uitmaakte van Oostenrijk) en Duitsland kwamen de eerste groepen gastarbeiders. Poolse mijnwerkers volgden niet lang daarna. Zij trokken eind negentiende eeuw met honderdduizenden naar het Ruhrgebied om er in de steenkool te werken. Toen in 1905 een grote staking het Ruhrgebied lamlegde, staken veel Polen en Slovenen de Duitse grens over; in de nieuwe Limburgse mijnen werd wel gewerkt.

De bevolking van de Oostelijke Mijnstreek was bezig in veertig jaar tijd te verviervoudigen. De gemeente Schaesberg kreeg zes keer zoveel inwoners, Heerlen acht keer zoveel en Brunssum spande de kroon met een vertienvoudiging van zijn aantal burgers. Binnen Limburg en vanuit de rand van Brabant werd steeds minder verhuisd. Toen midden jaren twintig autobussen gingen rijden, werden mijnwerkers thuis opgehaald. In het donker doorkruisten talloze bussen de heuvels om eindeloze stromen werkmieren uit te laden die in een van de twaalf ingangen onder de grond verdwenen.

De geboortecijfers liepen gelijk op met de mijnindustrie. In Kerkrade begon een geboortegolf die zich over de Mijnstreek verspreidde. Op 1000 inwoners werden per jaar gemiddeld meer dan 40 baby's geboren. In Nederland anno 2013 was dat 10 baby's per 1000 inwoners.

Voor de toestromende arbeidsmigranten was geen woonruimte. De intocht van jonge mannen werd een invasie van kostgangers. Tegen betaling kregen ze een bed bij Limburgse mijnwerkers thuis. Dat werd vaak in de grootste slaapkamer – de echtelijke – erbij gezet. Soms deelden verschillende mannen in wisseldiensten één slaapplek.

De gastvrijheid had onbedoelde gevolgen. De nieuwkomers hadden andere manieren – alcoholmisbruik nam toe, en na hun dienst gingen de kostgangers kaarten, drinken en achter de vrouwen aan. En ze hadden andere ideeën – behalve hoeren importeerden ze hamer en sikkel. Ook was niet voorzien dat behalve het bed ook dezelfde vrouw zou worden gedeeld; sommige kostgangers hielden het met de vrouw des huizes.

Voor de toestromende arbeiders werden gauw nieuwe wijken gebouwd, buiten het dorp, dicht bij de mijn: de kolonie. Al in 1901 opende de Oranje-Nassau in Heerlen de 'Morgenster', Limburgs eerste mijnwerkerskolonie. Overal in de Mijnstreek verrezen arbeiderswoningen, altijd in hetzelfde patroon: dicht op de nieuwe mijnzetels, op veilige afstand van het centrum van de snelgroeiende steden, altijd met een school en een pastoor, als het even kon met een eigen kerk. Ze kregen namen als Morgenster, Leenhof en Heilust, als om de vooruitgang lyriek te geven. Kolonieën boden onderdak aan arbeiders van buiten de streek. Mijnwerkers uit de buurt bleven wonen in hun huisje of boerderij, de meeste bleven zichzelf zien als boer. In de zomer, in de oogsttijd, bleven ze weg van de mijn. Alleen wanneer de aarde boven de grond te weinig opbracht, gingen ze ondergronds.

De kalme onveranderlijkheid van het keuterboerenland was weggeblazen door de verstedelijking die kwam met de industrialisatie, en de katholieke kerk sloeg alarm. De hausse aan jonge mannen zou een bedreiging voor de goede zeden zijn. Er werd gedronken, gerookt, geneukt, zatte mannen hingen op straat en maakten stampij. Mijnwerkers kregen de reputatie een ruw en bandeloos volk te zijn. De massale immigratie had de kerk de regie ontnomen.

Niet alleen de kerk maakte zich zorgen. Ook de staat zag hoe Limburg werd overstroomd door kapitaal en arbeid van buiten. Welke krachten werden ontketend door winstbeluste investeerders? En welke door dit leger aan buitenlandse arbeiders die tegen een schamel salaris lange, gevaarlijke dagen draaiden?

In België waren de socialisten na 1885 de tweede partij van het land. In Duitsland probeerde Bismarck uit alle macht de opmars van de socialisten te stoppen. Domela Nieuwenhuis, leider van de

Nederlandse socialisten, was al in 1893 een tijd in Heerlen geweest. Er was een rode wind opgestoken en de Mijnstreek was onbeschut terrein.

En hoe wijs was het om alle winst linea recta naar het buitenland te laten gaan? Volgens de nog steeds geldende Franse mijnwet had de staat het recht om bodemschatten te exploiteren. Aangezien die dat niet zelf deed, gaf de staat in tien jaar tijd een stapel concessies uit, allemaal aan buitenlandse investeerders.

Eind negentiende eeuw, toen de run op het zwarte goud al even bezig was, tekende een Limburgs Tweede Kamerlid protest aan. Willem Nolens, priester en politicus, wees Den Haag op de levendige handel in concessies. Nolens waarschuwde de regering dat Nederland de controle over de exploitatie kwijt was. In 1897 pleitte Nolens in de Tweede Kamer voor staatsbemoeienis met de kolenwinning: 'Een land, dat zijn natuurlijke bronnen niet weet te gebruiken, bewijst dat het deze niet waard is.' De steenkool zou de staatskas spekken. Bovendien kon zo worden voorkomen dat mijnwerkers werden uitgebuit.

Nolens kreeg steun, vooral van Cornelis Lely, de minister van Waterstaat die geschiedenis had geschreven door de Zuiderzee af te sluiten. Het was niet uniek dat de overheid de winning van delfstoffen ter hand nam, hield Lely het parlement voor. In de negentiende eeuw had de staat ook al de Domaniale geëxploiteerd. En wat dachten de afgevaardigden van de praktijk in de kolonies? In Nederlands-Indië, op Sumatra, bestierde de Nederlandse staat een steenkolenmijn. Bovendien kon de toestroom van buitenlandse arbeiders alleen worden beheerst met de mijnen in handen van de staat.

Een staatscommissie onderzocht of de overheid de Limburgse steenkool moest ontginnen – een commissie waar niet één Limburger in zat. De conclusie was dat alleen de staat de middelen had om Zuid-Limburg te vrijwaren van de misstanden die gepaard zouden gaan met de aanvoer van grote aantallen 'arbeiders van geheel vreemden landsaard'. Op 1 mei 1902 werd het staatsbedrijf Staatsmijnen in Limburg opgericht.

Van meet af aan was de grootschalige steenkoolwinning wezenlijk anders dan de ontwikkeling van een willekeurig andere industrie. Vanuit Holland keken politici en ingenieurs ineens naar Zuid-Limburg, verafgelegen en onbekend, en zagen een vreemd gebied rijk aan grondstoffen, een wingewest op eigen bodem. Het doel was zo veel mogelijk opbrengst te genereren – vanzelfsprekend, het ging om miljarden aan investeringen. Maar de manier waarop dit grootse project werd aangepakt, deed in alles denken aan een kolonisatie. Zo vertoonden de nederzettingen voor mijnwerkers overeenkomsten met nederzettingen voor plantagearbeiders in Nederlands-Indië of Suriname: gebouwd als satellieten van bestaande dorpen en steden, vlak bij plantage of mijnterrein. Ze waren een zelfstandige eenheid, duidelijk afgebakend.

Heilust was gescheiden van de rest van Kerkrade door de Kaalheidersteenweg. Aan de andere kant van die provinciale weg woonden in Terwinselen notabelen in statige huizen onder de eiken en kastanjes van de Sint-Hubertuslaan. Zij haalden hun neus op voor het ruwe volk van de overkant.

In Heerlen lag boven op het heuvelplateau de mijnkolonie Molenberg. Bergafwaarts, richting het centrum van Heerlen werden de huizen groter. Halverwege de helling woonden de opzichters in ruime twee-onder-een-kaphuizen. Onder aan de berg stonden de kapitale villa's voor directeuren, met in het dal, het eindpunt van honderden meters geografisch verval en sociale stijging, achter een groot hek het stadsslot van de directeur van de Oranje-Nassau.

Veel was ontworpen door de katholieke architect Jan Stuyt, die zijn bouwwerken toesneed op iemands rang in het mijnbedrijf. Langs de hiërarchische trap van de directeur naar beneden werd alles minder; de ruimte, de luxe, de ornamenten.

Bij het station van Heerlen vormde de spoorlijn tussen Heerlen en Kerkrade een waterscheiding. Arbeiders woonden aan de ene, bevoorrechten aan de andere kant. De bewoners van het centrum keken neer op de *sjwarte drek*, de zwarte modder aan de overkant, daar waar de huizen vochtig waren en alles grauw van rook en kolenstof. In zijn boek *De geur van kolen* citeert Joep Dohmen de Heerlense kunstenaar Theo Lenartz, kind uit die kolonie: 'Als ik als jongetje onder de spoorbrug doorliep, kwam ik in Hollywood. Daar waren de bioscopen Royal, Scala en Hollandia, en De Schouwburg. Daar speelden zich al mijn dromen af.'

Segregatie was een doel op zichzelf. Verschillen in stand werden niet verbloemd, maar uitgedrukt in alles rondom de mens. Alles weerspiegelde de katholieke opvatting van de samenleving: ieder mens hoorde tot een stand, met zijn eigen taken en bevoegdheden, en daar behoorde je tevreden mee te zijn. Lagere standen werd opgedragen niet jaloers te zijn op de voorrechten van een hogere stand. Berusting was een katholieke deugd.

Aan de kleur van de mijnwerkershelm kon je zien of iemand houwer, voorman of opzichter was. De opzichter, een ondergrondse 'beambte', droeg een wit pak; elke dag schoon, door de mijn gewassen. Directeur en opzichter kregen voor thuis de beste kwaliteit kolen (antraciet), de gewone mijnwerker stookte ingedikt kolengruis (*sjlam*) of van afval geperste briketten (eierkolen) – het teer waarmee de eierkolen waren geperst, zette zich vast in de schoorsteen en vloog vroeg of laat in brand. De directeur droeg een bolhoed, de kompel een pet. De eerste werd gereden in een limousine, de tweede was te voet of op de fiets. Op foto's is te zien hoe de directeur wordt weggereden en mijnwerkers zich vergapen aan diens slee. Hun kinderen gingen vaak naar andere scholen en in de kerk vulden de bazen de eerste banken.

Stedenbouw stond in dienst van de wens tot beheersing: geen hoogbouw. Geen onoverzichtelijke erven maar brede straten – jarenlang speeldomein voor de kinderen, in afwachting van de eerste auto's. Royale sportvelden, gesubsidieerde verenigingen, toneelzalen en gemeenschapshuizen. Deuren zonder sloten. En elk huis een voortuin vol bloemen en een moestuin achter. Tuinieren was behalve gezond voor lijf en geest ook een zinvol tijdverdrijf. Wie in zijn voortuin het onkruid liet woekeren, was verdacht. Hier zou de vrije tijd kunnen opgaan aan rood beraad.

Die angst voor ontluikend socialisme zal zijn gevoed door de wetenschap dat het niet de mijnwerker was die profiteerde van de steenkool die hij won. Hij moest zoet gehouden worden met het gevoel 'het goede' te doen; gezoogd met trots en vaderlandsliefde voor zijn Limburgs land. Het koloniale karakter van de mijnwinning was ook zichtbaar in de keuze voor het hoger kader. Veel leidinggevenden hadden ervaring in Nederlands-Indië. Menigeen keerde naderhand naar de kolonie terug. De eerste directeur van de Oranje-Nassaumijnen, Jacobus Cluysenaar, ontwierp de Sumatra-spoorlijn die kolen naar de zee bracht. Henri Sarolea was de ingenieur die dat spoor op Sumatra daadwerkelijk aanlegde, en hij werkte op Java bij de Nederlandse spoorwegen voordat hij de trein liet rijden tussen Sittard, Heerlen en Kerkrade (naar de eindhalte Herzogenrath, net over de grens). De eerste directeur van de Staatsmijnen was Henri Wenckebach: oud-genieofficier die na zijn ambtstermijn in Heerlen vertrok naar Batavia. Daar werd hij directeur van gouvernementele bedrijven in Nederlands-Indië. (Wenckebachs opvolger zou later dezelfde carrièrestap maken.) Tot slot het Bouwbureau van de Staatsmijnen: dat werd geleid door een machtige plantagebezitter, ingenieur Anton Dinger, die graag in wit tropenpak op zijn veranda in Limburg zat. De bezetting van topfuncties illustreert hoe de Limburgse mijnen en Nederlands koloniale ondernemingen werden gerekend tot eenzelfde bedrijfstak.

Oud-PvdA-senator en kunstenaar Nic. Tummers zou veel later, in het laatste jaar dat een Nederlandse mijn in bedrijf was, een vlammend pamflet schrijven over de culturele annexatie van de Limburgse Mijnstreek. De sociaaldemocraat uit Heerlen muntte in 1974 de term 'carboonkolonisatie'. De 'randstedelijke elite', schreef Tummers, streefde naar 'maximale opbrengst door onderwerping en overheersing'.

Terwijl begin twintigste eeuw de kolonieën uit de grond werden gestampt, betrok de eerste directeur van de Staatsmijnen in 1902 een middeleeuws slot. Wenckebach had kasteel Terworm uitgekozen om te wonen en werken. In een 'vischboek' hield Wenckebach nauwgezet bij hoeveel hij uit de kasteelvijver had gevangen – karpers en 'gespikkelde' of 'lichtgespikkelde' forellen – van hoeveel kilogram per stuk.

Limburgs adellijke baronnen maakten plaats voor mijnbaronnen uit Holland. Tummers sprak van 'industriefeodalisme'. Met iets van genoegen beschrijft hij hoe Wenckebach al in 1907 zijn kasteel moest verlaten. Het landgoed lag zo afgelegen dat de postkoets er hooguit één keer per dag kon komen. De kasteelheer kon er onmogelijk zijn functies van grootindustrieel vervullen.

De oprichting van de Staatsmijnen in 1902 werd het startschot voor een industrialisatie die zich als een Blitzkrieg over Zuid-Limburg zou uitrollen. In dik twintig jaar tijd werd het de zetel van vier staatsmijnen: Wilhelmina (Kerkrade), Emma (Hoensbroek), Hendrik (Brunssum) en de Maurits (Geleen), en acht particuliere mijnen: de Domaniale, Willem-Sophia, Laura en Julia (alle vier in Kerkrade) en vier Oranje-Nassaumijnen (Heerlen).

Het zette oostelijk Zuid-Limburg op zijn kop. Letterlijk. Wat onder de grond zat, ging alles erboven overheersen. De hoofdzakelijk agrarische economie kreeg een totale make-over in minder dan twintig jaar tijd. Keuterboeren gingen delven. Akkerland werd fabrieksterrein. Bestuurders omarmden de nieuwe tijd en gaven hun straten nieuwe namen. De Dorpsstraat van Heilust werd Industriestraat. Haaks daarop ligt de straat genoemd naar de nieuwe schoenenfabriek, de Batastraat.

Omdat Limburgse jongens argwanend bleven over een ondergronds bestaan, kwamen Duitsers, Polen, Slovenen, Tsjechen, Italianen en 'polderjongens' naar het zuiden. De staat maakte zich daar zorgen over. Hoe in hemelsnaam die vloedgolf van mankracht in goede banen te leiden? 'Limburgs vredige rust sneuvelde in het anarchisme en de zedeloosheid van de nieuwkomers,' schreef de hoofdredacteur van *De Nieuwe Limburger Koerier*.

Het was in die ongerustheid dat de staat zijn ideale partner trof: de katholieke clerus. Al had de kerk meer besognes dan alleen haar angst voor het rode gevaar of welke andere ideologie dan ook die de verloedering van de Limburgse cultuur zou inleiden. Tot dan toe waren bijna alle migranten katholiek geweest. Het voornemen van de Staatsmijnen om buitenlanders te weren, bracht uit Holland protestanten naar het zuiden. In de provincie die rond 1900 voor 98 procent rooms was, nam de soortelijke dichtheid van het katholicisme snel af.

Dat is het moment waarop Henri Poels ten tonele verschijnt. Als de rigoureuze herinrichting van oostelijk Zuid-Limburg een grand design heeft gehad, dan was Poels hoofdontwerper. Henri Poels werd in 1868 in Venray geboren als zoon van een rijke schapenfokker, Driekus noemden ze hem thuis. In 1880 ging hij naar de rooms-katholieke eliteschool Rolduc, in Kerkrade. Daar begon hij aan de Hoogere Burgerschool, maar hij stapte over naar het gymnasium toen hij besloot priester te worden, missionaris als het aan hem had gelegen.

In 1891 werd hij als 23-jarige tot priester gewijd, het jaar dat paus Leo XIII met zijn revolutionaire encycliek *Rerum Novarum* de kerk een grote sociale opdracht toewees. Zelf wilde Poels naar een missiepost in Oeganda. De bisschop van Roermond stuurde hem naar de universiteit van Leuven. Bijbelwetenschapper moest hij worden.

Poels bleek eigenzinnig en vrij briljant, ongeacht de klus die hij op zijn bord zou krijgen. Wat hij deed of schreef, leidde tot commotie. Poels was een man met charisma, respect kreeg hij als volgens een natuurwet. Hij had bewonderaars en virulente vijanden. Maar dat deed hem niks; de man was rond en robuust, zijn postuur en karakter vielen genoeglijk samen. Op de schilderijen waarop hij is afgebeeld, is zijn blik minzaam en autoritair. Van hoog kijkt hij op de onderdanen neer.

De studie waarop hij als Bijbelwetenschapper promoveerde, toonde aan dat de eerste vijf boeken van het Oude Testament niet door één persoon kunnen zijn geschreven. Dat is een dikke eeuw later gemeengoed, maar in 1900 was het conservatief-katholieke oordeel anders: een gevaarlijke dwaling. Door toedoen van de bisschop van Haarlem stelde het Heilig Officie in Rome een onderzoek in naar de rechtzinnigheid van deze blaaskaak. In plaats van dat hij professor werd, kreeg Poels een lullig baantje. Kapelaan mocht hij worden. Niet eens pastoor, hij werd de pastoor zijn hulpje.

De denigratie in eigen bisdom werd goedgemaakt door Rome. Het Vaticaan zuiverde Poels van alle blaam. Paus Leo XIII, een progressieve man, was onder de indruk van Poels' denkwerk. Hij vroeg hem voor zijn pauselijke Bijbelcommissie. Met regelmaat toog de kapelaan naar het Vaticaan.

Door zijn werk in de parochie kende Poels de problemen van arbeiders van nabij. Waar iets van fabrieksarbeid kwam, leefden grote families in kleine krotjes. Arbeiderswijken waren vol en vies. Er was geen riool, voor de arbeiderskinderen geen school en de zuigelingensterfte was hoog.

In 1900, Poels was toen 32, hield hij een toespraak. Poels waarschuwde de kerk dat ze het contact met het volk dreigde te verliezen. De maatschappelijke ontwikkelingen vroegen om een kerk die midden in de wereld stond, precies zoals de paus dat in *Rerum Novarum* had opgedragen. Poels vertaalde die boodschap, zodat ook de ongeletterde boer die begreep: de kerk moest zich het lot van de arbeiders aantrekken, want 'als het niet vlug genoeg gaat, is in de sociale keuken de pannekoek aangebrand en gaat die niet meer uit de pan'.

Toen begin 1903 een grote spoorwegstaking uitbrak, klom Poels op de barricaden. Hij had begrip voor de arbeiders die het werk neerlegden. Ze werden slecht betaald en het was hun bovendien verboden zich te organiseren in een vakbond. Poels sprak in Venlo de stakers toe. Hij maande de spoorwegarbeiders aan het werk te gaan én betere arbeidsomstandigheden af te dwingen door zich te verenigen in een roomse bond. Daarna richtte hij de Katholieke Sociale Actie op.

Henri Poels had daar grote indruk gemaakt. Als blijk van waardering mocht hij spreken op de vijfde Katholiekendag in 1903 in Weert. De Katholiekendagen waren grote manifestaties waar uit heel Nederland de katholieken naartoe kwamen. Poels riep de kerk op de bakens te verzetten. 'Behoud en berusting' boden volgens Poels geen antwoord op de snelle veranderingen. De kapelaan pleitte voor een aanvalsplan. 'In ons Limburg, waar de grootindustrie thans voorgoed gaat binnentreden, maar dat ONS Limburg blijven zal, zullen wij Katholieken tijdig op onze posten zijn.' Ons Limburg, Poels had daar al de naam voor de grote woningcorporatie die hij acht jaar later zou stichten.

Weer werden Poels' ambities gedwarsboomd door een angstige, behoudzuchtige bisschop. Hij zou een katholiek Tweede Kamerlid zijn opgevolgd als de bisschop van Roermond daar geen stokje voor had gestoken. Zijn roomse beschermheer, paus Leo XIII, stierf in 1903 en Poels' professoraat in Rome was van de baan. In arren moede vertrok de ambitieuze kapelaan in 1904 naar Washington, waar hij *associate professor* werd. Het voelde als een ballingschap.

Vanuit Washington reisde Poels wel eens naar Pittsburgh, Pennsylvania, waar zich na 1875 de grootste staalindustrie van Amerika ontwikkelde. Arbeiders draaiden in barre omstandigheden lange dagen en zaten in eenkamerwoningen zonder riool opgehokt in viezigheid. Poels zag er hoe het niet moest.

In 1910 kwam hij naar Limburg terug. Geen professor werd hij, maar 'hoofdaalmoezenier van sociale werken'. De man die missionaris had willen worden, kreeg uiteindelijk toch zijn missie: hij moest het socialistisch gevaar afwenden en de ontkerkelijking stoppen. Poels pakte de draad op waar hij zes jaar eerder was gebleven. Hij bezocht Duitse en Waalse industriegebieden en de aardewerkfabrieken in Maastricht. Hij las studies over de gevolgen van industrialisatie. In 1910 hield ergens in een wei in Heerlen de Christelijke Mijnwerkersbond een bijeenkomst. De toen nog weinig bekende aalmoezenier betrad het podium.

> Een man in het zwart met een hond – een forse groenendaler – trok de aandacht. Het was de nieuwe adviseur van de bond, Mgr. dr. H.A. Poels. Een indrukwekkende gestalte, 1,90 meter groot, zwaarlijvig en breedgeschouderd zodat zijn postuur nog meer in het oog viel dan zijn lengte; gekleed in een lange regenjas met grote, slappe hoed; leren beenkappen over zijn zware schoenen, de toog over de ceintuur omhooggetrokken. In zijn toespraak wond hij er geen doekjes om: 'De christelijke of katholieke vakverenigingen zijn het enige hechte bolwerk waarachter de lange schoorstenen van de patroons veilig kunnen blijven roken,' bulderde zijn zware en doorrookte stem de toehoorders toe. (Uit: *Weet je nog, koempel*)

Poels wist wat de mijndirecteuren nog niet wilden zien: dat het industrieel offensief even ingrijpende als onherroepelijke gevolgen zou hebben voor hoe mannen en vrouwen, families en gemeenschappen samenleefden. Zo hadden de mijnen wonen en werken gescheiden. Vroeger waren man en vrouw samen op de boerderij; wat ze aten, was de vrucht van gezamenlijke arbeid. De mijn maakte de man kostwinner en de vrouw huisvrouw. Sociale samenhang verbrokkelde in de gaten die werden geslagen in het sociale weefsel.

Terwijl het gemoedelijk glooiende boerenland op de schop ging, omarmden de Limburgers een loflied op het arcadisch Limburg. De Katholiekendagen in 1913 werden afgesloten met 'Limburg, mijn Vaderland' ('Waar in 't bronsgroen eikenhout'), dat in 1939 Limburgs volkslied zou worden. Naarmate de mijnen de oude structuren verder omwoelden, werd het rustieke boerenleven steeds meer geïdealiseerd.

In de eerste zaterdagkranten van 1914 drukte de *Kerkraadsche Courant* zijn verlanglijstje voor het nieuwe jaar af. Daaruit klonken de chaos van die roerige jaren en de zorgen daarover door. 'Wat 1914 Kerkrade brengen moge', kopte de krant drie weekends op rij: 'Een flinke huishoudschool, waar onze toekomstige huisvrouwen worden opgeleid voor de gewichtige taak die haar wacht. Orde en netheid in huis zijn de beste medicijnen om den man tot een huisvader te maken... Dan blijft hij uit de kroeg, waar hij een gedeelte zijner zuur verdiende centen achterlaat.'

Verder had Kerkrade dringend behoefte aan 'een ruim en goed gezellenhuis, tot beperking en uitroeiing van het allesbedervend kostgangerswezen'. Het tekort aan woningen was groot en huisjesmelkers dreven de prijzen op. Zodoende vroeg de *Kerkraadsche Courant* om 'een woningtoestand die rekening houdt met de kleine beurzen en met de grootte van de gezinnen'.

De krant sprak er schande van dat in Kerkrade, dat toen zo'n 20.000 inwoners telde, in 280 gelegenheden alcohol werd geschonken. Cafés zouden om 23 uur dicht moeten, vond het dagblad. 'Een heel penibele kwestie,' wist de hoofdredactie, maar 'de huismoeders zouden zeker vóór zijn; zij zouden het met de huishoudportemonnee houden.' Net als de herbergiers die een goede nachtrust wensen en die 'hun huis rein willen houden van dronken en vechtlustige gasten. Politiemannen hebben er niks op tegen, het zou hun reeds zoo zware taak verlichten.'

Het sociale vraagstuk dat zich aftekende, was volgens Henri Poels een zedelijk en godsdienstig probleem. Drankmisbruik, vrije seks en geloofsafval werden in naam van God bestreden. Hij begon het maatschappelijke leven te organiseren in wat later de katholieke zuil zou worden genoemd. Zoals ze al langer deed met onderwijs, bood de katholieke kerk nu ook huisvesting en gezondheidszorg aan. Poels richtte in 1911 een koepel op van katholieke woningbouwverenigingen, het machtige Ons Limburg. Tussen 1900 en 1910 had de Domaniale in Kerkrade de eerste arbeiderswoningen van Limburg gebouwd. Poels wilde nu in plaats van grauwe stadswijken die zouden verpauperen, ruim opgezette mijnkolonieën naar het voorbeeld van Engelse tuinsteden.

Daarvoor trok de aalmoezenier de in Purmerend geboren architect Jan Stuyt aan. Die tekende in 1913 de eerste 47 woningen voor Heilust. Een deel van de eensgezinswoningen lag vrij, een ander deel in groepjes aan elkaar, allemaal ruim opgezet met twee benedenkamers en een keuken, drie slaapkamers, een kelder, een kleine stal én een wc, met bovendien 'aansluiting aan de waterleiding en spoedig ook aan de electrische centrale'.

In een 'Opzichtersdagboekje' van Ons Limburg uit 1914 lezen we dat de eerste bewoners Habets, Henselen, Hermans, Krimpman, Kuijn, Salden, Scheffers en Stoffels heetten. Toen zij hun huizen betrokken, schreef de Kerkraadse krant *De Zuid-Limburger*: 'Als alles in orde is, de tuintjes netjes zijn, zal het een lust zijn om er een wandeling naar toe te doen, doch nog meer om daar te wonen, en zal de naam van het woningcomplex "Heilust" blijken zeer goed gekozen te zijn.'

Met katholieke woningbouw kwam de fysieke woonruimte onder kerkelijk bewind. Maar God had geen idee van de zonden binnenshuis. En dus wilde Poels tot achter de voordeur komen. Ons Limburg stelde de eerste woninginspectrices aan.

Vanaf 1916 trok katholiek woningtoezicht langs de huizen. De inspectrices controleerden of het huis proper was – de lakens gesteven in de kasten, het eten gezond, het huishoudboekje op orde, hoeveel alcohol er werd gedronken, of de opvoeding zedelijk was (jongens en meisjes mochten vanaf zekere leeftijd niet meer op één kamer slapen) en of er werd gespijbeld met kerkbezoek.

De controle over de kolonieën werd verder opgevoerd door de mijnpolitie. Dit waren beambten van de mijn met een uniform compleet met politiepet, een gummiknuppel en een pistool. Een echte opleiding kregen zij niet, al deden ze schietoefeningen en een zelfstudie van zo'n anderhalf jaar. De gewone agenten spraken smalend over 'de kolenpolitie'. De mijnpolitie surveilleerde in en rond de mijngebouwen, hield toezicht bij de uitbetaling en lette op dat er niet na de dienst al werd gerookt in het badlokaal. Van het mijnterrein breidde de mijnpolitie haar surveillances uit naar de kolonieën die rood kleurden.

Ons Limburg beheerste alles rondom het bouwen. Ze stichtte de bouwmaatschappij Tijdig. Lang voordat speculanten op het idee kwamen, kocht die bij boeren alle mogelijke bouwgrond op. Niet-katholieken die wilden bouwen, vingen bot. De Centrale Arbeidersbouwvereniging in Limburg bijvoorbeeld, socialistische tegenhanger van Ons Limburg, diende talloze bouwaanvragen in. Zelden kreeg ze een vergunning. Tussen 1900 en 1945 werden verspreid over elf gemeenten en tachtig kolonieën 12.000 arbeiderswoningen neergezet. Voor beambten kwamen er 900 huizen.

Alleenstaande mijnwerkers gingen naar de gloednieuwe 'gezellenhuizen': door nonnen bestierde werkhotels waar mijnwerkers aten en sliepen. Erg gezellig was het er niet; foto's van het gezellenhuis in Heerlen tonen een kazerne met stapelbedden. Kale witte muren, geen plaatjes van vroege pin-ups.

Zoals Poels al bij de spoorwegstaking in 1903 had aangekondigd, richtte hij overkoepelende katholieke vakbonden op. Kleine bonden verenigden zich in de R.K. Werkliedenbond. Wanneer er moest worden onderhandeld met mijndirecties, voerde Poels namens de arbeiders het woord.

Sinds hij hoofdaalmoezenier was, kwamen er steeds meer touwtjes in zijn handen bijeen. Poels herschikte de belangen van mijn, kerk en staat tot één gemene deler; de katholiek vond het polderen uit. Desondanks kon hij niet voorkomen dat de Algemene Nederlandsche Mijnwerkersbond van de socialisten in 1917 een grote staking uitriep. Slechts een klein deel van de kompels was lid van de socialistische bond, maar ze kregen duizenden mijnwerkers zo ver dat die het werk neerlegden. Het zou voor de Staatsmijnen de enige echte ondergrondse staking zijn in ruim zeventig jaar productie.

Poels had zich heftig tegen de staking verzet. Hij leed er een zeldzame en pijnlijke nederlaag. Natuurlijk sloeg hij terug, en wel door de katholieke arbeiders te verenigen in een groter, machtiger geheel. Hij stichtte de Nederlandsche Roomsch Katholieke Mijnwerkersbond. Anders dan de socialistische vakbond deed de katholieke bond haar werk achter de schermen. De socialisten maakten een hoop tamtam. Poels onderhandelde in stilte met mijndirecties. Gesteund door bisschoppen en andere katholieke hotemetoten legde hij zijn wensen voor. De 'doctor' kreeg alles gedaan.

In vrees verenigd probeerden staat en kerk de woelige Mijnstreek naar hun hand te zetten. Tegen de rooien trokken ze een buffer van afhankelijkheid op. Wie op de mijn wilde werken, moest langs bij meneer pastoor. Die schreef een briefje aan de mijnbaas. Vervolgens kreeg de sollicitant zonder verdere vragen een vaste baan. En met die baan kwamen een huis met tuin, de dokter, stroom, kolen, alles.

De katholieke sociale actie schiep samen met de mijn een arbeidersheilstaat. Ze verzorgde de arbeider, koesterde de arbeider, gaf hem alles wat hij nodig had. En pakte dat af bij twijfel over zijn loyaliteit.

Door te midden van snelle industrialisatie en maatschappelijke verwarring zekerheid te bieden, kreeg de kerk de Limburgers onder de duim. De volgzaamheid die Limburgers later wel is verweten, dateert van die eerste decennia van de twintigste eeuw. Eerder waren ze onder onophoudelijke wisseling van heer en gezag vooral trouw aan zichzelf.

Mooi voorbeeld van die eigenzinnigheid is het verhaal van de parochie Banholt. Rond 1870 weigerde het gehucht mee te betalen aan een kerk in het nabijgelegen Mheer. Banholt eiste van de bisschop een eigen kerk. Of dan ten minste een kerk op de grens. Toen ook die uitbleef, wilden ze een eigen kapel.

De bisschop van Roermond vond het goed, Banholt zijn eigen kapel. Die moest van de Banholtenaren wél geschikt zijn om een mis op te dragen. Uiteindelijk werd de kapel zo groot als een kerk. Vervolgens vroeg de parochie om een eigen pastoor – en kreeg ze er een. Steeds weer ging de bisschop om, zelfs toen in de nieuwe kerk van Banholt in 1874 een vrouw voorging als priester.

Die fermheid verdween in de jaren dat de bodem onder hun voeten werd omgewoeld – letterlijk en figuurlijk. In die onzekere chaos was het fijn vastklampen aan een instituut dat leek te weten hoe dat nieuwe leven moest worden ingevuld. De kerk markeerde haar greep op het industrialiserende Limburg door het landschap 'te sacraliseren'. Overal in het landschap werden kapellen, heiligenbeelden en kruisen als billboards neergezet, toonbeelden van het katholieke machtsvertoon.

Aan de vooravond van de Eerste Wereldoorlog was het inwonertal van Kerkrade van rond 1900 verdubbeld. Heerlen had Kerkrade ingehaald, van dik 6000 inwoners was het naar 16.000 gegaan.

Na de moord op de Oostenrijks-Hongaarse troonopvolger in juli 1914 raakten Europese landen in een kettingreactie in oorlog – ongemerkt, slaapwandelend, zoals de historicus Christopher Clark honderd jaar later zou beschrijven. Door de Grote Oorlog nam het gevoel van wanorde en onzekerheid snel toe. De Nederlandse regering mobiliseerde haar strijdkrachten: 400.000 mannen kwamen onder de wapenen, de mijnen raakten een vijfde van hun personeel kwijt aan het leger.

De 'Wereldbrand' domineerde de krantenpagina's. Het was onzeker of het Nederland zou lukken neutraal te blijven. Net als België probeerde het buiten de oorlog te blijven, maar de lijnen van de landkaart maakten dat niet erg waarschijnlijk. 150.000 Duitse soldaten marcheerden met een grote bocht om Nederland, langs de Duitse grens die door Kerkrade liep, en vervolgens dwars door België naar Frankrijk. België weigerde de soldaten vrije doorgang te geven en verklaarde Duitsland de oorlog.

De machtige Franse familie De Wendel was in 1908 eigenaar geworden van de Oranje-Nassaumijnen. De Wendels zouden contact hebben gehad met de Duitse keizer Wilhelm II. Voor De Wendel was het belangrijk dat de Limburgse mijnen openbleven; de steenkolenmijnen in het Ruhrgebied en de Elzas waren door de oorlog grotendeels buiten bedrijf, en zonder vetkolen, de zogenaamde cokes, viel de Noord-Franse staalproductie van De Wendel stil.

Of er een deal is gesloten, staat niet vast, maar een particuliere mijn als de Oranje-Nassau kan Duitsland steenkool hebben geleverd – onmisbaar voor de oorlogsindustrie, in ruil voor geen invasie in Nederland. Volgens de lezing van oud-PvdA-senator Nic. Tummers zouden de Limburgse steenkolenmijnen Nederland uit de Eerste Wereldoorlog hebben gehouden.

België was minder fortuinlijk. Wat een doorsteek had moeten zijn, werd een invasie, werd een gruwelijke oorlog met alleen al in België 25.000 burgerdoden en 40.000 omgekomen soldaten. Een miljoen Belgische vluchtelingen stroomden eind 1914 de Nederlandse grens over. De Nederlandse bevolking steeg in enkele maanden tijd met 15 procent: van 6,2 naar 7,2 miljoen mensen.

Al bleef Nederland neutraal, de oorlog liet zich voelen. Doordat 40.000 jonge kerels waren gemobiliseerd en allerlei toevoer en export stokte, kromp de economie. Een miljoen Belgen zochten eten en onderdak. De bevolking hamsterde voedsel en zilverstukken. Al snel stokte de levering van Amerikaans graan en was het brood schaars. In 1915 kwamen er broodbonnen. De mijnwerkers kregen een hoger rantsoen omdat ze zoveel calorieën verbruikten. Niet lang daarna was er tekort aan aardappelen. Voor melk en eieren gold een wettelijke maximumprijs.

In Kerkrade, aan de rand van het land, was de strijd nabij. Het bulderen van het geschut rond Luik was tot ver in Limburg te horen. Anna Vinders zag de Duitsers door de Neustraße, de Nieuwstraat, voorbijkomen: opgewekt een deuntje fluitend gingen ze lachend op weg naar het front. Van Belgische kennissen hoorde ze hoe het er aan de vuurlinie aan toeging. Ze zou het later meer dan eens aan Sjaakie vertellen: dat in die oorlog mensen waren afgeslacht als varkens.

Duitsland was maar een afrastering ver – al was dat voor Kerkradenaren verder dan ooit tevoren. Op het Congres van Wenen was honderd jaar eerder, in 1815, een landsgrens dwars over de Nieuwstraat gelegd, maar de bewoners van Herzogenrath en Kerkrade hadden altijd in één dorp geleefd.

Totdat de Duitse keizer Wilhelm een jaar na het uitbreken van de oorlog over de hele lengte van de Nieuwstraat dat hek liet optrekken, een ijzeren wand van 2 meter hoog. De afsluiting moest wanhopige Duitse soldaten het deserteren beletten. Ineens voelde men de grens. Die hield niet alleen soldaten, maar ook Duitse arbeiders tegen die in de Kerkraadse mijnen kwamen werken. De industrie had zo nog meer Hollandse jongens nodig. Daar kwam bij dat de vraag naar kolen steeg nu er geen Duitse steenkool Nederland meer in kwam.

In de dreigende chaos na 1914 kreeg de Limburgse kolenproductie een noodzaak en urgentie die ze eerder niet had. De Haagse belangstelling voor het zuiden groeide – en niet alleen vanwege de kolen. De Limburgse reisschrijver Felix Rutten stelde genoeglijk vast dat de oorlog Nederlandse vakantiegangers uit het noorden naar Limburg bracht, bijvoorbeeld naar Valkenburg aan de Geul. 'Toen het buitenland eenmaal gesloten was, greep menig boven-Moerdijker onwillekeurig de gelegenheid aan om Limburg te leren kennen. Limburg was toch altijd nog min of meer buitenland gebleven. Waar kon men anders heen tot verzet?... Het had er alles van, dat mooi Limburg in deze oorlogstijd het koele Holland voor zich veroverd had.'

Tegelijkertijd was Limburg ineens afgesloten van de rest van zijn regio: 212 kilometer Duitse grens en 139 kilometer met België waren dicht. De enige uitweg uit de appendix was noordwaarts, door de flessenhals richting Holland. Zo duwde de Eerste Wereldoorlog Zuid-Limburg ook verder het koninkrijk in. Het werd daar warm ontvangen. Oorlog leerde hoe kwetsbaar de energievoorziening was. Limburg werd langzaam maar zeker in het hart van het land gesloten.

In het jaar dat de Grote Oorlog ten einde kwam, werd in Heilust aan de Kleingraverstraat een houten ooievaar in de voortuin gezet. Het was een Duits gebruik dat in Nederland opmars maakte nadat in 1909 de geboorte van prinses Juliana was aangekondigd met een ooievaar. Op 17 oktober 1918 werd de tweede en laatste zoon van Driek en Anna Vinders geboren. Jan Hendrik werd hij gedoopt, naar zijn vader en grootvader. Thuis heette hij Heintje. Heintje was de zoon, kleinzoon en achterkleinzoon van een mijnwerker. Al zou Hein nooit groter worden dan 1,60 meter, in de wieg werden zijn handen gewogen en flink genoeg bevonden.

Hein groeide op met zijn broer Johan. Twee jaar ouder was die, nog kleiner dan zijn broertje, maar niet minder geschikt voor de mijn. 'Johantje' ging op zijn dertiende onder de grond en zou daar tot zijn pensioen blijven. Toch zou hij nooit een echte koelpiet (mijnwerker) worden. Johan volgde zijn vader met diens tuba naar de harmonie en ontdekte de muziek. Johan was jazz, Johan was Verdi, Johan was trompettist en werd de leider van The Rythmic Band.

Zijn broer Hein had niet zoveel met muziek. Het werd hem wel aangeboden, zoals de meeste kinderen van de kolonie een bugel of klarinet kregen aangereikt (de bugel is de viool van de fanfare, zoals de klarinet dat is voor de harmonie), maar Hein was een voetballer, een in Heilust legendarische spits op linksbuiten. Behendig en vlug vlinderde hij op zijn techniek langs de tegenstander. 'Volharding' heette de club waar hij begon. Ze speelden op een veld in de Kampstraat, op de plek waar tussen 1914 en 1918 een interneringskamp voor Belgische soldaten had gestaan. Van het hout van de barakken was een kantine getimmerd.

Hein was ambitieus en vertrok naar Juliana, de club die later in een fusie de Roda Juliana Combinatie werd: Roda JC. Hij speelde in het kampioensteam dat de koempels naar de eerste klasse bracht, het hoogste niveau in het Nederlands voetbal.

Hein en Johan hadden drie zussen. Alle drie droegen hun geheim – het ene een publiek geheim, het andere droef weggestopt, en een derde dat zich uiteindelijk niet meer liet verbergen. Heins oudste zus Lies was het huis al uit toen Heintje werd geboren. Lies was naar de huishoudschool gegaan, net als haar zussen en vrijwel alle mijnwerkersdochters. De nieuwjaarswens van de *Kerkraadsche Courant* in 1914 was in vervulling gegaan: rondom de mijnzetels waren overal huishoudscholen gesticht. Daar leerden nonnen de meisjes koken, schoonmaken, naaien en strijken, zodat ze gereed waren voor het huwelijk. Maar Lies moest eerder richting altaar. Ze was een knappe griet en los van zeden. Met de eerste man die haar zwanger maakte, moest ze trouwen. Ger heette hij, maar die naam raakte vergeten in de populariteit van zijn bijnaam: de *Miettekönning*, de leenkoning. Ze gingen wonen in een net gebouwde mijnwerkerswoning in de Romeinenstraat. Als er liefde was geweest tussen Lies en de Miettekönning, dan was die liefde over toen Sjaakie bij zijn tante over de vloer kwam.

De Miettekönning werd bij thuiskomst nogal eens het huis uitgezwaaid – 'ga jij maar even gezellig naar het café' – waarna Lies haar minnaars ontving. De echtgenoot haalde er wel eens een onder het bed vandaan. De buurt zag ze ontsnappen door het slaapkamerraam. Lies' frivole leven was een dankbaar onderwerp van geklets bij de bakker en de slager. De elf kinderen die ze baarde, hadden blond, rood, donker, krullend en steil haar.

Lies' jongere zus Hanna aardde naar hun moeder; rond en zacht en trouwhartig. Ze huwde een schilder uit Aken. Zijn naam was Paul, en ook zij vonden een huisje bij de familie Vinders om de hoek. Toen er in de jaren dertig niet veel te schilderen viel, daalde ook Paul af onder de grond. Hanna en Paul kregen één kindje. Het was niet goed, het was misvormd en het leefde niet lang. Een naam had het niet gekregen. Nog voor de doop was het gestorven, het ongelukkige ding dat nooit de hemel in zou gaan. Er werd met geen woord over de overleden baby gerept.

Al schilderde Paul deurstijlen en geen vergezichten, in hem huisde een bohémien. Hij kocht een rode Vespa, zette zijn Hanna achterop en samen reden ze naar het Gardameer. Toen haar broer Hein kinderen kreeg, speelde Hanna met glans de rol van favoriete tante. Ze kwam aansnellen als Sjaakie krijsend door de tuin liep, uit de teil gevlucht voor het schuursponsje van zijn moeder. Hanna stelde er eer in de kleuter zachtjes te badderen. Later zou ze hem mee uit nemen naar de grote stad.

Mina, de derde zus, trouwde met Rob. Hij was een mijnwerkerszoon en had een baan bij zagerij Sporken, een toeleveringsbedrijf van de mijn. In de jaren twintig werd onafgebroken gebouwd, en de houtzagerij leverde balken, deurstijlen en kozijnen. Ook in de mijnen zelf werd zoveel hout gebruikt dat in Drenthe, Noord-Brabant en op de Veluwe massaal naaldbossen werden aangeplant om aan de vraag te voldoen.

Mina woonde met man en twee zonen bij haar ouders aan de Kleingraverstraat in een aanbouw. Hun zonen Jo en Hein sliepen op zolder. Zij zouden zo vroeg als dat kon met hun vader en opa mee de mijn in gaan. Wanneer Mina was begonnen te drinken, wist niemand. Ze was met de jaren vrolijker geworden, ze schalde Duitse schlagers en walste op haar eigen gezang het huis door. Later zou Sjaakie geamuseerd kijken naar die volwassen vrouw die zo gek deed dat haar man en zonen haar liever binnen hielden. Over een drankprobleem werd niet gesproken – niet naar vragen, niets zeggen, zo beschermde de kolonie zich tegen schande.

De Grote Oorlog had Limburg drie dingen duidelijk gemaakt. Het was nu hartgrondig en onmiskenbaar Nederlands. Vier jaar lang was Limburg alleen open geweest naar boven. Nog geen 5 kilometer breed was ter hoogte van Susteren de doorgang naar de rest van Nederland geweest, en door die navelstreng, waardoor alleen nog Hollands bloed stroomde, groeide de verwantschap van het zuiden met de rest.

Het tweede nieuwe gegeven: de katholieke kerk was eindelijk vrij in haar streven naar almacht in Limburg. In 1917 was de schoolstrijd beslecht. Katholieke scholen kregen recht op dezelfde financiering als openbare scholen. Daarmee was een belangrijke laatste hindernis voor de emancipatie van de katholieken opgeruimd. Toen Limburg in 1918 ook nog met Charles Ruijs de Beerenbrouck de eerste katholieke minister-president leverde, ebde het gevoel van minderwaardigheid weg. Het werd het begin van een katholieke jubelstemming die vier decennia zou duren.

Het derde voldongen feit was dat de Limburgse mijnen van vitaal belang waren gebleken voor de Nederlandse staat. Ze hadden Nederland uit de oorlog gehouden en ze hadden Nederland van stroom voorzien. Daarom reisde koningin Wilhelmina in 1919 met haar gemaal af naar het zuiden, een reis die niet zonder risico was. Hoewel al honderd jaar deel van Nederland, had Limburg niet veel op met het Huis van Oranje. Bovendien had Pieter Jelles Troelstra in november 1918 opgeroepen tot een socialistische revolutie, en sindsdien rommelde het rond de industrieën. Maar Troelstra's revolutie doofde voordat ze goed en wel begonnen was, en toen België in 1918 Nederlands Limburg opeiste, hadden de zuiderlingen laten weten 'bij geen andere natie te willen horen'. Voor het eerst deden de Limburgse media enthousiast verslag van het bezoek van het koningspaar. Koningin Wilhelmina en prins Hendrik werden toegejuicht toen hun koets door de straten van Heilust reed.

Daarna begon de staat eindelijk ook zijn meest zuidelijke grondgebied te ontsluiten. Vaarwegen en spoorlijnen, wegen en bruggen, trams en busdiensten; vanaf 1920 liepen de lijnen niet meer alleen naar Duitsland en België. De industrialisatie in heel Limburg werd aangeblazen door de nieuwe infrastructuur. De mijnproductie was in de oorlog al ruim verdubbeld en groeide nog even in hoog tempo door. In 1921 had Limburg 26.000 mijnwerkers, in 1930 waren het er 38.000.

De mijndorpen bewogen mee. Heerlen groeide onstuimig, barstte uit zijn voegen. Het was altijd al een dorp met een zeker air, Limburgs 'lichtstad' met straatlantaarns langs zijn wegen. Nu was het met het hoofdkantoor van de Staatsmijnen en vier Oranje-Nassaumijnen ineens de hoofdzetel van de mijnindustrie. In omringende dorpen vond men dat de Heerlenaren nu echt met hun neus in de wind liepen. Het getuigt van gezonde zelfspot dat de Heerlense carnavalsvereniging zich later Winkbülle doopte, windbuilen.

In het tumult van die industriële revolutie raakte de jonge stad haar dialect kwijt – onder de grond maar ook daarboven. Ondergronds was de oorzaak van praktische aard, bovengronds leek het verdwijnen van dialect op een verlangen naar emancipatie.

Werklieden uit alle windstreken waren onder de grond verbonden door dezelfde opdracht: zo veel mogelijk kolen eruit en daarna levend weer omhoog. Elkaar verstaan was van levensbelang. Dialect was voor de Hollanders niet te volgen, 'Hoog-Hollands' niet voor de Slovenen en Italianen en ook menig Limburger miste dan het nodige. De opzichters spraken die eerste jaren Duits. Uit die multiculturele brij groeide een mengelmoes van Limburgs en Nederlands dat 'Koelhollesj' werd genoemd, in het Nederlands vertaald als 'Kuil-Hollands'. Limburgse woorden werden verhollandst en omgekeerd. Uitdrukkingen werden letterlijk van dialect naar het Nederlands vertaald, tot zinnen als: 'Laat je maar niks d'r heen make.' (Lot dich mar nieks d'r hin make, laat je maar niet voor gek verslijten).

Boven de grond hoorde het arbeidersvolk steeds meer Nederlands. De hoge heren, de directeuren en ingenieurs hadden in Delft gestudeerd. Wie wat voorstelde, sprak 'Hoog-Hollands'. De aanname was dat je, om wat te worden, Nederlands moest spreken. En dus begonnen in Heerlen moeders hun baby's te wiegen in een hun vreemde taal. Tot de dag van vandaag tref je nergens in Zuid-Limburg zo weinig dialect als in Heerlen. Kinderen leerden Nederlands met een sterk Limburgs accent.

Ook Kerkrade groeide die eerste twee decennia van de twintigste eeuw, maar het hield Heerlen niet meer bij. In 1920 viel een volkstelling tegen. Kerkrade bleek niet de verwachte 30.000 inwoners te hebben, maar ruim 25.000, 4000 minder dan twee jaar daarvoor. De Zuid-Limburger mopperde over de ijdelheid van de gemeente, 'de zucht om van Kerkrade een *Groszstadt* te maken'. Bewijs daarvoor was de aanleg van trottoirs, waarvoor flink gemeentebelasting werd geïnd, die bovendien na een jaar moest worden verdubbeld. Doordat de groei van Kerkrade geleidelijker verliep, raakte de stad minder demonstratief verdeeld in mijnwerkerskolonieën en villawijken voor ingenieur en directeur. Het dialect bleef gekoesterd en behouden, tot op de dag van vandaag.

Nu er bussen en trams door de heuvels reden, konden Limburgse boerenzonen gemakkelijk naar de fabrieken in de stad komen. Vanaf de vroege ochtend tot in de nacht trokken bussen hun sporen door heel Limburg. Arbeiders van buiten de streek bleven toestromen, maar de meeste immigranten waren geen blijvers. De doorgewinterde steenkoolnomade – op zoek naar de hoogste verdienste – was weg wanneer hij elders meer kreeg. Veel nieuwkomers viel het werk onder de grond ook zwaar tegen.

Voor de drie-eenheid van de Limburgse macht – mijn, kerk en staat – bleef die onbestendige beroepsbevolking een probleem. Hoe kon ze het volk in bedwang houden als de arbeiders als mieren onder hun hand vandaan liepen. Op een bewegend doel is het lastig richten. Ook in de Mijnstreek bleven de jaren twintig roerig.

De bouw van de kolonieën temperde het woelen. Een huis van de zaak legde de mijnwerkers aan een leiband. De huur werd ingehouden op het loon en bij ontslag moest de arbeider zijn huis uit. De woningnood bleef groot, waardoor werknemers met handen en voeten vastzaten aan het mijnbedrijf. De mijnwerkersbonden stelden in 1920 dat door de arbeids- en huurcontracten arbeiders 'hun volledige vrijheid zijn verloren'.

Henri Poels, de man van het grand design, wist dat de mazen

van het net nog kleiner moesten. Verenigingen tegen zedenbederf als Eer en Deugd waren al eerder opgericht en konden rekenen op steun van de kerk. Op 16 maart 1918 berichtte de *Kerkraadsche Courant* dat op de vergadering van Eer en Deugd de kapelaan had opgeroepen tot 'versterking der weerkracht tegen de steeds schrikbarender vormen aannemende openbare onzedelijkheid. De te vroegtijdige verkeeringen, de vrijpostigheid en uitgelatenheid der grootere jeugd; de onvoegzame kleeding en de behaagzucht der meisjes...' De 'goedgeslaagde vergadering' werd afgesloten met een gebed. De machtige aalmoezenier zal het zo nooit hebben genoemd, maar wat hem voor ogen stond was iets als een welwillende dictatuur: 'Er moet komen een geest van geloof, van onderwerping.' God werd een verlicht despoot en Zijn regent luisterde naar de naam Poels.

4

Volgzaam en verkracht

(1925-1937)

Als ze kon, vertrok ze in de nacht. Soms waren de hanen nog stil, was het voor zessen, als Tineke Habets de voordeur achter zich dichttrok. Buiten bood het duister beschutting. Binnen was ze niet veilig. Tineke liep dan van de Baanstraat in Schaesberg naar het treinstation van Heerlen. Op die 4 kilometer sloten zich nog drie meisjes aan. Ze giechelden en geitten zoals meisjes van twaalf doen. Tineke was de enige op zelfgemaakte sandalen. Die werden gemaakt door 'Van de Berg'. Zo heette haar stiefvader niet echt, het was zoals iedereen hem noemde. In zijn paspoort stond 'Bergs', Johan Bergs. Ondergronds mijnwerker van beroep. Van de mijn nam hij stukken afgedankte transportband mee, waaruit hij schoenen sneed voor Tineke en haar broers en zussen. Dat is: voor de zes van de twintig broers en zussen die nog thuis woonden. Wie weg kon komen, ging het huis uit.

Een soort grote, zwarte, rubberen slippers waren het, met een band over de tenen en een riem achter de hiel. Zomer en winter liepen ze op slippers of klompen. Als het ging vriezen, droeg Tineke zelfgebreide wollen sokken in haar sandalen. In de klompen werden konijnenvellen gelegd.

Zes dagen in de week namen de meisjes de trein naar Maastricht. Van het station in Wyck wandelden ze zo'n 2 kilometer, over de Sint-Servaasbrug via de markt naar de Sphinx-fabriek aan de Boschstraat. Hun dienst in de aardewerkfabriek begon om acht uur.

De meeste meisjes uit Tinekes klas waren na de lagere school naar de huishoudschool gegaan, een enkeling naar de mulo, een paar moesten gaan werken. Tinekes moeder kon haar dochter niet laten leren. Fien had elke cent nodig. Van het geld dat Van de Berg op de mijn verdiende, kreeg zij het wisselgeld als het café dichtging.

De industrialisatie in Nederland was in de negentiende eeuw begonnen aan de Maas, met het Sphinx-keramiek en -glaswerk van Petrus Regout. De bloei van de Maastrichtse aardewerkindustrie was een afgeleide van het economisch succes van Luik, op een steenworp afstand van Maastricht. Op het Europese vasteland was Luik toen de industriële koploper, alleen Britse steden waren verder. Regout haalde uit Luik zijn kennis en zijn grondstoffen.

Een andere factor van belang was koning Willem I. Die was geen voorstander van industrie in de Noordelijke Nederlanden. Na het einde van de Franse tijd, in 1814, wilde hij het land opbouwen. In zijn plannen pasten geen toestanden als in Engeland. Hij had er een belangrijke les geleerd: zoals donder volgt op bliksem, zo volgt socialisme op industrialisatie. De koning wilde dat Nederland inzette op landbouw en handel: de blik gericht houden op de zee. Dat er aan de katholieke randen van zijn koninkrijk grote fabrieken kwamen te staan, leek hem geen probleem.

In Maastricht leefden de arbeiders zoals de koning had gevreesd: opeengepakt in hun vuil in krotten, met lange werkdagen tegen een schamel loon. Nadat hij de aardewerkfabrieken en glasblazerij had bezocht, ijverde de liberale politicus Samuel van Houten voor de eerste sociale wet van Nederland. Het Kinderwetje van Van Houten uit 1874 verbood fabrieksarbeid voor kinderen onder de twaalf. De wet werd overigens niet nageleefd en gecontroleerd en haalde dus weinig uit, totdat bij de eeuwwisseling de leerplicht kinderen tussen zes en twaalf jaar naar school stuurde. Daarna daalde het aantal kinderen in fabrieken.

Toen Tineke Habets in 1937 als twaalfjarige in dienst kwam van de Sphinx, was in de fabriek al het een en ander veranderd. In 1921 was de zesdaagse werkweek ingevoerd, in 1932 werd dat een werkweek van 48 uur. Het weekend begon zaterdags om één uur. De sfeer in de Sphinx was onvergelijkbaar met die in de fabrieken van de Oostelijke Mijnstreek. Door de poorten van de mijnen passeerden alleen mannen. De enkele vrouw tussen duizenden mannen was schoonmaakster of secretaresse.

In de Sphinx, de Mosa en Société Céramique werkten mannen én vrouwen. Schalen, kopjes en schotels werden door vrouwenhanden beschilderd. De meeste met klassiek Engelse decoratie of een aardewerkservies met het in de streek favoriete boerenbont. Zelfs rond de bakoven, waar het heet was en het werk zwaar, kwamen in de jaren dertig met de komst van moderne ovens vrouwen te werken.

Het mengen van de seksen normaliseerde de werkvloer. Geflirt verluchtigde de sfeer; er werd gelachen, gesjanst, soms in de pauze in een leeg kamertje gevreeën. Meneer pastoor was niet scherp in beeld. Het waren de families van grootindustriëlen als Regout en Chainaye die het leven van de aardewerkarbeiders, van de *pottemennekes* bepaalden.

In de fabriek was het aanpoten in hete, vochtige lucht, maar de betaling was ernaar. In 1936 verdiende een vrouw van twintig een weekloon van 7,5 gulden. Een meisje van veertien kreeg 4 gulden. Tineke was pas twaalf, ze nam iets minder dan 4 gulden per week mee naar huis.

De Sphinx had graag meisjes en jonge vrouwen werken. Ze waren goedkoop en ze waren toegewijd. Voordat ze duur in uurloon werden, moesten ze weg. Een vrouw die ging trouwen, nam ontslag, zo waren de regels; zij wijdde zich aan kinderen en huishouden. In de crisis van de jaren dertig werd bijna de helft van het Sphinx-personeel ontslagen, maar aan meisjes was een tekort. Die gingen liever 'in betrekking', zoals ze dat noemden, als inwonende hulp in de huishouding. Met advertenties haalde de Sphinx jonge krachten van buiten Maastricht, bijvoorbeeld uit Heerlen of Schaesberg. Tineke en haar vriendinnen kwamen er vroeg voor uit hun bed. Op de mijn was voor hen geen werk.

De knapste Sphinx-meisjes werden gevraagd om te komen werken in de 'monsterkamer', de showroom. Zij kregen een kokerrok en een blouse van de zaak en verfden hun lippen vermiljoen. In het Maastrichtse café In de Karkol, waar elke donderdag oud-Sphinxmannen elkaar treffen voor pils en herinneringen, worden verhalen verteld zoals dat over het grote diner dat elk jaar aan het einde van de aandeelhoudersvergadering werd gegeven. Achter de vleugel begeleidde een pianist een strijkje. De mooie meisjes van de monsterkamer serveerden het eten. Een oud-opzichter van de Sphinx vertelde dat tijdens het natafelen de mannelijke gasten met meisjes uit de monsterkamer de trap op gingen. Boven waren kamertjes waarin de Sphinx-promotie doorging.

Zo'n prominente rol was alleen weggelegd voor de meisjes van Maastricht; zij waren werelds. Tineke was voor Maastrichtenaren 'een boerin', zij kwam uit de Mijnstreek. Haar voorkomen had niks frivools. Ze was klein, mager en vaal, met haar bleekblonde haar. De kleur van haar pupillen was zo grijs als de kringen onder haar ogen. Haar werk deed ze aan een tafel waar kisten vol versgebakken aardewerk werden aangevoerd. Van 's morgens zeven tot 's avonds zes tikte ze met een ijzeren staafje tegen kopjes die uit de oven kwamen. Voordat die werden beschilderd, luisterde zij of het aardewerk een barst had – eigenlijk niet anders dan de mijnwerkers die aan hun kloppen hoorden of het dak boven hun hoofd ging breken.

Tineke was blij met haar werktafel in de coulissen van de serviesindustrie. Als ze op tijd op haar kruk zat en gestaag de kopjes door haar handen liet gaan, was er niemand die haar lastigviel. Maar er waren dagen dat het niet ging. Dan trilden haar vingers en gleden de kopjes haar als natte zeep uit de handen. Dat waren de dagen dat ze 's morgens niet op tijd weg had kunnen komen, weg voordat Van de Berg beneden verscheen en haar naar zich toe trok. Toen Tineke in één dienst drie kopjes brak, hield de opzichter een dag loon in, 75 cent. Haar moeder Fien huilde om verloren inkomen.

In de jaren na de Eerste Wereldoorlog had de steenkoolindustrie van de Oostelijke Mijnstreek een grote vlucht genomen. Onder de grond werden kathedralen gebouwd. De gangenstelsels breidden zich uit, om uiteindelijk groter te worden dan het wegennet van het huidige Rotterdam en Amsterdam bij elkaar. Boven de grond steeg de prijs van steenkool, steeg de welvaart. Was begin van de eeuw een ton kolen 6 gulden waard, in 1920 was dat meer dan het vijfvoudige, 33 gulden.

Ook boven de grond bouwden de mijnen hun imperium uit. Langzaamaan werd in de Oostelijke Mijnstreek alles en iedereen van de steenkool afhankelijk. Economische activiteiten die niet direct aan de mijn waren gerelateerd, waren niet welkom. De mijnen moesten alle moeite doen om Limburgse jongens voor zich te winnen. Concurrentie op de arbeidsmarkt was ongewenst en andere industrieën kregen geen voet aan de grond. Wel kwamen er fabrieken met werk voor de mijnwerkersdochters. Naaiateliers, waar werktenues voor de mijn werden gemaakt en waar meisjes een opleiding tot coupeuse kregen. Bij Mackintosh naaiden ze regenpakken, bij de Bata stikten ze schoenen.

De bouw van kolonieën ging onafgebroken door. Geïnspireerd op de Engelse tuinsteden werd overzichtelijk en laag gebouwd. In deze nederzettingen streefde de trojka van mijn, kerk en staat naar regie over het leven van de arbeider. Het was hun bedoeling 'een ware mijnwerkersstam' op te kweken, een geslacht van mijnwerkers dat zijn geschiedenis, zijn tradities en zijn opdracht kende; een ras man dat de steenkool was toegewijd. De grillige in- en uitloop van arbeiders van buiten moest worden tegengegaan.

Het succes van de kolonie drong door tot ver over de grens, tot in Berlijn. In 1935 stuurde de nieuwe Duitse Rijkskanselier zijn architect naar de Oostelijke Mijnstreek. Adolf Hitler gaf Albert Speer de opdracht te gaan zien hoe hier was gebouwd voor die *Schönheit der Arbeit*.

Het project van de trojka was een schoolvoorbeeld van social engineering; sociale bouwkunde met als streven een gemeenschap van getrouwen die werkt voor een en hetzelfde doel. Mijn, kerk en staat deden niet zomaar wat. Hier lag een idee aan ten grondslag dat was ontsproten aan het brein van Henri Poels. Hoewel niets formeel was vastgelegd – er bestond geen beleidsstuk – was er een duidelijk plan met God en steenkool als bondgenoten. Het socialisme was hun beider vijand, het opkweken van een vrome en gedisciplineerde mijnwerkersstam heilzaam voor allebei. Zoals een pastoor het verwoordde: 'Door onze roeping tot mijnwerker krijgen wij katholieken een grootse taak, een taak met als inzet de eer van God, persoonlijk geluk en dat van ons gezin.'

In de mis, op school, bij de voetbal of in het café, overal klonk datzelfde verhaal. Over de lange traditie van generaties steenkool delven, over de stoere mannen die ondergronds angsten overwonnen, met Gods zegen gevaren trotseerden en de vreugde die dat bracht; over offers en eer, over de glorie van God en die van moeder de vrouw, een verhaal dat de steenkool diende en de almacht van de kerk legitimeerde.

De aangeblazen traditie hielp Limburgers die nooit een gedeelde geschiedenis kenden aan een eigen identiteit. Het was *Invention of Tradition*, het uitvinden van traditie, nog lang voordat de daarvoor gelauwerde Britse historicus Eric Hobsbawm die term in 1983 zou munten. In 1926 werd de vereniging Veldeke Limburg opgericht om Limburgse dialecten te behouden. De vereniging was vernoemd naar Maastrichts eerste overgeleverde dichter, tegelijkertijd was de naam een acroniem: Voor Elk Limburgs Dialect Een Krachtige Eenheid.

De kolonie kreeg in die jaren een meer expliciete *Blut und Bo-*

den-ideologie – een idee uit *De ondergang van het avondland* van Oswald Spengler uit 1922, waarbij die een nauwe band veronderstelt tussen afstamming en de grond waarop een mens leeft. Door de architectuur werd die in stenen, straten en tuinen vertaald. Deze ideologie huldigde de gedachte dat de mijnwerker dicht bij de grond moest wonen. In zijn tuin in contact met de levende natuur, naast een gaard, met kool en aardappelen, met een varken in de drek en duiven boven zijn kop. Het zou hem helen van de schade opgelopen in het levenloze ondergrondse.

Tineke Habets was geboren in het jaar dat haar ouders hun zilveren huwelijk vierden. In 1925 was ze het elfde kind van Maria Josephina Savelberg en Jan Willem Habets. Fien en Jan stonden in 1900 in Heerlen voor het altaar, zij nog net 19 – minderjarig, hij 28. Zij struis, hij een spriet.

Fiens vader, Jan Jacob Savelberg, was dagloner, zoals het gros van de Limburgse mannen rond de eeuwwisseling. Vast werk had Savelberg niet. Hij kreeg per dag betaald voor uiteenlopende klussen. In het voorjaar en in de oogsttijd was er werk zat op de grote herenboerderijen die de heuvels van Heerlen bedekten; Geleenhof, Douvenrade, de Schiffelerhof, hoeve Molenberg en natuurlijk op het landgoed van kasteel Terworm, waar in 1902 de directeur van de Oranje-Nassau zijn intrek nam. Wanneer op het land niets te verdienen viel, werkten dagloners als sjouwer in de bouw, als stenenbakker of als graver bij de aanleg van spoorlijnen en kanalen. De vader van de bruid kon niet lezen en schrijven.

De vader van Jan was weliswaar ook een dagloner, hij was geletterd. Hij ondertekende zelf de trouwakte van zijn zoon. Plechtige bibberige letters. Zijn zoon Jan Willem had al wat meer schwung in zijn handtekening, hij draaide krullen aan de kop van de W. Deze Jan Habets, de grootvader die Sjaakie nooit zou kennen, werkte op de Oranje-Nassaumijn toen hij in 1899 Fien ten huwelijk vroeg. Zijn bruid droomde van een rijk rooms gezin met veel kinderen. Het hoofd van zo'n gezin moest dan het nodige binnenbrengen.

Voor dagloners, steenbakkers en boerenknechten was het inkomen nooit zeker en altijd te weinig om van rond te komen. In de nieuwe steenkolenmijn kreeg Jan elke twee weken een loonzakje. Zijn salaris was weliswaar veel hoger dan dat van de dagloners, om een rijk rooms gezin te voeden was het niet genoeg. Daarom had Jan een wagentje getimmerd, een soort bolderkar met wielen van hout. Dat vulde hij met aardappelen, pastinaken, koolrabi, appelen, uien en biet, met alles wat hij bij de boer kon krijgen. Dan spande hij zijn hond voor de kar en ging hij na zijn dienst ermee langs de deuren.

Een vast salaris had hem naar de Oranje-Nassau gedreven, ook al was Jan niet bepaald een robuust manspersoon. Zijn Fien was struis, streng en veeleisend. Hij was lief voor haar, zorgzaam, maar ook was hij klein en iel, met vlasblond haar en nooit eens een blos op de wangen. Zijn gebrek aan lengte hield hem uit militaire dienst. Als ze zijn handen beter hadden gewogen, hadden ze kunnen zien dat hij niet was opgewassen tegen het geweld onder de grond.

Zijn schriele fysiek deed zijn vruchtbaarheid geen kwaad. De kinderen kwamen in goddelijke overvloed. Gemiddeld elke twee jaar een baby: Lies, Leen, Jacob, Leo, Sophia, Lenie, Wiel, Maria, Annie, Net, Mai en Fienie, tot Fien 44 was en hij 53 en het laatste meisje werd geboren. Tineke was nummer dertien. Later zouden haar oudere zussen zeggen dat ze hun moeder, 'de mam', eigenlijk nooit zagen. 'Wij deden het werk, zij lag altijd in de Vroedvrouwenschool.' De opleiding voor vroedvrouwen in Heerlen was tegelijkertijd kraamhotel. Steeds meer mijnwerkersvrouwen kwamen er om veilig te bevallen.

Toen Tineke werd geboren, was haar vader al ziek. Jan ademde zwaar, hij hoestte zwart slijm met bloed en werd steeds magerder, tot hij in het Sint-Josephziekenhuis in Heerlen kwam te liggen en daar op zondag 11 september 1927 stikte in het stof. In de annonce die in de *Limburger Koerier* zijn dood meldt, wordt Jan W. Habets vergezeld door twee engelen, twee jonggestorven kinderen, Elfriede van vijftien maanden en Magdalena van vijf jaar. Nergens in Nederland stierven meer kinderen dan hier.

Daar zal Fien hebben gestaan, een peuter aan haar schort, een batterij kinderen om voor te zorgen en een schamele weduwenuitkering. Zuinig geleefd hadden ze altijd al. Fien breidde sokken en truien voor de kinderen; elke vrije minuut van de dag tikten de pennen. De sokken werden gestopt tot er een noodverband van versteldraad rond de tenen spande. Een afgedragen trui werd uitgehaald. Van de resten garen breide Fien een nieuwe trui. De kleren van de kinderen van Habets kregen steeds meer verschilllende kleuren. Nu zat Fien alleen bij de kachel. Ze breidde regenbogen van wol die zwaar woog van de tranen.

Het waren de dagen dat de kerk zich steeds meer liet zien, zich met steeds meer zelfovertuiging deed gelden. Daar was de kerk langzaam in gegroeid, nadat eind achttiende eeuw de verschillende kerken in de Republiek gelijkwaardig waren verklaard.

De scheiding tussen kerk en staat was daarmee een feit geweest. Toch konden katholieken toen nog niet met hun geloof de straat op. Priesters mochten niet in habijt in het openbaar en het luiden van de klokken was verboden. Nadat in 1853 de bisschoppelijke hiërarchie was hersteld, was ook die ban op publiek vertoon opgeheven. Daarmee begon de 'Herleving', die zou uitmonden in de machtige katholieke zuil van de twintigste eeuw.

In de negentiende eeuw kon een katholiek volstaan met de mis en een onzevader voor het eten. Voor de nieuwe eeuw waren de uitdagingen en de ambitie groter. Op de Katholiekendag van 1904 riep een spreker: 'Wij hebben meer te doen dan onze beginselen te vertroetelen in de binnenkamer; wij moeten ermee het openbare leven in om alle gelovigen op te roepen zich in te zetten voor de roomse machtsontplooiing.'

De gelijkschakeling van het bijzonder onderwijs haalde in 1917 de laatste belemmeringen weg voor een katholieke expansie. Het was een grootse overwinning. De katholieken betaalden ervoor door het algemeen kiesrecht te accepteren, maar nu ze katholiek onderwijs mocht geven, kon ook de kinderziel vanaf het prille begin naar roomse leer en zeden worden gekneed.

In 1920 was de katholieke infrastructuur gereed. Een web van kloosters, kerken, scholen, ziekenhuizen, vakbonden en verenigingen omspande Limburg en Brabant, tot aan Nijmegen, en vertakte zich noordwaarts. Even later werd ook het huiselijk domein met de katholieke geest bevrucht met katholieke vrouwenblaadjes, modetijdschriften, huisvrouwenverenigingen, radio en tv. *De Katholieke Illustratie*, een geïllustreerd weekblad dat al sinds 1867 verscheen, was een van de meest gelezen tijdschriften en een invloedrijk instituut.

De pastoors rukten op en veroverden het privédomein. Zo kregen ze steeds meer belangstelling voor het huwelijk. De eerste helft van de twintigste eeuw hielden ze een administratie bij over het welvaren van gezinnen: hoeveel kinderen er werden geboren, de verstandhouding tussen man en vrouw, de vervulling van kerkelijke plichten. Ze gaven ongevraagd advies en zo nodig traden ze op als koppelaar.

Fien had de jaardienst van haar Jan nog niet achter de rug, of meneer pastoor stond met een man aan de deur. De geestelijke was haar wel wat bijstand verschuldigd, haar schoot had de kerkelijke kudde dertien schaapjes geschonken. Een echte vraag was het niet, meer een aanbod dat ze niet kon afslaan: 'Luister eens kind, ik heb voor jou een goeie weduwman.'

Eerder al waren twee zusters van de Vincentiusvereniging naar Fiens huisje gekomen, de armoedebrigade. Als je bij Sint-Vincentius moest aankloppen, dan was je een rode lijn over. Dan hoorde je bij de paupers. Vanaf toen kreeg Fien zakken met tweedehands kleren, een bed, stromatras of een stoel, een kilo suiker en een lading kolen.

En nu stond meneer pastoor daar met een kerel. Niet al te groot en ook hij mager, maar dan tanig en, dat zou blijken, beresterk. Johan Bergs, Duitser van geboorte en al jaren mijnwerker in de Oranje-Nassau II. Zijn vrouw was doodgegaan en had hem met zeven kinderen achtergelaten, de jongste zoon Ger was even oud als Tineke. Vanwege Bergs' ontreddering had meneer pastoor hem een goeie huisvrouw beloofd.

Bergs was vijf jaar jonger dan Fien en of ze elkaar mochten, wisten ze nog niet. Eerst moest de jaardienst van Jan voorbij zijn. Daarna was er weinig grond meer om meneer pastoor tegen te spreken. Elf dagen na de jaardienst werd op 21 september 1928 in Hoensbroek een verstandshuwelijk gesloten. De tien kinderen die Fien nog in huis had, kwamen samen met de zeven van Van de Berg. Zeventien had ze er nu. Tineke was net drie.

Na de Eerste Wereldoorlog maakten veel mijnwerkersgezinnen een sprong in welvaart; hun inkomen nam toe, de gezondheidszorg verbeterde. Zo niet Fien Habets en haar kinderen. Na de dood van Jan was alles minder geworden. Nog steeds moest ze haar gezin voeden van het karige weduwenpensioen van de Oranje-Nassau, alleen had ze nu meer kinderen. Alle genegenheid ontbrak. Het verstandshuwelijk leek weinig verstandig.

Johan Bergs was dan wel door meneer pastoor aangedragen als een goede gast, daar gedroeg hij zich niet naar. Tineke noemde hem altijd 'een echte Pruis', wat na de Duitse ravage van 1914 geen compliment was. Van de Berg werkte hard, hij zoop hard en hij sloeg hard. Iedereen wist dat Van de Berg zijn handen niet kon thuishouden. Fien bad elke dag dat hij zijn dronken woede zou bekoelen op haar in plaats van op de kinderen. De kinderen hoopten dat Van de Berg zijn oog op een ander zou laten vallen, en doken bijtijds weg in een kast of bed. Maar ontsnappen was een wrange vreugde.

Wie ontkwam aan de gestaalde mijnwerkersvuisten, kon toch niet onderduiken. Door de muren van de Baanstraat klonk elke klap van zijn vuist, elke stoot, elke schreeuw. Fien was suikerpatiënt. De diabetes zette haar boezem op spanning. Haar tepels waren vaak rood en ontstoken, de borsten bol als ballonnen. Van de Berg beukte zijn vuisten in de gezwollen boezem. Tineke hoorde haar moeder dan huilen als een wolf. Wanneer Fien werd genegeerd en Van de Berg een ander uitkoos, wist ook iedereen hoe laat het was. In de van verraad beladen stilte voltrok zich de verkrachting.

Het interbellum was ook buitenshuis een tijd van strijd. Geloofsgroepen en politieke partijen manifesteerden zich op straat; ideologie was virulent en op zoek naar afnemers. Elders in Nederland lieten de gereformeerde mannenbroeders zich zien, maar geen gemeenschap zo fanatiek en met zoveel geestdrift als de rooms-katholieken.

In de jaren twintig kreeg het katholicisme militante trekjes. Zoals Jos Palm in zijn boek *Moederkerk* beschrijft: 'Na eeuwen onderdrukking leefden ze in een permanente roes van zelfoverschatting.' De katholieke kerk bood haar volgelingen een kalenderjaar vol vroom vermaak. De feesten voerden de gelovigen mee in opvoeringen die de godsvruchtigheid voedden en de verhoudingen onmiskenbaar duidelijk maakten. Machismo en autoriteit kenmerkten de schutterijen en drumbands in hun zeventiende-eeuwse uniformen. In optredens van de jonkheid (een vereniging van alle niet-getrouwde jongens en meisjes van boven de 14) dansten jonge vrouwen in maagdelijk wit, bloemenkransen in het haar. In de processies liepen achter de priester en het Allerheiligste de mannen, als laatste kwamen de vrouwen.

De devotie drong door tot in de haarvaten van de geloofsgemeenschap. Godfried Bomans zei over die tijd: 'Het katholicisme van de jaren twintig en dertig leed aan een vreemde opgeblazenheid, die er daarvoor niet was en die later ook is verdwenen.'

Van de protestanten had de katholieke kerk hier weinig te vrezen. De grootste vijand was het socialisme. Dat veroverde terrein in het sterk geïndustrialiseerde oostelijk Zuid-Limburg en werd verontrustend groot in de nabijgelegen mijnsteden Luik en Genk. Henri Poels waarschuwde al vroeg voor besmettingsgevaar, juist hier in Zuid-Limburg waar de geest zich volgens Poels gemakkelijk liet beïnvloeden: 'De groote kwaal van het Zuid-Limburgse volk is de logge onbeweeglijkheid, de groote massa van braave en goede menschen... Ook voor de arbeiders, die volstrekt niet tot de "slechte elementen" gerekend kunnen worden, is het zeer gevaarlijk in aanraking te komen met het socialisme wanneer zij onvoldoende ontwikkeld zijn.'

Waarmee de kerk dreigde in haar eigen zwaard te vallen – dat van de gedweeë, weinig weerbare arbeider wiens volgzaamheid zijn grootste deugd was. Poels vreesde een rattenvanger van Hamelen met revolutionaire tonen uit een rode fluit.

Mijn en kerk vormden één armee en waren in opperste paraatheid. Hun belangrijkste wapen was een dreigement: gelovigen die flirtten met het socialisme, riskeerden hun baan en de genade Gods. Wanneer de socialistische mijnwerkersbond een staking organiseerde, gingen kapelaans en pastoors de deuren langs. Dan waarschuwden ze opstandige arbeiders dat ze hun de sacramenten zouden onthouden: geen hostie in de mis, geen heilig oliesel op het sterfbed. En aangezien mijn en kerk ook de woning en de voetbalclub betaalden, dreigde een mijnwerker een flirt met het socialisme te bekopen met de ruïnering van zijn bestaan.

Katholieke dagbladen waarschuwden voor het onheil dat de socialisten zouden brengen. Zo opende in 1923 *De Zuid-Limburger* met 'Roode agitatie onder mijnwerkers' en het verwijt dat de socialistische bond een 'hetze' voerde tegen de christelijke bond: 'Hunner propagandisten trachten door de gemeenste leugens en lage verdachtmakingen datgene te bereiken wat men in 1917 al op het oog had: den Christelijke Mijnwerkersbond te vernietigen en de macht te veroveren in de Mijnstreek.'

Burgerwachten patrouilleerden in de jaren twintig door de kolonieën. Tegen communisten werd hard opgetreden, ze werden afgetuigd. Zelden werd de vrijwillige burgerwacht daarvoor vervolgd.

De steenkoolindustrie schoot na de Eerste Wereldoorlog uit als een wilg na de winter, maar de groei was van korte duur. Eind 1920 kelderde de prijs van steenkool met een derde. Transport over zee werd goedkoper. Per schip kwamen Engelse en Amerikaanse kolen aan in Antwerpen en Rotterdam. En die Amerikaanse steenkool werd aan de oppervlakte opgegraven, in zogenaamde dagwinning, voor een fractie van de kosten die werden gemaakt om de Limburgse kolen van honderden meters diep naar boven te halen. In 1921 kostte het 26 gulden om een ton steenkool te winnen. In 1920 had een ton 33 gulden opgebracht, een klein jaar later nog maar 20 gulden. Elke ton 6 gulden verlies.

De Limburgers reageerden verbijsterd, de zeven vette jaren waren immers nog maar net begonnen? De Zuid-Limburger kopte: 'Donkere wolken boven de Mijnstreek. De nog voor korten datum koortsachtige bedrijvigheid in de Mijnstreek, heeft plotseling plaatsgemaakt voor een drukkende atmosfeer. De kreet: meer kolen en nog eens meer kolen, is vervangen door de woorden: er zijn kolen in overvloed... Zooals een gierigaard zich op 't goud werpt, zóó werd gestreefd naar hoogere productie van steenkolen in onze Mijnstreek.'

De mijnen verlaagden de lonen. Het commentaar in de krant verwoordde het gevoel van de Limburgers, in het nog steeds veelgebruikte Duits: 'Der Mohr hat seine Schuldigkeit getan, der Mohr kann gehen.' Ze hadden hun plicht gedaan en werden afgedankt. De mijnen ontsloegen eerst de buitenlandse werknemers – ongeacht hoe geïntegreerd en ervaren ze waren. Midden jaren twintig verloren vooral Poolse, Sloveense en Italiaanse mijnwerkers hun baan. Daarna werden mijnwerkers die verdacht werden van communistische sympathieën de laan uit gestuurd.

In 1925 maakte *De Zuid-Limburger* een paginagroot statement door op de voorpagina een brief van de Christelijke Mijnwerkersbond aan de ministerraad integraal af te drukken. ‘De malaise in de Mijnstreek’, stond er in chocoladeletters. De bond smeekte het kabinet om de mijnwerkerslonen niet verder te verlagen, en om de transportkosten die de Nederlandse Spoorwegen rekende, toch vooral niet te verhogen.

Uit de kranten van die dagen spreekt frustratie en verongelijktheid. Op 17 februari 1925 schreef *De Zuid-Limburger*: ‘Tijdens en na den oorlog heeft men kunnen lezen, hoe hoog men ’t op prijs stelde, eindelijk onafhankelijk te zijn van ’t buitenland wat betreft de kolenvoorziening van ons land, want men had tijdens den wereldoorlog gezien en ondervonden, wat ’t zeggen wil, niet voldoende kolen in eigen land te produceren.’

Het grote project van Henri Poels dreigde jammerlijk te mislukken. De industrialisatie van Limburg was rooms en niet rood doordat de inmiddels 30.000 mijnwerkers van alles werden voorzien. Maar tegen werkloosheid, een dalend salaris en het onvermijdelijke verval viel niet op te prediken. *De Zuid-Limburger*: ‘Wij overdrijven niet als we zeggen, dat er in vele mijnwerkersgezinnen bittere armoede wordt geleden... Onze mijnindustrie kan nog eenigszins geholpen worden, als men in Den Haag maar wil. Maar onze regering verroert geen vin, om onze mijnindustrie met hare dertigduizend arbeiders tegemoet te komen.’

Terwijl de kolenindustrie kwakkelde, begonnen de Staatsmijnen aan een nieuw hoofdstuk. Een dat aanvankelijk logisch volgde op de eerder ingeslagen weg, maar dat mettertijd een eigen leven zou gaan leiden en de steenkool zou overvleugelen en overleven.

De twee grootste van de vier staatsmijnen, de Emma in Hoensbroek en de Maurits in Geleen, produceerden vetkool. Dat is rijk aan gassen en ongeschikt voor huiskachels. Vetkolen worden bruikbaar door ze te 'veredelen'. Immense ovens verhitten de kolen op 1200 graden. Zodra ze 'gaar' zijn, worden ze uit de oven naar een blustoren geduwd. Daarbij komt de vuurzee even in de buitenlucht, wat bij avonden de hemel rood kleurt. Kilometers ver is dan de rode gloed te zien. Zoals in Geleen.

De koeltorens die in formatie stonden opgesteld om de hitte uit de cokesovens af te voeren, werden het embleem van de Staatsmijnen. Niet alleen waren ze beeldbepalend voor dit industriegebied, hun op diabolo's lijkende vorm was een briljante constructie, een zelfdragende structuur met een natuurlijke trek. Het was een uitvinding van Frederik van Iterson, directeur van de Staatsmijnen, vervolgens zijn over de hele wereld koeltorens naar dit model gebouwd.

Na het blussen waren van de vetkolen alleen nog brokken koolstof over, zogenaamde cokes. Daar worden grote industriële ovens mee gestookt. Toen Hoogovens, nu Tata Steel, gebruikt cokes om vloeibaar ijzer te maken, energiecentrales wekken er stroom mee op en cv-ketels van ziekenhuizen en flats worden ermee gestookt. De mijnen waren lang Nederlands grootste energieverbruiker, na de Spoorwegen. Een groot deel van de eigen cokes ging naar de eigen energiecentrale.

Bij de verhitting van vetkolen komen verschillende stoffen vrij. Het eerste is het ondergronds gevreesde mijngas, het tweede is waterstof. Toen in 1919 in Geleen de cokesfabriek bij de Emma openging, werd het mijngas wel opgevangen, maar men kon er niets mee. In 1926 begon in Geleen de Maurits te draaien, drie jaar later de gelijknamige cokesfabriek. Vanaf 1929 werd een gasnet aangelegd waardoor het mijngas naar afnemers in Maastricht, Roermond, Venlo, Eindhoven en Den Bosch stroomde.

Een jaar verder opende op het terrein van de Maurits het Stikstofbindingsbedrijf (SBB), waar van de opgevangen waterstof ammoniak werd gemaakt. De gewonnen ammoniak werd omgezet in kunstmest, waarvan de Staatsmijnen een van 's werelds grootste producenten zouden worden.

Het in bedrijf nemen van de eerste chemische fabriek was voor de Staatsmijnen een historisch moment. Later zou dit het fundament blijken waarop chemiereus DSM zich zou oprichten.

Tussen 1925 en 1929 trok de kolenmarkt weer aan. Ook werd het concurrentievermogen van de Nederlandse mijnen verbeterd door het werk anders te organiseren. De 'ambachtelijke' manier van steenkoolwinning maakte plaats voor een rationalisatie van de productie, met andere woorden: het moest goedkoper. Er kwamen bedrijfsplannen en 'minutenstelsels'; voor elke handeling was berekend hoeveel tijd daarvoor nodig was. De lopende band deed zijn intrede. De vakman werd een radertje in een machine.

De Limburgse mijnen werden de productiefste van heel Europa. En toch, toen op 24 oktober 1929 de beurs in New York onderuit ging, kreeg de Mijnstreek het zwaar. Industrieën wereldwijd gingen failliet of schroefden hun productie drastisch terug. De vraag naar kolen stortte in. Henri Poels, de 'houwdegen in priestergewaad' die zoveel succes had geboekt met het organiseren van de arbeidersbeweging en stakingen had afgewend door onderhandelingen over het behoud van loon, stond nu met lege handen.

Om te beginnen ontsloegen de mijnen bijna 10.000 arbeiders, opnieuw de buitenlanders voorop. Zij werden het land uitgezet, desnoods met drang in de bus naar Polen of Italië geduwd. Even later moesten ook buitenlandse kompels die een Limburgs meisje hadden getrouwd met heel hun gezin vertrekken. De mijnwerkers die hun inkomen hielden, moesten daar harder voor werken. Beloning werd nu ook afhankelijk van prestatie. Lunchpauzes werden geschrapt, de kompels moesten liggend in een pijler hun meegebrachte brood naar binnen werken.

De opzichter zette de ploegbazen onder druk om van mijnwerkers het uiterste te vragen. In de pijler trok die ploegbaas met krijt een streep op het steen en vonniste tot waar iemand moest graven. Vervolgens foeterde en dreigde hij zeven uur lang om de kompels als onwillige ezels door het carboon te jagen. Tot de streep, tot ver over hun grenzen.

In *Mijnwerkers, verhalen om te onthouden* uit 1979 vertellen oud-kompels hoe het jaagsysteem ze had opgedreven. 'Het was een concentratiekamp. Ik durf er voor uit te komen, dat je sidderde, dat je beefde als je je aangegeven stuk er niet uit had kunnen krijgen. Er waren een hoop mensen die dat gewoon niet kónden.' Tussendoor kwam de ploegbaas voelen of iemands hempje nat genoeg was. Een droog shirt was een teken dat hij harder kon werken.

'Na de sjiech [de dienst] moest je je melden. Als je de aangewezen meters niet had gehaald, kreeg je fl. 2,50 boete op een loon van fl. 5,60. En die opzichter moest dat doen om zélf hoger te komen... Je durfde niks te zeggen, want dan ging je de straat op, en waar ging je dan naar toe?'

De laatste restjes sociaal beleid sneuvelden in de grimmige opdracht kosten te besparen. Zieken waren er niet meer; de bedrijfsartsen verklaarde iedereen fit genoeg om te werken. Zoals een oud-mijnwerker vertelt: 'Als je een paar vingers brak, dan kreeg je die zo in gips gezet dat je nog een schop kon vasthouden.' Een ondergronds omgekomen mijnwerker werd nog even levend verklaard, tot hij boven de grond was. Een oud-kompel vertelt over een mijnongeluk waarbij iemand onder het puin bedolven raakte.

> De dokter kwam beneden en zag: die man is dood. Hij werd naar boven gebracht, waar meneer pastoor hem opwachtte. Zegt de pastoor: 'Deze man leeft nog,' en als om het te bewijzen diende hij hem de laatste sacramenten toe.
>
> En weet je waarom hij dat deed? Als een mijnwerker onder de grond overleed, dan gold dat als een ondergronds ongeval. Daarvoor moest de mijn een flink bedrag betalen aan de weduwe.

De mijnwerker was al die jaren later nog geschokt dat meneer pastoor zelfs inzake leven en dood – katholiek domein bij uitstek – niet de ziel maar de zaak diende.

De kameraadschap onder de grond verdween niet met het jaagsysteem toen de ploeg werd opgeknipt in individuen die tot hun streep moesten graven. De verbondenheid was zo sterk dat mijnwerkers elkaar hielpen een onhaalbaar doel te halen. Alleen werd het plezier van die innige vriendschap nu tenietgedaan door het gevoel als honden te worden behandeld. Hun kameraadschap werd de verbondenheid van slaven; overgeleverd aan de grillen van een baas die vrij spel had. Ander werk, een ander leven, het was er niet.

Of toch? Decennialang had de kerk een politiek van immunisatie gevoerd. De boerenbevolking die in overweldigend tempo industriearbeider moest worden, was onvatbaar gemaakt voor rebellie van links. Waar rode onvrede de kop opstak, werd die vakkundig en hardhandig onschadelijk gemaakt.

Zo succesvol als de kerk was geweest in het bestrijden van links, zo slecht zag ze de onvrede over rechts aankomen. De kerk kwam niet verder dan een bisschoppelijk schrijven in 1934, waarin ze waarschuwde voor het nationaalsocialisme en het fascisme. Maar in de Mijnstreek gistte het ongenoegen. Bij de Provinciale Statenverkiezingen van 1935 incasseerde de tot dan toe almachtige Rooms-Katholieke Staatspartij (RKSP) een gevoelig verlies. De Nationaal-Socialistische Beweging (NSB) werd in Limburg groter dan waar ook in Nederland. Landelijk stemde 8 procent op de NSB, in Drenthe 11 procent, in Limburg bijna 12.

Sommige gemeentes hadden een nog grotere NSB-aanhang. In Amstenrade voerde kasteelheer Max graaf de Marchant et d'Ansembourg de NSB aan – de man had snor en frisuur geïnspireerd op de leider in Berlijn. Bijna een kwart van de stemmen ging er naar de nationaalsocialisten. Ook in het Duitstalige Kerkrade stemde 25 procent NSB. Tel daarbij op de stemmen voor de Nationaal-Socialistische Nederlandse Arbeiderspartij (NSNAP, de zusterpartij van de Duitse nazi's), en 30 procent van de Kerkradenaren stemde op fascisten. Veel Kerkradenaren hadden het gevoel door Den Haag in de steek te worden gelaten. Ze werkten zich kapot – letterlijk – en leden armoe. Mijnwerkers werden afgeknepen en de massa werklozen bleef groeien.

Het was prijsschieten voor NSB-leider Mussert en graaf De Marchant: ze hekelden het economisch bewind van Den Haag. Ook pleitten ze voor meer solidariteit en voor tucht en orde – een drill die de Zuid-Limburgers al zo gewoon waren dat die hun moreel superieur scheen. De NSB sloeg de groep hoger aan dan het individu, ook dat sprak de Limburgers aan. De NSB-graaf riep zelfs nog even dat hij Vlaanderen bij Nederland wilde halen en zo Limburg weer heel wilde maken.

Toch brachten de jaren dertig niet alleen neergang. In Heerlen werd pal naast de Sint-Pancratiuskerk een monument neergezet. Revolutionair in 1935, een van 's werelds tweehonderd belangrijkste architectuurwerken zeventig jaar later: het Glaspaleis. De van oorsprong Duits-Belgische wever en stoffenhandelaar Peter Schunck groeide uit zijn winkel aan de Kerkstraat en had de panden rond de kerk gekocht om daar Heerlens eerste grote warenhuis te bouwen. Het was de zakenman die het Glaspaleis liet bouwen, al kon een dergelijk beeldbepalend gebouw alleen in het hart van de stad verrijzen met steun van burgemeester Marcel van Grunsven.

Schunck reisde door Europa en ging de modieuze nieuwe grote winkels langs. Hij vroeg de modernistische architect Frits Peutz om een vijf verdiepingen hoog warenhuis te bouwen, waar zijn stoffen zo mooi mogelijk konden worden aangeboden. Alsof ze op een markt lagen: open, met hun textuur in het volle daglicht. Peutz, een katholieke Groninger die door zijn ouders naar het jongensinternaat van Rolduc was gestuurd, was een vernieuwer, een uitvinder, een vroege aanhanger van het Nieuwe Bouwen. Van staal, beton en glas bouwde hij een constructie die zo veel mogelijk licht binnenliet en die werd gedragen door zo'n twintig paddenstoelvormige kolommen op elke verdieping. De buitenwand had geen dragende functie en werd één grote ruit. Tegen de voorgevel prijkte in grote letters de naam Schunck. De mensen die er winkelden, maakten deel uit van het straatleven beneden, waar net de markt was of een begrafenisstoet zich opstelde.

Het Glaspaleis was een tempel voor de mijnwerker. Alles wat van stof werd gemaakt, was er te koop. De kompel kocht er zijn werktenue, zijn vrouw haalde er haar linnengoed, handdoeken, een nieuwe jurk en kleren voor de kinderen. Schunck had matrozenpakjes voor jongens bij hun eerste heilige communie, voor de meisjes miniatuurbruidsjurken, een witte krans voor in het haar, kanten handschoenen en een wit polstasje voor de nieuwe rozenkrans. Ze konden worden betaald met bonnen van de mijn. Het aankoopbedrag werd daarna met rente ingehouden op het salaris.

Een tocht naar Heerlen naar het Glaspaleis was voor de mijnwerkersvrouwen een uitje van betekenis. Ze kwamen met de bus, met de fiets, lopend als het moest, om zich te laven aan deze belofte van voorspoed.

Maar de luxe was alleen niet voor iedereen bereikbaar. Fien Habets is nooit naar Schunck kunnen gaan. Toch had haar nieuwe echtgenoot een vaste betrekking – of Johan Bergs in 1935 in Nederland mocht stemmen is niet bekend, of hij sympathiseerde met de nazi's net zomin, wel staat vast dat Van de Berg ook in de crisisjaren zijn baan bij de Oranje-Nassau behield. Hij was een vent gemaakt voor het carboon, taai, gehard, niet kapot te krijgen, en met onmisbare ervaring onder de grond. Desondanks was bij hem vlijt geen moeder van voorspoed.

Als het betaaldag was, liep de geboren Duitser rechtdoor het café in. Daar vereffende hij zijn schuld, de rest zoop hij op. Die aandrang hadden meer kompels: het zwarte stof wegspoelen met pils tot er niets meer te voelen was. Daarom stond elke tweede en vierde vrijdag van de maand, tegen vieren, een rij vrouwen bij de poort van de mijn. Ze wachtten hun man op, zodat ze het loonzakje konden innemen. Daarna gingen de mannen met een afgemeten bedrag het café in.

Fien moest haar huishouden draaien van haar weduwenpensioen en de paar gulden die niet aan sigaretten en bier waren opgegaan. Haar zussen of buren brachten een pan soep en wat brood, haar kinderen droegen breisels en afdankertjes uit de liefdadigheid van het Rode Kruis en de Sint-Vincentius, een schraperig leven aan de bedelstaf waar ze niet aan kon wennen. Tineke was een keer huilend van school gekomen, toen op straat een meisje haar had nageroepen: 'Dat is mijn jurk die jij daar aanhebt!'

In 1934 was Fien één keer tussen de wachtende vrouwen bij de mijn gaan staan. Haar jongste dochter had ze aan de hand, Tineke was negen. Eindelijk kwam Van de Berg eraan, een peuk plakkend aan zijn onderlip. Hij zag zijn huisvrouw en het meisje, kneep zijn ogen klein en schold haar schreeuwend het terrein af. Hoe of ze het waagde hem hier lastig te vallen. 'Kom nog een keer en ik sla je kapot.' Toen hij rond middernacht thuiskwam, lagen Fien en de kinderen in bed. De drank had hem niet milder gemaakt. 'Du, Huresau!' Hij had zijn riem uit zijn broek gehaald. Ook wie geen klappen kreeg, kromp ineen.

Toen Tineke werd geboren, was haar oudste zus Lies 21 en al lang het huis uit; ze was bij geboorte in 1925 al drie keer tante. Nu Tineke tien werd, woonden de meeste van haar broers en zussen op zichzelf. Wie weg kon komen, vertrok. Haar zussen waren de een na de ander in verwachting geraakt en getrouwd. Niemand die er iets van zei, zelfs meneer pastoor waagde het niet te komen preken. Zwangerschap was hier een ticket naar veiligheid, vrijheid van dronken terreur.

Tineke zat vast. Ze kon haar moeder niet alleen achterlaten. Maar met elke nestvlieder die het gezin kleiner achterliet, kreeg zij meer aandacht. Van de Berg vertelde haar dat ze speciaal was. Ze was zijn lieveling, fluisterde hij, en nam dat letterlijk. Tineke verbeet zich, ze wist hoe dun de muur was, ze wist hoe hard Van de Berg kon slaan. Ze hield zich stil in zondig zwijgen, tot ze 75 was. Toen zou ze, niet lang voor haar sterven, haar jongste zoon vertellen hoe Van de Berg haar had genomen en alles had kapotgemaakt.

5

De vrijheid in een vogel

(1937-1946)

Het werd een stralende pinksterzaterdag, de 10de mei 1940, de dag dat bij het eerste morgenlicht Duitse troepen bij Rolduc de grens met Kerkrade over kwamen. Ze werden gevolgd door 140.000 Duitse soldaten, grotendeels op weg naar België. Dit keer liepen de Duitsers niet om Nederland heen. De 3700 Nederlandse militairen die hen in Limburg opwachtten, waren nauwelijks getraind. Sinds hun mobilisatie in augustus 1939 hadden ze vooral bunkers en stellingen lopen bouwen. Ze waren armzalig bewapend en in zo'n overweldigende minderheid dat je van weerstand niet kan spreken. Er lagen betonversperringen op wegen en bruggen, bij Kerkrade waren er wat steenkolenwagons opzettelijk van de rails gelopen. Het waren barrières die paard en wagen misschien een half uur oponthoud hadden gegeven. Tegenover de Luftwaffe en de moderne Duitse artillerie deed het negentiende-eeuws en machteloos aan.

De Duitsers kwamen nagenoeg zonder een schot te lossen Kerkrade en Heerlen binnen, een sigaret in de mondhoek, alle tijd voor een foto. Paarden trokken karren waarop de munitie hoog lag opgetast. Vanaf de stoep keken de Limburgers hoe het legergroen de straten vulde. Heerlenaren op de fiets reden rustig om de kolonne Duitse soldaten heen.

In Kerkrade was Hein Vinders samen met zijn broer Johan naar de markt gegaan. Hun moeder had hen willen tegenhouden. 'Jongens, kijk toch uit,' had Anna Vinders gezegd. Hein was 22 en zag hoe jongens van zijn leeftijd vanuit Duitsland de Nieuwstraat overstaken en kalm de stad innamen. Zelf had hij niet in dienst gehoeven, hij diende zijn land onder de grond. Hij keek naar een invasie die weinig van een invasie had. De intocht van de Duitsers leek te gaan volgens afspraak. Aan het eind van de middag wapperde op het stadhuis aan de markt een hakenkruis.

In Maastricht werd wel nog even geprobeerd de Duitsers te stoppen. Onder het geluid van bommenwerpers, jachtvliegtuigen en kanonnen werden onder een helblauwe hemel drie bruggen over de Maas opgeblazen. In de wijde omgeving sprongen alle ruiten. De Duitsers klauterden over ladders en brokstukken de Maas over, legden binnen een uur een pontonbrug neer waar een kolonne tanks overheen kwam, waarna Limburg in één dag was overmeesterd.

De regering in Den Haag hield nog heel even stand. Tot vier dagen later Rotterdam in de as werd gelegd en de Duitsers dreigden op 15 mei hetzelfde te doen met Utrecht. De in Maastricht geboren opperbevelhebber van het Nederlandse leger, generaal Henri Winkelman, capituleerde op woensdagochtend 15 mei. Twee dagen later werd in Kerkrade een avondklok ingesteld. Cafés en restaurants sloten om negen uur en om half tien moest iedereen binnen zijn.

De jaren voorafgaand aan de invasie hadden de NSB'ers zich op straat gepresenteerd in zwarte pakken, dezelfde autoritaire kleur waarin ook de priesters en kapelaans gekleed gingen. Allebei, geestelijken en NSB'ers, waarschuwden voor het bolsjewistische gevaar. Alleen moest dat volgens de NSB niet door de kerk, maar samen met Duitsland worden bestreden.

De jaren dertig hadden weinig modernisering en veel armoede gebracht. De mijnwerkers waren uitgezogen, het drijfsysteem had ze tot slaaf gemaakt. En tegen de tijd dat de oorlog zich aankondigde, was de crisis van de jaren dertig nog niet overwonnen. Bij eerdere verkiezingen waren het boerenpartijen geweest die dat ongenoegen hadden vertolkt. In 1935 waren het wiskundigen, juristen en edellieden die met de Nationaal-Socialistische Beweging boosheid omzetten in politiek kapitaal – en niet alleen dat. De Limburger die graag in vervoering raakte van praal en parades, kreeg van de NSB een overdaad aan gemarcheer en blaasmuziek in strak geregisseerde massavertoningen met weldadig veel eendracht. De Limburgse zucht naar samenhang en eensgezindheid maakte de zuiderlingen – dat had de Monseigneur scherp gezien – goed te mobiliseren.

De NSB-winst in 1935 etste Limburg in het nationaal geheugen als een vazal van de nazi's. Limburgse sympathieën voor rechtse ideeën worden nog steeds graag gezien als bevestiging van die vermeende historische voorkeur – van oudsher fascistisch *angehaucht*. Minder bekend is dat de katholieke kerk in 1935 zijn gelovigen het lidmaatschap van de NSB verbood, een jaar voordat de protestantse kerken datzelfde deden. Het woord van de bisschop, van Gods gedelegeerde, was krachtiger dan de lokroep van een gevaarlijke fanaat uit Duitsland. De doorsnee Limburger keerde de snel radicaliserende NSB daarna de rug toe. Aan NSB'ers had hij een hekel, niet aan Duitsers, die waren altijd nabij geweest.

De Duitse cultuur was de Zuid-Limburgers vertrouwder dan de 'Hollandse'; er werkten Zuid-Limburgse kompels in Duitsland, en Duitse mijnwerkers zaten in Nederland. Boerenknechten en stenenbakkers gingen voor werk de grens over, en de radiotoestellen die in de jaren dertig op de dressoirs kwamen te staan, speelden Duitse schlagers. In Holland aten ze een kaakje bij de thee, in Limburg bakte men flinke vlaaien voor bij de koffie en werden taart en vlees graag in Duitse porties geserveerd. De familie Vinders in Kerkrade sprak een soort Duits. En in Schaesberg werd het ouderlijk huis van Tineke Habets met harde hand bestierd door een Pruis.

Over de machtswissel die in 1933 in Berlijn had plaatsgevonden, maakte men zich lange tijd onvoldoende zorgen. In 1936 had Hitler tegen alle afspraken in het gedemilitariseerde Rijnland weer ingenomen, maar de Nederlandse premier sprak sussende woorden. Hendrikus Colijn zei op 11 maart 1936 over de radio: 'Ik verzoek den luisteraars dan ook om, wanneer zij straks hunne legersteden opzoeken, even rustig te gaan slapen als zij dat ook andere nachten doen. Er is voorshands nog geen enkele reden om werkelijk ongerust te zijn.'

Tot Pinksteren 1940, toen Limburg in een vloek en een zucht was overlopen door de nazi's. Eerst hoopten de Duitsers de Limburgers te lijmen. Ze konden elkaar prima verstaan, en in Kerkrade radeerde de grens dwars door een web aan familielijnen. De eerste maanden deden de indringers niet al te lelijk. Er waren nog geen arrestaties of huiszoekingen, en de Duitsers gedroegen zich gedisciplineerd en correct; het was een bezetting die weinig van een bezetting had.

Al was de bezetter die eerste maanden voorkomend, op sympathie hoefde hij niet te rekenen. In Kerkrade zei men: 'Zoeëjaar d'r betste Pruus hat e peëd jeklauwd' (Zelfs de beste Duitser heeft een paard gejat), nadat de Duitsers in de Eerste Wereldoorlog zoveel paarden hadden geroofd. En nog geen maand na de inval maakten de bezetters hun slechte naam waar. Dit keer wilden ze de duiven hebben.

Duiven vulden de lucht boven de mijnen. In Esscheriaanse zwermen, sportvliegers op weg naar hun hok of koerende vogels loom rond de til. Een nieuwe dag begon in het roekoe van de duiven, de nacht kwam met hun gekir. Net als het geratel van de mijnen was dit een geluid als een decor, een waarin het leven zich afspeelde; klanken die de borst van de kompel vulden met intens en verstild geluk. 'Waar in 't bronsgroen eikenhout, nachtegaaltje zingt', luidt de eerste zin van het Limburgse volkslied, maar dat is een wat geromantiseerd begin. Waar zijn duif koerde, was de Limburger thuis.

Je moest goed zoeken, wilde je een mijnwerker vinden die op

zijn hof geen *doeffes* had getimmerd, een vogelhuis dat varieerde van een eenkamerwoning tot een paleisje met meerdere etages. Achtertuinen met dennen, gras en afrikaantjes in de borders waren er nog niet. De hof was een horizontale stapeling van aanbouw. De aarde was betegeld en de natuur zat hoog, in levende have; in een warm grijs lijfje met kraaloogjes dat zich liet aaien in de grauwe en gekloven knoesten van mijnwerkershanden.

Hendrik Vinders, de opa van Sjaak, was een man van ijzer. Groot, sterk en voor niets en niemand bang. In de fanfare speelde hij tuba. Door het mondstuk perste hij een stoot lucht waarmee zijn tuba het hele orkest overstemde. De duif maakte het zachte in hem los. Dat beestje dat niet gemaakt leek om ver te vliegen – zo verwoed en amechtig als de doffer moest fladderen om zijn bolle buik klapwiekend van de grond te krijgen – dat kwam van honderden kilometers naar hém terugvliegen. Die toewijding ontroerde hem.

De duif was meer dan zomaar een beestje, vertelt ook Wiel Kusters, dichter en zoon van een mijnwerker. Hij beschrijft hoe zijn vader op een omgezaagde pruimenboom zat en zijn duiven volgde in hun vlucht. 'Ik heb wel eens gedacht: zag mijn vader zichzelf in die duiven? Hoe je de mijn ook wendt of keert, de open hemel zag je er niet. Zag hij zichzelf, zijn vrijheid in zo'n vogel? De vrijheid van wie aan zijn kooi ontsnapt? Vlogen ze daar namens hem?'

De kompel gaf om zijn duiven als om zijn kinderen – al gaat die vergelijking niet helemaal op. De vogels gaf hij hun zaden, hij ververste het water, hij controleerde hun vleugels en hij trainde de jonge duiven door ze in en uit het hok te laten vliegen. De kinderen deed zijn vrouw. Met een schraper krabde hij elke dag rotspartijen van grijze vogelstront van de plankjes in hun hok, zodat de dieren niet ziek werden van bacteriën in hun eigen poep. De dieren hadden veel verzorging nodig en, zo zeiden de duivenmelkers, vooral veel aandacht. Want een duif die zich geliefd weet, komt sneller terug op zijn honk.

En daar was het uiteindelijk toch ook om te doen: om de sport, de wedstrijden waarbij duiven soms meer dan 500 kilometer ver werden weggebracht om dan zo gauw als kon weer naar huis te komen. Het was altijd een opgewonden gekte in de kolonie als de duiven moesten vliegen. Een sterke doffer won aardige geldprijzen. De kompels zetten een kwartje of meer in – altijd meer dan hun vrouw had gezegd.

De betere duivenmelkers zorgden ervoor dat zo'n mannetje zich gewild voelde. Niet door hem nog meer te aaien, maar door vlak voor de wedstrijd een vrouwtje in het spel te brengen. Duiven vormen levenslang een stel, even amoureus als trouw. En een week voor de wedstrijd haalde hij de doffer weg bij zijn duifje; de til had meerdere hokken en een van de twee sloot hij op. Net voordat hij zijn beste duiven in een rieten korf naar de cafézaal tilde om daar te worden geringd en in een vrachtwagen te worden weggebracht, gaf hij het mannetje een minuut met zijn wijfje. Zonder een moment te verspillen maakten die duiven elkaar het hof. Ze draaiden om elkaar heen, kroelden en sloegen aan het zoenen. Dan zette de doffer zich op zijn duifje en 'trapte' haar. Na de wip werd het mannetje weggepakt. Die heette dan 'een widman', een weduwnaar, en werd ingeladen.

Een dag later zat de kompel op zijn hof. Op het deksel van een zinken vuilnisemmer of op een boomstronk, uren zat hij daar, te loeren naar de door muren en schuren ingekaderde lucht waar zijn doffer zou verschijnen als een stip aan de hemel. Duivensport is gezond omdat je zoveel buiten bent, zeiden ze in de kolonie. Maar het gekwelde wachten kwam met adrenaline. Op een zeker moment kreeg de duivenmelker het te kwaad. Dan pakte hij een leeg conservenblik dat hij had gevuld met zaden en begon ermee te schudden. Als de man voor het draaiorgel, zo rinkelde zijn maïs een ritme om de vogel uit de lucht te lokken. Zodra die aanvloog en de til in ging, greep zijn baasje hem bij zijn bolle buik, nam de rubberen ring van zijn poot, klokte die en spoedde zich met de duivenklok onder de arm naar het café in de hoop dat hij, zijn duif, de eerste was.

Duivenmelkers koesterden hun soortnaam, al wekte die soms vreemde verwachtingen. Melken deden ze hun duiven niet. Wel voerden de beesten hun jongen uit hun krop met iets wat op melk lijkt – zowel de doffer als de duif, want die delen wel de zorg voor hun kinderen. 'Duivenmelkers,' grinnikten de kerels als ze hun pijpjes pils lieten klinken.

De liefde voor de duif ging verder dan de kompels. Elke zichzelf respecterende arbeider had vogels, niet alleen in Limburg. Als het geen duiven waren, dan kanaries. Het was een liefhebberij die door de kerk zeker niet werd tegengewerkt. Boeren hadden altijd van alles omhanden, want rond een erf was het werk nooit af. De fabrieksarbeider moest na zijn dienst iets te doen hebben, anders zou die gaan zuipen, achter een of andere linkse utopie of de vrouwen aan gaan.

En de kerk zag de duif graag. In haar eigen huis stond die symbool voor de Heilige Geest. Bij de doop van Jezus in de Jordaan schreef Johannes in zijn evangelie: 'Ik heb aanschouwd, dat de Geest neerdaalde als een duif uit de hemel, en Hij bleef op hem.' Zat legendes waarin een vrome bidder de ziel van een overledene als een duif ziet opstijgen naar de hemel. Daar komt bij dat de trouw van het duivenkoppel een weldadig voorbeeld was voor de jonge katholieken.

Op 3 juni 1940 werd het de Limburgers verboden hun duiven nog te laten vliegen. Geheim agenten uit Engeland gebruikten duiven. Als ze in Europa waren geland, vaak met een parachute, lieten ze twee vogels los. Dan wisten ze in Engeland dat de agenten veilig waren aangekomen.

De duif had sinds de oudheid zijn waarde bewezen in oorlogen. De oude Grieken waren gek van duivensport, en ook de Perzen, Egyptenaren en Assyriërs hadden de vogels als boodschapper gebruikt. In de Tachtigjarige Oorlog werden vanuit belegerde steden duiven weggestuurd. In 1850, in de tijd dat de telegrafie opkwam, richtte Paul Julius Reuter in Aken een instituut op dat financieel nieuws tussen Aken en Brussel transporteerde met postduiven. De vogels, sneller dan posttreinen, waren de ontbrekende schakel in de nieuwsverbinding tussen Berlijn en Parijs. Reuters had nieuws over de Parijse aandelenbeurs als eerste. Zelfs nog in de Eerste Wereldoorlog hadden Duitsers en geallieerden postduiven ingezet.

De Duitsers wilden voorkomen dat er zo met Engeland kon worden gecommuniceerd. Vrije vluchten werden verboden, ook die van de sierduiven, en alle duiven moesten worden geregistreerd. Vanaf toen zaten de vogels binnen. Twee jaar later, in 1942, verordonneerde de Duitser dat alle duiven moesten worden afgemaakt.

De kompel draaide zijn vogels de nek om. Alle ringnummers waren voorhanden, de duivenmelkers moesten op het gemeentehuis de geringde poten inleveren als bewijsstuk. Achter het huis aan de Kleingraverstraat in Kerkrade had Hein Vinders zijn vader meegeholpen. De vloer vulde zich met warme, levenloze duivenlijven. Hendrik Vinders had in zijn doeffes zitten janken.

De bezetter en de bevolking van de Mijnstreek hadden een gedeeld belang. De Duitsers hadden kolen nodig. De mijnwerkers wilden hun baan niet kwijt. Gerard Habets, eerste burger van Kerkrade sinds 1916, maakte het de bezetter niet moeilijk. Zo mocht de Nederlandse vlag al meteen niet meer wapperen. Een 'gedragslijn' bepaalde dat 'met het oog op den rouw, waarin ons volk op het oogenblik verkeert, voorloopig, geen Nederlandsche nationale vlaggen worden getoond'. Op 24 juni 1940 droeg hij zijn politiecommissaris op Nederlandse vlaggen te vorderen. Habets tekende de ariërverklaring en bleef aan tot september 1941.

De 12 miljoen ton kolen die de Limburgse mijnen toen per jaar produceerden, waren een schijntje vergeleken bij wat er uit Tsjechoslowakije, Frankrijk en Duitsland zelf kwam. Niettemin wilden de Duitsers de mijnen in handen hebben; hun oorlogsindustrie was onverzadigbaar. Een maand na de invasie namen de Duitsers de Willem-Sophia en de zeven andere particuliere mijnen over. Eind 1941 volgden de Staatsmijnen. Als Verwalter (beheerder) werd Hermann Bruch aangesteld, een aanvankelijk niet al te onaardige Duitser.

Binnen een half jaar drongen de Duitsers aan op een forse verhoging van de steenkoolproductie, ze wilden een kwart meer. 15 miljoen ton per jaar zou Nederland moeten leveren, liet Bruch weten. Onmogelijk, zeiden de mijndirecties, door de Duitse mobilisatie waren veel opgeleide en ervaren krachten uit Limburg vertrokken.

In dat eerste jaar ging ruim een miljoen ton aan kolen de grens over, onbetaald. Bruch paaide de kompels. Dubbele kinderbijslag konden ze krijgen, sardientjes in blik, jenever, bonbons of sigaretten, als ze hem maar meer kolen gaven. Dat lukte alleen in het jaar erna, in 1941. Dik 13 miljoen ton werd naar boven gehaald. Maar dat kwam meer doordat er veel meer mensen naar beneden werden gestuurd dan dat ze harder gingen werken. De mijnwerkers hadden weinig zin de Duitsers te helpen. Begin 1941 hadden de Nederlandse bisschoppen zich fel uitgesproken tegen het nazisme; lidmaatschap van de NSB noemden ze 'in hoge mate ongeoorloofd' en ze verboden de katholieken lid te worden van de SS of andere nazi-organisaties. Echt verzet was er nog niet, wel werden er illegale krantjes verspreid.

Een jongen uit Tinekes lagereschoolklas in Schaesberg bracht met zijn vader *Vrij Nederland* rond. Hij heette Men van de Wetering – 'Men' omdat hij vanaf zijn geboorte door zijn oma *ut menneke* was genoemd. In Schaesberg woonde hij een paar straten bij Tineke vandaan, in de Heggenstraat in een oud huis waar de kozijnen vervelden en waarvan de muren zo massief waren (haast een meter) dat het 'De Kazerne' werd genoemd. Hoewel ze woonden op nummer 53, telde de straat maar twee huizen. De weg was een modderig pad met de sporen van boerenkarren en gepasseerd oorlogsmaterieel.

Toen de oorlog uitbrak, was Men net als Tineke van de lagere school af en aan het werk. Hij als boerenknecht, wat tegen de zin van zijn ouders was, want behalve kost en inwoning verdiende dat niet veel. Zijn vader, Marinus van de Wetering, werkte ondergronds in de Staatsmijn Hendrik in Brunssum. Hij had graag gezien dat ook zijn zoon ondergronds ging.

Maar Men was liever op het land. Overdag met paard en ploeg door de zon, 's nachts kluste hij wat bij langs de oever van de Maas. Zo hielp hij in de begindagen van de oorlog zijn boer om waar naar België te smokkelen. Een bootje met 600 kilo pootaardappelen werd dan de Maas overgevaren. Men en zijn baas schepten de aardappelen in de roeiboot, gingen in de struiken liggen om te waarschuwen voor een Duitse patrouille, terwijl een andere boer zo stil en zo snel mogelijk de riemen door het water haalde.

De smokkel was zijn eerste illegale daad. De verspreiding van *De Vonk*, de lokale uitgave van het communistisch dagblad *De Waarheid*, zijn tweede. Samen met zijn vader reed hij door Schaesberg, een bundel blaadjes in een tas achter op de fiets. De jongen zwaaide naar de Duitsers die ze voorbij fietsten.

Bij Tineke thuis bleven ze weg. Van de meeste mensen wisten ze wel of die het hielden met de bezetter. Johan Bergs was moeilijk te plaatsen. Hij was onberekenbaar en Duitser bovendien. Een die nooit echt plat was gaan praten.

Bij Tineke thuis veranderde de bezetting weinig. Van de Berg bleef voor Fien en de kinderen de bruut die hij was. Het geweld en de bedelstaf hadden Fien op een middag naar een stevig touw doen zoeken. Toen Tineke terugkwam uit Maastricht, vond ze haar moeder liggend in het trapgat, bewusteloos, het hoofd in een lus. Ook Tineke werd het zwart voor de ogen. Ze zoog neer en schreeuwde tot haar geluid op was. Een toegesnelde buurman zag het als eerste. Fien ademde nog. Ze had geprobeerd zich te verhangen, maar zelfs daar was het lot haar ongenadig. Ze had haar hoofd in een knullige knoop gestrikt en die was losgeschoten. Fien moest verder.

Dat zijn vrouw had geprobeerd zich van kant te maken, leek weinig indruk te maken op Van de Berg, in elk geval veranderde er niks. Hij bracht geen groter deel van zijn salaris naar huis, hij kwam er zo min mogelijk, alleen als hij hitsig was. Dan wachtte hij op het meisje.

Tineke en haar vriendinnen pakten een week na de Duitse inval weer de trein naar Maastricht. De Sphinx zette de productie gewoon door, al werd het geen *business as usual* meer; de vraag naar aardewerk en kristal nam snel af. De Sphinx kon niet al zijn personeel houden, maar Tineke mocht blijven. Zo serieus, toegewijd en jong vond je ze niet snel.

In 1942 nam Tineke zelf ontslag. Ze ging 'in betrekking', zoals dat heette. Ze werd 'meisje' bij de familie Lony in Schaesberg. De Lony's hadden in de Baanstraat, schuin tegenover haar moeders huis, een kleine kruidenierszaak. Tineke was intussen zeventien, al zou niemand haar die geven. Sinds haar twaalfde was ze voor zessen de deur uit gegaan om dertien uur later thuis te komen; het fabrieksleven had haar groei geen goed gedaan.

Nu ging ze in de kost en zorgde ze voor het huis en de zes kinderen. Volgens het schema van voor de oorlog zou ze op maandag speklappen bakken, draadjesvlees van sukadelappen op dinsdag, gehaktballen op woensdag, worst op donderdag – steeds met aardappelen, groente en liefst met jus of een melksaus, en op vrijdag een pan soep. Op zaterdag aten ze, voordat ze 's avonds naar de kerk gingen, brood met een ei of makreel in tomatensaus uit blik, en 's zondags stond mevrouw Lony na de ochtendmis zelf in de keuken. Dan werd om twee uur warm gegeten.

Maar toen Tineke in 1942 aantrad, was de oorlog al twee jaar aan de gang en de winkel van Lony werd leger en leger. Vlees was nauwelijks nog te krijgen en steeds meer mijnwerkers fokten hokken vol konijnen; dan was er met kerst nog iets lekkers op tafel. Ze mochten kippen houden als ze een groot deel van de eieren afstonden aan de Duitsers. Boter was er ook steeds minder, Tineke lengde de boter aan met water en een geel poeder dat Klop-Klop heette. Wie een bloementuin had, spitte die om en zette hem vol groente. Steeds vaker kookte ze gedroogde bonen of spliterwten met iets van kool.

Nadat in de Eerste Wereldoorlog de distributie van etenswaar een rommeltje was geweest, begonnen in aanloop naar de volgende oorlog de voorbereidingen al in 1937. De distributiestamkaarten, nodig om aan voedselbonnen te komen, werden in 1939 door de overheid uitgedeeld. Eind dat jaar ging als eerste suiker op de bon, kort daarna volgden de erwten. Toen de Duitsers de boel hadden overgenomen, gingen in 1940 koffie, thee, suiker, bloem en boter op rantsoen, gevolgd door zeep en tabak. De Duitsers deelden later een tweede distributiestamkaart uit, om onderduikers af te snijden van voedsel.

Tineke bad tot Onze-Lieve-Heer dat de Lony's haar zouden houden, al liepen de zaken slecht. Ze hielp in de moestuin en rooide aardappelen, plantte wortel en kool, ze hield de kinderen zoet, wreef met een prop oude kranten de ruiten tot er geen waas meer was tussen binnen en buiten. Ze boende alsof haar leven ervan afhing – en eigenlijk deed het dat ook. Haar zussen ontsnapten door zwanger te raken, Tineke door bij de Lony's in te trekken.

Marinus van de Wetering had bij de Hendrik zijn congé gekregen. Meneer pastoor was even daarvoor thuis langsgekomen om te informeren 'hoe het ging'. En of het 'niet eens tijd werd'. Van de Wetering had hem gezegd dat zeven kinderen meer dan genoeg monden waren om te voeden – en hij had voor meneer pastoor de deur opengehouden. Toen Van de Wetering zich op maandagmorgen meldde bij de portier van Hendrik, werd hem gevraagd op kantoor te komen. Zijn penning met nummer 4184 behoorde voortaan een ander.

Alsof God meteen straft: zijn vrouw bleek zwanger van nummer acht. Het gezinsinkomen was in een daad van emancipatie verdampt. Voor Men was er toen geen ontkomen meer aan. Hij was de oudste zoon, hij was veertien, hij kon zijn handen niet blijven verstoppen – ze waren flink genoeg. Eind 1940 begon hij op de mijn. Bovengronds, om te wennen. Het gesmokkel naar België was afgelopen. De illegale communistische verzetsblaadjes bracht hij nog gewoon met zijn vader rond.

Marinus had niet zo snel ander werk gevonden. Elke dag kuierde hij een rondje door de buurt, vaak hield hij halt bij de zaak van kapper Picasse, ook als hij niet zelf hoefde te worden geknipt. In de kapsalon werd de politiek besproken en Marinus nam er geen blad voor de mond. Zijn zoon Men zei later: 'Spionnen slapen nooit.'

Op 30 mei 1942 kwam Men de Heggenstraat in fietsen en zag een rij grote auto's voor hun deur. Gestapo, Sicherheitspolizei en de luxe wagen van de burgemeester. In huis was een stapeltje van *De Vonk* gevonden. Zijn moeder, hoogzwanger, liep met haar handen voor haar ogen de voortuin in, daarna zag hij hoe zijn vader de politieauto in werd geduwd, de handen op de rug, zijn ogen zoekend naar die van zijn vrouw. Via het politiekantoor ging hij naar de politie in Maastricht, van daaruit naar kamp Amersfoort om naar Neuengamme te worden gebracht, een concentratiekamp 18 kilometer onder Hamburg.

Later bleek dat een verzetsman was gepakt toen hij probeerde een fiets te stelen. Zijn huis was doorzocht. Onder het kippenhok was een stapel *De Vonk* gevonden en een verfrommeld papier met daarop zestig namen van mensen die het blad hadden verspreid of gelezen – Marinus van de Wetering stond erop. Een groot aantal van hen werd gearresteerd, vijftien keerden er terug.

In *De jacht op het verzet* beschrijft Ad van Liempt de arrestaties in Schaesberg en noemt het 'de tragiek van het kleine verzet'. De kleinste daad van verzet, de meest onbenullige ongehoorzaamheid, moest worden betaald met de dood. Een paar dagen voor de kerst van 1942 kwam het bericht dat Marinus van de Wetering was overleden. Hij was 37 geworden.

De oorlog maakte het werk in de mijnen populair. Mijnwerkers kregen niet alleen douceurtjes als extra kolen, kledingbonnen, bonbons en tabak, wie kolen delfde hoefde niet in Duitsland te gaan werken. Die beweging van arbeiders naar het oosten was al voor de oorlog begonnen. In Duitsland was volop werk, terwijl in Nederland de crisis dooretterde. In 1939 waren Nederlandse werklozen gedwongen in Duitsland aan de slag te gaan, anders raakten ze hun werklozensteun kwijt.

Al eind 1940 ging Duitsland in Nederland op zoek naar arbeidskrachten. Naarmate de oorlog langer duurde, werd de jacht op jonge mannen met het jaar opgevoerd. Verleiding werd drang, werd dwang. In 1942 werden mensen opgeëist om in de Duitse mijnindustrie te komen werken.

In de Limburgse mijnen ontbrandde een machtsstrijd tussen bezetter en mijnwerkers. De Duitser eiste meer kolen, de mijnwerker gaf niet thuis. Ondanks een forse uitbreiding van het aantal kompels bleef de productie de eerste drie oorlogsjaren min of meer gelijk (12 miljoen ton) met in 1941 een uitschieter naar 13 miljoen, maar voor Hermann Bruch was dat bij lange na niet genoeg.

In juni dat jaar werd de zondagsarbeid ingevoerd: eens in de twee weken en dubbel betaald. De kompels weigerden. Op hun enige vrije dag, de zondag, gingen ze niet naar beneden, zeiden ze. Kolenwagons werden beklad met leuzen: 'Jongens, laat zien dat je Nederlander bent en laat die vuilbakken van Duitsers zelf maar werken.'

Op 29 juni, de eerste 'vrijwillige' werkzondag, kwam ondanks de beloofde toeslag nog niet een vijfde van de mijnwerkers opdagen. De Duitsers waren ziedend. Voor straf ging 100.000 ton extra kolen naar Duitsland en werd het tekort in Nederland nijpender. De Duitsers probeerden het nog een paar keer, in maart 1942 werd de zondagsarbeid verplicht, maar het verzet nam toe. Passief – mijnwerkers meldden zich massaal ziek en zetten zich nauwelijks in, en actief door het saboteren van de productie. In de Oranje-Nassaumijn II in Heerlen werd een wagon in een schacht gekieperd. Dagen kostte het om de schade te herstellen.

Uiteindelijk arresteerden de Duitsers 159 mijnwerkers die op twee zondagen waren weggebleven. Ze werden beschuldigd van sabotage en gedeporteerd naar de Duitse kolenbekkens. Dat brak het verzet. Vanaf mei 1942 traden de ploegen compleet aan voor de zondagsdienst.

In Schaesberg moest ook Men van de Wetering om de zondag naar beneden. Nadat zijn vader was verraden en naar Neuengamme afgevoerd, werd hij in de Laura een echte mijnwerker. Hij was zestien en kostwinner, ondergronds verdiende hij fors meer. En dat beetje extra was nodig. Zijn moeder was net bevallen van haar achtste kind.

Nadat Marinus van de Wetering door de Gestapo was weggevoerd, werd de moeder van Men met de nek aangekregen. Ze werden behandeld alsof ze besmet waren. Steun was er nauwelijks. Alleen van het verzet kreeg zijn moeder wel eens een tientje in de handen gedrukt. Elke ochtend als hij de deur uitging, pakte zijn moeder zijn arm. 'Jongen, ben toch voorzichtig. Zweer me dat je voorzichtig zult zijn.'

Vrij Nederland bracht Men niet meer rond, hun huis werd in de gaten gehouden. In plaats daarvan probeerde hij nu en dan de productie van steenkool te saboteren. Dat deed hij door een veel te grote brok steen op de transportband te gooien. De band liep dan vast en scheurde aan flarden. Het duurde soms dertig uur voordat alles het weer deed. Dan daalde de Gestapo af, de pijler in; de mannen van de geheime politie die gespecialiseerd waren in het opsporen van de vijanden van het Derde Rijk. Ze verhoorden de hele ploeg: 'Wie liep er voor je? En wie achter je?' De kompel naast Men had alles gezien. Hij zweeg, verried zijn kameraad niet, maar Men was en bleef verdacht. De hoofdopzichter van de Laura, een SA'er in een bruin hemd, riep Men bij zich en schold hem een uur lang uit. Bij de eerstvolgende sabotage, zo dreigde de opzichter, zou hij worden opgepakt.

De eerste jaren onderging Limburg de bezetting wat gelaten. Soms was de oorlog dreigend en dichtbij, zoals die nacht van 30 op 31 juli 1941, toen een bommenregen op Kerkrade neerkwam – waarschijnlijk geallieerde bommen bedoeld voor het nabijgelegen Aken. De 37 brisantbommen en 340 brandbommen maakten rijen huizen en bedrijven met de grond gelijk. Dat er die nacht maar één man omkwam, werd toegeschreven aan de onzevaders en weesgegroetjes die vanuit schuilplaatsen naar boven waren gezonden. Net als de meeste Kerkradenaren zaten Hendrik, Anna en de kinderen die nacht in een schuilkelder, het hok dat Hendrik onder het kippenhok had gegraven.

In 1942 hadden de Oranjestraat, de Wilhelminastraat en andere wegen die aan het koningshuis deden denken, een andere naam gekregen. *De Zuid-Limburger* en het *Limburgsch Dagblad* weigerden nog langer aardige dingen over de Duitser te schrijven en werden verboden – in tegenstelling tot de *Limburger Koerier* in Maastricht, die pro-Duits was en bleef uitkomen. Kerkradenaren die niet op de mijn werkten, hadden geen fiets meer. Eten was er steeds minder en op de bon. Maar eigenlijk was onder buitengewone omstandigheden het gewone leven doorgegaan.

Dat veranderde in 1943. De bezetting werd grimmig en zo ook het verzet. Het begon ermee dat Kerkrade 33 bronzen kerkklokken moest inleveren die in Duitsland werden omgesmolten tot wapentuig. Klokken waarvoor de gelovigen of hun ouders kwartjes, guldens en rijksdaalders bijeen hadden gelegd, wier geluid de geboortegrond zijn klankkleur gaf. Drie klokken mochten blijven hangen, eentje in de Sint-Martinuskerk in Spekholzerheide, waar Hendrik en Anna Vinders naar de mis gingen.

Jonge mannen werden na 1942 massaal opgeroepen voor de Arbeitseinsatz. De jacht op joden nam toe en was zichtbaar, onmiskenbaar. En toen verscheen op 29 april 1943 in alle dagbladen dat bericht van de opperbevelhebber van de Duitse troepen in Nederland: alle 300.000 Nederlandse soldaten die in mei 1940 hadden gevochten, moesten zich melden voor hernieuwd krijgsgevangenschap en dwangarbeid in Duitsland. Twee in één klap, meende de bezetter. De oorlogsindustrie in Duitsland kwam arbeidskrachten tekort. En een grote groep fitte jonge mannen zou zo de pas worden afgesneden naar het verzet.

Voor de Limburgers was de maat vol. In de mijnen begonnen op 29 april spontane stakingen. Van de ruim 40.000 mijnwerkers meldden zich nog geen 5000 (11 procent) op hun werk. Andere fabrieken volgden, waarna de staking als een lopend vuurtje Limburg platlegde. Boeren leverden zuivelfabrieken geen melk meer en winkelpersoneel bleef thuis. Boven de rivieren gebeurde hetzelfde. De April-meistaking was na de Februaristaking van 1941 de eerste grote opstand tegen de Duitsers en zou een keerpunt worden in de oorlog.

De Sicherheitspolizei uit Maastricht trad hard op. Agenten gingen de kolonieën in en arresteerden zes mijnwerkers van de Oranje-Nassaumijn. Mijnwerkersvrouwen wierpen zich voor de overvalwagens, wetend dat ze hun mannen niet meer zouden terugzien.

De staking breidde zich verder uit. Bisschop Lemmens in Roermond sprak zijn steun uit voor de stakers, zijn pastoors en kapelaans deden hem dat na. Kolenwagons kwamen zo goed als leeg naar boven, gasleveranties uit de mijn vielen stil. Hermann Bruch was ineens niet zo schappelijk meer. Op 30 april 1943, de tweede dag van de staking, eiste hij van de mijndirecties lijsten met de namen van alle stakers. De mijndirecties weigerden, waarop de Sicherheitspolizei 135 stakers van hun bed lichtte.

Aan het begin van de avond, net voor de avondklok inging, had Men van de Wetering zijn huis aan de Heggenstraat in Schaesberg verlaten. Natuurlijk staakte hij, en een kameraad was hem komen waarschuwen. Zijn naam zou op de dodenlijst staan. Men vluchtte richting Brunssum, waar hij zich drie dagen schuilhield in de bossen van de Brunssummerheide.

De massale arrestatie had geen effect. Van de 17.000 kompels kwamen er nog geen 2000 opdagen. Ondanks de dreiging legde bijna 90 procent van de mijnwerkers het werk neer. Bruch zette de mijndirecties het mes op de keel: als ze geen lijsten met stakers aanleverden, zouden de eerste executies worden uitgevoerd. De mijndirecteuren hielden voet bij stuk.

Hanns Rauter was Höherer SS- und Polizeiführer (HSSPF) van het bezette Nederland en stond bekend als een bloedhond. Hij was eerder verantwoordelijk voor het gewelddadig neerslaan van de Februaristaking in Amsterdam, waarbij negen doden waren gevallen. Nu eiste Rauter doodvonnissen: honderd mijnwerkers moesten worden geëxecuteerd, evenals de mijndirecteuren die weigerden de namen van stakers te geven. Nederlands hoogste ambtenaar en de centrale figuur in het bestuur van bezet Nederland, Hans Hirschfeld, vroeg Rauter: 'Wat wilt u: lijken of kolen?'

Bij wijze van compromis werden op 2 mei op het bureau van de Sicherheitspolizei niet honderd maar tien doodvonnissen uitgesproken – de slachtoffers willekeurig gekozen. Drie veroordeelden waren onvindbaar, de anderen werden die middag naar Wellerlooi in Noord-Limburg gereden en daar onder een koude zon op de hei door een vuurpeloton gefusilleerd. Drie van hen, Reinier Savelberg en Meinard Tempelaars uit Heerlen en Servaas Toussaint uit Amstenrade, waren mijnwerkers.

De mijndirecties gaven geen krimp. De staking ging door, en namen werden niet gegeven. Op verschillende mijnen werd het leidinggevend personeel gearresteerd. De hoogste Duitse autoriteiten in Nederland kwamen voor topoverleg naar Limburg. Welk schrikbeeld ze de mijndirecteuren voorhielden, is niet bekend, maar de mijnen kwamen ten langen leste met een lijst namen van mensen die niet aan het werk waren – inclusief de talrijke zieken en mensen met verlof, wat de lijst weinig bruikbaar maakte.

Bij de stakers won vastberadenheid het van angst. Nu kende de bezetter hun coördinaten, maar aangemoedigd door de kerk bleven ze thuis. In de nacht van 5 op 6 april werden nog eens tien doodvonnissen geveld. Op 6 april 's avonds meldden zich de nachtploegen weer aan de poort. De tien terdoodveroordeelden werden nog even gespaard en via kamp Vught naar Dachau gestuurd. Het hoge mijnkader zat twee maanden vast. De staking was gebroken, maar het vuur van verzet zou niet meer doven.

Als vergelding voor de staking moesten in heel Nederland alle radio's worden ingeleverd. Radio Oranje zou vanuit Londen de stakers hebben opgehitst. Veel Limburgers leverden hun oude toestel in en verborgen een ander; een kwart van de toestellen bleef achter. Hendrik Vinders had zijn radio in een kistje gestopt en het begraven achter een boomwortel in de schuilkelder onder het kippenhok. Samen met Heintje kroop hij om kwart voor negen achter het toestel om – tussen geruis van de Duitse stoorzenders door – het dagelijkse kwartier berichtgeving uit Londen te horen.

Men van de Wetering had zijn toestel verstopt op zolder. In een schriftje maakte hij aantekeningen over de opmars van de geallieerden en stopte dat onder de losse zitting van een stoel. Bij een huiszoeking een paar maanden later werden toestel noch schriftje gevonden.

De April-meistaking bracht de Duitsers een verpletterend inzicht: de Nederlanders zouden niet meegaan in hun verhaal, ongeacht de verlokkingen of intimidatie die ze zouden inzetten. De afkeer van de Duitsers werd resoluter. Was er vóór de April-meistaking her en der wat sabotage geweest, in mei 1943 verenigde zich het verzet. In het zuiden werd dat de Limburgse Onderduikorganisatie. De vrome en conservatieve bisschop Lemmens in Roermond blies het verzet aan.

Aartsbisschop De Jong had zich vanaf het begin tegen de nazi's gekeerd. In drie oorlogsjaren was de spanning tussen kerk en bezetter steeds hoger opgelopen. De Rijkscommissaris in Nederland, de Oostenrijkse nazi Arthur Seyss-Inquart, had geprobeerd het katholieke onderwijs op te doeken – de bisschoppen hadden hun scholen opengehouden. In 1942 moesten alle scholen joodse leerlingen verwijderen; de bisschoppen weigerden. De gezamenlijke Nederlandse kerken gingen op audiëntie bij Seyss-Inquart om hun afkeuring over de jodenvervolging uit te spreken, maar de 'barmhartigheid' waar ze om vroegen, was ondenkbaar. Toen halverwege 1942 de deportaties van joden zichtbaar werden, stuurden de Nederlandse kerken de bezettingsautoriteiten een telegram waarin ze hun afkeuring uitspraken.

De opstelling van de Nederlandse bisschoppen drong door tot in Duitsland, waar in september 1942 de *Nationalzeitung* uit Essen (spreekbuis van de NSDAP) schreef dat de Nederlandse bisschoppen de grootste vijand waren van de nieuwe nazistische orde in Europa. De NSB-krant *Volk en Vaderland* schreef tegelijkertijd dat 'deze menschen simpelweg vragen om vervolging'.

Na de April-meistaking kwamen vanuit het bisschoppelijk paleis herderlijke berichten met duidelijke instructies over hoe de katholieken zich dienden op te stellen tegenover de bezetter. Die boodschappen daalden via de kansel op elke parochie, bij alle katholieken neer. Dat Seyss-Inquart niet harder optrad tegen de geestelijken, wekt verbazing. Volgens Fred Cammaert, de historicus die in *Het verborgen front* het verzet in Limburg gedetailleerd in kaart bracht, was Hitler van plan de katholieke kerk aan te pakken, maar deinsde Seyss-Inquart terug voor die strijd.

De bisschoppelijk secretaris Leo Moonen werd het zenuwcentrum waar de lijntjes van het Limburgse verzet bijeenkwamen. Dat verzet was vooral humanitair van aard. Joden, Engelandvaarders, jonge kerels op de vlucht voor Duitse dwangarbeid, geallieerde piloten die boven bezet gebied waren neergestort en uit handen van de bezetter moesten zien te blijven, ze kregen een schuilplaats, soms tijdelijk, vaak voor jaren.

Veel mannelijke vluchtelingen gingen werken in de mijn. De Duitse obsessie met meer kolen maakte van de mijnen een ideale vluchthaven. Zelden werd er een kompel van zijn werk gehaald. Een onderduiker was nergens veiliger dan, letterlijk, ondergronds. Van de vierhonderd onderduikers in Kerkrade vond een groot deel een veilig onderkomen op de Domaniale. De personeelschef, meneer Fransen, gaf hun werk.

De Limburgse boerengezinnen telden acht of tien kinderen, een knecht of kind meer of minder viel niemand op. Bovendien had decennia import uit Slovenië, Polen en Italië een groot deel van de bevolking begiftigd met een bos donker haar. De peuters en kleuters die uit de Hollandsche Schouwburg werden gesmokkeld, konden vaak niet terecht in het hoogblonde Friesland of Groningen. Ze kwamen naar Limburg.

Jack Aldewereld was een half jaar toen hij in maart 1943 over de muur van de Hollandsche Schouwburg werd getild. Zijn joodse ouders waren in Uithoorn opgepakt. Een politieagent had hen aangegeven en daar 7,50 gulden voor gekregen. De familie was in afwachting van deportatie naar Amsterdam gebracht.

De moeder van Jack Aldewereld deed het onmogelijke. Ze nam afscheid van haar baby van zes maanden, in de vrees dat hij bij haar niet zou overleven. Een groep jonge Amsterdammers – de vier koeriers waren tussen de 17 en 27 – smokkelden de baby naar de Mijnstreek. Net zoals de Amsterdamse oud-burgemeester Ed. van Thijn in Brunssum terechtkwam, zo werd Jack Aldewereld naar een gereformeerde predikant in Brunssum gebracht. Die nam hem mee naar het echtpaar Muis, dat even verderop in Treebeek woonde. Het kinderloze stel had nu een zoon van zes maanden. Henk heette hij sinds die dag, Henkie Muis.

Van het gezin Aldewereld ontkwam verder alleen zus Fanny aan deportatie. Zij was zeven toen ze in de buurt van vliegveld Beek bij een familie werd ondergebracht. De rest van het gezin is in Sobibor vermoord. Fanny is het afscheid van haar moeder, daar aan het hek van de Hollandsche Schouwburg, nooit te boven gekomen. Toen Jack haar jaren later terugvond, kon ze hem niet vertellen wat zijn vader voor man was geweest of hoe zijn moeder er had uitgezien. Nooit meer heeft Fanny een woord over de oorlog gesproken.

Hendrik Vinders had een jaar eerder zijn duiven een voor een de nek omgedraaid. Nu zette hij zijn schuilkelder open voor mensen die vluchtten voor hun leven. De 1,50 meter grote Anna Vinders had een groot hart. Als zij maar kon helpen. Haar leven kreeg betekenis in de zorg voor anderen. Ze bracht de vluchtelingen pannen soep, omeletten en zelfgebakken brood. Spek was er niet meer, het laatste varken was eind 1942 door de Duitsers meegenomen. Wel leverde de moestuin wortelen, kool, aardappelen en eieren, en

’s zomers bogen in de boomgaard de takken door onder het fruit.

Er was in de kolonie voor de onderduikers geen goed verblijf voor langere tijd, geen achterhuis, geen dubbele schuur of een hut onder een hooiberg. Overdag zaten ze onder het kippenhok, zodra het veilig of donker was bij Hendrik en Anna in de keuken. De onderduikers bleven tot ze naar een boerderij konden waar ze meer ruimte hadden.

Veel jonge kerels die ontsnapt waren aan Duitse dwangarbeid, gingen naar Engeland om zich aan te sluiten bij het verzet. Zij werden de grens met België overgesmokkeld. Voor heel Nederland was Limburg het knooppunt van doorvoerroutes en netwerken om vluchtelingen via Frankrijk en België naar Zwitserland of Engeland te krijgen.

Knokploegen waren er wel bij het Limburgse verzet – ook zij probeerden bevolkingsregisters te vernielen en overvielen distributiekantoren voor voedselbonnen, maar het geweld bleef beperkt. Het zou het humanitaire verzet, de hulp aan zo’n 20.000 onderduikers, in gevaar brengen. Hun leven werd verlengd door zo min mogelijk tamtam.

De kans dat je als jood of arbeidsvluchteling de oorlog overleefde, verschilde per gemeente. In Kerkrade kon je beter niet terechtkomen. Het aangrenzende Heerlen bood veel grotere overlevingskansen. Huisarts en historicus Herman van Rens onderzocht de jodenvervolging in Limburg en stelde vast dat Heerlen per 10.000 inwoners 91 joodse onderduikers telde, Kerkrade en Eygelshoven samen vijftien. Hulpbereidheid steekt aan, zegt Van Rens. Waar binnen een hechte gemeenschap morele leiders opstonden die het goede voorbeeld gaven, was de kans groot dat onderduikers ruimhartig werden geholpen. Hetzelfde gold de andere kant uit: leiders die afzijdig bleven, voerden een gemeenschap aan die wegkeek.

Daarbij waren in Zuid-Limburg Heerlen en Brunssum opvallende uitschieters. Hier werden veel joden opgevangen. Het blijkt dat dat vooral gebeurde binnen gereformeerde gemeenten. Dominees speelden een centrale rol en orkestreerden de opvang.

Waarom het ene dorp veel onderduikers hielp en het andere weinig, is onderzocht door politicoloog Robert Braun. Hij ontdekte dat in Zuid-Limburg gereformeerde gemeenten sterk waren in het verzet, in het noorden van Nederland juist de katholieke gemeenschappen. De dorpen of steden waarin veel onderduikers zijn geholpen, blijken gemeenten met een grote religieuze minderheid. In Heerlen en Brunssum woonden veel protestanten die als hoger kader waren komen werken in de mijnen. Kerkrade, stad van ondergronders, had nauwelijks protestanten.

De conclusie van Braun is dat de kans om gered te worden sterk afhing van de aanwezigheid van religieuze of politieke minderheden. Een jood die in de buurt van een 'minderheidskerk' woonde, had 20 procent meer kans de oorlog te overleven. Deze gemeenschappen van minderheden konden zich gemakkelijk ontpoppen tot een verzetsgroep: iedereen kende elkaar, het sociaal vertrouwen was groot.

Brauns onderzoek rekent af met het gangbare idee dat katholieken minder verzet pleegden omdat ze joden de schuld zouden geven van de kruisiging van Jezus. Braun: 'Dat is onzin. Mijn data tonen aan dat katholieke verzetsnetwerken net zo vaak voorkwamen als protestantse. Verzet was pas succesvol als er een overzichtelijke en hechte groep vertrouwelingen was.'

Het Kerkraadse verzet had een harde kern van vijftien mensen, onder wie een non van begin veertig, zuster Epiphana. Deze 'dienares van de Heilige Geest' was hoofd van de wijkverpleging. Dat gaf haar de gelegenheid en de legitimiteit op haar scooter van het ene gezin naar het andere te rijden. Zo kwam ze ook bij joodse ouders. Ze kon hun baby's ongestoord onderbrengen bij Kerkraadse gastgezinnen.

Ook werkte zuster Epiphana samen met dokter Ab Appelman, een longarts in het Sint-Jozefziekenhuis. Tientallen mannen die voor de Arbeitseinsatz naar Duitsland moesten, werden door Epiphana voor een diagnose naar Appelman gebracht. Die zag altijd dezelfde ziekte: tbc. Zo'n patiënt moest onmiddellijk in quarantaine in een barak voor besmettelijke ziekten achter het ziekenhuis. Geen Duitser die zich daar durfde te vertonen.

Verraad en razzia's waren er in Limburg minder dan in de rest van Nederland. Het verzet was bovengemiddeld groot maar aan het oog onttrokken, daardoor was de bezetting waarschijnlijk minder agressief. Limburg telde aan het begin van de oorlog zo'n 1500 joden. Vanaf juli 1942 werden Limburgse joden naar Westerbork gebracht, van daaruit gingen ze door naar Sobibor, Treblinka of Auschwitz. Zo'n 800 joden zijn uit Limburg weggevoerd, 53 procent van het totaal.

Van de 140.000 joden die in 1940 in Nederland woonden, zijn er 107.000 omgekomen, velen van hen in veewagens richting vernietigingskampen gereden. Dat is meer dan driekwart, 76 procent.

Eén verrader was genoeg om de top van het Limburgse verzet op te rollen. Niet lang voor de bevrijding van Zuid-Limburg viel op 21 juni 1944 de Sicherheitspolizei pensionaat Saint-Louis in Weert binnen. Daar waren de kopstukken van de Limburgse ondergrondse voor een provinciale vergadering bijeen. Tientallen priesters en leken werden opgepakt. Ze werden gemarteld, lieten namen los, waarna nóg een reeks arrestaties volgde. Ook de bisschoppelijk secretaris Leo Moonen, spil van de Limburgse Onderduikorganisatie, werd daarop gevangengenomen. Slechts één man, Sef Mulders uit Venlo, overleefde het 'Verraad van Weert', de rest stierf in Buchenwald, Sachsenhausen of Bergen-Belsen.

In 1944 bracht de Nederlandse minister van Binnenlandse Zaken Jaap Burger verslag uit bij koningin Wilhelmina in Londen. Zij informeerde naar het verzet in Limburg. Burger zou hebben geantwoord: 'Van verzet in het zuiden, Majesteit, is mij niets bekend.'

'Niets bekend' werd 'niet-bestaand' in de officiële geschiedschrijving van de Tweede Wereldoorlog. In zijn standaardwerk *Het Koninkrijk der Nederlanden in de Tweede Wereldoorlog* gaat historicus Loe de Jong voorbij aan het Limburgse verzet. Dat in Limburg meer (humanitair) verzet is gepleegd dan gemiddeld elders in Nederland, werd pas een feit toen Fred Cammaert in 1994 een proefschrift schreef over het verzet in Limburg.

Als gevolg van de toegenomen strijd tussen bezetter en mijnwerker liep in de laatste oorlogsjaren de steenkoolproductie dramatisch terug. In 1944 kwam 8 miljoen ton naar boven, na de bevrijding nog maar 5 miljoen ton. Sinds het begin van de oorlog waren de mijnen en het Stikstofbindingsbedrijf in Duitse handen geweest. Het was voor het Stikstofbindingsbedrijf een koud kunstje om in plaats van kunstmest springstof te produceren. Nederlandse militairen hadden daarom aan het begin van de oorlog nog geprobeerd het Stikstofbindingsbedrijf onklaar te maken. Ook dat was ze niet gelukt.

In 1944 kwam het Duitse bevel springstof te leveren. De directie van het Stikstofbindingsbedrijf weigerde en werd ontboden bij Seyss-Inquart. De directeur reisde naar Den Haag voor topoverleg. De Duitse order werd niet opgevolgd en Seyss-Inquart verklaarde de leiding van Stikstofbindingsbedrijf vogelvrij. De directie moest onderduiken.

Nadat op 6 juni 1944 de geallieerde troepen de kust van Normandië hadden veroverd, zaten Hendrik Vinders en zijn zonen Hein en Johan uren in hun schuilkelder. Met het oor tegen de radio gedrukt probeerden ze de berichten van de BBC te volgen. Hun Engels was niet toereikend, al werd de boodschap van hoop goed verstaan.

In de zomer kwamen de geallieerde troepen tot in Noord-Frankrijk. Op 25 augustus 1944 was Parijs bevrijd. Toen stokte de opmars van de geallieerden op de Siegfriedlinie, de westelijke verdedigingswal van ruim 600 kilometer langs de Duitse grens die doorliep tot in Nederland en dwars door Kerkrade de Nieuwstraat scheidde van de Neustraße.

Kerkrade werd een frontstad. Het westelijk deel, met Heilust en Spekholzerheide, werd op 17 december door de Amerikanen bevrijd, net als het nabijgelegen Heerlen. Het oostelijk deel van Kerkrade, achter het Miljoenenlijntje (de 12 kilometer lange spoorlijn tussen Schaesberg en Simpelveld die bij aanleg 1 miljoen gulden per kilometer had gekost), werd vuurlinie. Eerst zaten de bewoners een week lang in hun kelders, terwijl kanonskogels, mortieren en granaten om hen heen insloegen. Leidingwater was er niet meer, stroomleidingen waren stuk en het laatste eten was al dagen op. De bevrijders waren binnen handbereik en akelig ver.

De Duitsers gaven zich niet zomaar gewonnen. Op 13 september togen ze naar de Oranje-Nassau I. Ze vulden de turbines een voor een met springstof en bliezen alle turbogeneratoren op. De bovengrondse mijn was daarmee zo goed als vernietigd. Hetzelfde gebeurde bij de Emma, de Maurits en de Julia. Ruim 85 procent van de energievoorziening van de Oostelijke Mijnstreek werd opgeblazen.

De woonwijken van Kerkrade-Oost moesten een Duitse vesting worden die de Siegfriedlinie zou versterken. Op 25 september kreeg Kerkrade-Oost te horen dat het moest worden ontruimd. Om 4.30 uur kwam het bevel om te evacueren, om 12.00 uur moest de stad leeg worden opgeleverd. De in 1941 afgetreden burgemeester Habets keerde terug om de evacuatie te organiseren. Een stoet van 30.000 mensen trok over de enige hoofdweg die door de Duitsers was vrijgegeven, naar Ubachsberg en Wijlre.

Het was een kolonne als uit een Afrikaanse oorlog. Magere, wankele families, met vee aan een touw, tassen op de rug en wat ze op een kar konden sjouwen voor zich uit duwend, op de vlucht voor geweld. Onderduikers liepen mee in de stoet, ook joodse mannen en vrouwen die voor het eerst in jaren weer de open lucht zagen. Ze ademden kruitdampen. Toen het bombardement losbrak, was de stoet nog en route. Ouders wierpen zich op hun kinderen.

fotocollectie DSM

Sjaakie en Tineke Vinders, ca. 1952

Zomer 1953, Sjaakie, tante Hanna en Tineke Vinders

Sjaakie in 1955

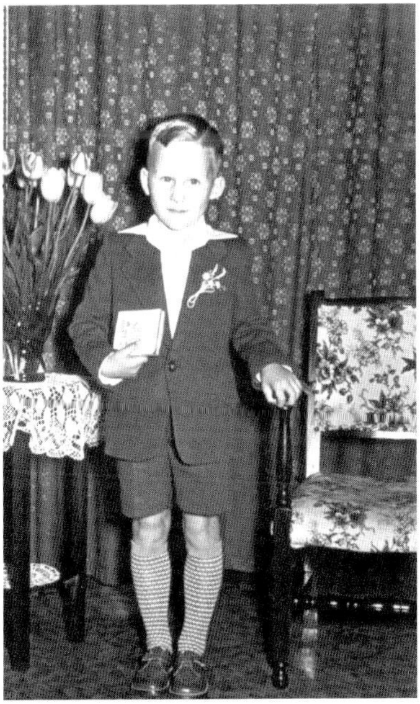

Sjaakie bij zijn eerste communie in 1956

Familie Vinders, Hein sr., Tineke, Hein jr. en Sjaakie, op de dag van de plechtige communie van Hein jr.

Mijnwerkerskolonie Treebeek (collectie Sociaal Historisch Centrum voor Limburg)

Buurtwinkel in de Mijnstreek, ca. 1955 (collectie Sociaal Historisch Centrum voor Limburg)

Arbeiderswoningen van Staatsmijnen in de Saturnus-straat in Geleen. Op de achtergrond: Staatsmijn Maurits, 1955 (collectie Sociaal Historisch Centrum voor Limburg)

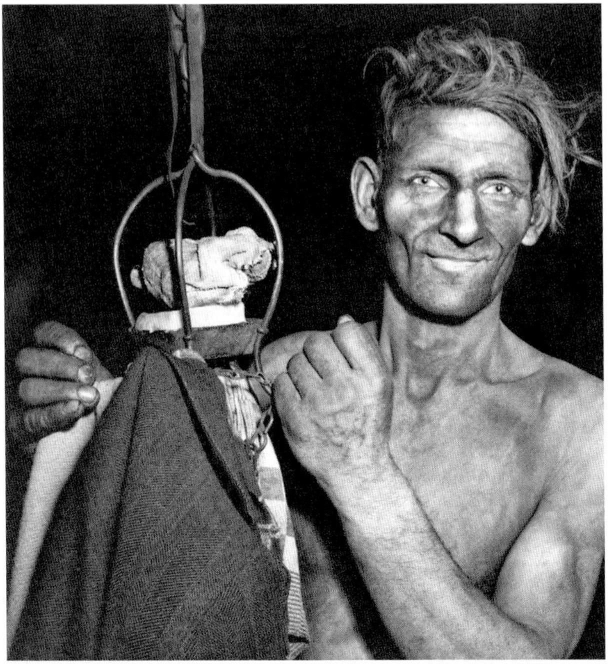

Terug in de bovenwereld, arbeider in badlokaal (collectie Sociaal Historisch Centrum voor Limburg, fotocollectie DSM)

Een mijnwerker leest de aangeplakte oproep van beheerder Groothoff om alle wantrouwen te laten varen en zo veel mogelijk te produceren, 'in belang van het land', 1946 (collectie Sociaal Historisch Centrum voor Limburg)

Een leerling van de Ondergrondse Vakschool ontvangt zijn insigne (collectie Sociaal Historisch Centrum voor Limburg)

Hein Vinders sr., speler van SV Juliana in 1940

De jonge Hein Vinders jr., 3e van rechts, in de beslissingswedstrijd Heilust-Vijlen op 14 mei 1967

De enige achtergebleven in de wijk waren de patiënten en het personeel van het Sint-Jozefziekenhuis. Ze konden niet weg. De Duitsers hadden lang geleden de ziekenwagens in beslag genomen.

De gevechten barstten los en het Sint-Jozef lag in het epicentrum van de beschietingen. Na een nacht en een dag in de vuurlinie besloten de achterblijvers toch te vertrekken. Honderden patiënten, sommigen pas geopereerd, hoogzwangere en net bevallen vrouwen, werden naar Kerkrade-West gereden op ziekenhuisbedden en met kruiwagens waarin matrassen waren gelegd. Verpleegkundigen en artsen duwden de zieken terwijl de Duitsers granaten naar hen gooiden.

Op 5 oktober 1944 verliet de laatste Duitser Kerkrade. Twee weken later keerden de Kerkradenaren terug naar hun vrije maar kapotgeschoten stad. 240 Amerikaanse soldaten hadden er hun leven gegeven. Als dank werd het Ambachtsplein omgedoopt in Old Hickoryplein, naar de 30ste Infanteriedivisie 'Old Hickory' van het Amerikaanse leger.

De vrijheid kwam in de gedaante van knappe jongens op tanks die chocolade, sigaretten en kauwgom uitdeelden. Anna Vinders liep over van liefde voor de bevrijders. Ze bood hun vaak koffie aan. Dan zeiden de Amerikanen: 'Oh, thank you!' en dan verstond Anna: 'No, nee bedankt', waardoor ze uiteindelijk geen enkele yank een kopje koffie heeft ingeschonken.

Twee nichtjes van Hein Vinders, An en Ellie – dochters van zijn vijftien jaar oudere zus Lies – vielen voor een Amerikaanse soldaat. Dan en Pete waren twee vrienden uit Pittsburgh. Het was meteen serieuze verkering met de zusjes, die Annie en Elly gingen heetten en die niet lang daarna naar Amerika emigreerden. Lies en de Mietekönning waren nog nooit in Rotterdam geweest. Nu stonden ze trots – en evenzeer verslagen – op de kade te zwaaien. De bevrijders namen hun meisjes mee.

Toen de feestroes was gedoofd, wachtte de chaos. Puin moest geruimd, een normaal bestaan draadje voor draadje weer aan elkaar geknoopt. Voor de eerste wederopbouw was stroom nodig, steenkool, maar in de mijnen was veel vernield. De productie zakte in het eerste jaar na de oorlog verder terug.

De vooroorlogse campagne om Limburgse jongens naar de mijn te lokken, werd met nieuwe ijver opgepakt. Begin 1945 begon in de Maurits in Brunssum de eerste Ondergrondse Vakschool (OVS), de andere mijnen volgden snel. Minister Frans Wijffels van Sociale Zaken gaf 2 miljoen gulden voor moderne schoolgebouwen; ook Den Haag wist dat een professionele vorming van mijnwerkers nodig was om de broodnodige kolen te winnen.

Een eigen vakopleiding was de nieuwste troef om scholieren richting de mijnen te geleiden, in plaats van naar de mulo of de hbs. In de zesde klas van de lagere school werden ze geworven. De jongens werd verteld van de mooie Limburgse traditie in steenkool, over de trots en het welvaren van de kompels. Op hun veertiende begon de opleiding en vanaf de eerste dag kregen ze betaald. Ze begonnen als padvinders en eindigden drie jaar later in een pijler. Nog steeds aarzelden veel ouders om hun kind onder de grond te sturen, maar niet iedereen verkeerde in de luxe een extra inkomen te kunnen weigeren.

Nadat ook boven de rivieren de oorlog was beëindigd, werd massaal begonnen het land te herbouwen. De vraag naar kolen was veel groter dan wat de mijnen naar boven brachten. *De Mijnwerker*, het blad van de Nederlandsche Roomsch Katholieke Mijnwerkersbond, riep in oktober 1945 zijn leden op: 'Helpt de kolenslag winnen!' Op manshoge affiches schreef de voorzitter van de vakbond: 'Ons land en onze medeburgers hebben MEER KOLEN en MEER GAS nodig, nu de winter zoo streng inzet. U kent allen mijn garantie voor de accoorden. Dus: zet alle wantrouwen op zij en slaat er uit wat gij kunt. U helpt ons land en onze medeburgers. U doet hiermee een goede daad. Dank u bij voorbaat.'

Tot ver in het noorden prijkte de behoefte aan steenkool op

voorpagina's: 'Kolen... Kolen! vraagt het Noorden', kopte een Friese krant in april 1946. De mijnwerkers gaven gehoor aan de oproep uit Den Haag om op zaterdag meer uren te werken. Limburgs toewijding aan de wederopbouw werd in het westen breed uitgemeten. Van ene meneer T. Schoevers in Den Haag ontving de directie van de Maurits een ingepakt pakje sigaretten met een brief. Daarin stond: 'Zoudt U zo vriendelijk willen zijn deze onder enige mijnwerkers te verdelen en hen te zeggen, dat het bedoeld is als een kleine blijk van dankbaarheid, dat zij ter wille van ons allen een paar uur per week langer werken? Moge hun daad van gemeenschapszin een voorbeeld en aansporing voor iedere Nederlander zijn om zich zo veel mogelijk te geven voor 't welzijn van ons land!'

Terwijl de kompels zich laafden aan die dankbaarheid en de bijbehorende trots, werden ze tegelijkertijd diep gegriefd. De regering besloot de productie verder op te schroeven door Duitse krijgsgevangenen, oorlogsmisdadigers en landverraders onder de grond te laten werken. In Heerlen, Brunssum, Kerkrade en Maastricht werden onder 'foute Nederlanders' vrijwilligers geworven die in de mijnen wilden werken. Zo'n 3000 gevangenen gingen ondergronds aan de slag. In augustus 1945 begonnen oorlogsmisdadigers in de Emma in Hoensbroek en in de Hendrik in Brunssum. In bewaakte colonnes liepen ze van hun strafkamp naar de mijn en 's avonds weer terug. In 1947 was 10 procent van alle kompels 'politiek delinquent', 2523 man van de in totaal 25.000 mijnwerkers.

De kompels waren geschokt. Daar werden zij op één lijn gezet met oorlogsmisdadigers?! Zestig jaar later nog zijn er oud-mijnwerkers die de krenking voelen. Na de herdenkingsmis voor gesneuvelde mijnwerkers in Kerkrade zei een oud-kompel: 'En ons maar vertellen dat we goed werk deden waar we trots op moesten zijn. Kolen delven bleek voor hen hetzelfde als een gevangenisstraf. We waren geen cent meer waard dan oorlogsmisdadigers.'

Tineke was na 1942 bij de familie Lony in de Baanstraat in Schaesberg gebleven. De winkel en het woonhuis erboven waren op wat gebroken glas na heel. Het witte huisje op nummer 47 schuin aan de overkant was ook ongehavend de oorlog doorgekomen. Over het lijden achter de witte stucmuur dacht Tineke liever niet na. Ze troostte zich met de wetenschap dat haar moeder niet alleen was. Niet lang na haar vertrek waren haar oudere zus Net en broer Mai bij hun moeder ingetrokken. Zoals in bijna alle families vulde het lege nest zich met de volgende generatie. Fien en Van de Berg verkasten naar de zolder.

Nadat haar lijf te zwaar was geweest voor de knoop die haar moest verlossen, had Tinekes moeder weinig plezier meer. Ze was even bazig als boos en haar mondhoeken trokken twee strakke lijnen naar beneden. Tegen haar schouder had ze liever een kat dan een kleinkind liggen. Alleen Niek kwam bij oma op schoot, de eerste zoon van haar dochter Sofia. Hij deed haar denken aan zijn opa, aan Jan met zijn hondenwagen.

Meneer Lony kon in de loop van 1945 zijn schappen weer vullen met zeep, meel, melk, boter, koffie en thee. Suiker duurde nog even. Tineke was twintig en bloeide op. Ze had haar zussen in de buurt wonen en ze nam de kinderen van Lony mee spelen bij haar neven en nichten. Met haar zus Sophia ging ze uit, naar oogstfeesten en naar de kermis. Rond de zomer was het altijd wel ergens feest. Ze was slank als een den. Voor feestdagen deed ze krullers in het haar, waarna het golfde als de lokken van de filmsterren in Hollywood. Wanneer ze lachte, brak haar gezicht open, braken haar grijsblauwe ogen open en was ze aardig om te zien.

Het laatste weekend van augustus 1946 was het kermis in Schaesberg. Ze hielp mevrouw Lony met de vlaaien voor haar familie die op zondag langskwam. Na de mis en na de koffie liep ze met Sophia naar het Kerkplein, in een zwierige rok en op hakken die van haar baas waren geweest. De kermis was een magneet die uit omliggende dorpen alle jongeren naar zich toe trok.

In een bierkraam op de kermis trof ze een groep jongens uit Kerkrade. Ze waren vrolijk, bravoure was hun middelste naam. Met het pakje shag in hun borstzak veegden ze hun handen vettig aan hun lokken. Aardige jongens waren het, voetballers, dat hoorde ze aan hun verhalen. Ze werkten ondergronds en hadden wat te besteden.

Het was voor het eerst dat Tineke naar een man trok. Hij was niet groter dan zij, zeven jaar ouder en had sterretjes in zijn pretogen. Hier was een man die haar geen angst aanjoeg. Als een blok viel ze voor Hein Vinders. Hij was nooit zo'n sjanser geweest, altijd aan het voetballen en nooit uit dansen, maar hij was bijna dertig, hij zou wel eens een meisje mogen. Tineke schaterde om zijn gekkigheid en lachte haar prachtige tanden bloot.

De volgende dag spraken ze af aan dezelfde bar. Hein en zij hadden plezier, ze dansten, Tineke dronk een paar pilsjes. Zijn aanrakingen waren wat onhandig en dat stelde haar gerust. In de beschutting van het donker achter de kermiswagen drukte Hein zich tegen haar aan. Ze liet hem komen. Twee weken later werd ze niet ongesteld.

6

Absolutie

(1946-1956)

Het bloedrode bed bracht meteen dat andere beeld terug. Dat van de grote witte auto met zwaailicht die zo-even langsreed toen Sjaakie de Romeinenstraat in was gerend. Af en toe kwam er een auto door de Romeinenstraat, meestal met een hoge beambte van de mijn erin, en dan stoof iedereen schielijk zijn huis in. Toen de langgerekte Buick van het ziekenhuis voorbij gleed, stonden zelfs Jan en Sjaakie even stil, ondanks het nieuws van de overwinning dat in hun schoenen brandde.

Maar nu Sjaakie begreep dat het zijn moeder was die in de ziekenauto was weggevoerd, waren de 68 kolenwagons vergeten. Hij rende de keuken uit de hof op, door de poort de boomgaard in en botste daar tegen oma aan. Hij sloeg zijn armen om haar middel alsof hij zich in een groot kussen wierp. Het kwam allemaal goed, echt, heus, zei de oma toen ze het snikkende lijfje inpakte met haar boezem en zijn schokken dempte. Waarom zijn moeder uit een van bloed doordrenkt bed was gehaald, kon oma hem niet zeggen. 'Maar het komt goed. Daarvoor zorgt ons *Herrejödsje*.' Vertouw op het lieve Heregodje.

Zo waren er altijd geheimen waar hij en Heinie niks van mochten weten. Wanneer iemand jarig was en de tantes zaten bij elkaar in de voorkamer, de 'goeie kamer', rond de kachel die dan met antraciet werd gestookt, werden de jongens naar buiten gestuurd. Hein was dan meestal al vertrokken, met een bal onder zijn arm. Sjaakie sloop via de keuken dichterbij, klein als hij was verstopte hij zich achter een deur of onder een stoel.

Zo hoorde hij van het kindje van tante Hanna en nonk Paul. Dat was 'iets verschrikkelijks' geweest, werd er gefluisterd. Zo erg, zo mismaakt, 'gewoon akelig om te zien'. Wat er mis was met Hanna's eerste en enige kindje, is Sjaakie nooit te weten gekomen. Ook niet wat er met het ongelukkige schepsel was gebeurd. (Had het geleefd? Was het begraven? En was er wel een engelenmis opgedragen? Als het ongedoopt was gestorven, doolde het voor eeuwig voor de hemelpoort – zo'n beeld dat Sjaakie kon plagen als hij niet kon slapen.) Doodgeboren kinderen werden bij de moeder weggehaald nog voordat zij ze kon zien. Dat zou helpen bij de verwerking, was de gedachte; pijnlijke feiten zo snel mogelijk wegwerken onder een laag aarde. Alleen in de geborgenheid van de voorkamer kon Hanna worden getroost.

Het was niet lang daarvoor dat Sjaakie had gesnapt dat er met zijn moeder iets niet helemaal goed was. Ze gedroeg zich anders dan de moeders van vriendjes, anders dan tante Hanna of tante Mina. Een paar maanden eerder, op een vroege zaterdagochtend, had Tineke in de keuken de tegels staan schrobben. Niet zomaar een beetje schuren, maar bezeten, gedreven door een drift of de duvel haar opjoeg.

Ze was niet aangekleed. In een losse ochtendjas stond ze met een bus Vim en een schuurspons in haar handen. De jongens zagen haar zelden in haar nachtkleed, nooit in ondergoed, en bloot hebben ze hun vader en moeder nooit gezien. (Het is zeer de vraag of Tineke en Hein elkaar naakt zagen. Na die avond staande seks op de kermis hebben ze elkaar waarschijnlijk alleen nog onder een laken bemind.)

Elke dag voordat de jongens uit bed kwamen, had Tineke zich verzorgd; een rok en een blouse aan met daarover haar jasschort, het halflange vlasblonde haar naar achter gekamd. Nu stond ze ongewassen, met woest haar en verwilderde ogen te trillen, en maar boenen. Toen de bus schuurmiddel uit haar hand gleed en de Vim vertraagd als poedersneeuw naar de vloer zakte, was Tineke begonnen te schreeuwen: 'Ik ga! Ik moet weg... Ik ga naar huis!' Op pantoffels rende ze de voordeur uit de straat op, de ochtendjas achter haar aan wapperend.

Sjaakie was haar gevolgd. Zijn benen waren kort, hij rende niet snel, maar hij moest. Toen Tineke inhield, kreeg hij net de flap van de ochtendjas tussen zijn vingers. 'Kom nou maar, mama, kom nou maar naar huis.'

Tineke stopte met rennen. Het trillen werd nog erger, nu ook van de inspanning. Sjaakie pakte haar hand en Tineke trok hem niet terug. Ze liep mee de Romeinenstraat in, daas sloffend naar huis, haar zoon achterna. Van achter de ramen zag Sjaakie de hoofden van buren, stil, met hun mond open, als vissen in een aquarium.

Aan de overkant speelde Hein op het trapveldje, zijn bal stuiterend op zijn knie, tak, tak, tak, hoog bleef de bal, geconcentreerd, twintig keer met gemak. Sjaakie zag zijn broer lopen spelen, doodgemoedereerd – van geen probleem willen weten, en ineens wist hij dat hij, tweede zoon, een opdracht had. Hij moest voor zijn moeder zorgen. Hij moest haar helpen, voordat er ongelukken zouden gebeuren.

Tineke meende dat alles goed was gekomen toen ze in 1946 zwanger was. Ze was dan wel ongetrouwd – de vader kende ze van twee opeenvolgende avonden op de kermis, maar ongewenst was de bevruchting zeker niet. Een kind was de enige echte promotie die ze in haar leven kon maken: ze werd moeder. Ze had boete gedaan voor haar zonden in de Baanstraat en absolutie gekregen. De vrucht in haar schoot was het bewijs van de barmhartigheid van de Heer.

Ze had het in de kerk gehoord, in een lezing, en het had haar getroffen als een pijl in haar gehavende ziel: het was de Vrouw die schuldig was aan de Erfzonde. Als ze wilde terugkeren in de genade Gods, kon dat alleen door kinderen te baren. Lees maar wat de apostel Paulus in de Bijbel schreef aan zijn leerling Timotheüs: 'Doch ik laat de vrouw niet toe dat zij lere, noch over den man heerse, maar wil dat zij in stilheid zij. Want Adam is eerst gemaakt, daarna Eva. En Adam is niet verleid geworden; maar de vrouw, verleid zijnde, is in overtreding geweest. Doch zij zal zalig worden in kinderen te baren.'

Duizenden keren had ze zich tot Maria gewend. Elk weesgegroetje was een roos voor Maria, een complete rozenkrans gaf de Heilige Maagd een kroon van rozen. Tineke putte zich uit in devotie. Met de handen gevouwen trok uit Tinekes vingers het trillen weg – alsof ze niet alleen de tooi van Maria verfraaide, maar ook in haar eigen kroon de doornen oploste.

Tineke en Hein waren in het huwelijk getreden op een zachte dag van het nog prille jaar 1947. Hoewel het de koudste winter was sinds het Europese revolutiejaar 1789, werd het 18 januari in Kerkrade 7 graden. Twee dagen later vroor het dat het kraakte, en op 8 februari zou de negende Elfstedentocht worden gereden.

In de sacristie van de Sint-Martinuskerk in Spekholzerheide stond een klein gezelschap: Hendrik en Anna Vinders, Fien Habets met Van de Berg, wat broers en zussen. Normaal gesproken werd er getrouwd in de parochie van de bruid, deze keer werd het bij de bruidegom gevierd; daar was geld voor een feestje. Er waren vlaai en gebakken, koffie en advocaat stonden klaar en er was een grote schaal 'koude schotel': aardappelsalade met ham, erwten, mayonaise en zilveruitjes. Van de buren waren keukenstoelen geleend.

De bruid was geen maagd. Tineke toonde al een beetje. Een witte jurk mocht niet meer en een trouwmis voor het heilig altaar konden ze wel vergeten. In de sacristie, het kamertje naast het priesterkoor waar de pastoor en misdienaars anders hun kazuifel, toog en superplie aantrokken, wilde de pastoor het jonge stel wel trouwen. De families stonden dicht opeen voor een geïmproviseerd altaar, de tafel waar een met heilige tekens geborduurd kleed over was getrokken. Tinekes grijze mantelpakje was bescheiden en tot over de knie, maar de zonde prijkte vooruit.

Zij was 22, hij 29. De voorbije maanden was er tussen hen genegenheid gegroeid. Hij was een beste kerel; een hartelijke lach en altijd bereid te helpen. Allebei waren ze de jongste thuis – hij door zijn moeder in de watten gelegd, zij beurs van de klappen die ze had moeten opvangen. Zo liefdevol als zijn moeder voor hem had gezorgd, zo bekommerde Hein zich nu om Tineke.

De pastoor van Spekholzerheide voerde voorafgaand aan hun huwelijk gesprekken met de verloofden. Bij een daarvan kreeg Hein een klein boekje mee. *Handboekje voor de Katholieke Man. Gebeden en overwegingen voor de katholiek in de godsdienstige en sociale strijd van onze dagen*. Het lag als een kostbaar kleinood in de hand: met een zwart leren kaftje en goud op snede, uitgegeven in 1938. Het Handboekje waarschuwde voor voorbehoedsmiddelen. Die zouden het huwelijksgeluk bedreigen. Zo las Tineke: 'Wee ook vooral de arme vrouw, wanneer gemoedsziekten, zenuwstoornissen, zwaarmoedigheid of zelfs de neiging tot zelfmoord aan de dag treden als gevolg van innerlijke ontevredenheid.' Dit laatste was volgens de pater-schrijver het gevolg van het uitblijven van het doel van het huwelijk: kinderen. Het boekje vervulde Tineke van hoop. Haar verlossing droeg ze, 22 weken oud, onder haar jas. Ze was klaar om haar natuurlijke plaats in de orde der dingen in te nemen. Hier in Heilust lag haar drempel naar het geluk.

Als bruidsschat kreeg Tineke twee met kienen gewonnen droogdoeken mee. Ze was de jongste in een mijnwerkersgezin van twintig kinderen. Voor broodbeleg, dichte schoenen of een fiets was nooit geld geweest, laat staan dat alle dochters voor hun huwelijk een twaalfdelige linnenset en een servies konden meekrijgen.

Het was eind jaren veertig en net te vroeg voor de spaarzegeltjes die even later populair werden. Een paar jaar later begonnen winkeliers in navolging van Albert Heijn met zegeltjes. Populair was het sparen voor linnengoed. Elke gulden aan boodschappen was goed voor een zegeltje. Een volle kaart werd ingeruild voor een handdoek, bedlaken of theedoek van Cinderella.

Jonge vrouwen likten en plakten hun uitzet bij elkaar. Als de tijd drong, gingen de aanstaande bruiden werken bij een boer of welgestelde. Dan schrobden ze tien melkkannen voor een gulden. Of ze poetsten in ruil voor een pan of een handdoek. Maar zelfs al zou Tineke een paar jaar later zijn getrouwd, met wat de familie Habets spendeerde, had maanden sparen misschien een washandje opgeleverd. Het geld dat ze als dienstmeid verdiende, was voor haar moeder. Eerst moest ze trouwen, de uitzet kwam later.

Met de twee theedoeken van de uitzet is nooit een kopje afgedroogd. 'Mijn keuken is mijn paleis' stond er geborduurd op de één. De andere zei: 'Glück Auf'. Ze hingen sinds hun trouwen in de keuken zo hoog dat niemand ze zou grijpen. Af en toe werd het grijze stof eruit gewassen. De theedoeken waren meer dan twee katoenen lappen. Ze waren symbool voor de overgang naar waar het leven betekenis kreeg. Naar waar Tineke Habets een Vinders werd en ertoe zou doen. Haar verlangen hing in twee vlaggen aan een houten rekje.

Het huwelijk zou goedmaken wat eerder was misgegaan. Tineke zou een toegewijde huisvrouw zijn, haar geluk een afgeleide van haar godsvruchtige gezin. Het was de belofte die haar jaar in jaar uit troost had geboden. Wanneer Tineke in mei in de Mariaprocessie liep, in een lange witte jurk en met veldbloemen in het haar, een kaars in de hand en de ogen strak op haar tenen gericht, dan smeekte ze Maria of ze straks toch alstublieft een man mocht die een gevuld loonzakje thuisbracht. Elke avond eindigde Tineke met de knieën op het ongelakte hout.

Hein maakte haar vrolijk, elke dag weer. Wanneer ze liep te tobben, lachte hij de muizenissen uit haar hoofd. Iedereen liep weg met Hein Vinders. Die was niet zomaar de sterspeler van Juliana. Hij was de Abe Lenstra van Kerkrade, een topscorer die bij de tegenstander behalve ontzag ook sympathie afdwong. In Heilust zei men dat Hein Vinders na de wedstrijd zijn voetbalbroek zo weer kon opvouwen en in de kast leggen. Die was dan nog hagelwit. Hein had te veel snelheid en techniek om te worden getackeld. (Zestig jaar later zijn er nog mensen die zich het talent van Hein Vinders herinneren. Ze zeggen: 'Die Hein Vinders, die zou vandaag de dag een duurbetaalde prof zijn.')

Bij Vinders thuis was aan niets tekort geweest. Van kleins af aan was Hein ondergedompeld geweest in liefde en warmte. Geldzorgen hadden ze nooit gehad. Hein droeg Tineke om de hoek in Heilust de drempel over van hun eigen huis. Romeinenstraat 7, een eigendomshuis. Gehuurd, dat wel, maar dat gaf niet, ze was meer waard dan ze ooit was geweest. Hein en zij pasten in het plaatje van 1947.

Na het vertrek van de Duitsers hadden mijn en kerk hun plek weer ingenomen: die van monopolist in arbeid, onderwijs, zorg en vrijetijdsbesteding – zo bezien wisselde de ene almacht de andere af. Na de oorlog was het even onrustig geweest, toen de communisten in de Mijnstreek probeerden voet aan de grond te krijgen, maar al snel sloten zich de gelederen en werden alle rooien – socialisten en sociaaldemocraten inbegrepen – buitengesloten.

In 1946 verbood de kerk het lidmaatschap van de socialistische vakbond, de Algemene Nederlandsche Mijnwerkers Bond (ANMB). Binnen de vier Staatsmijnen gold een beroepsverbod voor protestanten; ze mochten niet werken in leidinggevende functies en ook niet bij de personeelsdienst. De secretaris van de Rooms-Katholieke Vereniging van Mijnbeambten verklaarde in 1945 dat hij liever Polen in de mijn zag dan Noord-Nederlanders. Onder protestanten zaten relatief veel rooien.

Ook buiten het werk werden protestanten tegengewerkt. Protestantse jongens konden na de oorlog geen lid worden van de katholieke voetbalclubs. In 1952 wilde de protestantse gemeente van Kerensheide een zondagsschool beginnen in een leegstaand vakantiehuis van de Staatsmijnen. Het verzoek werd afgewezen.

Steeds minder sprak men openlijk over iemands geloof. Dat hoefde ook niet, kleine tekenen zeiden genoeg. Katholieken droegen de trouwring links, protestanten rechts. In de kantine sloegen de katholieken uitbundige kruisjes voor en na het eten. Protestanten bleven weg uit de katholieke kapel, ze namen vrij op Goede Vrijdag – in de protestantse traditie een meer gewijde dag dan bij de katholieken, en protestanten wensten een 'gelukkig' in plaats van 'zalig' Nieuwjaar.

De afwijzing van protestanten door de instituties vond navolging op straat. Met enige gêne vertelt mijnwerkerszoon en emeritus hoogleraar microbiologie Wiel Hoekstra in *Mijn verleden* hoe hij en zijn vriendjes de protestantse kinderen nariepen op straat. Dan zongen ze:

Protestantse apen
liggen in bed te gapen.
Geloven niet in God
maar in de pispot.

Die pesterijen waren geen toeval. Ze pasten in het voornemen van mijn, kerk en staat om bij voorkeur mijnwerkers uit Limburg aan te stellen. De mijnen hadden altijd al gemeend dat arbeiders van dichtbij langer zouden blijven. Nu bleek dat ook te kloppen. Mijnwerkers van boven de rivieren en buitenlanders hadden de minste binding met de steenkoolindustrie en waren meestal gauw weer weg.

Veel arbeidskrachten van buiten hadden geen goed beeld gehad van wat hun te wachten stond. Menig mijnwerker meende steenkool te zullen delven in dagwinning, zoals in Amerika: de kolen uit de bovenste aardlagen schrapen. Moest zo iemand vervolgens een kooi in om een halve kilometer de aarde in te zakken. Anderen hadden grote moeite met het gebrek aan licht en schone lucht, de wisseldiensten en het toch tegenvallende loon. Maar de belangrijkste reden om weer te vertrekken, was praktisch van aard: er was veel te weinig fatsoenlijke woonruimte. Al werd er gebouwd bij het leven, het tekort aan woningen werd nauwelijks kleiner.

In 1950 was de conclusie van een rapport van de Staatsmijnen: 'Arbeiders van buiten de Mijnstreek zijn minder *coal minded*.' Tegelijkertijd waren er steeds meer mijnwerkers nodig, want het land moest worden opgebouwd, de vraag naar kolen was gigantisch en heel Nederland keek naar de Limburgse mijnen. De wederopbouw werd voor een deel met kolen betaald. Toch was het wervingsbeleid van de mijnen allereerst gericht op 'Mijnstrekers' – mannen uit de regio's Heerlen, Kerkrade en Sittard.

Hier ontvouwde zich het grotere plan tot het opkweken van een puur Limburgse mijnwerkersstam. Het liefst zagen ze mannen uit gezinnen met jongens die ook in de mijn konden gaan werken. Die waren van kinds af aan bekend met het leven van de ondergronders; met de eisen die dat stelde, de offers die het vroeg en met de mannencultus daaromheen. Wie vergroeid was met de mijnwerkerscultuur, zou zich er niet snel tegen verzetten. Tinekes zonen waren gewild, nazaten van een geslacht van minstens vier generaties mijnwerkers.

Kort na de oorlog begon de mijn een groot marketingoffensief. Niet gericht op afnemers – die waren er in overvloed – maar op jonge kerels, arbeidskrachten. In een van de meest professionele wervingscampagnes tot dan toe schiepen de mijnen het gewenste beeld van de steenkoolindustrie en haar kompels: een waarin stoere, sportieve mannen goede daden verrichten voor hun vaderland. Waarin Limburgse families zich aan de steenkool verbonden voelden alsof het delven van het zwarte goud hen in het bloed zat.

Brochures, krantenartikelen en advertenties werden ingezet,

voorlichters kwamen op school en gingen de huizen langs om moeders te winnen voor de steenkool. Mijnwerkers werden gekoesterd, ze kregen voorrang bij de aanschaf van beddengoed, keukenspullen, kleren en schoenen. In 1946 brachten de Staatsmijnen een mooi tijdschrift uit, *Steenkool*, Nederlands eerste moderne bedrijfsblad en voorloper van de glossy. Het werd gemaakt naar voorbeelden uit de Amerikaanse Human Relations School: de werknemer, de mijnwerker, stond centraal. De houwer die elke dag diep onder de grond ploeterde, moest voelen dat zijn bijdrage ertoe deed, dat hij werd gewaardeerd.

Hetzelfde gold voor zijn vrouw. Zij werd gezien als spil van het betrokken gezin dat onlosmakelijk deel was van de steenkoolmachinerie. Op het omslag van *Steenkool* staan foto's van 'Moeder de Vrouw'. Met een schort voor en een glimlach op het gezicht knoopt ze de blauw-wit geruite theedoek rond het gewassen mijnwerkerstenue. In *Steenkool* kreeg ze tips over opvoeding, eten, het bijstaan van haar man en het verven van paaseieren.

Het mijnwerkersbestaan werd geromantiseerd met verhalen over toegewijde vakmannen die met ernst en trots hun werk deden. Zelfs als ze de kleinste kolenlagen moesten ontginnen uit pijlers waarin ze alleen liggend hun lunch konden eten, werd dat in *Steenkool* een interessante uitdaging.

> Iedere dag is zoowel voor den mijnwerker als voor den zeeman een nieuw avontuur: de een ploegt door het water zijn koers naar een vaak onbekenden horizon, de ander werkt zich vooruit in dien geheimzinnige glinsterende steenkoolwand die vele verrassingen in zich bergt.

Bij arbeidsbureaus in Limburg en daarbuiten hing een poster met de tekst: 'Een nieuwe toekomst – een goed bestaan! Kom naar de steenkolenmijnen Willem-Sophia Spekholzerheide.' Het merendeel van de arbeiders kwam uit Limburg, een deel nog altijd uit Holland. Daar hingen affiches met een man met een koffer in de hand, lopend over de Nederlandse vlag. 'Emigreer in eigen land' staat erboven.

Begin jaren vijftig nam de emigratie naar Canada, Australië en de Verenigde Staten fors toe. Nederland lag in puin, door de babyboom groeide wel de bevolking, maar de werkgelegenheid bleef achter. Daarom zei minister-president Willem Drees in zijn nieuwjaarstoespraak van 1950 dat 'een deel van ons volk het moet aandurven zoals in vroeger eeuwen zijn toekomst te zoeken in grotere gebieden dan in het eigen land'.

Duizenden Limburgers gaven aan die oproep gehoor. Ze meldden zich bij de Katholieke Limburgse Emigratie Stichting voor emigratie naar Canada, Australië, Nieuw-Zeeland, Zuid-Afrika en Brazilië, tot in 1959, toen er nog bijna 3000 Limburgers zouden vertrekken. *De Zuid-Limburger* drukte een foto af van 'de moedige familie Scholten uit Eygelshoven'. Vader en moeder en hun zeventien kinderen staan voor het KLM-toestel dat hen naar Canada zal brengen.

Maar de Mijnstreek schreeuwde om arbeiders. Onder de wervingsposter van de reiziger die over de Nederlandse vlag loopt, staat: 'Er ligt een rijke toekomst in de Nederlandsche mijnen.' Een ander affiche kopte in chocoladeletters:

UW KANS

Voor flinke jongemannen ligt een mooie toekomst in de Mijnstreek. Zij die zich door interessante, echt mannelijke arbeid een goed bestaan willen veroveren, kunnen daar vooruit komen! Werken in 't mijnbedrijf beteekent:

Hoog loon
Sociale Zekerheid
Vroeg Pensioen
Ruim Verlof
Behoorlijke Huisvesting
Speciale extra bonnen

Hoe belangrijk de Limburgse kolen waren voor de opbouw van Nederland, werd breed uitgemeten in heel het land. Op 2 februari 1947 berichtte het Polygoonjournaal in de bioscopen over 'De kolenslag in Limburg'. Twee weken nadat Tineke en Hein Gods zegen hadden gekregen, kropen de ijsbloemen langs het dakraam. Op die koude zondag gingen Limburgse mannen in plaats van naar de kerk naar de mijn. Ze haalden een extra dag kolenproductie omhoog 'om Nederland warm te houden'.

De kou van de oorlogswinter lag vers in het geheugen en het woord 'kolenslag' gonsde door het land – op die zwarte velden onder de grond werd de warmte bevochten. In het woord zat de belofte besloten dat de rest van Nederland zo gauw mogelijk iets terug zou doen voor de mijnwerkers. In *Steenkool*: 'Voor het landsbelang offerde de mijnwerker graag een deel van zijn loon en vrije tijd en de gehele natie respecteerde hem.'

Een half jaar later liet het Polygoonjournaal zien hoe duizenden mijnwerkers werden ontvangen in Hollandse steden boven de Moerdijk. Onder het mom 'Volksherstel' werden ze in Amsterdam met muziek van het station gehaald. In optocht liepen ze over het Damrak. De mannen, in pak – sommigen met bolhoed – werden meegenomen naar Volendam en Marken, er werd een sportshow voor ze opgevoerd in het Olympisch Stadion; alles werd uit de kast gehaald voor een mooie vakantie.

Ook een nieuwe generatie werd warm gemaakt voor het avontuur van het carboon. In 1952 gaf de Rijkspostspaarbank een kinderboek uit dat in zestien hoofdstukken bijeengespaard kon worden: *Hans en Nellie ontdekken kolenland*, met Gouden Boekjesplaatjes van Frans Lammers. Elke maand was er een nieuw hoofdstuk voor wie geld inlegde bij de spaarbank, het postkantoor of de Boerenleenbank. Een broer en zus uit Haarlem komen in Brunssum logeren bij hun oom Willem, die op de Staatsmijn Hendrik werkt. Samen maken ze fietstochten over de prachtige Brunssummerheide, langs spelende fanfares, en natuurlijk langs de mijnen waar ze veel over leren. Aan het slot mogen ze kijken in de kunstmestfabriek van de

Staatsmijnen, waar ze horen dat Nederlands groeiende bevolking alleen gevoed kan worden dankzij de kleine bruine stikstofkorreltjes die door chemische bewerking uit vetkolen worden gemaakt. Aan het slot van *Hans en Nellie ontdekken kolenland*:

> Het is inderdaad alsof de fee uit een sprookje haar toverstaf heeft gezwaaid over de zwarte brokken kool die ginds uit de mijnen zijn gehaald...
>
> Hans en Nellie zijn flink moe wanneer ze ten slotte afscheid nemen van 'hun' opzichter. Maar ze zijn niet alleen moe, ze zijn ook voldaan. 'Nu weet ik pas goed wat die steenkool allemaal voor ons betekent,' zegt Hans met een zucht.

Ook ver over de grens werd reclame gemaakt voor de Nederlandse mijnen, bijvoorbeeld in het streng katholieke Italië. Drie knappe mannen met pak en das, het haar glimmend achterover, staan onder een blauwe hemel voor een windmolen: *C'è lavoro per voi nelle miniere Olandesi di carbone* (Er is werk voor u in de Nederlandse kolenmijnen). Op het idyllische plaatje is nergens een steenberg of schoorsteen te zien.

De belangrijkste troef in de marketing van de mijnen was de Ondergrondse Vakschool (ovs). Eind 1945 opende de eerste mijnwerkersschool voor jongens van veertien, een jaar later hadden alle mijnen hun eigen opleiding. De ovs was van onschatbare waarde. Ze smeedde een hechte eenheid tussen jonge jongens die straks samen onder de grond zouden gaan. Belangrijker nog: ze gaf het vak het broodnodige aanzien. Want de mijnwerkers werd dan wel verteld dat ze trots moesten zijn op hun verdiensten voor het vaderland, buiten de kolonie werd er op hen neergekeken.

Rijke boeren peinsden er niet over hun zonen naar de mijn te sturen, en hun dochters hoefden niet met een kompel aan te komen. De kolonieën stonden van meet af aan bekend om drankmisbruik, losse zeden en ruige kermissen. In de jaren dertig schreef het gemeentebestuur van Geleen: 'Het gaan werken als mijnwerker is het zich verlagen tot mijnslaven,' en die opvatting hield lang stand. Kinderen van ambachtslieden die 's ochtends op weg naar school de deur uit gingen, werd gezegd toch vooral niet door de kolonie te lopen. In de dagelijkse omgang met andere standen kregen mijnwerkers het hardnekkige gevoel de mindere te zijn.

Die afkeurende blik van buiten versterkte de eendracht binnen de enclave. Men bespotte de hogere beambten die doorgaans van buiten kwamen. Amsterdammers heten 'arrogant' en 'Hollanders' in het algemeen vond men knieperts, die wisten niet hoe te leven, die dronken thee – wat een armoe – en doopten daar een káákje in. De Limburger serveerde een stuk vlaai, en daarna nog een. 'Als wij bij de slager een pond kopen, dan nemen zij een onsje.' En: 'Ze hebben dan wel een auto voor de deur, maar die is helemaal op afbetaling.'

Er waren mijnwerkersvrouwen die schoonmaakten in de huizen van beambten, in grote twee-onder-een-kapwoningen uit de jaren dertig. Aan de koffie in de kolonie werd dan schamper gelachen om 'kakmadammen die alles doen voor de schone schijn'. Een buurvrouw van oma Vinders werkte bij het gezin van een ingenieur uit Delft. Toen de hele straat met zijn stoelen op de stoep zat, vertelde ze dat haar madam een goedkoop hoedje had gekocht. Uit een versleten, dure hoed had ze het label gehaald en dat in haar nieuwe hoedje genaaid.

Niet alle beambten kwamen uit 'Holland'. Onder hen waren ook een paar Limburgers, en soms maakte zelfs een kompel promotie – dan veranderde zijn leven. Wie beambte werd, mocht naar het casino in Treebeek, die kwam niet meer in het patronaat. Ook kreeg hij vanaf dan antraciet geleverd in plaats van eierkolen – de met teer geperste briketten van kolenstof. Zijn pungel met vuile werkkleren werd nu gewassen op de mijn. Als deel van het kader mocht hij zich niet te veel mengen met de gewone arbeiders. Naar het café op zaterdag kon hij eigenlijk niet meer.

Hoewel ze in het standenstelsel op de onderste tree stonden, was de kolonie trots. De mijnwerkers konden harder werken, harder drinken, harder blazen, harder vechten en harder lopen dan de rest. Het landskampioenschap 1950 van de voetbalclub Limburgia uit Brunssum was het glorieuze bewijs van de overmacht van de kompels.

De Mijnstreek had meer fantastische voetbalclubs. Een groot aantal was opgericht na de wilde mijnwerkersstaking van 1917, toen productie-eisen werden opgeschroefd en lonen achterbleven. Nadat het leger de staking had gebroken, waren de mijndirecties de kompels tegemoetgekomen met betere huizen en gesubsidieerde vrijetijdsbesteding. Bijna elke kolonie had toen haar eigen voetbalclub gekregen. Het dorp Hoensbroek, mijnzetel van de Emma, had er zeven, in Kerkrade voetbalden dertien clubs. In de competitie waren de kompels heer en meester.

Toen Brunssum in 1947 het grootste naoorlogse mijnongeluk meemaakte, waren daar verschillende voetballers bij betrokken. Op 636 meter diep in de Staatsmijn Hendrik was een rubberen transportband te heet geworden en in brand gevlogen. Het mijngas in de lucht ontvlamde, houten stutten gingen branden en het vuur kolkte door de onderaardse gangen. Door de immense hitte en de onbereikbaarheid van de ingestorte pijlers duurde het weken voordat alle dertien slachtoffers werden geborgen.

In die dagen vroeg voetbalclub Limburgia de KNVB om uitstel van competitiewedstrijden. Niet alleen waren er voetballers betrokken bij het ongeluk, heel het dorp waakte dag en nacht bij de mijnpoort, wachtend, biddend, hopend op nieuws. De KNVB dwong de kompels gewoon hun wedstrijden te spelen.

Drie jaar later speelde Limburgia in de landelijke competitie de sterren van de hemel. De club passeerde eerst PSV, daarna Heerenveen, om uiteindelijk in het Olympisch Stadion tegen Ajax te voetballen om de landstitel. Van de 60.000 toeschouwers waren er 2000 van Limburgia. 58.000 supporters juichten voor Ajax – al werden die gedurende de match allengs stiller. Het was het jaar dat Ajax vijftig jaar bestond, dat Rinus Michels zijn sterspeler was en dat de godenzonen in een bomvol Olympisch Stadion werden afgedroogd door mijnwerkerszonen: 0-6. In de stromende regen wachtte Brunssum zijn elftal op. De spelers werden eerst op de schouders gehesen en daarna als prinsen in open zwarte koetsen gezet, bedolven onder zoenen en omhelzingen; het volk langs de route trok ze van verrukking haast de wagen uit. Getrokken door een stoet paarden werden ze in een triomftocht de stad door gereden.

De zegetocht op het voetbalveld deed de eigenwaarde van de kompels meer goed dan de hele karakterbouwende campagne van de mijnen. Niet omdat het verhaal van een eeuwenoude traditie van trotse mijnwerkers geen ingang vond, maar omdat de mijn met de ene hand stukmaakte wat ze met de andere probeerde op te bouwen. Dat de trotse kompels gemengd met landverraders en oorlogsmisdadigers onder de grond kwamen te werken, had alle marketingcampagnes tenietgedaan.

Het misprijzen van de buitenwacht dat de mijnwerkers voelden, werkte door in de kolonie. De gemeente Kerkrade deed begin jaren vijftig onderzoek naar hoe de jonge wijk Heilust zich ontwikkelde. Daaruit bleek dat er een 'negatieve instelling' heerste tegenover 'het menselijk element' in de buurt. Zeg maar: men keek neer op de anderen om zich heen. De sociale integratie, zo luidde de conclusie, bleef achter. De oorzaken zocht de gemeente in 'de ongunstige reputatie van de buurt' en het verschil in mentaliteit tussen de Kerkradenaren en de mensen van buiten. De Kerkradenaren zouden zich richten op hun eigen kleine kring, zoals ook de Vindersen dicht op elkaar woonden en elkaar steeds opzochten. Nieuwkomers van het platteland stonden 'enigszins schuw, soms vijandig' tegenover de nieuwe wijk en zijn gesloten familiekringen.

De Ondergrondse Vakschool krikte het lage zelfbeeld van de kompel op. Door de technische ontwikkeling kreeg het beroep van mijnwerker serieuze erkenning. Moest de mijnwerker vroeger de kolen met alleen een hamer te lijf, op de ovs leerde hij de nieuwste technieken te gebruiken. Het winnen van de steenkool gebeurde steeds meer mechanisch: de afbouwhamer op perslucht werd in de jaren vijftig vervangen door een ontkoolmachine die met perskluchtcilinders de stenen losmaakte uit de wand. Die werden langs een afvoerband weggevoerd en automatisch in klaarstaande wagons gekiept. De houten stutten waren vervangen door stalen stijlen en later door hydraulische, wandelende stijlen. De jonge mijnwerker moest al die machines leren beheersen. 'Mijnwerker' werd een geschoold vak met gebruik van geavanceerde technologie, een beroep met toekomst.

Met veertien jaar begon het. De kompels in opleiding kwamen in dienst van de mijn en kregen vanaf dag één betaald. In de moeilijke eerste jaren na de oorlog was dat een zwaarwegend argument om de mijn in te gaan. De belangstelling voor de steenkool bleek weliswaar minder groot dan de Staatsmijnen hadden gehoopt – ouders kozen er vaker voor hun zoon te laten doorleren – het salaris trok menig gezin over de streep.

De jongens zelf wilden wel. De ovs gaf ze een tenue, eigen geld en een duidelijke identiteit – status in eigen kring. Vanaf de dag dat ze loon inbrachten, stelden ze wat voor. Ze waren 'de jongens in het blauw'; ze mochten roken, ze dronken bier; ze werden met hun veertien jaar voor vol aangezien. Terwijl hun vroegere klasgenoten zware tassen van en naar school sjouwden, gingen zij het café in. Net zoals ze de bevrijders hadden zien doen, smeerden ze Brylcream in het haar en luisterden ze naar rock-'n-roll.

De mijnen hadden met de ovs een transformator naar een gemene deler geschapen, een die toewijding aan de steenkool produceerde. Dat deden ze in het eerste jaar met een programma dat leek op de padvinderij. De jongens hoorden bij een 'troep', ze hadden een 'home' of 'honk', droegen een uniform en pet met ovs-embleem en ze begonnen de dag met een militair aandoend appel. Dan hesen ze de Nederlandse vlag en scandeerden de tien artikelen van de ovs-wet, waarvan het laatste het meest in het oog springt:

1. Op mijn eer kan men vertrouwen.
2. Ik wil trouw zijn aan God, ouders, leiders en land.
3. Ik wil een vriend zijn voor allen.
4. Ik wil ridderlijk zijn.
5. Ik wil flink de handen uit de mouwen steken; wat ik doe, doe ik goed.
6. Ik wil spaarzaam zijn.
7. Ik blijf opgewekt onder alle moeilijkheden.
8. Ik wil een goed vakman worden.
9. Ik wil een beschermer zijn van de natuur.
10. Ik wil gehoorzaam zijn, zonder tegen te spreken.

Het eerste jaar leerden ze de vaardigheden van de padvinder: kompas gebruiken, knopen leggen, bruggen bouwen en vooral: discipline en toewijding. Daarna werd ze de beginselen van mijnbouwkunde bijgebracht. Ze deden veel aan gymnastiek, strak geregisseerd in formaties, het geeft plaatjes zoals we die kennen uit de Sovjet-Unie. Met zeventien gingen de OVS'ers voor het eerst ondergronds. Eén dag per week om te wennen, aan het eind van het jaar alle vijf de dagen. Op hun 18e konden ze definitief onder de grond aan de slag, om met 22 na een examen te worden gediplomeerd als houwer.

De overeenkomst met exercities in Sovjetstijl is geen toeval. Als social engineering ergens is uitgevoerd, dan daar. Van grote groepen werden overtuigingen en gedrag beïnvloed met folders, boeken, films, theater, radio- en tv-uitzendingen; alles wat een boodschap kan overdragen werd ingezet voor de vorming van de gewenste mens. In *Ingenieurs van de ziel* beschrijft Frank Westerman hoe Russische intellectuelen moesten bijdragen aan de revolutie door de loftrompet te steken over de Grote Werken die alleen door middel van soms gruwelijke dwang konden worden gebouwd.

Hoewel het met de grootste geestdrift is toegepast in totalitaire systemen – ook nazi-Duitsland was er goed in – was het begrip social engineering een onschuldige Nederlandse uitvinding. De industrieel Jacques van Marken pleitte er in 1894 voor dat grote ondernemers niet alleen 'technische ingenieurs' zouden gebruiken ('experts in dode materie'), maar ook 'sociale ingenieurs': met verstand van menselijke vraagstukken. Van Marken streefde, nogal avant-garde, naar sociaal ondernemerschap.

De social engineering van de Limburgse Mijnstreek was niet vergelijkbaar met die in de Sovjet-Unie. Ze gebruikte geen dwang maar verleiding en drang. Geen dreiging met geweld maar met uitsluiting, armoede en hel en verdoemenis. Het was een milde variant met trekjes van een totalitair systeem waarin de massa werd warm gemaakt voor een gezamenlijk project.

Kinderboekjes als *Hans en Nellie ontdekken kolenland* stonden in dienst van dat ambitieuze plan. Net als de OVS, die jonge jongens opkweekt tot geschoolde, trotse arbeiders. Waar kinderboek en opleiding elkaar kruisen, wordt de kinderziel bewerkt. Uit Hans en Nellie:

> 'Kijk, daar komt een troep OVS'ers aangemarcheerd.'
>
> Er komt een groep jongens aangemarcheerd met blauwe overalls aan en een mooie zwarte pet op. Hans weet niet wat hij ziet. Die jongens zijn niet veel ouder dan hijzelf.
>
> 'Horen die jongens bij de mijn, meneer?' roept hij verbaasd uit.
>
> 'Jazeker, die jongens leren het mijnwerkersvak. Jullie moeten weten dat iedere mijn een eigen school heeft voor jonge mijnwerkers.'
>
> 'Wat leer je dan op die school?' wil Hans nog weten.
>
> 'O, heel wat, Hans. Ze leren er wat ze later als mijnwerker moeten weten... Het belangrijkste is wel dat deze jongens moeten leren eerlijke, flinke, moedige kerels te worden. We hebben in de mijn echte, flinke mensen nodig.'
>
> Hans kijkt met spijtige ogen de jongens na. Hij zou best mee willen doen.

De campagne van de mijnen bouwde een zogenaamde *imagined community*. Met het oog op een hoger doel schept die verbeelde gemeenschap een nogal dwingende lotsverbondenheid. Dat hogere doel was het veiligstellen van de steenkoolwinning. De weg daarnaartoe: een katholieke mijnwerkerstraditie die van steenkool een uniek Limburgs cultuurgoed maakte. En cultuurgoed, dat geef je over van vader op zoon.

De verbeelde of ingebeelde gemeenschap was het voertuig waarmee in de negentiende eeuw naties tot leven waren gewekt. Net zoals naties op symbolen waren gebouwd had de mijnwerkerstraditie haar iconen. Wat Marianne was voor de Franse Republiek, was Barbara voor de kompels. De overlevering werd subtiel doch resoluut naar de eigen hand gezet. In 1952, in het jubileumboek ter ere van vijftig jaar Staatsmijnen, werd Barbara afgebeeld met een koeltoren op schoot.

Net zoals dat was gelukt bij de vorming van naties, zo werd ook de mijnwerkerstraditie een bron van trots, een gedeelde geschiedenis, drager van voorspoed en zelfverzekerdheid. Het verhaal: na de oorlog bleef Nederland dankzij de kolen een tweede stervenskoude winter bespaard. De wederopbouw was deels met kolengeld betaald. Akkers droegen dankzij Limburgse kunstmest een veelvoud aan graan; boven de Moerdijk ontstond een ereschuld aan die mijnwerkers.

Tineke en Hein maakten deel uit van die nieuwe eeuwenoude traditie. Ze waren kinderen van mijnwerkers, Hein was het achterkleinkind van een koolwerker, en hun zonen waren voor de Willem-Sophia bestemd. Hun identiteit was gevat in een sjabloon.

Als Truman Burbank in *The Truman Show* leefden de meeste mijnwerkers een geregisseerd, gecontroleerd bestaan, op een afgebakende set met onzichtbare grenzen. De beslotenheid van de toekomst gaf een aan geluk grenzende zekerheid.

Al ligt Heilust maar 5 kilometer ten oosten van Schaesberg, Tineke ging met haar huwelijk een nieuwe wereld binnen. De tirannie van Van de Berg liet ze achter zich, net als de armoe uitgedragen in haar kleren van Sint-Vincentius. Maar ook Fien, haar moeder, bleef in Schaesberg, evenals de kinderen van Lony en haar zus Sophia, 'Sof', met wie ze zich zo verbonden voelde. Net als de andere meisjes van Habets was Sof getrouwd met een jongen uit Schaesberg en dicht bij de Baanstraat blijven wonen.

De 5 kilometer tussen huis en thuis bleken te ver om te overbruggen. Een fiets had Tineke niet. Bus en trein kostten geld. En lopen? Lopen was iets wat ze deed toen ze veertien was, kilometers naar de trein naar Maastricht, en daar van het station naar de Sphinx. Maar nu was alles anders. Nu was ze een getrouwde vrouw, en zwanger bovendien. Ze had net een streep gehaald door het schrapen en scharrelen van haar jeugd.

Op 31 mei 1947 werd in de Vroedvrouwenschool in Heerlen Hein Vinders junior geboren. Het was uit liefde dat Tineke haar zoon Hein doopte. Dat ze een stamhouder baarde, was een plaatsbewijs in de familie Vinders. Dat ze hem noemde naar zijn vader Hein, afgeleid van grootvader Hendrik, gaf haar even sterstatus. Later zou blijken dat de kleine Hein gezegend was met zijn vaders talent voor de bal en diens laconieke natuur.

Het moet Tineke een groot gevoel van tevredenheid hebben gegeven, voldaan over zichzelf. Vanaf nu hoorde ze tot het gilde der vrouwen die een kind op de wereld hadden gezet. Voor wie er deel van uitmaakte, was dat vanzelfsprekend; ervan uitgesloten zijn zou eindigen in zelfontkenning, in vernedering en wanhoop. Tineke had haar bestaansrecht verworven en straalde.

Fien Habets (officieel heette ze Bergs maar zo heeft ze zich nooit genoemd) was na Tinekes vertrek met Van de Berg naar de zolder verhuisd. Haar ongetrouwde zoon en dochter, Mai en Net, waren in het huis getrokken. Heins moeder, Anna Vinders, had geruild met haar dochter Mina; oma was in de aanbouw gaan wonen. Met hun kinderen sloten ze een packagedeal, waarin zij een goedkoop groot huis kregen, inclusief de zorg voor de ouders.

Fien Habets zou maar even op zolder wonen. Haar oudste kleinkinderen herinneren zich nog hoe ze hele dagen zat te breien, het forse lijf gepantserd achter nors chagrijn. Hein was het laatste kleinkind dat ze in haar armen hield. Een half jaar later viel ze zonder verder veel aankondiging dood neer. Het had lang geduurd, maar op 17 december 1947 had haar hart het uiteindelijk begeven. Nu haar beide ouders dood waren, hoorde Tineke zonder verder voorbehoud bij de familie Vinders.

Hanna, Heins zus, had een jaar eerder haar kind verloren – het ongedoopte ding dat nooit een engel zou worden. Daarna was bepaald dat ze geen nageslacht meer mocht krijgen. Toen haar jongste broer een kind kreeg, schonk ze hem haar uitzet.

De kleine Hein lag in het wiegje van tante Hanna, in een trappelpakje dat Hanna had uitgezocht. Hij speelde in haar box en werd over straat gereden in de gloednieuwe kinderwagen die Hanna voor haar eigen kleintje had gekocht.

Hanna had het altijd goed voor elkaar. Haar Paul bracht goed geld binnen. Er werd gebouwd bij het leven en de huisschilder kon de vraag naar werk nauwelijks aan. Zijn tarief steeg met het kwartaal. Hanna had gevoel voor styling en haar huis etaleerde de voorspoed. Het was ingericht met moderne buisstoelen en strakke houten dressoirs, niet de muur en schouw behangen met ingelijste plaatjes van heiligenbeelden en een kalender van de mijn, maar witte muren met een enkel schilderij. Al in 1947 ging Hanna achter op de scooter met nonk Paul naar Italië, een hoofddoek om het zwarte haar en een grote zonnebril op, zoals even later Sophia Loren en Marilyn Monroe glamorous in een cabrio zouden poseren.

Waar het ging om de inrichting van haar huis, stak Tineke bleekjes bij haar schoonzus af. In haar woonkamer hing wel die missiekalender, en de keuken was aangekleed met niet meer dan twee theedoeken aan een rekje. In wezenlijke zaken troefde ze haar schoonzus echter af. Binnen de marges die meneer pastoor daarvoor in zijn schriftje aanhield, raakte zij opnieuw in verwachting. Het was eind 1948.

Toen Henri Poels in 1948 de Mijnstreek verruilde voor de eeuwigheid, stond zijn erfenis er monter bij. De mijnen garandeerden dat het de arbeider aan niets ontbrak; de mijnwerker voelde zich geborgen, het sociale leven was onder controle, de katholieke vreugde werd vol zelfovertuiging beleefd. De schoorstenen van de mijnen rookten als nooit tevoren – er waren tussen 1946 en 1948 nog eens 5000 Polen, Joegoslaven en Italianen komen werken – en elk jaar werd 10 miljoen ton kolen naar boven gehaald. Na 1949 was dat 12 miljoen ton per jaar.

Een kleine vijftig jaar nadat de Staatsmijnen in 1902 waren begonnen met industriële mijnbouw, waren de Limburgers langzaamaan naar de steenkool gaan staan. De metamorfose van het landschap werd niet meer uitsluitend gezien als een verkrachting van het arcadische heuvelland waaruit de nachtegaal was verjaagd. Een verslaggever van het *Limburgsch Dagblad* beschrijft zijn treinreis door Zuid-Limburg, van west naar oost:

> Dagelijks schommelt en schudt het treintje Maastricht–Heerlen over de blinkende spoorstaven door een der mooiste streken van Nederland. De natuur is dronken van zonlicht. De bevallige hellingen der heuvels waarop weilanden, rijpende akkers en bossen zich in verrukkelijke harmonie dooreen strengelen, tintelen van rijkgeschakeerde kleuren. In de dalen spelen de boerderijen verstoppertje achter dichte boompartijen, schitteren de drenkplaatsen voor het vee als spiegels en hurken de witte en roomgele huizen van de dorpen tezamen rond de ranke kerktorens.

Maar anders dan Felix Rutten in 1914 in zijn boek *Onder den rook der mijnen* raakte de idylle van deze schrijver niet verstoord toen hij vervolgens de Mijnstreek in reed.

> Op de top wachtte een groots en uniek panorama... De gehele Mijnstreek, van Kerkrade tot Brunssum, ligt hier langs de horizon uitgestald. Een bonte keten van donkere steenbergen en schachtbokken, van mijncomplexen die er uit zien als blokken uit 'n reusachtige bouwdoos.
>
> De rook der talrijke fabrieksschoorstenen legt een ijle sluier over het land – van deze afstand gezien juist voldoende om het harde en hoekige, dat ieder groot industrie-centrum kenmerkt, te verzachten tot een sprookje van moderne zakelijkheid. Betoverend is dit gezicht! Onvergetelijk!

Tinekes aankondiging van nieuw leven paste unisono in de toon van optimisme die langzaam maar zeker door Heilust en verder klonk. Door de radio's die na de oorlog midden in de woonkamers waren gezet, schalden Louis Armstrong en de Andrew Sisters. De muziek van de bevrijder had de Duitse schlagers even verdreven. Meneer pastoor was druk met het zegenen van nieuwe huizen, scooters en de eerste auto's die de wijk in kwamen. Met haar arm door die van Hein, haar andere hand in die van een mannetje van twee, liep Tineke 's zondags na de mis met haar bolle buik over straat naar huis, een huis met een erker en een Franse kap.

Toen ze op 5 juli 1949 het leven schonk aan een tweede zoon, was het geluk compleet. *An heir and a spare* (een erfgenaam en een reserve), op dat fundament kon een groot gezin worden gebouwd. Op zondagmiddag stond Tineke met een kinderwagen langs de lijn bij Juliana om haar man toe te juichen. Onderwijl dribbelde de kleine Hein, *d'r jong* noemden ze hem, om de wagen heen achter zijn bal aan.

Het vooruitgangsgeloof van de Mijnstreek werd gevierd en gevoed toen in 1952 de Staatsmijnen vijftig jaar bestonden. Ook de Willem-Sophia was dat jaar een halve eeuw in bedrijf, de Oranje-Nassau zelfs al drie jaar langer. De Staatsmijnen grepen de gelegenheid aan om de geschiedenis van de steenkoolindustrie te boekstaven, die glorieus vast te leggen. Redacteur van de gezagsgetrouwe *Zuid-Limburger*, Bernard Bekman, schreef voor Staatsmijnen een boek dat alle facetten van de Staatsmijnen liet zien: *De boom en zijn vruchten. Vijftig jaar Staatsmijnen in Limburg*.

De auteur nam de lezer mee op een wandeling in de heuvels, over de hei, langs beekjes en vakwerkhuisjes, langs de vier zetels van de Staatsmijnen. Hij ging ondergronds, klom tot hoog boven de cokesovens en beschreef de borrelende bedrijvigheid in het Centraal Laboratorium. Hij gaf een aanstekelijk, bij vlagen romantisch en altijd lyrisch beeld van wat daar in vijftig jaar was klaargespeeld. De 40.000 medewerkers van Staatsmijnen die allen het boek kregen, hoefden nooit meer te twijfelen aan het belang van hun inspanning.

> Dat de mens behoefte heeft aan warmte, aan licht, aan kracht en aan voedsel is onmiskenbaar. En deze elementaire dingen leveren de mijnen en de kunstmestfabrieken af. Als zodanig vormen deze industrieën de onmisbare basis van het moderne leven. Ons eigen land zou eenvoudig onbewoonbaar zijn voor ons allen, wanneer de levensaders werden doorgesneden, die vanuit de Mijnstreek het land voeden en tot bloei brengen.

Tinekes interieur was misschien niet zo duur als dat van Hanna, in properheid zou ze niet voor haar schoonzus onderdoen. Het waren de vroege jaren vijftig, in Nederland werd de woonkamer het centrum van het universum, en Tineke wreef haar domein op tot zelfs de tweedehandsjes glansden. Met een speciaal potlood stiftte ze de blauwstenen dorpel, boende ze met koperpoets de potten die Hein van thuis had gekregen, en Vim, met veel Vim ging ze het granito en de tegels te lijf. Maar het echte onderscheid maakten huisvrouwen met hun was. Van de mannen in Heilust werkte 80 procent op de mijn. De meesten van hen leverden aan het eind van de week een broek, een jas en een hemd in die rechtop bleven staan, al waren er mannen die elke dag schone werkkleren aan wilden. Zoals een oud-kompel zei: 'Het kon onder de grond zo smerig zijn, nat en warm, de ratten gingen tegen je benen op. Ik moest elke dag een rein pak aan om me mens te blijven voelen.'

De vrouw moest die pungel zwarte was zien schoon te schrobben. Elke week weer die kwelling: eerst uitkloppen, een dag weken en voorspoelen, dan koken, in de wastobbe schrobben op het wasbord, krabben tot het teer losliet, door de wringer en dan weer koken, in de tobbe en nog eens door de wringer, tot het pak schoon was. Als het rotsblok van Sisyphus rolde de plunje elke week weer zwart en zwaar in haar schoot.

Daarbij was Tineke in het voordeel; Hein werkte bovengronds, zijn uniform was zo zwart niet als dat van de ondergrondse kompels. Maar ook voor haar was de pungel het grove werk waaraan weinig eer te behalen viel. De lakens daarentegen, het ondergoed en vooral: de witte hemden en schorten, daarin toonde de huisvrouw wat ze waard was. De vrouwen monsterden de witheid van elkaars was als die aan de lijn wapperde.

Eerst moesten de vlekken behandeld met ossengal, daarna gewassen met Sunlight. Die zeep was een begrip: in het gele pak met blauwe wimpel (in 1884 op de markt gebracht door William Lever, oprichter van Unilever met Sunlight als een van zijn eerste merken) met daarin opgelost een zakje blauw poeder, 'blauwsel', voor helder wit. Om het echt helwit en sprankelend te krijgen moest het wasgoed drogen in de zon. Het ergste wat dan kon gebeuren, was wind uit de verkeerde hoek; een stevige bries die van over de steenberg kwam aanwaaien en die een nevel van kolengruis door het wit blies. Voor de vrouwen in de kolonie Gracht was het witgoed een op voorhand verloren wedstrijd. 'De zwarte kolonie' lag ten oosten van de Willem-Sophia, de westenwind liet er vaak zijn sporen na.

Tineke, oma en de andere vrouwen in Heilust en Spekholzerheide hadden hun was gunstig in de wind hangen. Tineke schrobde als een assepoester die slovend het geluk afdwong. Dat gebeurde in onschuldige opgetogenheid, zolang de lucht blauw was en alle dromen heel.

Een dik jaar na Sjaakie verwachtte Tineke haar derde. Opnieuw groeide met de buik haar eigenwaarde. Maar voor het kind volgroeid was, kwam het met zeven maanden ter wereld. Haar derde zoon stierf nog voordat hij de doop of het heilig oliesel had gekregen. Het voorgeborchte, dat wreed voorportaal waarvan de deur nooit open zou gaan, daartoe had ook Tineke haar kind veroordeeld.

Sjaakie was twee, hij had geen weet van een broer die Jan had moeten heten, geen weet van de nederlaag die zijn moeder leed. Hoe Jantje haar Waterloo werd, liet zich pas met de jaren gelden. Op straat en op feestjes was Tineke de gelukkige jonge moeder. Verborgen voor Sjaakie en zijn broer, onzichtbaar voor de rest van de straat, baarde Tineke intussen de ene misgeboorte na de andere.

De dag van de 68 kolenwagons was de dag dat een miskraam haar bijna het leven kostte, zo hevig bleef ze bloeden. Oma had nonk Paul om een ziekenauto gestuurd toen Tineke buiten westen raakte. Paul had ervoor op zijn scooter naar de dokter moeten rijden, daar was een telefoon. De ambulancebroeders hadden enige tijd bij Tinekes bed gestaan, niet wetend of ze haar konden meenemen. Het was twijfelachtig of ze het transport zou overleven.

Met elke volgende miskraam verkruimelde een deel van wat Tineke was geworden. Het zelfvertrouwen dat ze ontleende aan twee zonen, bleek broos als kristal. Ze werd nog magerder, trillerig en voorzichtig, een ijle verschijning. Ze kwam het huis minder vaak uit. In de kring van de Vindersen ging ze zich nutteloos voelen, onrendabel.

Het was in die jaren dat de paniek zich aandiende. Al voordat ze de deur uit was, begon het aarzelen, het haperen, het zoeken naar jas en tas en portemonnee, het in de hand nemen van de klink en weer terugdeinzen, alsof ze aan gene zijde van nummer 7 een kwade kracht wist. Eenmaal op straat voelde ze haar hart. Hoe verder van de Romeinenstraat, hoe groter de beklemming, hoe woester het kloppen vanbinnen. Het was een ongerichte angst die zich niet liet temmen, want ze wilde weg, wég, maar kon niet verder, dus ging ze terug, naar het huis waar ze steeds minder thuis was. Daar waren haar jongens, Hein en de kinderen. Maar daar drong zich ook haar schuldig falen op; de leegte na twee die zich vulde met een slagveld vol mismaakte foetussen. Elke menstruatie bekrachtigde de nederlaag.

Sjaakie zag in de bijkeuken eens een emmer met bloedrood water waarin witte lappen dreven. Hij vroeg zijn moeder geschrokken wat dat was – zulk rood water kende hij alleen van de varkensslacht. Als dan boven op het plateau na kort ijzingwekkend krijsen het varken zijn leven had gegeven, en Tineke hielp schoonmaken door emmers water tegen de stenen te kletsen, dan stroomde net zulk rood water van het plateau af, de hof over richting het putje. Eén keer was men vergeten het rooster eraf te halen. Toen zag Sjaakie later die dag een blauwwit glanzende grote knikker liggen. Hij raapte hem op, blij, en had een varkensoog in zijn hand. Nu stond er zo'n emmer bloedrood in de bijkeuken en er was geen varken gekeeld. Waar kwam dat slachtwater vandaan? Tineke gaf het ventje een klap die zijn wang deed branden. Ze schreeuwde hem na dat hij een brutaal rotjong was.

Ging Tineke daarna naar de kerk voor kracht, werd daar de lofzang gezongen op het grote katholieke gezin. 'Kinderen zijn het geluk van de moeder,' hoorde ze weer. Tineke zag die dia in negatief: het ontbreken van kinderen was de ramspoed van een moeder.

Tineke bad Onze Lieve Heer van het kruis, verschillende keren op een dag wendde ze zich tot Maria (moeder van maar één kind of moeder die haar kind verloor?). Elke keer dat ze de deurstijl van de woonkamer passeerde, doopte ze haar vingertoppen in het wijwaterbakje om een kruisje te slaan. Ze luchtte de kamers met alle ramen wijd open, weer of geen weer, en ze schrobde vanbinnen en vanbuiten het huis met de erker en de Franse kap. Elke vlek poetste ze weg. Die op haar ziel bleef zitten.

'Tineke heeft zwakke zenuwen,' zeiden oma en tante Hanna, als ze de jongens eten brachten omdat hun moeder op bed lag. Dan kwam oma met een ketel soep en een pan draadjesvlees, als ze geluk hadden zuurvlees met een saus van appelstroop. Als Tineke zelf voor het eten zorgde, waren de borden steeds schraler gevuld. Het geld raakte op nog voor de helft van de maand om was. Het boekje waarin ze vroeger al haar uitgaven noteerde, lag te vergelen onder in een keukenla. Tante Hanna zei wel eens tegen Sjaakie: 'Van het huishouden heeft je moeder geen verstand.'

Sjaakie ging Tineke helpen, eerst met boodschappenlijstjes. Ze moest geen onnodige dingen meer kopen die toevallig in de aanbieding waren, zoals corned beef of gekookte ham, duur vlees waarna het huishoudgeld alweer bijna op was. Haar Hein kon daar niet boos over worden, hij zei alleen: '*Mie leef Tien, nee wah...*' (Mijn lieve Tineke, het is niet waar.)

Sjaakie verdroeg de tekorten minder goed, zeker niet als ze het gevolg waren van gebrekkige planning. Zodra de boodschappen in huis waren, verdeelde hij het meest gewilde eten in porties. Het blok kaas sneed hij doormidden. Hij legde het ene stuk in de keuken, het restant verstopte hij in de vliegenkast voor de tweede helft van de week. Zo zouden zijn vader en Hein niet meteen alles opvreten, waarna ze hun boterham alleen nog konden beleggen met suiker. Hij probeerde hetzelfde met de cervelaat, maar dat werkte alleen in de winter. Op een warme dag lag het uitgespaarde vlees behaard in de kelder.

Elke zondagmiddag vertrok Tineke met Hein senior en Hein junior naar het voetbalveld. Sjaakie had niets met voetbal. Hij bleef thuis en haalde dan uit de bijkeuken het wapenarsenaal waarmee zijn moeder het vuil bestreed. Emmer, groene zeep, sponsen, doeken, dweilen en zeemleer. Zoals hij dat zijn moeder zag doen in haar meest verwoede poetsbuien trok hij alle matten naar de hof om die met de mattenklopper te bewerken. De kokosmat uit de goeie kamer liet zich niet pakken, te breed, te log, te zwaar voor een jongen van zeven. Hij veegde het linoleum aan. Hij goot nauwgezet een dopje zeep in een emmer sop en dweilde de vloeren.

Ook op school was hij de ijverigste. Vooraan, gezeten tegen de lessenaar, ontging hem niks, en met kop en schouders stak hij – nu eens wel – boven de rest van zijn klas uit. Nog zo'n streber als hij was er niet. De meeste kinderen van de Sint-Franciscus-Xaveriusschool waren mijnwerkerszonen. Om later wat te worden hoefden ze nu niks te laten zien. Sjaaks tienen leverden hem thuis meewarige blikken op. Zijn rapport werd nauwelijks bekeken, laat staan beloond. Die uitsloverij was voor de OVS niet nodig. Daar zou hij wel leren wat hij weten moest, zei zijn vader dan. En hij schopte hem een voetbal toe.

Al langer werd Sjaakie gekweld door dat nog onbestemde onbehagen. Hij had het gevoel dat er ergens een schakelfout was gemaakt. Hij hield niet van duiven, ze stonken, en als de beesten hun til in moesten vliegen, mocht hij uren niet buiten zingen. Hij hield niet van voetbal. Terwijl Hein over trapveldjes zwierf, maakte hij de mansardekamer gezellig met heiligenbeeldjes en foto's van Rex Gildo, een Duitse zanger en acteur, en de Italiaans-Duitse Caterina Valente, de populairste schlagerzangeres van de jaren vijftig en zestig.

Sjaakie wilde toneelspelen en zingen als Rex Gildo, naast een vrouw als Caterina Valente op het podium, en hij wilde voor de klas staan, net als meester Schreuder. Dat er voor hem geen toekomst lag in de Willem-Sophia, was iets wat hij vaag wist, maar waarvoor geen ruimte was in de hermetisch gesloten levensloop die voor hem was uitgedacht. Voor het onbespreekbare had hij de woorden nog niet gevonden. Op een avond na het eten waagde Sjaakie een poging. Zijn moeder veegde het fornuis en Sjaakie schuifelde er een beetje omheen. Zijn vader stond net op, toen Sjaakie probeerde, voorzichtig: 'Ik denk eigenlijk niet dat ik later ook naar de mijn ga.'

Hein keek zijn zoon aan alsof die Chinees was gaan praten: 'Er is niks anders, jong.'

'Er moet toch ook een ander leven zijn dan dit.'

IJzig was de stilte, tot Tineke zich weer tot haar fornuis wendde en zei: 'Bah wat ben jij een ondankbaar kind.'

Met een fluwelen handschoen hield de kerk de Mijnstreek in een ijzeren greep, al zal dat voor de meesten niet zo hebben gevoeld. Zij leken gelukzalig in wat Jos Palm in *Moederkerk* omschrijft als 'de grote draaikolk van religieuze gebeurtenissen waar je als gelovige bijna bewusteloos in rond cirkelde'. De eenvoudige gelovige voelde zich geborgen in de vastigheid van zijn kerk. Het waren de roomse oogstjaren.

Conflicten van belangen, of van geweten, waren zo goed als uitgebannen in de eenduidigheid van het bestaan. Dat omvatte onderwijs, vakbond, sportverenigingen, boerenorganisaties, bejaardensociëteiten en jongerenwerk, gezinszorg, armenzorg, vrijetijdsclubjes, politiek, media en zelfs kunst. Wie het niet goed ging, werd geholpen door de caritas; de christelijke naastenliefde werd fanatiek beleden, en jongeren moest liefdadigheid worden bijgebracht.

De toekomst was even voorspelbaar als rooskleurig. De zekerheidsidylle in de kolonie werd alleen verstoord door de – terechte – angst voor een mijnongeluk. De Nederlandse steenkoolindustrie kostte 1142 mijnwerkers het leven, een veelvoud raakte gewond en hield blijvend letsel. En juist daar waar de onzekerheid het grootst was, lieten mijn en kerk de kompels aan hun lot over.

Bij de mijnramp in de Staatsmijn Hendrik, op 24 maart 1947, kwamen dertien mannen om. Een van hen was Huub Valkenberg. Zijn vrouw had gehoord dat haar man hielp bij het bestrijden van een brand op 600 meter diepte. Verder werd haar niets verteld, de hele dag niet, en om twaalf uur ging ze slapen. De dochter van Valkenberg: 'De volgende morgen lag er een briefje onder de deur door geschoven. Er stond op: "Uw man is overleden." Niemand die iets persoonlijks kwam vertellen, alleen dat briefje.'

Van de Staatsmijnen geen bezoek, geen bericht. Het waren

moeilijke, zware maanden. Mevrouw Valkenberg was hoogzwanger en beviel van een dochter. Twee maanden later kwam een vrouw namens de mijn een fles druivensap brengen. Ze zei dat ze later terug zou komen om de lege fles op te halen, voor het statiegeld.

Dat de gelovigen beter 'eenvoudig' konden blijven, daarvan was de kerk goed doordrongen. In 1923 al verhinderde de kerk dat Nederlands eerste katholieke universiteit kwam te staan in de meest katholieke provincie, de enige waar de grenzen van provincie en bisdom samenvallen. Zo had de kerk ook liever niet dat gelovigen zelf de Bijbel gingen lezen. Daar zouden heel andere conclusies uit kunnen komen dan die van de roomse kerk.

Als het gaat over de kongsi tussen kerk en ondernemer, dan wordt de deal vaak omschreven met: 'Hou jij ze dom, hou ik ze arm.' Maar dat ging in de Mijnstreek niet op. Wel: 'Hou jij ze dom.' Armoede was juist niet de bedoeling. De *social engineering* waarmee de Mijnstreek werd ontwikkeld, moest materiële en sociale nood voorkomen. De ondergrondse mijnwerker stond bekend als de best betaalde arbeider voor wie ook buiten de mijnpoort uitstekend werd gezorgd. Een groot massief mijnwerkersproletariaat is nooit ontstaan. Er was armoede, maar dan vooral bij de minderheid van bovengrondse mijnwerkers als Hein Vinders.

De jubelstemming onder de katholieken werd erin gehouden door de rijke roomse feesten en rituelen, waarbij de hele santenkraam werd opgetuigd en aangepast naar hoe het uitkwam. Niet alleen van de heiligverklaarde Barbara steeg de populariteit, ook de Mariaverering bereikte in de jaren vijftig een hoogtepunt. De 'Sterre der Zee', het Mariabeeld uit de Onze-Lieve-Vrouwebasiliek van Maastricht, was voor de Limburgers de Moeder aller Mariabeelden. Tussen 1950 en 1954 maakte het genadebeeld een rondreis door het hele bisdom Roermond. De Mariaprocessies waren populair, en wie nog enige aanmoediging nodig had, kreeg iets moois in het vooruitzicht gesteld. In het Mariajaar 1954 berichtte *De Zuid-Limburger* dat men 'onder de voorwaarde van biecht en communie en gebed tot intentie van de Heilige Vader' met de Mariaprocessie 'een volle aflaat kan verdienen'.

De verering en de praal, de afgoderij en de show, het waren de douceurtjes van het geloof. Tucht werd uitgeoefend via pauselijke encyclieken, bisschoppelijke mandementen en uiteindelijk via de biecht. In 1954 kwamen de Nederlandse bisschoppen met een zeer conservatief mandement. Het maande de katholieken zich voor de samenleving in te zetten in katholieke organisaties, en zich verre te houden van socialistische verbanden. Lidmaatschap van de VARA en de socialistische vakvereniging werd verboden, aansluiting bij de Partij van de Arbeid ontraden.

De latere oprichter van de Universiteit Maastricht, Sjeng Tans, was ten tijde van de verschijning van het mandement leraar Nederlands op een katholieke school – en aanhanger van de PvdA. Een paar maanden voor het mandement van 1954 werd hij ontboden op het bisschoppelijk paleis in Roermond. Daar sprak de bisschop hem toe: 'U bent een afbreker. U bent op dwaalwegen. U doet meer kwaad dan goed. Als u zo doorgaat, heeft u over dertig jaar de kerk onherstelbare schade berokkend. Verlaat daarom in vrijheid de modderschuit die de Partij van de Arbeid heet en steun onze eigen Roomse vormgeving.' Tans verliet de kerk. Hij vertrok als docent. Later dat jaar werd hij voor de sociaaldemocraten lid van de Tweede Kamer. In Limburg werd er voor hem gewaarschuwd, gelovigen werd gezegd geen stem op Tans uit te brengen.

Alle waarneming werd gefilterd door het katholieke wereldbeeld. Zo vertelt mijnwerkerszoon en emeritus-hoogleraar microbiologie Wiel Hoekstra in *Mijn verleden* over een grap die rond 1950 in Limburg de ronde deed: een bijdehante jongen uit Amsterdam was in de Mijnstreek komen wonen en ging naar school. De leraar liet de klas een plaatje van een eekhoorn zien en vroeg de kinderen wat het voorstelde. Niemand die het wist. De meester vroeg het de Amsterdammer. Die haalde zijn schouders op en zei: 'Bij ons in Amsterdam is het een eekhoorn, maar hier zal het wel weer het kindje Jezus zijn.'

In Heilust was geen afdeling van het burgerlijk bestuur – dát zetelde op de markt in Kerkrade. Over de kolonie was de pastoor de baas. Op het postkantoor, in de kantine, in het café, in de toneelzaal en natuurlijk in alle scholen, overal moest een kruisbeeld hangen. Het werd een soort partij-embleem van de katholieke kerk. De meeste scholen waren katholiek – daar bestond de schooldirectie vanzelfsprekend deels uit kerkelijke functionarissen –, maar ook op niet-katholieke scholen werden priesters aangesteld als 'moderator', een verhullende term voor toezichthouder. Zij hadden vetorecht in het schoolbestuur.

Het duurde een kleine halve eeuw voordat Heilust een eigen kerk kreeg. Tot 1950 gingen de gelovigen uit Heilust naar de Sint-Martinuskerk in Spekholzerheide. Toen die te krap werd, kreeg Heilust in 1949 zijn eigen parochie en een noodkerk, de *noeëdkirch* die tegenwoordig nog dienstdoet als feestzaal en gemeenschapshuis. Vervolgens moest pastoor Hubert Vaessen een echte kerk voor Heilust gaan bouwen.

Het begon ermee dat Vaessen werd ontboden bij de bisschop. Die had hem zijn nieuwe taak gegeven, een van de grootste opdrachten die een pastoor krijgen kon. Vanaf dat moment was hij niet zomaar een pastoor meer, hij was 'bouwpastoor'. De krant schreef er vol bewondering over.

> Een geweldige verandering heeft zich in zijn leven voltrokken. Hij moet een kerk gaan bouwen. En dat bijna uit een niets. Toe maar, begin daar maar eens aan. Zo'n bouwpastoor moet niet meer alleen een goede leider zijn van zielen, maar hij moet nu ook een goede bouwer zijn, en een financier, kortom: hij moet nu ook maar eens laten zien, wat voor talenten hij heeft als zakenman. En hij begint aan zijn taak. En de kerk komt er. Dat staat als een paal boven water.

Vanaf toen was pastoor Vaessen een bedelpastoor. Als een middeleeuwse monnik trok die steeds weer met zijn zakje langs de deuren. Aangezien pastoor beschikte over wel of geen werk, had hij over de opbrengst niet te klagen.

De Onze-Lieve-Vrouw van Altijddurende Bijstand werd een immense kerk. De 'pseudobasilicale kruiskerk' bood plaats aan bijna 1000 gelovigen. In 1956 opende ze haar deuren. In een processie van padvinderij welpen, verkenners, gidsen, maagdenkoor, fanfare Sint-Barbara, koorknapen en duizenden parochianen met kaarsen werd het Allerheiligste vanuit de noodkerk naar het nieuwe altaar gedragen. Boven de ingang prijkte in een immens steenmozaïek Maria, omgeven door maan en sterren. Het werk van de in Kerkrade geboren kunstenaar Marianne van der Heijden werd vooral bekend van de inscriptie die steeds verkeerd wordt gelezen. De benen van Maria verhaspelen de tekst, die lijkt te zeggen: 'Doet wat zeggen Hij u zal'.

De devotie van zijn moeder had Sjaakie tot een vroom ventje gemaakt. Hij liet zich graag in vervoering brengen. Het hele jaar keek hij uit naar de processie, wanneer een tapijt van zand en bloemen de straten bedekte en een vrome stoet in trage heilige tweekwartsmaat door de straten schreed. Daarna was het Frühshoppen, dan gingen de tap en de kermis open, dan droegen meisjes ruches aan hun rokken en de stoerste knapen rolden het hemd op om met één stoot een boksbal in zijn gleuf te slaan.

De dag dat hij in 1955 zijn eerste heilige communie deed, was een vervulling en een belofte ineen. De jonge katholiek kreeg dan voor het eerst de hostie, een rond stukje brood dat het lichaam van Christus symboliseert. Door het eten van de hostie had hij communie, 'gemeenschap' met Jezus Christus en hoorde hij er eindelijk echt bij. Sjaakie had er intens naar verlangd.

Op school en in de kerk was maanden gewerkt aan de voorbereidingen, met extra catechismuslessen, voordrachten en liederen, een hele choreografie was er ingestudeerd voor hoe de zesjarigen vanuit de processie de kerk in moesten lopen. De hele parochie draaide die dag om de communicantjes. Die waren van top tot teen in het nieuw gestoken. Meisjes droegen miniatuur-bruidsjurken. Tineke had Jack meegenomen naar Schunck voor een jasje met een hemd en een stropdasje, een korte broek en nieuwe schoenen – de matrozenpakjes waren net uit. Het is de enige keer geweest dat zijn moeder alles nieuw voor hem kocht.

Zijn opwinding over de Eerste Communie gold niet alleen Jezus, ook het feit dat hij de hele dag het middelpunt van alle aandacht was. Vanuit de hele provincie kwamen ooms en tantes om hem na de mis te feliciteren. Het huis was leeggehaald, versierd en gevuld met stoelen die Hein her en der had geleend. Op de hof stonden tafels van planken met damastpapier eroverheen. Tineke, de oma en tante Mina hadden kelderplanken vol vlaaien gebakken. Oma had een maand eerder een varken geslacht, de dijen gepekeld en gekookt, tot ze als sappige roze hammen het communiefeest kwamen opluisteren. Op het fornuis stond een reusachtige ketel soep met aardappelen en groente. Er waren zelfgemaakte frietjes en *verwensjnitsjere*, wentelteefjes met suiker. De mannen dronken na de koffie bier met jonge klare.

Iedereen nam iets voor Sjaakie mee. De geijkte communiecadeaus van ouders, peetoom en peettante: een horloge, een vulpen. Van de meeste kreeg hij geld. Sommigen gaven een envelop. Dan wist Sjaakie: kleine gift. Grotere bedragen, zoals een briefje van tien, werden onverhuld overhandigd. Dan haalde een oom zijn portemonnee uit zijn broekzak, om dan met enig vertoon, liefst met een grap ('het is wel vals, jongen'), het bankbiljet aan de communicant te geven.

Het feest was aan de gang. Opa speelde op zijn trekzak, de mannen zaten met bier en schnaps te toepen, de vrouwen in clubjes te smoezen over vrouwendingen, toen Sjaakie naar Tineke kwam met zijn zakken vol geld. 'Mama! Mama kijk eens, ik heb al 50 gulden!' Maar na seks was niets ingewikkelder en met meer omzichtigheid omgeven dan geld. Sjaakie, doordrongen van hun eeuwige tekort, was verrukt over de schat in zijn hand. Om zijn moeders nood te lenigen zou hij het hele bedrag afstaan aan haar huishoudkas. Maar geld was besmet, daar werd ten overstaan van gasten niet over gepraat, ook niet als het feest was en de alcohol toch al vloeide. Ten overstaan van al het bezoek haalde Tineke uit en gaf ze Sjaakie een kletsende mep tegen zijn wang. Ze griste de munten en biljetten uit zijn handen en siste: 'Ga spelen.'

Sjaakies godsvrucht deed zijn moeder plezier, wat zijn toewijding oppookte. Hein drukte zich, maar Sjaakie hielp Tineke langs de straat een altaartje te bouwen. Zelfs al at hij alleen, hij begon nooit aan zijn boterham zonder een onzevader. En zodra Tineke het onheil voelde naderen, wierp ook hij zich op de knieën.

Wanneer inktzwarte wolken opstoomden naar Romeinenstraat 7 en de duivel zich met duister grommen en de eerste bliksem aankondigde, rende Tineke naar de kelderkast. Daar hing haar *kroedwusj*, de bos van zeven kruiden en veldgewassen die ze in augustus had geplukt en die op 15 augustus bij Maria-Tenhemelopneming met wijwater was gezegend. Bij gevaar vanbuiten werden plukken uit de kroedwusj getrokken en in de kachel verbrand. De gewijde rook verdreef kwade krachten.

Tineke stak een kaars aan en bad tot de Moeder van God. Hein en Sjaakie moesten dan op hun knieën liggen, de handen gevouwen, het hoofd op de grond, terwijl hun moeder huilend om genade smeekte: 'Herrejödsje, oh Herrejod, mijn kinderen zijn te jong om te sterven.'

Als de paniek en bezwering de hysterie naderden, kon Sjaakies vader het niet meer afdoen met een grap. Dan stelde hij een daad. Sjaakie was zeven en lag op de grond, zijn moeder huilde en bad om het armageddon af te wenden, toen Hein de tuin in liep. Het donderde en bliksemde. Hein trok zijn hemd uit en strekte zijn blote bast naar de wolken. Die braken en vielen met geweld naar beneden. Door de striemende regen riep Hein naar zijn vrouw: 'Tien, Tineke, kijk dan, het doet me niks! Er gebeurt me niks!! En dansend met zijn armen weid tolde Hein rondjes over de hof.

Geloof was voor Sjaakie een existentieel domein waar Gods woord wet was en waar niets minder dan heil of verdoemenis op het spel stonden. Zou hij liegen, de Heer zou het weten. Hij was nooit alleen, hij voelde Zijn oog overal. Godvrezend had hij groot ontzag voor de waarheid. Hij zat in de tweede klas toen twee keer per week kapelaan Baeten de klas in kwam voor catechismus, lessen waarin de beginselen en belangrijkste waarheden van de katholieke kerk werden bijgebracht. Sjaakie zat helemaal vooraan, zijn tafeltje tegen de lessenaar, zijn voeten vaak op de verhoging waarop de meester was gezeten. De les had zo zijn vaste onderdelen. Kapelaan las de eerste zin van de Schoolcatechismus voor: 'Waartoe zijn wij op aarde?' Dan antwoordde de klas: 'Wij zijn op aarde om hier en in het hiernamaals gelukkig te worden,' waarna ze het gebed opzeiden: *In nomine Patris et Filii et Spiritus Sancti. Amen* (In de naam van de Vader, de Zoon en de Heilige Geest. Amen) of: *Agnus Dei, qui tollis peccata mundi* (Lam Gods, dat wegneemt de zonden der wereld).

Nu had de kapelaan de Bijbel opengeklapt en vertelde hij over Mozes, die bij de heilige berg Horeb kwam. De kapelaan was begeesterd, sprak met passie – en met consumptie. Terwijl de geestelijke het beeld schetste van de braamstruik die daar voor de ogen van Mozes in brand vloog zonder dat de struik zelf verbrandde – teken dat hij hier met de Engel van de Heer te doen had –, daalde een regen van klodders speeksel op zijn Bijbel neer.

Spetters raakten Sjaakies hoofd en haar. Heel omzichtig, om de geestelijke niet te storen in diens verhaal, haalde Sjaakie zijn mouw over zijn voorhoofd. Daarop staakte de kapelaan abrupt zijn verhaal. Hij keek naar het kind dat voor hem zat. Hij keek naar zijn boek. Daar lag een benevelde Bijbel. Hij keek van Sjaakie naar zijn beduimeld heiligdom. De veertig jongens in de klas zwegen. Iedereen keek van de kapelaan naar Sjaakie en weer naar kapelaan Baeten.

'Wat heb jíj nou gedaan?!'

Sjaakie sloeg zijn ogen neer.

'Jij hebt op de Bijbel gespuugd? Op. De. Bijbel?!'

Sjaakie zweeg, hij zag de pluisjes die over het wol van zijn spencer lagen.

'Nou, zeg op! Heb jij dit gedaan?'

Sjaakie keek omhoog, hij zei zacht: 'Nee, meneer kapelaan.'

'En hoe komt dan deze Bijbel zo nat van... van... spuug?!'

'Meneer kapelaan, dat heeft u zelf gedaan.'

Kapelaan Baeten stormde van zijn verhoging, stond naast Sjaakie, haalde uit en gaf hem een loei om zijn oren. 'Brutaal jong! Ga jij maar naar de directeur.'

De directeur gaf de kapelaan gelijk. Sjaakie had niet mogen zeggen dat de geestelijke op zijn Bijbel had gespuugd en verordonneerde een uur nablijven. Veel te laat thuis gaf Tineke hem nog een klap na. Hoe had hij in vredesnaam de kapelaan kunnen beledigen door te zeggen dat die op het Heilige Boek had gespuugd? Had hij niet kunnen bedenken welke gevolgen dat zou hebben?

Een week later was het tijd voor de biecht, het sacrament van boete en verzoening waarbij de priester in naam van Christus zonden kan vergeven. Biechtvader van dienst was kapelaan Baeten. Wippend van de ene voet op de andere stond Sjaakie in de rij voor de biechtstoel, een uit de kluiten gewassen soort kast in de Onze-Lieve-Vrouw van Altijddurende Bijstandkerk met drie gescheiden kamertjes. In het midden zetelde de biechtvader en aan weerszijden schoven, achter een raster, een voor een de boetelingen aan.

Om de week kwam de klas hier haar fouten opbiechten. Vrij van zonde kon je niet zijn; die claim was verdacht en bracht je in de problemen. Dan liet de kapelaan de scholier blijven tot die opbiechtte wat hij achterhield. Het was dus zaak om altijd iets te kunnen aangeven, een kleinigheidje, om de kapelaan mee af te schepen, om hem te belonen, een beetje zoals paarden in het circus na het kunstje een klontje krijgen.

Sjaakie stapte door het deurtje de biechtstoel binnen en knielde voor het rooster. Het rook er zuur, naar van angstzweet verzadigd hout. De kapelaan klapte het luikje open en boog naar voren. Zijn gezicht perste hij zowat tegen het raster dat een helder zicht op de boeteling moest belemmeren – dat bood wat beschutting opdat de boeteling zijn ergste misstappen zou blootgeven.

'Aha, kijk eens wie we hier hebben... En...? Vertel eens, wát heb jij gedaan?'

'Nou, eh, ik heb stiekem uit de suikerpot gesnoept.'

'Jaja, en wat nog meer?'

'Ik heb niet geluisterd naar mijn vader.'

'En jij hebt nog iets gedaan, hè?'

...

'Ik heb gespuugd op de Bijbel van meneer kapelaan.'

De kapelaan had nu zijn ogen gesloten en knikte goedkeurend.

'Hm hm... hm hm. Dus toch...? Je weet mijn kind, hoe belangrijk het is om eerlijk te zijn...'

7

Stad van bontjassen

(1956-1960)

Er zijn in een jeugd van die jaren van onttovering, van openbaring, momenten waarvan achteraf moet worden gezegd dat daar onschuld verloren ging. Zo'n jaar was 1956 voor Sjaakie. Hij had gezien dat er iets mis wat met zijn moeder, en hij was degene die wat dat ook was zou goedmaken. En hij zag de kerk in leugenachtigheid. Hij was aangedaan door een kapelaan die eiste dat hij de waarheid sprak en hem daarmee dwong te liegen. Deze man, deze vertolker van het heilig woord, had Sjaakie, zeven nog maar, het gevoel gegeven dat de kerkelijke waarheid niet hetzelfde was als de feiten.

Halverwege dat jaar kreeg ook Limburgs maatschappelijke orde een opdoffer. Het katholiek imperium vertoonde een eerste scheur. Bij de Tweede Kamerverkiezingen van 1956 haalde de PvdA een historisch resultaat: 12,8 procent van de Limburgers stemde op de sociaaldemocraten (landelijk 30 procent, net als de KVP). Dat de Roomsch Katholieke Mijnwerkersbond even daarvoor een klinkende overwinning had behaald met flinke loonsverhoging en een royale kinderbijslagregeling voor grote gezinnen, had de opmars van de rooien niet kunnen stuiten. De KVP, die in 1952 bijna 80 procent van de Limburgse stemmen kreeg, moest nu volstaan met driekwart. Sjeng Tans werd Limburgs eerste sociaaldemocraat in het parlement én het eerste katholieke PvdA-Kamerlid. De Zuid-Limburger signaleerde 'de doorbraak van het materialisme in onze katholieke Mijnstreek'. Aardse zaken wonnen het van de ijver voor het hiernamaals. Dat veroorzaakte volgens de krant 'een zorgbarende scheiding tussen leer en leven'.

In werkelijkheid liet een (nog steeds klein) deel van de Limburgse kiezers zien dat het niet meer gediend was van de kerkelijke dwingelandij. De katholieke clerus had zijn hand overspeeld met het Bisschoppelijk Mandement van 1954. In een tijd dat met tv, radio en film de vensters op de buitenwereld meer licht binnenlieten, probeerde de kerk de katholiek achter slot en grendel te zetten. (Kenden ze dat niet uit het verhaal van de heilige Barbara? Het jonge meisje was door haar vader in een toren opgesloten om haar af te schermen van alle invloeden van buiten.) De bisschoppen schreeuwden: 'Blijf één, één!'

Nu haalde de PvdA in Kerkrade aanzienlijk meer stemmen dan gemiddeld in Limburg (in 1956 in Kerkrade 28 procent PvdA tegen 18 procent in heel Limburg). Ook Hein Vinders was na het mandement overgestapt naar de sociaaldemocraten.

Hein was niet vaak thuis. Met Juliana speelde hij in de hoogste landelijke klasse en drie keer in de week ging hij voetballen; twee trainingen en 's zondags na de mis een wedstrijd. Op zaterdagmiddag trof hij andere duivenmelkers in café Fokker & Spiertz. Daar zaten ze te kaarten en over hun vogels te praten.

Af en toe ging Hein 's avonds naar het café. Hij dronk wat, hij kwam niet altijd nuchter thuis, maar in niets leek het op het alcoholisme van Van de Berg. Toch was Tineke er nooit gerust op. Wanneer Hein uitging, bleef zij met haar twee jongens aan de keukentafel zitten wachten tot hij thuiskwam. Soms was het middernacht. De kleine Sjaakie was dan al met zijn hoofd op zijn armen in slaap gevallen.

Op een avond kwam Hein aangeschoten en vrolijk binnen. Tineke kniesde wat, maar Hein was uitgelaten, en aangemoedigd door het mokken van zijn vrouw gaf hij een show. Hij ontdeed zich van zijn jas en zong en zwierde en danste als Fred Astaire de keuken door. De jongens schaterden. Zijn schoenen vlogen door de lucht, daarna zijn sokken, waarvan er een op de hete kachel landde. Een anklet nota bene, oersterk en synthetisch, die zich met een stinkende sis aan het fornuis vastkleefde. De bruine vlek liet zich niet meer wegschrobben. Tineke heeft een week lang niets tegen haar man gezegd.

Vaak mopperde Tineke over het geld dat in de duiven ging zitten. 'We hebben al zo weinig.' Als op vrijdag de duiven werden gezet om een wedstrijd te vliegen, dan moest Hein geld inleggen voor elke vogel die aan de wedstrijd meedeed. Minimuminzet was een kwartje. Hein deed meestal mee voor een kwartje.

Hoe hoger de inzet, hoe groter het bedrag als zijn duif vroeg binnenkwam. Won je met een kwartje inzet 10 gulden als je bij de eerste vijftig eindigde, bij 1 gulden inzet won je 40 gulden. De meeste snelle duiven kwamen uit 'een goede lijn'. Veel duivenmelkers kochten duiven uit zo'n gerenommeerde foklijn. Buurman Habets – geen familie van Tineke – had zo links en rechts sterke duiven gekocht. Zijn geldprijzen werden alsmaar hoger. Op zekere dag had buurman Habets van de winst van de duiven een bromfiets gekocht.

De duiven van Hein wonnen zelden wat. Af en toe had hij mazzel en kwam er uit eigen nest een goeie duif. Dan zei hij tegen zijn vrouw: 'Tien, dit is onze kans, zullen we een gokje wagen? Dan zet ik een widman in en wie weet winnen we een scooter.' Nadat hij een keer 20 gulden had gewonnen, gokte hij met meer bravoure. Daarna was de winst snel verdampt.

Wat bleef, was een til met, op zijn best, middelmatige duiven. Als er eentje de pennen niet meer mooi naast elkaar in de vleugel had staan of om andere reden niet lekker meer vloog, ging die de soep in. 'Wat is dit?' vroeg Sjaakie, die altijd moest weten wat hij in zijn mond stopte. Dan zei zijn moeder: 'Dat is kippensoep.'

Hein werkte weliswaar op de Willem-Sophia, hij verdiende lang zo veel niet als een kompel. Hij was 'bovengronder', bovengronds mijnwerker. Hein werkte in het magazijn lang als zoveelste bediende, de laatste jaren was hij magazijnmeester. Hij maakte boren en stofmaskers schoon. Ook hij zoog het fijne stof zijn longen in, maar in betaling kreeg hij een derde minder loon dan de ondergronders. Hij moest het doen zonder de toeslagen, vergoedingen en alle andere extra's die van de ondergrondse mijnwerkers een bevoorrechte groep maakten.

Zo hadden de mijnen een systeem van 'deputaatkolen'. Iedere werknemer had recht op gratis brandstof, maar hoeveelheid en kwaliteit verschilden naar rang. Zo kregen beambten uitsluitend antraciet, de allerbeste steenkool. Ondergronders ontvingen bonnen voor een beperkte hoeveelheid antraciet. (Antraciet bestond voor 95 procent uit koolstof, gewone steenkool voor 80 procent en bruinkool voor 70 procent.) Antraciet gaf een innige warmte en de schoorsteen bleef schoon van gevaarlijke aanslag; de mijnwerkers stookten er graag de kachel in de woonkamer mee.

Een mijnwerker leverde bij de kolenboer een bon in en kreeg een dag later de kolen aan huis geleverd. Er was een keldergat waar de kolen vanbuiten in konden worden gestort. De meeste huizen hadden twee luiken. Een voor antraciet, het ander voor alledag.

In de keuken gebruikten de mijnwerkers met teer geperste eierbriketten. De eierkolen stonken bij verbranding, en met het aanmaken van de kachel stond de keuken vaak vol rook. Dan moesten Hein en Sjaakie hoestend hun boterham eten voor ze naar school gingen.

's Winters hing over de straten in de Mijnstreek een zure bruine waas; voor dichters een sepiafilter, in werkelijkheid ernstige luchtvervuiling die het leven onder de mijnen letterlijk grauw kleurde.

Er was nog een lagere categorie kolen, de *sjlam* (zeg: sjlaam, dialect voor slik), opgeschept, ingedikt steenkoolgruis dat achterbleef in de bassins waarin de kolen werden gewassen. Dat kwam in gestoken plakken, een beetje als turf. maar dan zwart. De sjlam werd niet in de kolenkelder, maar als een glimmend zwart pak drek voor het huis gestort. Het moest met de hand naar achter het huis worden geschept.

Als opa Vinders voor de kerst nog wat extra antraciet wilde, dan ruilde hij een deel van een varken voor een paar hectoliter kolen. Het huis van Hein en Tineke had ook twee kolenhokken. Maar Hein, bovengronder, had zijn antraciethok altijd leeg.

Ooit was Hein onder de grond geweest, maar wat zich daar had afgespeeld, daar werd niet over gesproken. Hein was een man van de kwinkslag. Wat zwaar was, werd met gekheid gerelativeerd. Echt iets zeggen deed hij niet zo gauw. Hij moest ver in de zeventig raken, eer hij zijn jongste zoon mee uit wandelen nam voor een gesprek van man tot man.

Net als de meeste mijnwerkerszonen had ook hij zich bij de mijn gemeld. In 1935 ging dat vanzelf, zoals de eerste zoon van een boer boer werd en de smid zijn smederij overdeed aan een van zijn kinderen. Zo was er bij Hein thuis nooit gesproken over wat hij wilde worden.

Zijn broer Johan, de bigbandleider, begenadigd jazztrompettist, die wist wat hij wilde. Hij had met muziek zijn brood willen verdienen. De enige overeenkomst tussen zijn werkplek en een nachtclub was de rokerige schemer. Veertig jaar lang hakte hij verkoolde planten uit de aardkorst.

Hein was zeventien toen hij in 1935 zijn penning met nummer 246 aannam en voor het eerst door de schacht naar beneden ging. De diepte was akelig, hellezwart en zonder uitgang. De topvoetballer, de macho, de meest getapte van allemaal, kreeg een aanval van paniek die uren had geduurd, tot ze hem halverwege de sjiech naar boven hadden gebracht. Geruststellende woorden als: 'Het went' en: 'Er kan je niks gebeuren,' kwamen niet aan. Hij incasseerde zijn verlies. Hij is nooit meer naar onder gegaan.

Hein had het geluk dat hij stamde uit een familie die bij meneer pastoor goed in de boeken stond. Bovendien ging het hier om de sterspeler van Juliana. De gunfactor was hoog. Voor de jonge Hein werd iets geregeld. Hoewel het crisis was en om hem heen jongens hun betrekking verloren, kon Hein in het magazijn aan de slag. Sjaakie had aan tafel een keer gevraagd waarom zijn vader niet onder de grond werkte. 'Daar verdien je toch veel meer geld?' Het was zo lang stil gebleven dat Sjaakie wel ongeveer snapte dat daar iets was gebeurd waar Hein niet trots op was. Tineke verbrak het ijselijk zwijgen: 'Dit werk moet ook gebeuren.'

Voor de economie in de Mijnstreek was 1956 onder gunstig gesternte begonnen. Welvaart was al een decennium lang een opwaartse beweging. Mensen gaven elk jaar weer meer uit, en de toekomst was een prettig vooruitzicht.

Bedroeg in 1920 het verschil in salaris tussen een ondergrondse steenhouwer en een gemiddelde arbeider nog 12 procent, midden jaren vijftig was dat flink opgelopen. Eind jaren vijftig verdiende een arbeider in de aardewerkindustrie 42 procent minder dan een ondergrondse mijnarbeider. In de textiel lag het inkomen 35 procent lager, in de elektronicafabrieken van Philips 32 procent lager. Geen arbeider had een betere CAO dan de mijnwerker.

Beelden van wat komen ging, ontving de familie Vinders per scheepspost uit Amerika. Vanuit Pittsburgh schreven Heins nichtjes An en Ellie lange brieven. Ellies dochter lag op een wit tapijt met vriendinnen te telefoneren, en ze hadden een apparaat dat je in het stopcontact stak en dat alle stof uit het tapijt zoog. In Limburg waren het de mijnwerkers die als eerste arbeiders halfautomatische wasmachines, stofzuigers en naaimachines konden kopen.

De verwachtingen voor de mijnindustrie waren gunstig genoeg om in Midden-Limburg een heel nieuw mijngebied te ontginnen. In Vlodrop bouwden de Staatsmijnen aan een vijfde mijnzetel, de Beatrix.

De gemeente Kerkrade had de slag om de grootste te worden allang verloren van zijn buurgemeente, maar Heerlens dominantie had Kerkrade niet van zijn ambities beroofd. In voetbal troefde het Heerlen glansrijk af. Heerlen had geen enkele club van betekenis, het Kerkraadse Rapid JC werd in 1956 landskampioen – na Limburgia de tweede en laatste Limburgse club in de geschiedenis.

Kerkrade was en bleef de oudste mijnstad van Nederland, misschien zelfs van West-Europa. En nu streefde Kerkrade ernaar zijn stadsbeeld 'te verfraaien'. De gemeente had een wedstrijd uitgeschreven voor de mooiste voortuintjes. De hoofdprijs was het onwaarschijnlijke bedrag van 1000 gulden. Tineke had het nog even geopperd aan Hein. Die had gezegd dat de meter grond voor hun huis net genoeg was voor een paar geraniums en dat ze daar zeker geen 1000 gulden mee gingen winnen.

Intussen speelde Heerlen als gemeente in een andere klasse. De stad had behalve vier Oranje-Nassaumijnen ook de hoofdkantoren van de Staatsmijnen en Oranje-Nassau. Daarmee was Heerlen het hart van de mijnindustrie geworden en daar kwamen bedrijven, scholen, bioscopen, winkels, cafés, restaurants en klanten op af.

In wedijver met Rotterdam ontpopte Heerlen zich na de oorlog tot de rijkste en modernste stad van Nederland. Het groeide, omringde zich met snelwegen. Het haalde oude gebouwen per straat neer om er moderne winkelpassages, warenhuizen en flats voor in de plaats te zetten. Met het Nieuwe Bouwen van architect Frits Peutz als norm ontdeed de gulzige groeistad zich van art-decopanden die begin twintigste eeuw waren neergezet.

Het centrum van Limburgs hoofdstad Maastricht, daarentegen, was na de oorlog in verval geraakt. De oorlog had de Maasstad berooid achtergelaten. Verschillende fabrieken waren met de grond gelijk gemaakt, in de binnenstad waren 600 woningen zwaar beschadigd. Van de jonge mannen die de stad hadden moeten opbouwen, was een deel naar Nederlands-Indië gestuurd. De binnenstad was overvol en verwaarloosd. De bourgeoisie had zich eind negentiende eeuw, toen het industriële proletariaat de binnenstad innam, verschanst in het Villapark.

Van de aardewerkindustrie restte nog een klein deel, de Sphinx was wc-potten en wasbakken gaan maken. De Stokstraat was een getto waar de hoeren uit de ramen hingen. In de jaren vijftig werd allereerst het Stokstraatkwartier 'gesaneerd' en kreeg de stad lucht door rond het centrum nieuwe wijken te bouwen. Intussen kochten gefortuneerde Maastrichtenaren hun juwelen, serviezen, jurken en pakken in Luik, Brussel of Heerlen. De markt in Maastricht verkocht een kilo spruiten voor de helft van wat ze op de markt in Heerlen kostten. De Maastrichtenaar die taartjes wilde eten, ging chic naar Patisserie Verheugen-Janssen in de Saroleastraat in Heerlen.

Heerlen en de Heerlenaren waren er trots op een winkelstad te zijn. In 1966 zou het Nederlands eerste *shopping mall* naar Amerikaans ontwerp bouwen, 't Loon. Heerlen telde toen zeven warenhuizen, Maastricht had er met de Grand Bazaar één. Er waren winkelpassages, grote brede straten zonder auto's. De hoofdader was genoemd naar de negentiende-eeuwse grondleggers van al die weelde, Henri Sarolea.

Vanuit buitenwijken en omliggende mijnplaatsen als Brunssum, Hoensbroek en Geleen kwamen de echtgenotes van beambten en ingenieurs statten. PvdA-politicus Frans Timmermans, kleinzoon van een mijnwerker, groeide in die gloriejaren op in Heerlen. Zijn familie uit Den Haag reisde graag naar het zuiden. Wanneer Timmermans met zijn ouders Den Haag of Maastricht bezocht, vonden ze het er povertjes. Geen stad in Nederland droeg meer bontjassen dan Heerlen.

Ook de arbeiders kwamen naar Heerlen, alleen liepen die in een rechte lijn van de bus of de trein naar Schunck. Nu Sjaakie al een flinke jongen was, nam tante Hanna haar neefje graag mee naar Heerlen. 'Sjaakie, jong, ga je met me naar de stad?' Hij moest dan een schone broek aan en Tineke drukte een scheiding in het korte haar. Tante Hanna stak zich in een net pakje met pumps, zijden sjaaltje in de nek, en dan namen ze de 'Blauwe Engel', de trein naar Heerlen. Ze liepen winkel in winkel uit, kijken ('met je handen op de rug'), niet veel kopen, om altijd te eindigen in de V&D, het gloednieuwe warenhuis dat roltrappen en een espressobar naar Heerlen had gebracht. Sjaakie en tante Hanna namen de magische weg naar boven, naar de restauratie waar achter een glanzend zwarte vleugel een pianist zat. Als Sjaakie zich goed had gedragen, mocht hij iets bestellen – tante Hanna was gul, maar stelde haar voorwaarden. Sjaakie was altijd voorbeeldig, altijd kreeg hij knakjes met friet en appelmoes.

De vleugel bracht een extase over tante Hanna. Ze sloot haar ogen en deinde op de brille van Beethoven, op de driekwartsmaat van Strauss' Habsburgse wals. En Sjaakie volgde zijn tante in haar betovering. Van onder de klep van de vleugel steeg weelde, glamour en sterrenstof op, de serveersters – knappe meisjes met een kanten bies langs hun witte schort –, de wc die werd opgewreven voordat hij erop ging zitten, de V&D was de belofte van een leven loos van gebrek en hysterie.

De restauratie van de V&D leek een bovenaardse ruimte waarin andere wetten golden. Geen snerpend jammeren of schelden maar gedempte stemmen in de geur van versgemalen koffie en saucijzenbroodjes. De lucht was er schoon, smaakte niet zurig naar de waas van roet. Geen tochtende ramen, hij zat omarmd door warmte en bedwelmd door muziek, velours en het glinsteren van de kroonluchter. Hier zag Sjaakie dat een ander leven mogelijk was. Ze bleven er zitten zo lang als fatsoenshalve op één consumptie mogelijk was.

Het uitgaansleven in Heerlen was net zo hard gegroeid als het winkeldomein. Er waren in de jaren vijftig drie grote bioscopen, de Hollandia, de Royal en de Rivoli. Ze draaiden spektakelfilms als *Ben Hur*, *Spartacus* en *De kanonnen van Navarone*. Er waren stichtelijke films, zoals *De tien geboden* en *Het lied van Bernadette*, over de vrome Bernadette Soubirous die in 1858 in Lourdes Maria zag verschijnen, en ook – in contrast: Rita Hayworth, Gina Lollobrigida, Elizabeth Taylor, Marilyn Monroe; stoottroepen van een legioen van sexy Hollywood-glamour.

Ook de televisie maakte een opmars door, en via bioscoopdoek en beeldbuis drong zich een nieuwe buitenwereld op. De kerkelijke greep op wat er bij de mijnwerker binnenkwam, verslapte. De immer gezagsgetrouwe *Zuid-Limburger* waarschuwde: de bioscoop biedt 'een vlucht uit de werkelijkheid, met dikwijls funeste gevolgen'. Er was volgens de krant te veel geweld te zien en 'een groot deel van de bioscoopbezoekers staat moreel niet zo solide in de schoenen en het is vaststaand dat de film op hen een schadelijke invloed heeft'.

De social engineering zoals die vanaf het begin van de eeuw met succes was uitgevoerd, kwam sterk onder druk te staan. Ze vereiste vergaande controle over de voeding van de geest. In die zin waren ook boeken, films, theater en tv steeds geleiders van gewenste gedachten geweest. De ontvoogding en de opmars van de vrije tv en bioscoop luidden het einde in van de sociale ingenieurs.

Halverwege 1956 vertoonde het naoorlogse economisch optimisme de eerste scheuren. De krant meldde dat de mijnen 'voor groeiende moeilijkheden staan'. Veelzeggend was dat het aantal ondergronders dat jaar met nog niet 1 procent was gegroeid. De vraag naar kolen nam af. Dit keer niet door de aanvoer van goedkope Amerikaanse steenkool, maar door warme winters en de opmars van een alternatieve brandstof: stookolie.

De Tweede Kamer debatteerde herhaaldelijk over hoe de werkgelegenheid te stimuleren. Begin jaren vijftig werd emigratie aangemoedigd, nu kampten ook landen als Canada met dalende werkgelegenheid. Het parlement had weinig fiducie in de kabinetsplannen om particuliere woningbouw en industrialisatie te bevorderen.

Hoewel er steeds meer tekenen waren dat steenkool op zijn retour was, dacht het lokale bestuur niet na over structureel andere werkgelegenheid buiten de mijnen. De steenkoolindustrie was vol in bedrijf en de mijndirecties wendden al hun invloed aan voor zo gunstig mogelijke condities. Nog steeds was de mijn een reus in wiens schaduw weinig groeide.

De enige uitzondering was Philips, dat in oostelijk Zuid-Limburg voet aan de grond kreeg. In 1948 was Philips in het gymnastieklokaal van de Wilhelminaschool in Kerkrade begonnen radiobuizen te maken. Een paar jaar later werkten er al honderden mensen, voornamelijk meisjes, en moest er ruimte worden bijgehuurd. In Heerlen was in 1951 een grote fabriek voor elektronenbuizen neergezet.

Net als de Staatsmijnen kampte Philips met een tekort aan vakleden. Anders dan de mijnen had de elektronicaproducent ook veel vrouwen in dienst, jonge, ongetrouwde vrouwen met fijne handen voor priegelwerk, en die waren in de Mijnstreek ruim voorhanden. Er was in het kielzog van de mijnen wel wat werk voor jonge vrouwen ontstaan. In de wasserij Massop wasten ze de geteerde mijnwerkerskleren. In de Bata-fabriek, die grensde aan de achtertuin van Sjaakies vriend Jan van de Bogaart, naaiden ze schoenen. De meisjes van de Bata, te begluren vanuit het huis van de melkboer, waren voor Sjaak en Jan een dagelijkse bron van opwinding en plezier. Maar tienduizenden arbeidsplaatsen, zoals op de mijn, waren er voor meisjes niet.

Waarschijnlijk kon Philips in de Mijnstreek alleen op dat ene ticket fabrieken openen: dat het werkgelegenheid verschafte aan anders werkloze jonge vrouwen. Daaraan kleefde wel het risico dat jonge mannen liever beeldbuizen gingen maken dan steenkool delven.

De steenkoolindustrie was in de Mijnstreek nagenoeg alomvattend, met ruim 60.000 werknemers boven en onder de grond. Daar bovenop kwamen de talloze toeleveringsbedrijven van allerlei pluimage die voor hun voortbestaan afhankelijk waren van de mijnen. De steenkoolindustrie besloeg zowat de hele arbeidsmarkt in oostelijk Zuid-Limburg.

Daar komt bij dat de chemische industrie van de Staatsmijnen hard groeide. In de Verenigde Staten was de chemische sector intussen al nummer één, groter dan de automobielindustrie, en ook in Sittard en Geleen werden steeds meer producten ontwikkeld uit de bijvangst van de cokesproductie. Eind jaren vijftig had het chemisch bedrijf 9000 mensen in dienst, 15 procent van de Staatsmijnen, een intussen gigantische onderneming. 'Chemie' was een woord waarin de moderniteit weerklonk.

De chemische industrie rondom het Centraal Laboratorium nam de ene na de andere hectare in gebruik. Rond Geleen verrezen futuristische industrieterreinen met, zo ver het oog reikte, oneindige rijen buizen, pijpen, leidingen, fabrieken, kolossen en torens in strakke geometrische patronen. Van boven had het buizenpatroon iets van de Londense metrokaart.

Het Stikstofbindingsbedrijf (SBB) werd 's werelds achtste stikstofproducent. De helft van de stikstofproductie was voor de export; de Staatsmijnen verkochten stikstofverbindingen aan ruim vijftig landen. Daarmee werd niet alleen kunstmest gemaakt, het was ook de grondstof voor synthetische garens: het tegelijkertijd oersterke, zachte en flexibele nylon. Van de Staatsmijnen kocht de kledingindustrie het materiaal om kousen, hemden, truien, sluiers en petticoats te maken. De Staatsmijnen produceerden de grondstoffen en halffabricaten die de basis vormden voor kleurstoffen, geneesmiddelen, springstoffen, verf, allerlei soorten lak en hars waarvan bij Philips radiokasten en tv-toestellen werden gegoten.

In het Centraal Laboratorium in Geleen stonden rijen microscopen en glazen flessen met allerlei kleuren vloeistoffen. In wat oogde als het klassieke uitvinderslab uit een stripboek werd door de Staatsmijnen een omvangrijk en kostbaar researchprogramma voor de lange termijn opgezet. Terwijl de steenkoolindustrie verjaarde, borrelde hier de toekomst.

Het is in die jaren dat de *founding father* van de Oostelijke Mijnstreek eer werd betoond. Toen in 1952 een Dr. Poelsmonument werd opgericht, schreef *De Zuid-Limburger*:

> Het betaamt dat wij onze grote mannen eren. En Poels hoort ongetwijfeld tot de allergrootsten. Het betaamt dat wij zijn

ontzaglijke verdiensten voor volk en land waarderen en dankbaar blijven herdenken. Voor ons, zijn tijdgenoten, zal het een verkwikking en een aansporing zijn om de mannelijke durf, het stoute gebaar, de goedige blik, de diep-godsdienstige ernst van Poels over zijn Mijnstreek tot een zegen te weten.

In Meerssen was het Dr. Poelsoord geopend, een rustoord voor overspannen mijnwerkersvrouwen. Op de markt in Heerlen kreeg Poels in 1954 zijn eeuwige vorm: imposant gezag in meters brons, pontificaal voor Sint-Pancratiuskerk en Glaspaleis. Kort daarna verscheen over de hoofdaalmoezenier van sociale werken de eerste biografie, of eigenlijk: een hagiografie van de man die er hoogstpersoonlijk voor zou hebben gezorgd dat Limburg katholiek bleef.

De opa van Sjaakie was wat ze noemden 'een knoes', een wat bonkige man. Hij was fors gebouwd; vierkante schouders, vierkante handen en een flinke neus. Toch was het geen man die opviel. Daarvoor was hij te kalm, te makkelijk, niet iemand die de aandacht trok. In de familie was hij met zijn 1,70 meter imposant; zijn vrouw Anna haalde net de 1,50 meter en zijn zonen Johan en Hein kwamen niet boven de 1,60 meter. Een man van veel woorden was hij niet. Wanneer hij sprak, dan was dat sonoor brommend. 'Mijn Driek,' noemde zijn vrouw hem, en samen hadden ze het goed.

Anders dan zijn zoon Hein was hij geen gangmaker, al was hij net zo gemoedelijk. Hendrik wond zich niet zo snel op. Wanneer zijn vrouw Anna een mand pruimen weggaf, een stuk van een varken of weckpotten met ingemaakte peertjes, kersen, sperziebonen of wortelen – oma's kelder lag vol met eten –, dan zei opa daar wel eens wat van, maar venijnig werd dat nooit. 'Mijn lieve An, als jij alles onder onze kont weggeeft, hebben we straks niks meer.'

Dan antwoordde ze: 'Driek, je kunt niet armer worden wanneer je met anderen deelt. Je zult zien dat we ervoor worden beloond.'

Sjaakie voelde voor zijn opa ontzag, liefdevolle bewondering; bang is hij nooit voor hem geweest. Op feestjes was opa degene op wie werd gewacht. Niet omdat hij zoveel praatjes had, hij maakte sfeer met zijn accordeon. In de harmonie was voor de accordeon geen partij. Daar blies hij de tuba. Sjaakie ging wel eens mee naar de repetitie van harmonie Sint-Barbara, op vrijdagavond. Dan liep opa tegen achten naar Café Frohler, een zwarte koffer in de vorm van een olifant in zijn ene hand, de opgevouwen pupiter in de andere. Sjaakie droeg dan de map met bladmuziek. In het zaaltje achter de bar zat tussen acht en tien het orkest gepropt, om marsen en concertstukken te oefenen. Opa blies vol overgave in zijn tuba.

Opa Hendrik zat met zijn tuba op de laatste rij. Met zijn wangen bol plopte hij er bastonen als zeepbellen uit. Sjaakie zag ze met plezier gaan. Midden in het stuk sloeg de dirigent af: 'Hendrik! Ho eens even! Jij klinkt overal bovenuit!' Het orkest gniffelde. Opa ook, die knipoogde naar Sjaakie en stak stiekem zijn duim op. Sjaakie stak ook zijn duim op en straalde. Hij was trots, zijn opa kon het hardst blazen van allemaal.

Blaasmuziek hoort bij Limburg als de kaas bij Gouda en de kilt bij een Schot. Al dik honderd jaar geleden had bijna elk Limburgs dorp een harmonie of een fanfare en soms allebei, maar met de opkomst van de mijnen verveelvuldigden de orkesten zich. Wijken of parochies begonnen een eigen blaasorkest. Kerkrade had drie fanfares en drie harmonieën.

Het witte stadje Thorn in Midden-Limburg was na 1850 een dikke eeuw verdeeld in twee kampen, in twee harmonieën: de Bokken en de Geiten. De Bokken hadden zich afgescheiden van de kerkelijke harmonie toen het de koster werd verboden ook op zondag te repeteren. Daarna liep door het dorp een scheur. Er waren families van de Bokken en families van de Geiten. Ze trouwden liever niet met de andere partij en namen het tegen elkaar op in muziekwedstrijden, zogenaamde concoursen, waarvan sinds 1951 het

Wereld Muziek Concours (WMC) in Kerkrade het allergrootste is.

Vóór de Tweede Wereldoorlog was de Europese blaasmuziek vooral volksmuziek, veel marsen – zogenaamde hoempapa – en matige arrangementen van klassieke stukken. Toen na de oorlog de Amerikaanse muziek opkwam, eerst de Andrew Sisters, daarna de rock-'n-roll, werd het slechte imago van de blaasorkesten een probleem. Ze werden folkloristisch en militaristisch gevonden. Veel orkesten legden het loodje.

Zo niet in Limburg. Daar beleefden fanfares en harmonieën een juichende opmars. Dat kwam deels doordat de blaasmuziek zich emancipeerde. De muziekconcoursen werden belangrijk, wat de blaasmuziek een instituut gaf en daarmee standing. Orkesten gingen hun muziek serieuzer nemen. De hoempapa werd bovendien verruild voor symfonische muziek. De volkscultuur ging haar technische en esthetische normen afstemmen op het klassieke repertoire. Geholpen door de vinnige concurrentie die het niveau van amateurs opstuwde, naderde menige fanfare en harmonie het niveau van een concertorkest. Volgens de in Limburgse muziek gespecialiseerde historicus Jos Meuwissen nam de Limburgse blaasmuziek zowel nationaal als buiten Nederland een uitzonderingspositie in.

Maar de opwaardering van de blaasmuziek paste in het veel grotere project waarin de Limburgse bevolking werd gevormd naar kerk en mijn. Beschaving en disciplinering waren in die naoorlogse jaren doel en middel ineen, en het amateuristische blaasorkest was een ideale *Umwelt* voor een moreel offensief. Om op niveau te kunnen meedoen, was zelfdiscipline nodig, zelftraining en 'zelftucht', orde en doorzettingsvermogen. Naast de hoempapa die zich graag met pils de keel smeerde, kreeg de blaasmuziek een aura van ascese. De fanfare die eerst Dionysos te vriend had gehad, bekeerde zich tot Apollo.

Fondsen van de mijnen subsidieerden blaasorkesten, en ook de kerk was nauw verbonden met de fanfares en harmonieën. Het katholieke geloof was altijd al een religie van de zintuigen geweest. De muziek werd naadloos opgenomen in de heilige viering. Blazers luisterden alle kerkelijke feesten op, en de muziek hield gelovigen op het pad van de deugd. De 'puurheid' van de blaasmuziek werd afgezet tegen de verderfelijke effecten van jazz en pop. Zo beschreef het maandblad van de muziekfederatie Sint-Caecilia in 1952 hoe muziek 'dierlijke instincten' kan doen opborrelen:

> Het maken van muziek is een emotionele gebeurtenis en wanneer emoties opborrelen uit een modderpoel van lagere impulsen en opgejaagde prikkels, uit de dictatuur van het zinnelijke, dan worden in de toehoorders de lagere gevoelens opgehitst, dan wordt de kunst schromelijk misbruikt, dan spreekt men van wancultuur.

Daartegenover stond de blaasmuziek: 'Een muziekbeoefening die het product is van een waarachtige, kristallijne zielsemotie, de verklanking van een edele, nobele, zielsontroering die opheft, opbouwt tot een beter-mens-zijn...'

Behalve een morele functie had de blaasmuziek ook een belangrijke maatschappelijke rol. Ze bevestigde de identiteit van de groep – katholiek en nostalgisch over Arcadisch Limburg, en ze bood troost in de vorm van schoonheid.

Ook verbond muziek de hoogste klasse met de onderkant van de samenleving. In het bestuur van de fanfare of harmonie zaten een directeur van de mijn en meneer pastoor, het orkest was gevuld met vooral kompels. Hetzelfde gold voor het Wereld Muziek Concours, dat het onderscheid tussen elitekunst en volkskunst doorbrak. In Kerkrade trad zowel een Italiaanse harmonie op die haar stuk nog niet helemaal in de vingers had, als een van de beste dirigenten van de twintigste eeuw, Herbert von Karajan met het London Symphony Orchestra.

Zo werd de blaasmuziek een belangrijk facet van wat 'de Limburgse identiteit' zou zijn. De Limburgers onderscheidden zich volgens die beeldvorming van niet-Limburgers door hun bourgondische aard. De muziek maakte onlosmakelijk deel uit van hun zwierige bestaan. Het noordelijke deel van Nederland werd graag afgespiegeld als zuinig en benepen, formeel en rationeel, niet romantisch en gepassioneerd als de zuiderlingen. Limburg, dat was als Italië.

De Limburgse schrijver Felix Rutten, romanticus, leverde zijn bijdrage aan de beeldvorming. Hij roemde de muzikale aanleg van de Limburgers. 'Het spreken wordt er al reeds zingen.' De liefde voor muziek hoorde tot de Limburgse volksaard. Net als de toewijding aan de steenkool, zat de muziek ze in het bloed.

In het naoorlogse Limburg trokken troubadours met hun gitaren door de streek. Ze bezongen de schoonheid van hun geboortegrond in dialectliedjes vol nostalgie, en ze werden vereerd als even later de popidolen. Jo Erens uit Sittard was de meest geliefde, een knappe jongen met een lieve lach en met lokken en een natuurstem als Elvis Presley. Hij schreef en zong 'Limburg mie landj', en ''t Krutske', over een veldkruisje te midden van het koren. De bakkersknecht en troubadour Harry Bordon brak door met 'Wie sjoeën ós Limburg is' (Hoe mooi ons Limburg is), en had daarna een grote hit met ''t Kapelke', het kapelletje, waar dialectliedjes graag over gaan.

Jo Erens overleed in 1955 op zijn 26ste aan een hersenbloeding. Dertig jaar na zijn dood werd Erens nog steeds verkozen tot beste Limburgse zanger. Zijn charisma leek onaantastbaar voor de tijd. Volgens muziekhistoricus Jos Meuwissen kwam dat doordat Erens' liedjes een gevoel en een beeld van Limburg opriepen waarmee zijn inwoners zich graag identificeerden. Ze voedden een regionaal nationalisme en trots op hun geboortegrond.

Lang was de cultuur van het westen, van 'Holland', toonaangevend geweest, de norm. In de lofzangen van de troubadours werden de eigen natuur en cultuur, met nachtegaal, veldkapelletjes en carnaval, vereerd. Dat zelfbewustzijn zalfde de lang miskende Limburgse ziel. Totdat zijn bodem verkoolde vruchten opgaf die zo gewild waren dat de provincie werd ontsloten en ontgonnen, was Limburg een aanhangsel geweest, niet belangrijk genoeg om tegen aanvallende legers te verdedigen. Dat was intussen wel anders, schreef Felix Rutten, toen hij de loftrompet stak over een jubilerende dirigent:

> ...hij heeft de stem van Limburg wakker geroepen, Limburg een muziek gegeven die Holland ons benijdt, en waarover wij nu zelf verbaasd staan. Zoo heeft hij ons Limburg als cultuurland in de rei onzer provincies op den voorgrond gebracht en er toe bijgedragen dat de smaad die er op ons lag, als zou Limburg een achterlijk dompersland zijn, een leugen gebleken is, en nu wordt als vaststaande erkend, dat wij, verre van de laatsten te zijn, als de eersten in den lande meetellen.

Maar de blaasmuziek die zo innig hoorde bij de Mijnstreek, eindigde vaak in een tragisch verhaal. Want de mannen die zo heroïsch fit en sterk waren, die de meeste *amezuur* (embouchure) hadden op tuba, trombone of trompet, die hadden na jaren onder de grond geen lucht meer om door een mondstuk te blazen. Zij hingen met zuurstofflessen in een fauteuil en sliepen rechtop om zo nog wat zuurstof te pakken. Stoflongen heette dat, kernachtiger: 'sjtub'.

Die martelgang naar een wisse verstikking bleef Hendrik Vinders bespaard. Hij had een sterk gestel of hij leefde er niet lang genoeg voor. Op een zekere avond was opa na de repetitie niet meer opgestaan van de bar. Hij was 75. Zijn hart was blijven stilstaan. Oma hield zich flink. Haar Driek lag in 'de goede kamer', en oma schonk de hele dag koffie voor wie naar hem kwam kijken. Pas 's avonds, als de drukte was geweest, kon ze hem een aai geven. Dan zei ze: 'Ach miene Driek.' Ze zei het zacht en heel vaak. Sjaakie bleef bij oma tot ver na zijn bedtijd. Zolang opa in de woonkamer lag, sliep Sjaakie liever op zijn mansardekamer op Romeinenstraat 7.

Bij de begrafenis kon hij niet naast oma lopen, daar hoorden zijn vader en zijn oom en tantes, zei zijn moeder. De harmonie speelde iets uit haar processierepertoire, traag en treurig. Op de kar schitterde opa's tuba boven op de kist, hij was goed opgewreven. Als de paarden even halt hielden en weer aanzetten, draaide de tuba vervaarlijk op de rand van zijn beker. Sjaakie stak grijnzend zijn duim op.

Na de begrafenis trok hij steeds meer naar oma. Opa was in een modderig gat verdwenen en Sjaakie nam zijn plek in. Oma had hem nodig, en eigenlijk hij haar ook. Al was hij al zeven, ze nam hem op schoot en aaide door zijn haar. Dat deed Tineke niet. Hij kon zich niet herinneren dat zijn moeder hem had aangehaald. Nooit was hij geknuffeld, ook niet als hij met een bebloede knie thuiskwam. Dan kwam Tineke met de fles Dettol en zei ze: 'Even flink zijn.'

Tineke hield er niet van te worden aangeraakt. Als Hein haar van achter beetpakte zei ze: 'Jij viezerik.' Maar nu sliep Sjaakie bij oma in bed, onder dons, en hij gloeide vanbuiten en vanbinnen.

's Morgens keek hij van onder de dekens hoe oma haar lange grijze haar borstelde, het hoofd naar voren, het spinragzilver raakte haast de grond. Dan maakte ze een alsmaar dunnere vlecht die ze oprolde en met drie haarpinnen vaststak.

Oma had haar woonhuis verlaten voor haar dochter en was in de aanbouw gaan wonen. Sindsdien heette het: 'Oma woont bij tante Mina.' Tante Mina en ome Rob hadden twee zonen, Jo en Hein, en die werkten ondergronds in de Willem-Sophia. Met nonk Rob in de houtzagerij en twee mannen ondergronds hadden zij het goed. Voor de deur stond een blitse Berini, een bromfiets met een rode tank, rode koplampen en witte spatborden, in huis een voornaam radiomeubel met schuifdeurtjes: linksboven de radio met eronder een pick-up, achter het rechter schuifdeurtje lp's van Elvis Presley, Jerry Lee Lewis, Freddy Quinn en James Last. Hein, de jongste zoon, was een bink, een mix van Elvis en Cliff Richard, en Sjaakie keek met bewondering naar hem op.

De eerste tv in de familie stond bij tante Mina en nonk Rob. Ook Sjaakie kwam er graag kijken. Op een avond keken ze met zijn allen een film, toen daar werd gezegd: 'Die vrouw is zwanger.' Ome Rob sprong uit zijn fauteuil en zette met een klap op het toestel de film uit. 'Maar zeg, dat is toch geen film voor kinderen!'

Tante Mina nam dat allemaal niet zo nauw. Zij had altijd goeie zin, en ze was gek op Sjaakie. Hij moest altijd om haar lachen, zoals ze liep te dansen en zingen door haar huis: 'Is miech doa d'r tingelingeling... tingelingeling boem boem.' Bij tante Mina was het gezellig. Zodra ze Sjaakie zag, begon ze op de muziek van de 'River

Kwai Mars' te zingen: 'Sjaakie, du has de boks kapot' – ook als er geen gat in zijn broek zat, 'Sjaakie du has de boks kapot...'

Op een dag marcheerde de harmonie door Heilust en zette het orkest ineens de 'River Kwai Mars' in. Sjaakies hart stond stil. Hij keek naar de menigte mensen langs de straat in afwachting van het koor dat zou ontsteken: 'Sjaakie, du has...' Hij dook de heg in en vluchtte naar huis.

Tante Mina haalde hem aan, ze paaide hem. Vaak pakte ze even zijn arm, nam hem apart en fluisterde in zijn oor: 'Jong, ga jij voor de tante even twee flesjes Amstel halen?' Dan pakte ze links en rechts uit de zakken van haar schort twee lege flesjes en stopte ze hem een gulden in de hand. Kruidenier Stufkens lag recht tegenover oma's huis, maar Sjaakie moest ongezien de winkel bereiken. Hij ging daarom achterom naar buiten, de tuin door, en rende dan door het gangetje langs oma's huis terug richting de Kleingraverstraat, stak de straat over naar Stufkens en ruilde de lege flesjes voor volle. Die zette hij in een geheim hoekje in de keuken.

Maar op een zekere dag mocht het niet meer van nonk Rob. Ook hij nam Sjaakie even bij zich: 'Geen bier voor tante Mina halen, begrepen?' Dat leek Sjaakie wat overdreven. Tante Mina had er zichtbaar plezier van. En hij was graag partner in crime, haar joyeuze bestaan gaf ook het zijne de lichtheid die hij thuis miste. Het was de oma die hem een compromis aan de hand deed. Hij mocht nog één keer per dag voor tante Mina Amstel halen.

Zo bleef hij zijn tante bevoorraden, tot die ene ongelukkige zaterdag. Met de lege flesjes in zijn handen sprintte hij voorbij de dennen in het gangetje langs oma's huis, met een sprong de straat op, toen daar de gierende banden van een auto hem stopten. Mensen schreeuwden. Sjaakie raakte de gril, voelde het chroom van de bumper en werd tegen het asfalt geworpen. Oma en tante Mina kwamen door het gangetje gerend. Ze bukten zich over het ventje dat intussen huilend op straat lag. Zijn broek was gescheurd, zijn handen en knieën rood. Tante Mina tilde hem van de stenen en zei: 'Ach jong, daar was je bijna dood gebleven voor een fles bier.'

Sjaakie genoot van de warme vrede in oma's huis. Hier had hij de rust om te lezen. Hier zag iemand de tienen op zijn rapport. Er hoefde niet veel te worden gezegd – op oma's zacht deinende schoot voegden woorden weinig toe. Ze wist wat zijn lievelingseten was. Elke zondag ging Sjaakie met oma naar de kerk, en als ze uit de hoogmis kwamen, maakte ze voor hem biefstuk met spruitjes, 's zomers met zelfgemaakte aardbeienpudding na.

Thuis was het eten week in week uit hetzelfde, volgens een vast schema (dat was functioneel): 's zondags runderbouillon met balletjes en braadvlees aan één stuk. 's Maandags soepvlees met mosterdsaus en aardappelen en groente. Op dinsdag varkenskotelet. Elke woensdag frieten met knakworst of een ei. Donderdag gehaktdag. Vrijdag iets van vis. Op zaterdag werd niet gekookt, dan aten ze voor de avondmis aardappelsalade met soep. Biefstuk als bij oma konden ze zich niet veroorloven.

Nog steeds koestert Jack een foto waarop hij in zijn zondagse kleren naast zijn oma loopt: een tonrond vrouwtje in een lange jas, op het hoofd een hoedje en aan haar hand een mannetje van zeven. Hij ging altijd met haar naar de kerk. Iedereen prees Sjaakie daarvoor. Wat was die lief voor zijn oma!

Heel veel later, toen Jack Vinders op het toneel zijn andere leven vond, een leven tussen vleugel, velours en applaus en hij liederen maakte in het Kerkraads dialect, toen zong hij over *heem*, thuis. Dan zong hij niet over het huis met de Franse kap aan Romeinenstraat 7, dan ging het over zijn heimwee naar oma.

Ook in de Romeinenstraat was het vaak rustig. Rondom Tineke was er zelden kabaal; nooit speelden de kinderen binnen en harde beatmuziek werd niet gedraaid. Alleen was daar altijd die dreiging in de lucht. Elk moment kon Tineke haar stem verheffen, kiften op Hein, hysterisch schreeuwen omdat ze iets had laten vallen of omdat ze doodging. In de Romeinenstraat hing de stilte van een geladen revolver.

Het waren de jaren waarin Kerkrade was getransformeerd. Het dorp was uitgegroeid tot industriegemeente 'welke stadse allures ging aannemen'. Het inwonertal van Kerkrade was gestegen tot dik 47.000 mensen. Nog steeds heette woningnood de grootste vijand van het volk. In Kerkrade werd toen gesproken over het bouwen van de eerste galerijflats.

Het werd een verhit debat over woningbouw; wel of niet de hoogte in. Kerkrade had steenbergen die hoger waren dan de kerk, daar moest het bij blijven. De voorzitter van de Roomsch Katholieke Mijnwerkersbond Frans Dohmen wilde van geen hoogbouw weten. *De Zuid-Limburger* schreef: 'Kerkrade dreigt in uitbreidingsplannen wegen in te slaan die niet Kerkraads zijn.'

Voor de ontsluiting van de mijnstad was de 'Blauwe Engel' van groot belang, de hemelsblauwe trein met een rode bies en vleugels op de neus. In 1954 was de personentrein gaan rijden op het Miljoenenlijntje, kolen werden er al sinds 1934 over vervoerd. Die spoorverbinding tussen Schaesberg en Simpelveld sloot het mijngebied aan op de grote spoorwegen naar Duitsland en Holland. Van het stationnetje in Spekholzerheide reed de 'Blauwe Engel' rechtstreeks naar Schaesberg. Er was bijna tien jaar aan gebouwd, de heuvels maakten het tot het duurste spoortraject van Nederland. Eindelijk had Tineke de verbinding waar ze zo naar had verlangd. Ze kon even naar huis.

Maar thuiskomen was een verlangen dat grote inspanning vergde. Om in Schaesberg te komen, moest Tineke reizen. De straat op, aan het loket een kaartje kopen, de trein in. Tineke ging niet graag alleen en nam dan haar jongste zoon mee. Eerst stuurde ze Sjaakie met een boodschappennetje vol lege flessen naar Stufkens. Soms was het statiegeld genoeg om twee treinkaartjes van te kopen. De weg naar het station was als de processie van Echternach: twee stappen vooruit, een naar achter. Tineke liep de stoep op en weer naar binnen, de hoek om sloeg de paniek toe, dan wilde ze wel gaan en ineens weer niet, liep ze van een straat verder terug naar huis om toch een regenkapje of eau de cologne-doekje te halen voor als de flauwte haar zou overvallen, om uiteindelijk, nadat Sjaakie haar zachtjes had meegevoerd, met een diepe zucht en een glimlach in Schaesberg bij haar zus Sofia aan te komen. Te midden van haar eigen familie zou ze de hele middag stralen. Ze aten vlaai en dronken bruine koffie. De zussen kletsten honderduit en Tineke schaterde. Wanneer Tineke lachte, dan viel bij Sjaakie het lood van de schouders.

Het was eind jaren vijftig niets bijzonders om 'last van zenuwen' te hebben. Veel vrouwen hadden het, er werd niet van opgekeken. Het was in deze benaming een kwaal die niets te maken had met het zenuwstelsel in medische termen, maar verwees naar iets wat in de negentiende eeuw was uitgevonden als een gevoelsziekte. Een waarbij de patiënt tekenen van nervositeit vertoonde en zichtbaar leed onder spanningen.

Het gekwelde gemoed was een uitloper van alle gevoelsziekten uit de tijd dat de Romantiek een intense emotionaliteit had gevoed. De eigen ervaring en het gevoel waren centraal komen te staan na het rationele *cogito ergo sum* (ik denk dus ik ben) van de Verlichting. Een gevoelig en teder gemoed was mooier en belangrijker dan de nuchtere rede. Het innerlijk moest intens worden beleefd, de onbedorven natuur gekoesterd, en de melancholie gecultiveerd. Dat had zijn eigen uitwassen opgeroepen.

Zo was in de negentiende eeuw 'hysteria' een veelvoorkomende vrouwenziekte. De naam kwam van het Griekse woord voor 'baarmoeder' en kenmerkte zich door dramatische gevoelsuitingen. Een verstoring van de baarmoeder zou psychische ziekten geven, die vervolgens gynaecologisch werden behandeld. Maar liefst een kwart van de vrouwen leed aan wat Freud diagnosticeerde als gebrek aan seksuele contacten en 'opgehoopt zaad'.

Artsen behandelden de groeiende stroom patiënten door de nonnen, weduwen en seksueel achtergestelde vrouwen met een 'bekkenbodemmassage' een orgasme te bezorgen. Toen de dokters RSI kregen van het veelvuldig masseren, leidde dat tot de uitvinding van de vibrator.

In de jaren vijftig van de twintigste eeuw werden die massages niet meer door de dokter gegeven, al was 'zenuwen' intussen zo gewoon als een verkoudheid. De kranten stonden vol met advertenties voor pillen en drankjes met gegarandeerd kalmerend effect. Ook was speciaal voor overspannen mijnwerkersvrouwen het Dr. Poelsoord geopend.

De zenuwen mochten in de mode zijn, Tinekes pleinvrees was echt. Net als haar angst voor ziektes, voor mislukking, voor armoede, voor lichamelijke aanraking, voor de Derde Wereldoorlog, haar angst voor de toorn van God; Tineke was zwanger van angst, en de vrucht groeide en schopte haar binnenste bont en blauw.

Ze kalmeerde haar demonen met bezwerende gebeden, pakjes Gladstone en filterkoffie. Eten kon ze niet goed. Daar was ze te bibberig voor, niets kreeg ze naar beneden. Tineke was als Twiggy zo dun. Maar verder zag de buitenwacht niet zoveel van haar kwelling; die toonde zich als een ijsschots: alleen het bovenste puntje, het scherpste deel, was zichtbaar.

Of er een aanleiding was voor de bewuste uitbarsting, wist Sjaakie niet, maar terwijl ze op een namiddag bij tante Mina aan de koffie zaten, verloor Tineke zich in een machteloos schreeuwen. Eerst begon het trillen, bleek en bang; over haar kwam een kracht die weliswaar vanbinnen zat, maar die zich als een overweldiger van haar had meester gemaakt. Het beven werd schokken en zette haar aan tot rennen, door de keuken, als om de indringende demonen kwijt te raken. Krijsend ging ze door de keuken heen, roepend: 'Ik ga dood! Ik ga dood! Ik ga doooooood!' Het was een akelige scène en in de keuken was iedereen ontredderd.

De ziekenauto laten komen, zei tante Mina. Mond-op-mondbeademing, meende oma. Haar hoofd in een teil water, opperde de ander. Het was nonk Rob die probeerde haar te kalmeren. Met een hand op haar zwiepende armen, een arm om haar middel. 'Rustig maar, Tineke,' en: 'Kom tot jezelf.' Maar het loeien hield aan, de alarmtonen kwamen nu net uit haar diepste zelf. In de wanhoop van het moment haalde nonk Rob uit en gaf haar een klap in het gezicht. Zo iel en wiebelig als ze was, viel Tineke naar achter, tegen het aanrecht.

Sjaakie had alles gezien. Nu rende hij op zijn oom af en schopte nonk Rob tegen de schenen. Zo hard en zo vaak als hij kon, met zijn vuistjes van zeven beukend op nonk Robs buik, tot oma hem omarmde en hij haar borst nat huilde.

Niet lang daarna bracht Hein zijn vrouw voor het eerst naar het Dr. Poelsoord in Meerssen.

Meerssen lag niet in de Mijnstreek, maar in het Heuvelland, ten noorden van Maastricht. Het westelijke deel van Zuid-Limburg had zijn lyrische landschap niet verloren. Daar was na de aardewerkfabrieken van de Sphinx en de Mosa geen nieuwe grote industrie gekomen. Bovendien had de keramiek het land bij lange na niet zo overhoopgehaald als de steenkool de Mijnstreek.

Het Dr. Poelsoord was gevestigd in het landhuis 'La Petite Suisse' op landgoed Mariënwaard. In een grote Engelse parktuin met hoge bomen en vijvers lag de villa met witgepleisterde muren, schilddaken en een vijf verdiepingen hoge toren die haar het aanzien van een kasteeltje gaf. De grote villa van Mariënwaard heette 'La Grande Suisse'. Die was in de negentiende eeuw tot een kasteel verbouwd door de aardewerkmagnaat Petrus Regout.

Het Dr. Poelsoord was in 1951 geopend als rusthuis voor overspannen mijnwerkersvrouwen. Maar de meeste patiënten kwamen er niet met rust alleen. Er was een team van dokters, psychiaters, psychologen en docenten gymnastiek. Patiënten waren doorverwezen door hun huisarts, vaak in samenspraak met de kapelaan of pastoor – vertrouwelijke patiëntendossiers bestonden nog niet.

Ook Tineke had haar hart geregeld uitgestort bij pastoor Vaessen. Ze werd verteerd door verdriet en kon niet meer eten. Zoveel ongeboren kinderen als ze had verloren. Ze was dan ook naar het Dr. Poelsoord gebracht om aan te sterken, om op gewicht te komen. Tineke kreeg groepstherapie, kalmeringstabletten en veel te eten. Zo nu en dan kwam ze een onsje aan, een week later was ze het alweer kwijt.

Elke zondag na de mis staken Hein en de jongens een kaarsje op voor hun moeder. Daarna reisden ze naar het Dr. Poelsoord. Hein had nooit willen weten van extra magazijndiensten op zondag – Tineke drong daar vaak op aan omdat het dubbel werd betaald, maar zijn sport ging voor alles. Nu moest voetbal wijken voor de bezoekjes aan hun zieke moeder. Met de bus reden ze van Kerkrade naar Heerlen. In Heerlen namen ze de bus richting Maastricht, om dan via Voerendaal, Klimmen, Valkenburg en Houthem naar Meerssen te rijden, anderhalf uur heen en anderhalf uur terug, onderweg stoppend in elk gehucht in de heuvels.

Sjaakie vond de tocht een verschrikking. Niet alleen duurde die eindeloos, hij moest altijd een wollen trui aan die oma speciaal voor hem had gebreid. Dan jeukten zijn armen, hij krabde tot bloedens toe en dan gaf zijn vader hem een klap omdat hij niet kon stoppen. 'Wat ondankbaar,' beet zijn vader hem toe. 'Heeft oma voor jou zitten breien.'

Sjaakie kon niet begrijpen dat zijn moeder niet meer at. Hij miste haar en zij miste hen, zei ze. Als ze hen zag, huilde ze dat ze naar huis wilde. Dan vroeg Sjaakie op de weg heen aan zijn vader: 'Zeg jij straks tegen mama dat ze gewoon haar bord moet leegeten?' In de twee uur dat ze naast Tineke in de parktuin zaten, werd nauwelijks een woord gewisseld.

Sjaakie genoot van de serene kalmte die als een aura rond oma hing. Tineke was al weken weg en in de Romeinenstraat kwam hij alleen nog om met oma te koken en schoon te maken. De beladenheid was dan wel uit de lucht, er was niks voor in de plaats gekomen. Hein en Heinie kwamen nog minder thuis dan anders. Het huis voelde vacuüm.

En toen hij eens op een avond aan tafel zat met zijn vader en zijn broer, leek het of de kwelgeesten van zijn moeder zich steeds hardnekkiger aan hem hechtten, fobieën, als virussen zo besmettelijk. Hij kreeg geen lepel naar binnen. Onder zijn trui kreeg Sjaakie het benauwd. Zijn hart gonsde door zijn hoofd, in zijn borst vlamden steken en hij kreeg geen adem meer. Net als zijn moeder, dacht hij: 'Ik stik. Ik ga dood!' In zijn nood riep Sjaakie om oma. 'Oma! Help me!'

Het was zijn eerste aanval van hyperventilatie. Al veel langer had hij brokken in zijn keel, het gevoel dat er iets in zijn luchtpijp zat. Sjaakie meende dat hij het kon wegslikken. Telkens weer vroeg hij oma om gedroogde appeltjes die bij haar in de kelder lagen, zij zouden de stopsels meevoeren. Maar de prop bleef. Steeds vaker zwol hij op tot Sjaakie geen lucht meer kreeg.

Voor de Mijnstreek werd 1959 zo'n jaar van ontluistering, het jaar dat de voorspelde, gekende toekomst werd lekgeschoten. Wie graag nog even de ogen had gesloten voor het verval van de steenkoolindustrie, moest nu zien dat de neergang onherroepelijk was. Op 29 mei 1959 werd in Groningen in de gemeente Slochteren een aardgasbel ontdekt. Aanvankelijk dacht men dat het om een bescheiden veld ging, maar bij elke volgende boring bleek de gasvoorraad groter dan verwacht. Twee jaar na de eerste vondst was duidelijk dat de Nederlandse staat opnieuw een bonanza in zijn bodem had.

Economisch zat het toen al even tegen – in de Mijnstreek, en evengoed in de rest van het land. Nederland overschreed met een werkloosheid van ruim 4 procent de in die tijd maximaal toelaatbare 3 procent. In de Nederlandse mijnen en aanverwante chemie werkten op dat moment ruim 60.000 arbeiders; meer dan het ooit was geweest, meer dan het ooit zou worden. Na decennia campagne was het ook eindelijk gelukt de overgrote meerderheid van de kompels te rekruteren in eigen land. Ruim 90 procent van de mijnwerkers was Nederlands.

De Staatsmijnen zelf waren al jaren bezig activiteiten te spreiden. De chemie bood 9000 mensen werk, had productielijnen in verf, lak, kunststof en hoogwaardige vezels en was wereldwijd een belangrijke speler geworden. Maar met een volwaardig alternatief voor de steenkolenmijnen was de staat nauwelijks bezig geweest.

In 1961 behaalden de Nederlandse steenkolenmijnen een recordproductie van bijna 13 miljoen ton in een jaar. Maar als de mijnen geen staatsbedrijf waren geweest, hadden ze de poorten al moeten sluiten. De marktprijs voor een ton kolen was sinds kort lager dan wat het kostte om ze uit de grond te halen.

Eind 1959 waarschuwde het *Limburgsch Dagblad* voor die struisvogelpolitiek. 'We beginnen er nu wel van overtuigd te raken dat we in het mijnwezen niet met een conjunctuurcrisis te maken hebben, doch, wat veel erger is, met een structuurcrisis.' Ook na een fel debat in de Heerlense gemeenteraad over problemen bij de mijnen en alternatieve werkgelegenheid zette het college van burgemeester en wethouders zich niet aan een groot plan. Het woord 'industriepolitiek' moest zijn intrede nog doen.

Anders dan bij het ontkiemen van de steenkoolindustrie liep de praktijk daar nu niet op vooruit. Toen waren een paar durfinvesteerders uit Duitsland en Nederlands-Indië gekomen om de eerste schachten te boren. Hun alomvattende plan om steenkool te winnen, was industriepolitiek avant la lettre geweest, het had het land geprepareerd voor grootschalige exploitatie. Nu wachtte een volgzaam gemaakt volk op wat komen ging.

Op een winderige avond in september was Sjaakie in zijn eentje het patronaatsgebouw in gelopen. Eerder die week was een man van de toneelvereniging langsgekomen in de klas. Ze zochten nog jonge spelers, en hij had een foldertje voor het patronaatstoneel achtergelaten. Sjaakie wist het meteen. Deze uitnodiging was aan hem gericht, hij was speciaal voor hem. Niet dat hij ooit naar een toneelstuk was gaan kijken, geen enkel theater had hij ooit vanbinnen gezien en zelfs bij de jaarlijkse voorstelling van het patronaatstoneel was hij nooit geweest, maar van kleins af aan voelde hij zich aangetrokken tot elk podium waarop iemand stond te spelen. Zo van die dingen die een mens weet, voorvoelt: dat hij vroeg of laat de bühne op zou gaan.

Sjaakie had het papier verfrommeld in zijn broekzak gestopt.

Dat moest hij vooral niet aan zijn moeder laten zien. Artiesten, hadden zijn ouders hem geleerd, zijn vreemde lui. Wanneer ergens muzikanten aankwamen, zeiden zijn moeder en tantes: 'Hou je tas maar goed dicht.' Muzikanten, dat waren zigeuners, die zouden op zijn minst iets jatten. Hun vrouwen hadden de rokken te kort en de bloes te ver open. Dat was allemaal seks en bedrog.

Sjaakie deed alsof hij ging spelen op de Batawei, het trapveldje waar zijn broer altijd voetbalde, en liep het patronaat binnen. In de negentiende eeuw waren patronaten gebouwd als katholieke zondagsscholen. Terwijl scholen openbaar onderwijs gaven, verzorgde het patronaat het godsdienstig onderricht. Maar na het einde van de schoolstrijd in 1917 maakte het katholieke onderwijs furore en werden de patronaten een culturele instelling.

In Heilust zat in het patronaat de verkennerij, evenals de turnvereniging, de jonkheid, een Bijbelclub en de toneelvereniging. De toneelclub speelde één stuk per jaar, altijd een klucht, en die werd in december een paar avonden op rij opgevoerd. Vanaf de zomer repeteerden ze elke woensdagavond. Ze zaten midden in een scène toen een blond jochie de zaal in stapte. Hij droeg een vale donkerbruine ribbroek tot op zijn knieën, hoge sokken en een uitgehangen wollen trui. Sjaakie vroeg of hij mee kon doen.

Die avond kreeg hij zijn eerste rol. Eén die hij de daaropvolgende jaren steeds weer zou spelen. Hij was 'het jongetje', een schattige schelm van een jaar of zes. Ongeacht het stuk dat op de planken werd gebracht, er werd altijd een jongetje van het type Ciske de Rat in geschreven. Die zette de grote mensen op het verkeerde been. Die vertelde iets door waardoor het helemaal uit de hand liep. En altijd stond ergens in het script de cue: hij lacht hard. Dat was Sjaakies moment. Dan schaterde hij zo uitbundig en aanstekelijk dat de hele zaal deinde van het lachen.

Maanden later, vlak voor de première, was Sjaakie met zijn moeder gaan praten. Tineke was toen na acht weken in het Dr. Poelsoord weer thuis – zo ging het altijd: na twee maanden ontslag, tot het niet meer ging en Hein haar opnieuw met de bus wegbracht. Hij vertelde haar over zijn rol. Tineke keek even verbaasd, maar ze maakte er verder geen woorden aan vuil. Ze kwam een keer kijken.

Het toneel gaf Sjaakie een intens goed gevoel, als na een overwinning. Het was alsof er iets was losgemaakt waarvan hij niet precies had geweten dat het er was. Nu het eenmaal ontketend was, werd het in de vrije ruimte hoe langer hoe sterker. Hij was voortdurend bezig met liedjes en rollen. Die verzon hij zelf, stiekem tijdens de lessen op school, op zijn mansardekamer, waar hij een schriftje volschreef met scènes en songteksten. Zodra Tineke en Hein het huis uit gingen, speelde Sjaakie toneel tussen de schuifdeuren van de woonkamer.

Al na zijn eerste optreden werd hij in Heilust gezien. Op straat, bij Stufkens en na de mis spraken mensen hem aan. Hij was de moeite om te groeten, een aai door zijn haar, en steeds met een vette grijns. Ineens was hij niet meer alles wat hij niet was – geen voetballer, geen duivenliefhebber, geen macho, geen mijnwerker in de dop. Hij was een acteur.

En er was nog iets wat zichzelf ging versterken: hij had zijn glansrol helemaal zelf verworven. Zonder zijn moeder iets te vragen was Sjaakie de patronaatszaal in gestapt. Op eigen kracht had hij een vaste plek in de cast van de toneelvereniging veroverd; Sjaakie had zijn eerste stappen buiten het door zijn ouders gebaande pad gezet. Hij was door zijn moeders schaamtegevoel gebroken. Tineke had hem altijd toegesist vooral normaal te doen, zich niet aan te stellen, niet in het oog te lopen, nooit. De buren zouden er iets van kunnen denken.

Want dat deden ze. Tineke ondervond het aan den lijve. Heel af en toe, zo eens per jaar, kreeg ze bezoek van Jeanne Kappa, een jeugdvriendin uit Schaesberg. Jeanne was niet in een kolonie getrouwd. Ze was een vrouw van de wereld geworden met een open Alfa Romeo, een grote zonnebril en een mouwloos jurkje aan. Het hele jaar was ze bruin. Jeanne was Saint-Tropez in de Mijnstreek. Ze haalde Tineke op met haar sportwagen en dan gingen ze een stukje rijden. Een keer waren ze langs een oude jeugdliefde van Tineke gegaan. Die had haar graag nog eens gezien. Wanneer Tineke en Jeanne Kappa uit die Alfa Romeo stapten, waren ze uitgelaten en vrolijk. Tineke vertelde verhalen, ze maakte grappen en ze lachte, ze schaterde. Sjaakie keek ademloos toe. Zo leek ze een jong meisje, dacht Sjaakie, zo onbekommerd, en hij vond haar prachtig.

De familie Vinders zag het met argwaan aan. De eerstvolgende keer dat Tineke met Jeanne Kappa vertrok, kwam tante Mina het huis binnen. Ze liep naar Tinekes kleerkast. Daar zouden wel eens nieuwe jurken kunnen hangen. Ze keek in haar nachtkastje, op zoek naar verborgen sieraden of parfum. De schoonfamilie fluisterde dat Tineke een affaire had. Wat een schande, ze had toch zo'n aardige man... En die Hein maar werken. Die lieve kinderen. En dan zoiets.

Hadden ze ook maar iets geweten van Tinekes prille ontmaagding, van het misbruik dan, zouden ze hebben begrepen dat zij voor overspel te weinig plezier beleefde aan de daad. Tineke had seks gehad om nageslacht te produceren. Van plezier in bed hoorden Sjaakie en Hein nooit wat.

Dat was anders aan gene zijde van de muur van hun zolderkamer. Daar sliepen Hub en Bila, de bewoners van de eerste etage. Tineke zei dat Hub en Bila typische Hollanders waren, ze luchtten veel te weinig. Altijd alle ramen dicht. Maar de jongens waren dol op hun buren. Ze waren jong en licht, uitgelaten, het plezier spatte van hen af. En als Hub wat sjanste met Tineke, dan deed zij daar vrolijk aan mee. Zo kiepte Hub in de zomer wel eens een emmer water over Tineke als die de hof op liep. Hub schaterde op zijn balkon. Sjaakie sloeg zijn hand voor zijn mond, wachtend op de sirene die in zijn moeder zou ontsteken. Maar Tineke schold niet, ze gierde van de lach.

Elke avond voordat Hein en Sjaakie in bed kropen, pisten ze uit het raam in de dakgoot – de wc was ver, buiten op de hof. Daarna luisterden ze of er in de aangrenzende slaapkamer nog iets gaande was. Hub en Bila hadden veel plezier met elkaar, zij vreeën de sterren van de hemel. Dan zaten Sjaakie en Hein net met hun oren aan de muur.

Sjaakie zelf was begonnen aan zijn eerste vrijerij, hij was elf. In de groentewinkel aan de Akerstraat had hij een meisje zien staan met de mooiste volle lippen. Ze stond blauwe bessen te wegen voor een man op leeftijd. Sjaakie ging de winkel in. Hij kon alleen maar kijken – voor de vorm naar de bloemkool, niets kopen, hij had geen cent op zak, maar hij gluurde vooral naar die mond. Sjaakie sprak haar aan, Marijke heette ze. Ze zat om de hoek op de meisjesschool van Spekholzerheide. Na school hielp ze haar vader in de groentewinkel. Sjaakie had het twinkelen in zijn maag.

Vanaf toen liep hij na school naar de meisjesschool van Spekholzerheide. Marijke wachtte op hem of hij op haar, en samen liepen ze zo langzaam als dat kon richting groentewinkel. Altijd zaten ze lang op een bankje. Ook toen het vroor en de eerste sneeuw was gevallen, gingen ze daar zitten, dicht tegen elkaar aan. Marijke veegde de sneeuw weg in de vorm van een hartje.

Tineke had gehoord dat haar zoon elke dag met een onmogelijke omweg van school naar huis liep. Ze zei tegen Sjaakie: 'Je bent veel te jong om een meisje te hebben, maar je kunt beter binnenkomen dan op straat liggen.' Vanaf toen had Sjaakie verkering. Hij nam zijn vriendinnetje mee naar boven, twee trappen omhoog naar zijn heiligdom. Daar was het schuine dak van de mansardekamer volgeplakt met beeldschone vrouwen: Caterina Valente, Romy Schneider en Françoise Hardy, die zong over 'Tous les garçons et les filles'. Marijke was er op haar gemak. De commode waarop Sjaakie als baby was verschoond, was nu een klein altaar met een Mariabeeld, kaarsjes en een klein vaasje met bloemen die hij plukte in de berm naast de mijnmuur. Zijn aanbidding voor de heilige Moeder maakte plaats voor de liefde voor een heel aards meisje.

8

Troje van het Carboon

(1960-1970)

De zon liet zich niet meer zien. Het was mottig en donker die vrijdag in december 1965 dat de minister van Economische Zaken van Amsterdam naar Heerlen reed. Wolken uit koeltorens en mijnpijpen mengden zich met het wolkendek dat Limburg van boven afsloot. Daaronder een koude, klamme waas van koolstof. Ook de minister zag grijs toen hij in Heerlen uit de auto stapte. Twee weken had hij onafgebroken vergaderd, het was vaak laat geworden. Op 2 december was hij met de Staatsmijnen overeengekomen dat allereerst de Maurits dichtging. Sindsdien was hij in de weer geweest om ander werk naar Limburg te krijgen. Pas dan kon hij verkondigen dat alle twaalf Limburgse steenkolenmijnen zouden sluiten.

Nu klom hij het smalle trapje op naar een met geraniums aangekleed podium. Hij stelde zich op achter het spreekgestoelte in de Stadsschouwburg van Heerlen, het gloednieuwe, door Frits Peutz gebouwde en door flats omzoomde immense theater, het laatste pronkstuk van de moderne stad. De minister pakte de zijkanten van de katheder met beide handen beet zoals een autocoureur zijn stuur. Rechts van hem stonden stoelen voor de Mijnindustrieraad, het belangrijkste overlegorgaan van mijndirecties en vakbonden dat na de Tweede Wereldoorlog had bepaald wat er met de mijnen gebeurde. De eerste rij stoelen op dat podium bleef leeg. Alsof de mannen van de raad wat afstand wilden houden van wat ging worden aangekondigd.

De zaal zat vol tot de nok. Er waren veel meer genodigden dan de 800 zitplaatsen in de schouwburg. Vooraan zaten de gouverneur, de bisschop, de directeuren van de mijnen, de vertegenwoordiger van de Hoge Autoriteit van de Gemeenschap voor Kolen en Staal, overige vakbondsbestuurders, gedeputeerden, burgemeesters – bijna allemaal mannen, bijna allemaal in stemmig zwart, allemaal met het gewicht van de gelegenheid uitgedrukt in een strakke blik.

Het zou de dag worden van Joop den Uyl, de Amsterdamse PvdA-wethouder die sinds april van dat jaar minister van Economische Zaken was in het rooms-rode kabinet-Cals. En inderdaad, de beslissing om daar, op dat moment, een punt te zetten achter de Nederlandse steenkoolindustrie, zou niet zijn genomen zonder Den Uyls persoonlijke overtuiging.

Zijn voorganger van de KVP, minister Koos Andriessen, had de mijnen met oplopende verliezen opengehouden: 'De thans bekende aardgasvondsten [hebben] de economische positie van de mijnen niet veranderd,' zei hij in 1963. Maar de sociaaldemocraat Den Uyl geloofde in de maakbaarheid van de samenleving. En maakbaar hadden land en volk zich hier getoond; in krap een halve eeuw waren zij met heel hun hebben en houden naar de mijn gaan staan. Den Uyl vertrouwde erop dat economische herstructurering de Mijnstreek een nieuw perspectief zou bieden.

Even na drieën begon Den Uyl zijn rede.

> De regering heeft getracht na te gaan wat de perspectieven zijn bij handhaving van de kolenproductie op het huidige niveau. Na zo goed mogelijke berekening was de conclusie dat bij handhaving moest worden gerekend met een natio-

> nale last van 180 miljoen gulden, dat wil zeggen dat in 1970 per werkende in de kolenwinning 4500 gulden zou moeten worden toegelegd om die productie in stand te houden.
>
> In het perspectief van de mogelijkheid om de komende vijf jaar in Zuid-Limburg 5000 à 10.000 nieuwe arbeidsplaatsen te scheppen, het is tegen die zekerheid dat de regering heeft besloten over te gaan tot sluiting, tot inkrimping van de kolenproductie... De mijn Maurits produceert tonnen kolen met de grootste verliezen per ton en de regering heeft besloten dat met ingang van 1 april 1966 de mijn Maurits zal worden afgebouwd...

Aansluitend zou de ene na de andere mijn dichtgaan. Rustig aan, in het tempo waarin nieuwe banen werden gerealiseerd. Want dat was het 'eerste uitgangspunt' van Den Uyls Mijnnota: 'Geen mijnsluiting zonder redelijk perspectief op ander werk' – wat sindsdien net iets anders is vertaald, namelijk als: 'Geen mijnsluiting zonder vervangende werkgelegenheid', een belangrijk verschil. Het eerste beloofde een intentie – een nogal vrijblijvende, want wat is 'redelijk' en wanneer spreek je van 'een perspectief op werk'. Het tweede was af te rekenen op uitkomsten.

Den Uyl meldde trots dat de regering 'forse slagen' had gemaakt om Zuid-Limburg 'een nieuwe industriële structuur' te geven. Zijn grootste troef was een fabriek voor personenauto's, de DAF-fabriek. Die kwam weliswaar buiten de Mijnstreek te liggen, in Born, net boven Sittard, maar in 1969 zouden er 3500 mensen moeten werken. Er kwamen talrijke subsidieregelingen om bedrijven te lokken, vier industrieterreinen om ze te vestigen en nieuwe wegen waarover ze hun spullen konden vervoeren. Voor de beambten van de mijn werd 'een grote administratieve instantie' naar de Mijnstreek gehaald.

De minister sloot drie kwartier later zijn speech af met het wenkend vooruitzicht dat 'een nieuwe generatie in Limburg een nieuw leven tegemoet gaat, in een nieuw industrieel centrum, naar mijn overtuiging met grote groeikansen en met grote welvaart'.

Met grote welvaart. De Limburgers noteerden het als een belofte. De verslaggever van het *Limburgs Dagblad* schreef in de krant dat Den Uyl een 'oorverdovend applaus' ontving.

Misschien meer nog dan Joop den Uyl was Frans Dohmen de man van de wedstrijd. Dohmen was de leider van de grootste vakbond, de Nederlandsche Roomsch Katholieke Mijnwerkersbond. De bond wier macht door niemand meer werd betwist, nadat Dohmen in 1957 met zijn langzaamaanactie de mijnen had gedwongen ook ondergrondse én bovengrondse mijnwerkers beter te betalen. Toen liepen de kompels van de Limburgse mijnen over naar Duitsland, waar ze veel beter kregen betaald. Salarisverhoging zat er voor Nederlandse mijnwerkers niet in. De vakbonden steunden de geleide loonpolitiek van het rooms-rode kabinet-Drees.

Tegen vakbondsafspraken in eisten de mijnwerkers toen een uitzonderingspositie en begonnen een langzaamaanactie. Die was succesvoller dan Dohmen had voorzien: 'Het ging een tikje te snel langzaamaan.' De eerste dag daalde de productie tot 40 procent, de tweede dag tot 20 procent, waarmee werd gesproken van een staking. De kompels haalden er een premie mee binnen. Dohmen werd voor het leven aangesteld als voorzitter van de Roomsch Katholieke Mijnwerkersbond. 'De keizer van Limburg' noemden ze hem.

Dohmens vader was een mijnwerker geweest toen hij, op weg naar zijn werk in Duitsland, in 1909 van een overvol trambalkon was gevallen. Hij bleef zijn leven lang invalide. Zijn zes zonen hadden weinig keus. Er moest geld worden binnengebracht, en dus gingen de jongens ondergronds. Fransje wilde niet. Hij ging op zijn veertiende in de leer bij een stukadoor. Maar de ongebluste kalk irriteerde zijn huid, en toen moest ook hij de mijn in.

Elke dag was Fransje bang als hij 'dat donkere gat in ging'. Toen hij in dienst kon komen van de vakbond, heeft hij zich geen moment bedacht. Jaren vocht hij voor de belangen van de kompels. Tegelijkertijd was hij een van de eersten die zagen dat voor hun beroep de dagen waren geteld. Anders dan bij veel oud-kompels was er bij Dohmen geen romantisch sentiment over het mijnwerkersbestaan.

Er is een opname van Frans Dohmen die begin jaren zestig een tv-ploeg te woord staat. Dan wijst hij naar buiten: 'De kolen liggen hier in de wei. Daar, daar liggen de kolen. En ze worden ze niet kwijt.'

De geschiedenis had vervolgens een opmerkelijk verloop. Deze vakbondsleider werkte mee aan de sluiting van de steenkolenmijnen; aan het opheffen van 75.000 banen – 45.000 in de mijnen, 30.000 bij toeleveringsbedrijven.

De toespraak waarmee Joop den Uyl de eerste Mijnnota presenteerde, werd in de schouwburg van Heerlen met ernst, maar ook met welwillendheid ontvangen. De opeengepakte elite was opgelucht dat het over was met deze industrie die in alles naar de negentiende eeuw rook. De tijd was gekomen voor modernisering, ook van de werkgelegenheid. De stad was haar voedingsbron ontstegen. (Ze had het hoog in de bol gekregen – iets wat de Heerlenaren zelf ook wisten; na de oorlog hadden ze met gezonde zelfspot hun carnavalsvereniging De Winkbülle genoemd, de Windbuilen.) Het was tijd voor een industrie die naar de intussen hypermoderne, van zelfovertuiging vervulde stad ging staan.

De boodschap op het radionieuws van vier uur werd anders ontvangen in de kolonie. In Heilust, Hopel, Vink, Sanderbout, Beersdal, Treebeek, Musschemig, Rozengaard, Schuttersveld, Rijckheyt, de Kasteelkolonie, Passart en Mariarade. In de families die met zoons, broers, vaders, ooms en opa's al generaties lang koolstof ademden. In de Oostelijke Mijnstreek, waar 82 procent van de werknemers van de mijnen afhankelijk was. De aankondiging van de neergang kwam niet onverwacht – de kranten schreven al langer dat het crisis was in de kolen, en toch was er ongeloof. Het was onherroepelijk; in het voorspelbare en veilige verzorgingsbedrijf was de bijl gezet.

Hein Vinders luisterde aan de keukentafel naar het radiojournaal met zijn hoofd in zijn handen. Aan het aanrecht wreef Tineke de Vim door het granito heen.

Vier jaar eerder was het geen twistpunt meer geweest dat Sjaakie een leven zocht buiten de mijnen. Allemaal zouden ze een leven zonder steenkool moeten vinden, dat begon intussen wel te dagen. Wie Frans Dohmen hoorde praten over veel te dure kolen en goedkoop gas uit Slochteren, over zeeschepen vol olie die de haven van Rotterdam werden binnengevaren, die had de tonen richting een slotakkoord herkend.

De gemeente Kerkrade zette in maart 1960 een grote advertentie in *de Volkskrant* om bedrijven te lokken naar dit ruime aanbod toegewijde arbeidskrachten. *De Zuid-Limburger*, de Kerkraadse krant, kondigde die zelfpromotie aan als een belangrijke koerswijziging: 'Kerkrade voert thans een actieve Industrialisatie-politiek en tracht nieuwe industrieën aan te trekken.' Decennia was Kerkrade passief in het werven van nieuwe industrie, een beleid dat volgens de krant altijd was verdedigd door te wijzen op het tekort aan arbeidskrachten bij de mijnen. 'Eenzelfde mentaliteit heerste in vrijwel geheel de Mijnstreek.' Nu bleek de basis van de welvaart te smal. 'Te zeer is onze werkgelegenheid uitsluitend op de mijnen georiënteerd geweest.'

In die sfeer van verval wekten de Staatsmijnen verbazing met een opvallende publicatie: *Het Troje van het Carboon* uit 1959. In poëtisch proza omlijst met prachtige foto's gaat schrijver Bertus Aafjes met mijnwerkers door de schacht naar beneden, de pijler in, door steengangen naar 'het kolenfront', tot ver voorbij de laatste tl-buis.

> Men ziet nog slechts in het schijnsel van de eigen petlamp hoe een grote glinsterende rivier van kolen de bezoeker tegemoet stroomt. De minuten verstrijken langzaam, benauwd

en hijgend. En nog steeds is het kolenfront niet in zicht. Waar heeft men dit moment toch al eerder beleefd? In benauwende kinderdromen. Men moest ergens door een hol in de aarde kruipen. Het hol was te nauw. En plotseling voelt men 700 meter aardoppervlak onuitsprekelijk drukken op iedere zenuw. En maakt men voor het eerst van zijn leven kennis met het verstikkende verschijnsel van de diepte-angst.

Had Hein Vinders maar *Troje* van Aafjes gelezen, dan had hij de angst herkend waar Aafjes wel de woorden voor had gevonden. Eindelijk gloort er licht, er klinkt geluid, en Aafjes raakt aan het kolenfront.

In klimmende opeenvolging staan aardzwarte mannen in aanvalshouding tegenover de zilverwitte wand van de steenkool. Zij hanteren met gewatteerde vuisten de afbouwhamer, een gigantische boor die ratelend tekeer gaat. Ineens is de steenkoolwand een zilverschitterende draak geworden en de mannen zijn veranderd in antieke heroën. De draak reutelt. Grote lagen schubben zakken krakend en dreunend uit zijn opengereten flanken. De mannen jongleren in de goudzwarte mist, zij heffen met gespierde armen de afbouwhamer omhoog en plonsen hun wapen in het glinsterende en kreunende ondier. Hun gezichten staan daarbij donker van inspanning. Er loopt een rivierenstelsel van zwart zweet over hun lichamen en handen.
In de lage gang heerst de gelatenheid en bezetenheid van een frontgevecht. Iedere beweging, tot de kleinste, wordt volmaakt door de volkomen inzet van de mens. Arbeid verloopt in die nauwe, lage krocht van de subtiliteit van een fuga tot een bijna bovenmenselijk fortissimo.

Gij weet voorgoed dat gij de helden niet alleen behoeft te zoeken bij Homerus aan de muur van Troje. Dag en nacht vechten zij hun heroïeke strijd aan de blinkende, wegkwijnende muren van dit onderaardse Troje. Het Troje van het Carboon.

Pas tegen de tijd dat het einde van de steenkool in zicht kwam, was Limburg verzoend met de mijnen in zijn heuvels. Eind jaren vijftig beeldden kunstenaars de mijnen af als essentieel onderdeel van het Zuid-Limburgse landschap, de contrastkleur waartegen (wat restte van) Arcadië des te mooier schittert. Er zijn foto's en schilderijen met schachtbokken, schoorstenen en koeltorens, achter een korenveld waarop de gouden aren in schoven hun koppen bijeen hebben gelegd. De mijnen hadden Nederlands armste provincie voorspoed gebracht en hun industriële tekening van het landschap werd geprezen. Aafjes:

> Men ziet een verheven schouwspel wanneer men op een Limburgse heuveltop rondkijkend, ontwaart hoe natuur en techniek hand in hand kunnen samengaan, hoe de woelige zee van het rijpende koren kan aangutsen tot bijna tegen het mijncomplex, hoe de klimroos beeft aan de muur van een helder huis aan de voet van de steenberg.

Maar de boodschappen over vooruitzichten voor de steenkool waren, zacht gezegd, dubbelzinnig. Nadat in 1960 voor het eerst sinds 1957 het kolenverbruik weer was gestegen, wilde directeur Hendrik Wemmers van de Staatsmijnen nog van geen sluiten weten. Wemmers sprak op 2 januari 1961 zijn beambten toe, 's ochtends in het casino van de Maurits, 's middags in het casino van Treebeek. Daar zei hij in zijn nieuwjaarsrede dat de productie van de Staatsmijnen 'aanzienlijk gestegen' was. De directeur-generaal kondigde 'grote plannen voor verdere ontwikkeling' aan. Er was, zo verzekerde hij, geen reden voor pessimisme over de toekomst van de onderneming. Als om dat te illustreren herdrukte hij *Troje van het Carboon*, Aafjes epos over de ondergrondse held die in werkelijkheid zijn definitieve terugtocht naar het daglicht aan het maken was.

In de top van de Staatsmijnen woedde toen strijd over het al dan niet beëindigen van de Nederlandse steenkoolindustrie. Na de oorlog was de vraag naar kolen gigantisch geweest. Maar nu kwamen met de bloei van de wereldhandel kolen uit Amerika en Australië in Rotterdam aan, en die confronteerden ook de meest verstokte kolenadepten met de drie zwakke plekken van de Nederlandse steenkool. 1. De kolenlagen waren heel dun. 2. Ze lagen heel diep en 3. Veel kolen waren vetkolen en dus van slechte kwaliteit.

Niettemin zou Wemmers tegen Frans Dohmen hebben gezegd dat de mijnen open konden blijven tot 2025. De directeur had Dohmen opgesomd wat de regering allemaal kon doen om de productie door te laten gaan. Waarop de vakbondsleider de directeur had geantwoord: 'Dat gaat de Nederlandse regering helemaal niet doen. Het Nederlandse volk gaat dat niet betalen.'

Hier bleek dat al in de aanloop naar de sluiting van de mijnen er geen masterplan meer was. Als dit de set van *The Truman Show* was geweest, dan zou nu langzaam doordringen dat de regisseur was afgehaakt. In 1963 werd de bouw van de Staatsmijn Beatrix in Vlodrop stilgelegd.

Los van het gesteggel in directiekamers waren alle mijngemeentes, net als Kerkrade, op zoek naar industrieën die zich in Limburg wilden vestigen. Maar tot het zo ver was, bleef de winkel open en waren nog vele duizenden kompels nodig. Daarom herhaalden de mijnen hun mantra als een spreuk die de onderaardse wereld afschilderde als een broedstoof voor moed en mannelijkheid.

Maar in de samenleving broeide het. Mensen lieten zich minder makkelijk vertellen wat goed voor hen was. Sterker, het werd steeds duidelijker dat het werk aan het steenkolenfront helemaal niet goed voor hen was, het was uitgesproken ongezond.

Nadat in 1920 de pneumatische afbouwhamer het pikhouweel had vervangen, kwamen bij het losbikken van de steenkool dikke wolken steenstof vrij. Na de oorlog werden stofmaskers uitgedeeld, maar daar was op 500 of 700 meter diepte bij 40 graden dampende hitte niet mee te werken; zweet en condens stegen de kompel naar de lippen. In de jaren vijftig kwamen er afbouwhamers die water vernevelden om het stoffen tegen te gaan, maar tegen die tijd waren de longen van veel kompels al versteend.

Want dat gebeurde door het jarenlang inademen van steenstof: het gaf littekens in de longblaasjes, die daardoor hard werden, versteenden. Stoflongen. Wie de gevaren van instorting, brand, ontploffing van mijngas en ondergrondse overstromingen had getrotseerd, kwam daar zijn sluipmoordenaar tegen: de capaciteit van de longen werd alsmaar kleiner, het ademen ging steeds moeilijker, met dood door verstikking als ultiem gevolg.

Sjaakie hoorde ze. De mannen die in hun hoest bleven. Hij zag ze zitten op het stoepje van het café tegenover oma's huis, waar de afgekeurde kompels tegen elkaar op zaten te rochelen. De mannen haalden dan een gestreken zakdoek uit hun broekzak en vulden die met geelzwart slijm.

Het woord silicose had niet bestaan toen Sjaak klein was. Wel kregen alle mijnwerkers met kerst en op hun verjaardag een nieuw pak zakdoeken. Het gerochel en gespuug riep walging op en tegelijk een diep medelijden. Macho's die op de kermis harder tegen de boksbal hadden geslagen, die op het veld iedere tegenstander te snel waren af geweest, ze hadden geen kracht meer om hun longen schoon te blaffen. In de jaren dertig maakte de hoofdmijnarts van de Staatsmijnen röntgenfoto's van meer dan vijfhonderd mijnwerkers en verklaarde dat zij allen 'in een volmaakte gezondheid verkeerden'.

Vanaf 1939 werd silicose door de Staatsmijnen wel als ziekte erkend, maar het kwam in hun bedrijf zelden voor. Er was wel een Geneeskundige Dienst der Nederlandse Steenkolenmijnen die zich erop liet voorstaan silicose te bestrijden, en er waren een Instituut voor Longonderzoek en een Stofinstituut der Gezamenlijke Mijnen. Niettemin kregen in de praktijk mijnwerkers met longproblemen de diagnose 'astmatische bronchitis'. Dat laatste was geen beroepsziekte, dan hoefde de werkgever geen 'ongevallenrente' te betalen.

Dat heeft iets ongerijmds. In 1902 waren de Staatsmijnen opgericht met ook een uitgesproken sociale opdracht: ze moesten sociale onrust in de regio beteugelen door het opkweken van een Nederlandse mijnwerkersstam die toewijding ruilde voor een decent bestaan. Van die taak heeft het bedrijf zich uitdrukkelijk gekweten, in zijn zorg voor goede woningen, via het Fonds voor Sociale Instellingen. Dat richtte sociale werkplaatsen in, subsidieerde maatschappelijk werk en was een royaal financier van sport en cultuur – van concert, ballet, botanische tuinen, Oranjecomités en kerken tot alle mogelijke hobby- en sportverenigingen.

Aan het hele raamwerk van voorzieningen rondom de arbeider werd ruimhartig betaald. Alleen – en dit valt lastig te rijmen – wanneer de arbeider zelf iets overkwam en hij onder de grond niet meer voor de volle honderd procent kon meedraaien, wanneer hij niet meer voldeed aan wat hij in de kern was, dan leken de Staatsmijnen minder toeschietelijk. Oud-mijnwerkers met stoflongen zouden wachten tot 1994 eer de staat hun dodelijke beroepsziekte daadwerkelijk erkende en hun eenmalig 20.000 gulden smartengeld gaf.

Toen in de jaren zestig de luiken naar de buitenwereld opengingen, werd het verhaal van de helden aan het front niet meer geloofd. De zonen van Limburg gaven geen gehoor meer aan de morele verplichting 'het werk der vaad'ren' voort te zetten.

Ironisch genoeg waren de Staatsmijnen in 1902 juist opgericht om te voorkomen dat Limburg zou worden overspoeld door streekvreemde arbeiders. In de slotfase van de steenkoolindustrie haalden de mijnen noodgedwongen mijnwerkers van ver – Polen, Italianen, Spanjaarden, Turken, Joegoslaven, Marokkanen en zelfs Grieken kwamen naar Limburg om de steenkoolproductie te kunnen laten doorgaan. In 1965 was een kwart van de mijnwerkers immigrant.

Net als in 1902 vreesde de Mijnstreek overstroomd te worden met buitenlanders. Opnieuw zou die angst de aanzet geven tot ingrijpende maatregelen. De onwil om de mijnen volledig te vullen met buitenlanders zou bijdragen aan een versnelde sluiting.

Die afkeer van de steenkool gold niet voor Hein junior. Die had er juist naar uitgezien, al jaren. Nog voordat Sjaakie van de lagere school ging, had zijn broer de mulo verlaten. Niemand die ervan wist. Toen een leraar van school aan de deur kwam vragen waar Hein was gebleven, zei Tineke: 'Op school natuurlijk.' Bleek dat haar zoon al maanden niet op school geweest. 'Maar meneer, die gaat elke ochtend met zijn broodtrommel naar het Pius.'

Hein had zonder iets te zeggen zich bij de ovs gemeld. Hij moest eerst veertien worden voor ze hem toelieten. Tot het zo ver was, liep hij elke dag richting de school, om dan te gaan zwerven, voetballen, tot het tijd werd om naar huis te gaan. Het jaar dat Sjaakie de lagere school verliet, in 1961, trad Hein in de voetsporen van zijn vader en grootvaders. Hij begon als aankomend mijnwerker bij de Willem-Sophia. Een dikke halve eeuw later zou hij daarover zeggen: 'In de pijler vond ik wat ik zocht.'

Sjaakie had er al nooit over gepeinsd, en nu hij er bijna rijp voor was, probeerde niemand hem nog richting mijnpoort te duwen. Op school had hij zijn best gedaan, de woorden van oma als een mantra gonzend in zijn hoofd: 'Wie wat leert, die wordt wat.' Als er een ander leven mogelijk was, kon hij hier zijn ticket verdienen. Al was dat voor een mijnwerkerszoon nog niet zo eenvoudig. Afkomst woog zwaarder dan prestaties. Zonen van mijnbeambten gingen bijna vanzelfsprekend naar de hbs. Dat Sjaakie de beste van zijn klas was, maakte hem niet automatisch geschikt voor het hoger onderwijs.

Het hoofd der school sprak met Hein en Tineke over een middelbare school voor hun jongste zoon. Sjaakie was wat speels, zei de meester. Erg zelfverzekerd was hij ook niet. En dan al die aanvallen van paniek, dat stikken. Nee, concludeerde de meester, Sjaakie was niet stevig genoeg voor de hogere burgerschool. Het beste was de mulo. Meer uitgebreid lager onderwijs voor de jongen met tienen op zijn rapport.

Thuis werd over die schoolkeuze zoveel gesproken als er altijd over zijn rapporten was gepraat – niet. Sjaakie ging naar de mulo, en dat was heel mooi. Nog geen enkele Vinders had de mulo afgemaakt; een neef de lts, een paar nichtjes de huishoudschool. Mulo was hogerop in een standensamenleving die arbeiderskinderen naar de mijnschool of lts stuurde en de hbs reserveerde voor de elite. Sjaakies vader had het hem al vaker gezegd: 'Niet te hoog vliegen, Sjaakie, dan val je van hoog.'

Op vijf minuten lopen van huis brak op mulo Pius XII de wereld van Sjaakie verder open. In de klas kreeg hij wat thuis ontbrak; iets te denken, iets te doen, iets te leren of te genieten. Hij stortte zich op wat er ook maar op zijn lessenaar kwam, alsof zijn leven ervan afhing. En dat deed het eigenlijk ook. Zonder school wist Sjaakie zich met de dagen geen raad. Op het ritme van de kalender was er steeds weer die catastrofe die als een feest werd aangereikt: 'En een hele fijne vakantie!' zei de meester die zijn leerlingen uitzwaaide. Daarna ging het hek op slot en zat de wereld dicht.

Op vakantie gingen ze niet. Nooit namen Tineke en Hein de kinderen mee voor een uitstapje, voor frivoliteiten was geen geld. Ze kwamen zelfs nooit in het Steinerbos, een grote speelwei die de Staatsmijnen hadden aangelegd voor mijnwerkerskinderen. In een huis zonder boeken of televisie waren de dagen lang en leeg.

Even bij oma langsgaan kon niet meer. Ze was door tante Hanna meegenomen naar een nieuwbouw-bovenwoning aan de andere kant van Heilust. Bij tante Mina werd niet goed genoeg voor haar moeder gezorgd, vond Hanna, Mina was afgeleid, druk met zingen en dansen. Daar was Sjaakie altijd welkom geweest en had hij alle tijd gehad met oma. Nu ze was verhuisd naar het domein van tante Hanna, golden andere regels.

Hier moest Sjaakie aanbellen. Dan keek tante Hanna vanaf de eerste verdieping door het wc-raampje wie er beneden aan de deur stond. Eenmaal binnen was hij nooit meer met oma alleen. Tante Hanna zat erbij, erbovenop, en ontnam Sjaakie de intimiteit waaraan hij zich had gewarmd. Meldde hij zich voor de tweede keer in de week, dan riep Hanna door het wc-raam: 'Zo, knalkop, ben je daar weer?'

Zes weken zomervakantie telden dik 60.000 minuten, had Sjaakie uitgerekend, en die duurden 60.000 keer een eeuwigheid. Maar nu bracht tante Hanna redding. Met kerst had ze hem onderbindrolschaatsen gegeven. Ze lieten zich uitschuiven tot maat 41, groter dan zijn voeten ooit zouden worden. Op rollers gleden de vakanties onder hem weg, heen en terug over de Willem-Sophiastraat waar het asfalt spiegelde. Hij oefende sprongen, draaien en dansjes, zijn knieën waren een bruinrode korst van geldingsdrang.

De mulo bood Sjaakie de wereld; Frankrijk, Duitsland, Engeland, hij was nog niet over de grens geweest, maar nu hij hun talen leerde, kwam hij te weten dat Fransen slakken eten, Engelsen naar de kostschool gaan en dat Duitsland met Wagner of Goethe ook een hoop moois had voortgebracht. Zijn eigen coördinaten had hij ook wat opgeschoven. Hij vertelde zijn nieuwe vrienden dat hij in Spekholzerheide woonde, niet in Heilust.

Zijn leraar Nederlands wees hem in de literatuur de weg. Met een begeestering alsof hij net zelf voor het eerst Louis Paul Boon of Simon Vestdijk las, prees meester Geurts zijn favorieten. Elke week tipte hij een nieuw boek. De Vlaamse schrijvers die nog gedegen katholiek waren, werden warm aanbevolen. Zo kwam het dat Sjaakie in 1962 zat te wachten op het verschijnen van *De stille zomer* van Ward Ruyslinck. Als eerste had hij *De ontaarde slapers* gelezen, daarna *Wierook en tranen* en *De madonna met de buil* en vervolgens alles wat Ruyslinck produceerde; hij dreef andere sferen in, verloor zich in duistere, vreemde levens en was vervuld van alle vervoering die dit opwekte. Daar leerde hij een nieuwe taal, die van het gevoel. Verhalen voerden hem door alle mogelijke emoties heen.

Hij vrat de boeken uit de schoolbieb. Kilo's moest hij bijlezen eer hij, graatmager scharminkel, op gewicht zou komen. Het was een leesschuld die hem gelukkig stemde. Hij vulde zich met taal, met ervaringen die in hem gingen zoemen. Hij zoog de honing uit de boeken en voelde dat er wat gebeurde, dat hij wat aan het worden was.

Meester Geurts moedigde zijn klas aan om zelf te schijven. Bij een opstel riep hij: 'Beeldspraak, mensen! Gebruik toch vooral ook beeldspraak!' Sjaakie schreef over zijn afwassende moeder die 'in witte wolken van schuim een gevecht leverde met haar kopjes'. Meester Geurts knikte goedkeurend. Daarna was er nog meer lof toen hij schreef: 'De astronaut zat aan zijn capsule vast als een kind aan zijn moeder.' Prachtig, vond Geurts. In de klas noemden ze hem wel eens een studje. Het kon hem niks schelen. Sjaakie was geliefd, zijn tienen kwamen met grappen waarin hij zichzelf op de hak nam. Toen al was hij graag de clown, en toen al leverde hem dat punten op.

In de klas lazen ze Vondels *Lucifer*. Op een zekere zondagavond kwam het treurspel op televisie, en meester Geurts raadde hun aan om te kijken. Niet lang daarvoor zou zo'n opdracht Sjaakie ineen hebben doen krimpen. Hij was steeds de enige bij wie thuis geen tv stond, en dat gemis belastte hem, hij schaamde zich voor hun gebrek. Was armoede altijd een gegeven geweest, een vanzelfsprekendheid die hem nooit was opgevallen, nu begon het Sjaakie te dagen dat hij anders was dan zijn klasgenoten. Kleine dingen. Zij hadden altijd kaas of vlees op hun brood, hij vaak suiker. Ze hadden het over tv-series die hij nooit zag, *Rawhide*, *Bonanza*, en *Pension Hommeles*. Zij hadden de zee gezien. Na zijn twaalfde werd Sjaakie zich bewust van een gebrek.

Maar sinds kort stond in de Romeinenstraat 7 een televisie. Een klein zwart-wittoestel, overgenomen van tante Mina die een grotere wilde. Het kastje was voor Sjaakie van monumentale betekenis. De goeie kamer was er voor overhoop gehaald. Het bijzettafeltje met de tv was de nieuwe kachel, het nieuwe centrum van de voorkamer, binnen niet al te lang het centrum van het gezin. Vanaf toen zouden bankstellen en fauteuils zich als een moslim naar mekka naar de televisie richten. Nu er tv was, bleven Sjaakie vernedering en een uitvlucht bespaard. Hij beloofde meester Geurts dat hij Vondel zou kijken.

Die avond aten ze soep met brood, zoals elke zondagavond broodeten was. Toen Sjaakie tegen achten de woonkamer in kwam om Vondel te kijken, zat zijn vader voor de tv. Hij keek *Studio Sport*, de voetbalverslagen.

'Pap...'

'Papa...'

'Pahap... Ik moet van school *Lucifer* kijken. Dat begint nu op de andere zender...'

'Huh, wat?'

'Mag ik de andere zender opzetten? Ik moet voor school *Lucifer* kijken.'

'Lucifer?

'Ja, van Vondel. Het moet van meester Geurts.'

'Oh, lucifer.'

Hein grinnikte, boog zich voorover en pakte van de tafel een pakje lucifers. Hij schoof het doosje open. Haalde een lucifer langs de zijkant en liet Sjaakie het vlammetje zien.

'Kijk, een lucifer!'

Hij blies het vuur uit en stopte de lucifer omgekeerd in zijn doosje.

'Zo, heb jij je lucifer gezien.'

De literaire vernieuwers van die tijd bleven buiten beeld, althans op school. Hugo Claus was dan wel katholiek, maar schreef met te veel goesting over seks – zondige seks, met buitenechtelijke zwangerschappen, abortus en incest. Gerard Reve was nog erger, die werd obsceen geil en godslasterlijk gevonden. Meester Geurts waarschuwde zijn leerlingen – 'mijn beste jongeheren' – die rotzooi toch vooral niet te lezen. Betere reclame had hij niet kunnen maken. De jongens gloeiden van opwinding, zochten omwegen om aan de verboden boeken te komen. Toen in 1964 *Ik Jan Cremer* verscheen, legden de jongens uit Sjaakies klas geld bijeen om een eerste druk te kopen.

Het gezag deed wat in zijn macht lag om verderfelijke invloeden van buiten te weren, maar de buitenwereld rukte op. Een bieb kon je kuisen. Radio, tv, theater, boekhandel en bioscoop waren luiken die zich niet lieten sluiten. De stroom zwol aan tot een vloed waar geen bisschoppelijk mandement tegen gewassen was.

Cabaretier Wim Sonneveld stak de draak met het katholicisme. Als de zingende frater Venantius uit Schin op Geul – 'Zeg maar ja tegen het leven, ja tegen het leven, van je Amen en je gloria joechee' – speelde hij zalen plat met grappen over nonnen en drinkende of afvallige paters. Grof waren de grappen niet: 'Kennen jullie die van die non die op d'r gat valt? Bij ons in het klooster is er een non die struikelt en op haar gat valt, en die zegt: "Jezus. Oh God, ik zeg Jezus. Oh verdomme, ik zeg God!"' Of: 'Er zijn in Nederland nog maar twee soorten mensen die willen trouwen: de priesters en de homo's.' Maar de katholieken vonden het ongehoord om de kerk te bespotten. Zodra Sonneveld op radio of tv verscheen, draaide Tineke de knop op. 'Die Hollandse ketter,' snoefde ze.

Uit Amerika kwamen beelden van jongens op brommers met een vetkuif, leren jack en een sigaret in de mondhoek. James Dean, Marlon Brando en Elvis Presley waren hun voorbeelden, de iconen van wat de eerste grote manifestatie van jongerencultuur zou zijn. In Amerika heetten ze *Greasers* of *Hipsters*, in Engeland *Teddy boys*, in Frankrijk *blousons noirs*, in Duitsland *Halbstarke* en in Nederland *nozems*: bargoens voor 'penoze', al snel opgewaardeerd tot: Nederlandse Onderdanen Zonder Enig Moraal. De nozems waren de eerste lichting hangjongeren.

Niet eerder in de geschiedenis had zo'n grote groep jongeren wat te besteden. Voor de oorlog droegen zij hun salaris af aan hun ouders die daarmee de eindjes aan elkaar knoopten. Na 1950 waren fabrieksarbeiders steeds beter gaan verdienen, en werk was er voor iedereen. Anders dan voor de oorlog konden deze jongens met een baan in de fabriek hun inkomen zelf uitgeven.

Een van de eerste dingen die ze kochten, was een transistorradio – ontdekt in 1947, massaal gekocht eind jaren vijftig. Deze radio had in plaats van elektronenbuizen transistors en was daarmee kleiner en lichter. Hij verbruikte minder stroom, zodat hij met een batterij toekon. Het was deze draagbare radiorevolutie die de opmars van de popmuziek aanjoeg. De jeugd had altijd de muziek aan.

Na het werk troffen de nozems elkaar op straat, met brommers, beats, sigaretten en geen ander doel dan zich te vermaken. Ze hadden lak aan de kerk en haar zeden, genoeg van de kleinburgerlijke moraal. Een politiek doel of maatschappelijk ideaal ontbrak. Ze waren jong, bronstig en verveeld en ze braken uit.

Niet eerder hadden jongeren zich zo demonstratief op straat doen gelden. De hangende jeugd, baldadig soms, was de overheid een bron van zorg. Al in 1948 werd begonnen met een studie naar de eerste loslopende jongeren, wat in 1952 uitmondde in de studie 'De maatschappelijke verwildering der jeugd'. Het haalde weinig uit. De grote massa babyboomers moest eerst nog 'teenager' worden – ook een nieuw fenomeen – en toen ze oud genoeg waren voor een buikschuiver (Spoetnik, Zündapp Super Combinette of Kreidler Florett, liefst opgevoerd), voegden ze zich bij de gangs op straat.

Voor aansluiting bij de cool guys was een eigen inkomen onontbeerlijk. Wie geld verdiende, mocht roken en drinken – leeftijd deed er niet zo toe. Hoewel doorleren gewoner werd, was het leven van de nozems een verlokkelijk alternatief. Sjaakies broer Hein hoorde erbij, met een weelderige blonde kuif en een meisje achter op zijn Zündapp – als voetballer rookte hij niet. Hein kreeg op zijn vijftiende verkering met het zusje van een jongen uit zijn voetbalteam. Marlies heette ze, stapelgek was hij op haar.

Er werd altijd al goed gedronken in Kerkrade-West, nu werd er ook graag gedanst. Het bloeiende stadsdeel waar voornamelijk mijnwerkers woonden, telde 86 cafés, waaronder steeds meer dancings en discotheken. De pubers begonnen met uitgaan in het gemeenschapshuis, in jongerensoos Zoef, dat beat-avonden organiseerde.

Werken onder de grond in Staatsmijn Hendrik, 1954 (collectie Sociaal Historisch Centrum voor Limburg)

De fietsbedevaart van 1953 passeert de Markt van Sittard. Aan het hoofd diocesaan en sportadviseur P.J. Booymans (collectie Sociaal Historisch Centrum voor Limburg)

Sociaal aalmoezenier dr. Henri Poels te midden van vertegenwoordigers van de Katholieke Arbeidersbeweging (collectie Sociaal Historisch Centrum voor Limburg)

Gymnastiekles op de Ondergrondse Vakschool, onder de rook van Staatsmijn Maurits, omstreeks 1955 (fotocollectie Continium / demijnen.nl)

Mijnwerkers verlaten de Emma op de fiets en staren naar een directeursauto die wegrijdt (collectie Regionaal Historisch Centrum Limburg, fotocollectie DSM)

Maandag, wasdag! Het wassen van de mijnkleding was steeds weer een zwaar en tijdrovend karwei, 1947 (collectie Regionaal Historisch Centrum Limburg)

Mijnwerkers lopen de liftkooi in (collectie Sociaal Historisch Centrum voor Limburg, fotocollectie DSM)

Bundels kleding aan het plafond van het waslokaal (collectie Sociaal Historisch Centrum voor Limburg, fotocollectie DSM)

Reclameposter om Italianen te overtuigen naar Nederland te verhuizen om in de mijnen te gaan werken (collectie Continium Kerkrade)

Affiche om mijnwerkers te werven (collectie Continium Kerkrade)

In de pijler op de 380-meter-verdieping in 1952 (collectie Sociaal Historisch Centrum voor Limburg)

Tineke Habets in 1945

Later gingen ze voor rock-'n-roll naar de Herdy in de Akerstraat.

Het hippe Heilust van middelbare leeftijd ging dansen in café Zum Blauen Bock – genoemd naar de gelijknamige Duitse tv-serie en gerund door de familie Bok. De dansavond stond aangekondigd in het kerkblaadje: 'met levendige muziek' – er speelde een band. Zondagmiddag, na de mis en het uitgebreide middageten, was het opnieuw dansen. Veel vrienden van Sjaakie haalden daar aan het eind van de middag hun ouders op. Heel soms kwam hij er ook, de enkele keer dat Tineke en Hein uitgingen. Dan was Tineke een beetje teut en giechelde ze gezellig. Als Sjaakie geluk had, kreeg hij een zakje Golden Wonder-Chips. Dan zat hij langs de te kant te kijken hoe Tineke en Hein en zijn ooms en tantes hun heupen en knieën draaiden als Chubby Checker.

Sjaakie kende alle nieuwe muziek. Hij luisterde naar Radio Luxembourg, een jonge RTL-zender. Daar werd een gast met 'je' aangesproken en draaide een 'diskjockey' de nieuwste muziek uit Duitsland, Engeland en Amerika. Nog steeds Freddy Quinn ('Junge, komm bald wieder'), maar nu kwamen ook Elvis Presley, Cliff Richard, The Beatles, Connie Francis, Pat Boone en The Rolling Stones in de RTL Hitparade. Op zondagmiddag, als de rest van de familie rond het voetbalveld was, zat Sjaakie in zijn mansardekamer. Naast zijn radio lag het schriftje waarin hij heel precies de volgorde van de hitlijst opschreef, veertig artiesten en liedjes netjes onder elkaar.

Net als in de mijn liep bij de kerk de aanwas van jonge mannen fors terug. Tussen 1940 en 1960 meldde zich een vijfde minder jongens voor het seminarie, de middelbare vooropleiding voor priesters. Het lokale kerkbestuur probeerde de geest van emancipatie zo goed en zo kwaad als dat ging in te dammen, probeerde de vrijheidsdrang in katholieke banen te leiden. Als de jeugd wilde dansen, dan kon ze komen dansen, in het gemeenschapshuis, onder toezicht van de kapelaan. Op zondagochtend werden voor de beatmis een drumstel en elektrische gitaren de kerk in gesleept.

In Rome had paus Johannes XXIII begrepen dat dit tij zich niet liet keren. Hij schreef een Vaticaans Concilie uit, een lange, grote kerkvergadering. Het Eerste Vaticaanse Concilie had in 1870 de onfeilbaarheid van de paus tot dogma verklaard. Daar was de almacht van de paus in heilige wet bezegeld en had de kerk haar autocratisch bestuur bevestigd gekregen. Zoals Jos Palm schreef in *Moederkerk* was de katholieke kerk toen 'een soort bovennatuurlijk Romeins Rijk geworden'. Aan het hoofd stond een 'absolute alleenheerser', daaronder de aristocratie van bisschoppen en priesters en ten slotte het 'onderdanenvolk van gelovigen'.

Het Tweede Vaticaanse Concilie van 1962 tot 1965 moest die kerk moderniseren. Paus Johannes XXIII was de zoon van een eenvoudige landarbeider die zijn zoon liever op het land had werken dan dat die Latijn studeerde. De jonge Angelo Roncalli trok zijn eigen plan; hij volgde zijn hart in plaats van zijn vaders bevel en kwam aan het hoofd van de roomse kerk. Nu moest ook de kerk afrekenen met haar dwingend bestuur, vond de paus. Ze moest de tijd volgen en democratiseren. Hij haalde alle 2540 katholieke bisschoppen van over de hele wereld naar Rome en opende het Tweede Vaticaanse Concilie met een oproep: *'Aggiornamento!'* (Breng onze kerk bij de tijd!)

Jaren werd er vergaderd over hoe de kerk te vermenselijken, maar Johannes XXIII leefde niet lang genoeg om zijn concilie af te sluiten. Hij overleed in juni 1963. Zijn opvolger paus Paulus VI presenteerde in 1965 de belangrijkste uitkomsten. De eenduidigste was dat de mis niet meer in het Latijn maar in de volkstaal zou worden opgedragen. Even ondubbelzinnig was de verklaring dat de kerk tolerant was voor andere godsdiensten en andere christelijke kerken. Ingewikkeld werd het bij het derde besluit: de bisschoppen, wier positie werd versterkt, moesten in hun kerkgemeenschap in democratisch conclaaf, in onderling overleg met elkaar én met de gelovigen, om te discussiëren over de nieuwe plaats van de kerk in de maatschappij.

Het bracht de clerus in totale verwarring. Palm: 'Ineens moesten zij, vorsten in het voetspoor van de paus, gewend om te regeren vanuit hun bisschopszetel, gaan praten en ontdekken wat er onder het kerkvolk leefde.' Vergaderen en overleggen, daar waren ze nooit in getraind, de kerk als overlegmodel stond haaks op de orthodoxe autocratie die ze eeuwenlang was geweest.

De kerkprovincie Utrecht, de Nederlandse afdeling van de katholieke kerk, had altijd uitgeblonken in volgzaamheid. Net zo gezeglijk werd nu de opdracht uit Rome uitgevoerd. In een paar jaar tijd werden zo'n 5000 gespreksgroepen gevormd waarin de gelovigen onder leiding van kapelaan of pastoor de betekenis van de kerk kritisch gingen bevragen. De studentenpastor Jan van Kilsdonk, samen met Huub Oosterhuis oprichter van de Amsterdamse studentenekklesia en een fenomeen in katholiek Nederland, gaf een voorzetje. Het Heilig Officie, deel van het Vaticaans bestuursapparaat dat over de kerkelijke leer gaat, verweet hij 'terreur tot behoud van de orthodoxie'.

Dat inspireerde tot meer. De gelovige legde zijn gehoorzaamheid af, en met jubelend fanatisme kreeg de kerkpraktijk de moderne maat gemeten. De strenge Schoolcatechismus werd afgeschaft. De zonde verdween uit het kerkelijke vocabulaire. Het eeuwig leven wachtte niet langer in de wolken, maar in een leven vol liefde en overgave. In plaats van 'geloofswaarheden' kwamen 'geloofsoverwegingen'. Een gelovige die faalde, hoefde niet meer te boeten, en de priester verloor de macht van de vergiffenis. De biecht was verleden tijd.

De geest van verlichting die was ontketend, vergaarde momentum en kracht, en zwol aan tot een storm die ook de laatste heilige huisjes aantastte. De progressieve voorhoede van priesters en gelovigen wees resoluut het celibaat af – twee derde van de priesters stemde ermee in. Priesters moesten kunnen trouwen en vrouwen worden toegelaten in het ambt.

Zelfs de centrale leerstukken van het geloof waren niet meer veilig: priesters vroegen zich hardop af of Jezus wel echt uit Zijn graf was opgestaan en waar de hostie nou eigenlijk nog voor stond. De ene na de andere pijler werd onder het geloof vandaan geslagen. Historicus Piet de Rooij: 'Het georganiseerde geloofsleven verloor het geloof in zichzelf.'

De openlijke twijfel sloeg over op de priesters. Die raakten 'in persoonlijke nood' en begonnen massaal de kerk te verlaten. Na afloop van het concilie zouden in tien jaar tijd 1687 priesters uitstromen. Nieuwe aanwas op de seminaries was er niet meer. In 1960 waren nog 318 priesters gewijd, in 1977 zouden dat er nog maar vijftien zijn.

De Nederlandse katholieke revolutie haalde de buitenlandse kranten. *Time Magazine* deed met regelmaat verslag van de omwenteling in de Nederlandse kerk. Rome zag de Nederlandse revolutie met afgrijzen aan; dit was nooit de bedoeling geweest. Het celibaat bleef bestaan, vaardigde Rome uit. Als straf voor Nederlands eigenzinnigheid werd de gezaghebbende Nederlandse kardinaal Bernard Alfrink een ontvangst in Rome geweigerd.

Niet alleen het Vaticaan was ontstemd. Ook de grote massa van gewone gelovigen was aangeslagen door het tempo waarin hun heilige waarheden werden versjacherd. De gelovigen die hun hele leven had gebeden, gevreesd, gebiecht, geboet, die zich hadden laten koeioneren en commanderen, zij voelden zich in alle opzichten door de kerk verraden.

Hein Vinders kon er nog om wel om lachen. Terwijl hij zat te kaarten met zijn broer Johan en zijn zwagers, zei hij: 'En wij maar buigen en biechten. Die hebben ons wat voorgelogen.' Maar wat overheerste, was woede. 'Wat zijn wij door kerk en politiek voor de gek gehouden.' De Partij van de Arbeid begon aan een snelle opmars.

Tineke zweeg over de nieuwe openheid in de kerk. Het moet pijnlijk voor haar zijn geweest. De katholieke leer met zijn voorschriften had haar een richting gewezen, de moederlijke roeping gaf haar leven betekenis, de rituelen waren haar enige houvast.

Tineke was intussen magerder dan Twiggy. Haar zenuwen bevocht ze met nicotine. Koffie moest de vermoeidheid verdrijven – en blies ook het trillen aan, wat haar een sigaret deed aansteken. Tegen de paniek was geen kruid gewassen.

Ze had het Handboekje voor de Katholieke Man er nog wel eens bij gepakt. Daar stond het, zwart op wit: de vrouw die faalde in het moederschap, wachtten zenuwziekten, zwaarmoedigheid en misschien wel zelfmoord. Ze was verdoemd, en de gebeden gaven geen rust meer. Het enige wat haar restte, was schoonmaken. Boenen, schrobben, schuren tot de vellen van haar handen hingen en ze moe genoeg was om te slapen.

Intussen maakte ze haar talent ook te gelde. Elke maandag poetste ze café Zum Blauen Bock schoon van ranzig bier. Er waren zat andere poetsende mijnwerkersvrouwen, maar geen was zo grondig en rap als Tineke Vinders. Tegen haar eigen demonen hielp de inspanning alleen geen zier. Voelde ze ergens pijn, meende ze dat haar einde was gekomen. 'Ach Hein!' riep Tineke dan, 'ik sterf!' Hein suste zijn vrouw, hij was en bleef met haar begaan, en zei: 'Mijn lieve Tien, waarom probeer je dat ene pilletje niet, daar kon je je toch altijd zo goed mee helpen?' Soms maakte hij er een grap van: 'Ach Tineke, daar heb je toch altijd last van als er een hogedrukgebied boven IJsland hangt...'

Tineke is wel duizend keer gestorven. En vaak was er echt wat – knobbel in de borst, baarmoeder vol vleesbomen, miskramen die bleven vloeien tot ze bijna weg was, hernia, verstopte kransslagader, maar geen kwaal zo gevaarlijk als haar getergde gemoed. Ze leed aan nachtmerries die haar volledig uitputten. Wanneer ze daaruit ontsnapte, gillend en nat van het zweet, trilde Tineke zo heftig dat Hein zijn twee zonen riep om hem te helpen haar vast te houden.

Na haar eerste bezoek aan het Dr. Poelsoord in 1956 ging Tineke met steeds kortere tussenpozen naar het rustoord terug. Daar gaven ze haar elke keer een pil extra. Eerst een pilletje tegen het trillen. Later kwam daar valium bij en iets tegen de angsten, nu ook barbituraten, slaappillen. En toen die pillen als bijwerking trillingen gaven, kwam daar een capsule tegen het beven bij.

Tinekes ontzag voor dokters kwam in de buurt van haar eerbied voor meneer pastoor. Of de man nu een witte jas aan had of een zwarte toog, het zette haar aan tot onderdanigheid. Nog steeds wilde Sjaakie zijn moeder helpen, haar redden – haar nood was hem intussen wel duidelijk. Maar Sjaakies goede raad boorde een giftig cynisme aan. 'Heb je hem weer. Jij wilt zeker dokter worden?'

In de jaren na haar eerste bezoek aan het Dr. Poelsoord zat Tineke er minstens tien keer, soms voor zes weken of langer. Het moet haar een innerlijke kalmte hebben gegeven die in Heilust onbereikbaar was – gekweld door de altijddurende stress van te weinig geld en te weinig kinderen.

Tinekes zussen hadden geen idee van het lijden van hun jongste zusje. De dochters van die zussen, Sjaakies oudere nichten, herinneren zich Tineke als hun altijd gezellige, sprankelende tante Tien, 'zo jong en zo vrolijk'. Sjaakie had het vaak gezien: zodra Tineke zich bij haar zussen voegde, ontpopte zich een andere vrouw. Dan straalde ze en was ze een en al praatjes en plezier. Over haar zorgen zweeg ze; praten over geld deed men niet, laat staan over een tekort eraan. Nee, de zussen dachten dat Tineke het goed voor elkaar had, met zoveel gratis vakanties in die luxe villa.

Ze smeedden een plan. Sof en Leen misleidden meneer pastoor; ze deden alsof ze overspannen waren, klaagden dat ze hoognodig toe waren aan wat rust, en gingen een keer bij de dokter langs ('ik denk dat ik wat overwerkt ben'). De truc slaagde. Op zekere dag voegden de twee zussen zich bij Tineke in 'La Petite Suisse' van het Dr. Poelsoord. Sjaakies nichten moesten er jaren later nog om schateren. 'Hahaha! Die moeders van ons, die hadden het mooi voor mekaar.'

Terwijl Tineke in het herstellingsoord bleef, zocht Sjaakie zijn eigen spoor. Na school bracht hij veel tijd door met Marijke, samen hielpen ze in haar vaders groentewinkel. In plaats van naar de mulo was zij naar de huishoudschool gegaan – ze was erg lief en niet heel slim. De kalverliefde van de lagere school werd een verkering van veertienjarigen. Ze zoenden op zolder, ze friemelden wat. Tegelijkertijd maakte Sjaakie nieuwe vrienden op de mulo. De meest luidruchtige was Basja Baluszynski, een hartstochtelijke Poolse met een dansende bos zwarte krullen en toen al weelderige vormen. Als ze niet Pools en streng katholiek was geweest, had ze kunnen doorgaan voor een nachtclubzangeres. Ook Basja's moeder poetste graag. En ook zij was hartstochtelijk devoot. Ze woonden in een groot huis dat noodlottig was gelegen, in Gracht, 'de zwarte kolonie', die de volle laag mijnwind ving. Het werk was daar nooit gedaan. De buitenmuren waren grauwgrijs, binnen kwamen spiritus en groene zeep je tegemoet. Basja's vader was ondergronder in de Willem-Sophia. Na zijn dienst verbouwde hij in de moestuin hun groenten.

De Baluszynski's waren zuinig, maar het ontbrak hen aan niets. Er stond altijd een pan *barszcz*, rodebietensoep, klaar. Als Basja en Sjaakie zin hadden in iets lekkers, zei Basja: 'Mam, geef je me geld voor friet?' In de friture haalden ze dan een zakje patat dat ze thuis mochten opeten als ze zich een wit laken lieten voorknopen. Dan zaten Basja en Sjaakie tegen elkaar aan, verpakt in een witte lap, waaronder ze allebei één hand vandaan konden halen om hun frietjes te eten.

Basja's uitgelaten, ongeremde zinnelijkheid trok Sjaakie aan. In zijn eigen huis hing altijd die lage luchtdruk, waarin beheersing een zaak was van levensbelang. Bij Basja zette hij de radio hard en dan zongen en dansten ze tot ze bezweet en bekaf waren.

Op school werd Sjaakie vrienden met Jan Jansen. Ze waren dik met elkaar, altijd samen. Jan voegde zich bij de groep van Sjaakie, Marijke en Basja. Samen zaten ze op de bankjes voor de meisjesschool in de Gravenstraat, de hangplek van jong Heilust. Wanneer ze uitgingen in de Herdy in Spekholzerheide, ging Jan mee. Wanneer Sjaakie Jan mee naar zijn kamer nam, gingen ze op zijn bed liggen zoenen.

Niemand die wist dat Jan en Sjaakie verliefd waren. Sjaakie had het zelf lang niet gezien. Het was er gewoon zo van gekomen, ineens was het daar, en vanzelfsprekend zaten ze aan elkaars lijf. Eerder al had Sjaakie de kriebels gehad van een man. Zijn neef Sjef was toen op de Romeinenstraat blijven logeren. Er was geen extra slaapkamer, dus legde Tineke logés bij een van de kinderen. Meestal bij Sjaakie, die bleef klein terwijl Hein alsmaar groter werd. Neef Sjef was een paar jaar ouder, een knappe jongen om te zien, hij had de lts afgemaakt en wilde kapper worden. Tineke stopte Sjef bij Sjaakie in bed. De hele nacht lag Sjaakie wakker, opgedraaid als een speeldoosje.

Met niemand had Sjaakie het over zijn verliefdheid. Zijn vader en moeder hadden geen idioom om te praten over gevoel. Ze wisselden feiten uit; over de familie, voetbal, het huis, over werk alleen als er in de mijn iets was voorgevallen, een ongeluk of een recordproductie, want in het stofmagazijn waren alle dagen hetzelfde.

Een woord als 'puberteit' had hij nooit uit zijn moeders mond gehoord. 'Puberteit', daar kleefde seks aan zoals aan 'verliefd', dus waren ze allebei taboe. Eigenlijk zoals het hele lichaam dat was. Tineke raakte niemand aan. Wanneer ze zich waste? Sjaakie had geen idee, hij had nog nooit zoiets gezien. Dat zijn jongenslichaam zou veranderen, was hem door niemand gezegd. Dat begon met puistjes, een hele kop vol. Het zag er afzichtelijk uit, die rode bulten, sommige vol in gele bloei. Iedereen die hem zag, kwam met goede raad. De bakker zei hem (terwijl de bakkerij vol stond): 'Je moet je gezicht wassen met ochtendurine.' Daar zat veel zwavel in, dat zou hem helpen. Een paar weken lang piste Sjaakie 's ochtends in een emmertje. Dan stak hij zijn handen in de warme pis om die, dampend nog, over zijn gezicht te smeren. Later bluste hij zijn brandende bulten met zwavelpoeder.

Omdat Tineke niks over de zwerende puisten zei, concludeerde

Sjaakie dat het wel moest komen van al dat aftrekken. En vet eten was er ook slecht voor, had hij wel eens gelezen, en dat deed hij toevallig ook vaak, altijd friet halen met Basja. Als hij al ooit iets opving over zelfbevrediging, dan was dit in termen die medisch gevaar suggereerden, zoals 'onaneren' en 'sodomie'. Je zou van masturberen een scheve ruggenwervel krijgen. Met een beetje pech werd je hartstikke scheel. Hij was veertien en de onanie prijkte op zijn wangen.

Hoe zou hij kunnen beginnen over het zalig donderjagen in zijn buik als hij naar die jongen keek. Tineke wist zich geen raad met opmerkingen over seks, al niet als het over het paren van duiven ging. Om een schuine grap lachte ze zo hard dat het hysterisch scheen. Hein was zestien en lag eens languit op een stoel in de voorkamer, toen hij zijn moeder riep: 'Kijk eens, ik heb een erectie.' Tineke gierde zo dat haar longen floten en dat Sjaakie vreesde voor haar hart.

Aan Marijke vertelde hij ook niks. Zijn liefde voor Jan deed niks af aan wat zij samen hadden, waarom zou hij haar ongerust maken? Later zou hij die dingen met Basja bespreken, maar daarvoor was het nu nog veel te vroeg.

Het stikken overviel Sjaakie steeds vaker. Thuis of op school leek dan ineens zijn luchtpijp dicht. Dan hapte hij piepend naar lucht, terwijl het om zijn borstkas klemde. Wanneer zijn vader thuis was, ging die tegenover hem zitten om hem te helpen zijn adem weer te vinden. Tineke liep weg, ze kon de paniek niet aanzien, raakte zelf in een hijgende versnelling. De ademnood ging niet over, kwam steeds vaker, en ten langen leste werd de dokter gebeld. 'Hyperventilatie,' zei die. Hij leerde Sjaakie hoe hij moest ademen in een plastic zakje. Vanaf toen zaten in al zijn jas- en broekzakken plastic zakjes, als condooms, voor je weet maar nooit. Zijn borst kwam ervan uit de kramp. Minder aanvallen kreeg hij er niet van.

Zijn verwarrende hartstochten hield Sjaakie voor zich. Niet dat hij het gevoel had dat hij verlangde naar iets wat niet mocht. Hij had verkering met Marijke en hij was ook verliefd op Jan. Dat liet zich gemakkelijk combineren, het voelde vanzelfsprekend en daarmee goed. Na het dansen bracht hij eerst Marijke naar huis en daarna Jan.

Hij hoorde wel eens praten over homofielen. Zijn vader en zijn ooms hadden het dan over mannen die elkaar van achter namen. Als honden. Viezeriken waren dat. Sjaakie herkende zich daar totaal niet in. Het kwam nooit in hem op dat hij misschien homo was. In Kerkrade had je ook geen homo's, en als ze er wel waren, werden ze afgezeken, zoals de drie uit zijn familie. Behalve de veel oudere Sjef was er neef Wim, even oud als Sjaakie. Hij was de jongste zoon van tante Lies, een sprietmager joch met oranjerode krullen en sproeten, het evenbeeld van de eigenaar van de bioscoop. Al een paar jaar werd hij weggehouden van Wim.

De laatste keer dat ze hadden gespeeld, was jaren geleden, tijdens het kermisfeest. De hele familie zat op de hof, er was vlaai en een trekzak, en de jongens waren naar boven gegaan. Op de mansardekamer had eerst Wim zijn broekje uitgetrokken, daarna Sjaakie. Wim verzon de spelletjes waarbij ze elkaars piemel moesten aanraken. Toen Sjaakies vader de deur openzwaaide, was het met doktertje-spelen gedaan. Hein heeft zijn jongste zoon de trap af gemept.

Dan was er nog achterneef Jo, een man van wie Sjaakie wist dat hij homo was. Jo werkte op de Willem-Sophia en daar lachten ze hem uit. Tijdens het douchen werd hij gemeen gejend. Daar stonden al die jongens bloot in het badhok elkaar stukken Lux toe te werpen, en dan lachten ze: 'Wie geen stuk zeep tussen zijn billen kan vasthouden, is een homo!' En dan moest Jo laten zien hoe de zeep tussen zijn reet uit gleed.

Zoals de kameraadschap van kompels gelijkenis vertoonde met die van een patrouille soldaten op missie, zo deelden ze een conservatieve seksuele moraal. In leger en mijn zitten mannen boven op elkaar, letterlijk en figuurlijk, en zijn ze intolerant voor homoseksualiteit. En daar had de mijn een extra handicap: alle mannen douchten samen, ze moesten het roet van elkaars rug wassen. Dat zogenaamde poekelen was een daad van kameraadschap, noodzakelijk om schoon te kunnen thuiskomen. In Limburg is poekelen daarom altijd met warmte uitgesproken. Er zijn ook foto's van gemaakt. Die verklaren misschien iets van de schuwheid voor alles wat op mannenliefde leek. Op die beelden zie je meestal de mijnwerkers tot hun middel. Dan staat de ene naakte man dicht op de blote rug van de ander, de voorste buigt voorover; wie niet weet dat het een badzaal is, denkt dat deze mannen anale seks hebben. En juist die suggestie moest daar in de douches tot elke prijs worden vermeden, de suggestie van homo-erotiek. Wee degene die daadwerkelijk op mannen viel. Die moest het systeem worden uitgewerkt.

Een paar jaar leefde Sjaakie met gemak zijn verschillende levens naast elkaar. Hij was een kluizenaar, allenig met boeken en beelden op zijn mansardekamer. Een populaire jongen op school. Het vriendje van Marijke. Het vriendje van Jan. Boezemvriend van Basja. Alles hoorde bij elkaar en was verweven. Sjaakie was zich van geen kwaad bewust. Met Marijke werd het zoenen vrijen. Met Jan werd het zoenen vrijen. Tot hij zestien werd, paste alles mooi in elkaar.

Dat de dagen geteld waren van de steenkoolindustrie, drong langzaam in de Mijnstreek door. Tot grote onrust leidde het niet. Er was werk voor iedereen. Wanneer de mijnen zouden sluiten, zouden er nieuwe industrieën komen, want hier waren daarvoor volop arbeidskrachten.

De oplopende spanning op het wereldtoneel, de Koude Oorlog tussen het Westen en de Sovjet-Unie, was een grotere zorg. Elk huishouden beschikte over een boekje van de BB, Bescherming Bevolking, waarin stond beschreven hoe een gezin een atoomaanval kon overleven. Dat was door drie A's na te leven: Afstand, Afscherming, Afwachten. Mensen werd geadviseerd een voorraad proviand aan te leggen, zeep, plakband en zandzakken gereed te hebben. Er waren dagen dat Sjaakie aan niets anders kon denken. Uren zat hij op de keldertrap, dan las en herlas hij de Handleiding voor Gezinsbescherming. Zodra het moment kwam, wist hij wat er moest gebeuren.

Heel Nederland kampte begin jaren zestig met een krappe arbeidsmarkt. Bedrijven hadden tekort aan mensen, en de jonge garde vertrok nog voordat voor de steenkool het doek gevallen was. In Duitsland lagen de lonen 35 procent hoger, en de grens was een paar stappen verder; de overkant van de Nieuwstraat in Kerkrade was de Neustraße van Herzogenrath. Het snelgroeiende en om personeel schreeuwende Aken was 11,5 kilometer ver.

Sjaakies broer Hein was het liefst tot aan zijn pensioen op de mijn gebleven. Het was alles waarnaar hij altijd had verlangd, in avontuur gesmede mannenvriendschap, goed verdienen en hoog voetballen. Het koempeldom vond hij een mooi bestaan en de mijn een prachtig bedrijf, maar toen Den Uyl aankondigde dat ook de Willem-Sophia snel zou sluiten, wilde hij zo snel mogelijk iets anders. Alles beter dan de neergang afwachten.

Veel jonge collega's deden net als hij en verlieten de Willem-Sophia. De meesten gingen in Duitse mijnen aan de slag. Hein vertrok in 1969 samen met zijn vader naar de Caja, de kinderwagenwielenfabriek in Eindhoven die was vernoemd naar zijn oprichters Carel en Jan Bullens. Het werk was door de Willem-Sophia geregeld. In Eindhoven zouden de kompels worden omgeschoold, daarna zou de fabriek verhuizen naar Kerkrade.

De Caja was gespecialiseerd in chroomwerk, in winkelkarretjes en wielen voor luxe kinderwagens; Koelstra en Silver Cross liepen op wielen van Caja. Hein stond vanaf toen ijzeren wielen in zoutbaden te ontvetten om ze daarna te verchromen.

Dat de mijnwerkers zich geen zorgen maakten over de aanstaande mijnsluiting, was te danken aan Frans Dohmen. In de voorman van de Nederlandsche Roomsch Katholieke Mijnwerkersbond werd een haast bovennatuurlijk vertrouwen gesteld. Als oud-mijnwerker wist hij waar hij het over had, en na zijn powerplay in 1957, toen hij de mijndirecties op de knieën kreeg met de als langzaamaanactie vermomde staking, was hij voor de top een belangrijke gesprekspartner. De kompels wisten: er gebeurt hier niets zonder de instemming van Frans Dohmen. Dat gold als garantie dat het goed werd geregeld.

Het succes van de chemische industrie van de Staatsmijnen was een andere voedingsbron voor Limburgs hoop. Lang was er niets anders geweest dan de kolen, maar in Geleen en Sittard was een reusachtig productiebedrijf verrezen dat een wereldspeler was geworden in kunstmest en de modernste kunststoffen.

Het polyetheen van de Staatsmijnen was de grondstof voor nagenoeg alles wat van plastic werd gemaakt: folie, flessen, nylonpanty's, speelgoed, zwembaden, ballpoints, tandenborstels, schoorstenen, sandalen. In 1960 produceerden de Staatsmijnen 38.000 ton polyetheen, een jaar later 55.000 ton. Daarnaast leverden de Staatsmijnen de bestanddelen voor de verfindustrie, maakten ze een hele reeks andere chemische grondstoffen en was men voortdurend bezig nieuwe processen en producten te ontwikkelen. Zo werd er al sinds de jaren vijftig geprobeerd uit polyetheen een hypersterke vezel te maken, een onderzoek dat tientallen jaren en vele miljoenen zou kosten.

Voor de arbeiders van Heilust werd het leven nog steeds elke dag een beetje beter. Ook bij Sjaakie thuis hadden ze iets meer te besteden. Hein junior bracht nu ook geld in en wanneer Tineke niet in het Dr. Poelsoord was, verdiende ze een extraatje met poetsen. Dat ze het minder krap hadden, las Sjaakie af aan het King Corn-brood. Dat stond sinds kort op tafel, brood uit de nieuwe supermarkt, heel anders in de mond dan het brood van de bakker: mals en verend, een beetje zoet en na dagen nog vers. Het was gemaakt van het meel dat in de hongerwinter van 1945 door de geallieerden boven Nederland was gedropt: ongebleekte bloem uit Amerikaanse en Canadese tarwe, aangevuld met – en dat was nieuw – vet en suiker. Daarvan werd het eerste merkbrood gebakken.

Er was een grote reclamecampagne voor King Corn, met een

succesvol spotje op tv. Daarin stapt een kleuter met een koffer de deur uit en zegt tegen zijn vader dat hij bij Japie gaat wonen. Want 'daar hebben ze King Corn'. Het succes van de campagne was groot, en King Corn verkocht enorme aantallen brood. Dat het nieuwe fabrieksbrood ook bij Vinders in een plastic zak op tafel stond, was voor Sjaakie symbolisch, het markeerde het einde van hun armoede.

Het jaar dat Sjaakie zestien werd, was het jaar dat zich in de Romeinenstraat in Heilust een wonder voltrok. Tineke, veertig, bleek al maanden in verwachting. Niemand rekende nog op een baby. Zo mager als Tineke was, bleef haar menstruatie meestal achterwege. De keren dat ze zwanger raakte, waren geëindigd in een drama – na het levensgevaarlijke bloeden en de ziekenhuisreddingen was er het leed van alweer een verloren leven, de zoveelste bevestiging van Tinekes zondige mislukking.

Nu had niemand het meer verwacht en echte blijdschap werd veiligheidshalve nog even uitgesteld. Het wachten was op het onverbiddelijke vloeien. Maar onder het schort groeide leven. De weken, de maanden gingen voorbij en de vrucht bleef zitten. Tineke bloeide op onder haar mogelijke verlossing, al bleven de reserves. Eerst moest het kind gezond ter wereld komen.

Dat gebeurde op 18 januari 1965. In de Vroedvrouwenschool in Heerlen werd Tineke moeder van een dochter. Linda Vinders werd met ongeloof en dankbaarheid in de armen gesloten. Het ongeloof over de bevruchting sloeg om in de bevestiging van Tinekes vroomheid. Zoals Abraham ook door zijn God op de proef was gesteld met het verzoek zijn zoon te offeren, zo had Tineke haar beproevingen doorstaan, kind na kind verloren, om beloond te worden met een prinses.

Voor een derde kind was de Romeinenstraat te klein, en de familie Vinders verhuisde naar nieuwbouw in de Spireastraat. Het nieuwe huis had geen Franse kap en geen erker, het lag in een rij van twintig twee-op-eenwoningen en was van de woningbouwvereniging. Maar binnen hing een andere sfeer. Tineke gaf een meisje de fles en was gelukkig.

Voor het eerst kreeg Sjaakie een eigen kamer. Een heiligdom werd het, bezaaid met geborduurde paarse en oranje kussens, een jungle aan groen vol hangplanten in macramé, Jacques Brel aan de muur en wierook in de lucht.

Sjaak ging in Heerlen naar de kweekschool, de opleiding tot onderwijzer. Hij had zijn mulodiploma moeten opwaarderen met certificaten, maar zijn droom was de vertraging waard. De puisten waren geslonken, hij was zijn eigen geld gaan verdienen en daarmee was Sjaakie Sjaak geworden, zoals Tineke nooit meer 'Heinie' had gezegd nadat Hein in de mijn was begonnen en aan het huishouden was gaan bijdragen. Hein was toen 1,82 meter, Sjaak bleef, zo werd nu duidelijk, klein. Groter dan 1,60 meter zou hij nooit worden.

Na de mulo had Sjaak een bijbaantje gevonden op de Vaalserberg, 20 kilometer fietsen van Heilust op het Drielandenpunt waar Nederland, België en Duitsland elkaar raken. Aan de Belgische kant van de berg stond hij in het toeristenbarretje van meneer Kompier. Daar verkocht hij prullaria en sigaretten. Alle weekenden en vakanties werkte Sjaak van negen tot negen. Zestien was hij, en zijn salaris vervulde hem met trots en genot. Hij werd leraar en eindelijk was hij wat meer meester over zijn leven. Meneer Kompier van de Vaalserberg was ingenomen met zijn nieuwe kracht, die was voorkomend en zo vriendelijk. De klanten liepen met hem weg, en hard werken dat hij deed! Al gauw nam Sjaak de taken van meneer Kompier over; dan opende en sloot hij de winkel en kreeg hij dubbel betaald.

Na de zomer had Sjaak een aardig bedrag gespaard. Hij ging naar de Akerstraat in Spekholzerheide, naar de chique kledingzaak Eureka waar Tineke eerder dat jaar zuchtend voor de etalage had gestaan. Van zijn eerste loon kocht hij voor zijn moeder een bruine wollen winterjas die mooier was en duurder dan alle jassen die ze ooit had aangehad.

De kweekschool in Heerlen was voor Sjaak een veel groter project dan een opleiding tot leraar. Hij was een kwekeling die ervoer dat een ander leven mogelijk was. Hier kreeg hij het gevoel dat hij alle kanten uit kon. Ook de goeie. Hij was ineens elke dag in een stad. De controle op de vierkante centimeter van Heilust viel van hem af, niemand die nog zag waar hij was. Hij had nieuwe vrienden, jongens die van kunst hielden, jongens die op jongens vielen, stadse jongens – een paar noemden zich provo.

In Amsterdam was onder aanvoering van onder anderen Roel van Duijn Provo ontstaan uit een mengeling van gepolitiseerde nozems en artistiekelingen, en samen hadden ze zich tegen het gezag gekeerd. Het arbeidersproletariaat was ingepakt door het consumentisme, vond Provo, en was daardoor de zin in de revolutie kwijtgeraakt. Hun artistieke helden waren Amsterdammers als de voordrachtskunstenaar Simon Vinkenoog en Ramses Shaffy, bohémien en anarchist.

Toen de Heerlense provo's een keer de straat op gingen, wisten burgemeester Frans Gijzels en de politie niet wat ze met de demonstranten aan moesten. 'Handhaven' was het devies, maar de provo's lieten zich niet handhaven; ze speelden een kat-en-muisspel met de politie, tot die uiteindelijk besloot de demonstranten in een arrestatiewagen te duwen. Het duurde een paar avonden voor de straten weer rustig waren.

Sjaak droeg zijn haar nu tot op de schouders, zijn voorhoofd werd snel hoger en hij koesterde de blonde golvende lokken voor zolang ze bleven. Hij zat nog maar een paar maanden in de eerste klas, toen hij een dansgroep oprichtte, het bewegingstheater WATHEB, We Are THE Best. Hij leerde dat er meer religies waren dan het rooms-katholicisme, hij ging naar theatervoorstellingen en toerde met een bus langs exposities in Museum Boijmans Van Beuningen of het Stedelijk Museum. Op eigen houtje kwam hij nooit buiten

Limburg, alleen al het idee dat hij op reis moest, trok om zijn borst de riemen aan.

Zijn werelden dreven uiteen. In Heerlen las hij Gerard Reves *Nader tot u*, waarin de net katholiek gedoopte Reve seks heeft met God in de gedaante van een ezel. (Reve stond datzelfde jaar, 1966, op verdenking van godslastering voor de rechter.) In Heilust doopte Tineke gewoontegetrouw de vingers in het wijwaterbakje en prevelde ter geruststelling haar gebeden.

In Heerlen voerde Sjaak een acrobatische dansgroep aan. In Kerkrade stikte hij in zijn overspannen ademtocht. Hij bezocht de huisarts die hem eerder had geleerd in een zakje te blazen. 'Dokter,' zei Sjaak, 'ik heb een groot probleem. Ik val op jongens.'

De dokter zoog even aan zijn pen, dacht na. 'Wat ik je dan kan adviseren: lees de klassieken.'

'De klassieken?'

'Homerus. Ja, lees Homerus. Dat heelt. Nu is het misschien leuk om homo te zijn, maar straks word je eenzaam en ongelukkig. Neem dat van mij aan.'

Vervolgens had de dokter hem gevraagd om een buisje urine. Hij gaf Sjaak een potje en liep met hem mee naar de wc. Sjaak probeerde te plassen, maar er kwam niks. De dokter bleef naast hem staan. Sjaak stond voor de wc met zijn lul in een potje. 'Pak maar weer in,' had de dokter gezegd. 'Ik zal je wat pillen geven.'

Hij kreeg een doosje valium dat, sinds het in 1961 als kalmeringsmiddel op de markt kwam, immens populair was.

Het verschil tussen Kerkrade en Heerlen tekende zich die jaren scherper af. Heerlen wilde een stad met klasse zijn, een modern centrum dat allure uitstraalde. Met Frits Peutz kreeg de stad een nieuw gezicht. Na het Glaspaleis, de Raadszaal en de Royal Bioscoop leverde de architect in 1962 het theater af waar Joop den Uyl in 1965 zijn historische toespraak hield.

Kerkrade bleef een verzameling losse gehuchten en gewesten en had niets van een grote stad; het was en bleef zijn provinciale aaneengeknoopte zelf. Zo had Sjaak zich ook vaak gevoeld, of eigenlijk: meer boers nog dan een provinciaal – dat veronderstelde al snel te veel.

Thuis aten ze met alleen een vork. Het vlees prikten ze op en hapten er dan stukken af. Dreigde het eten van zijn bord af te schuiven, dan hield Sjaak het met zijn vinger tegen. Zijn vader nam de koteletten in zijn handen en zei met volle mond: 'Waar bot aan zit, daar mag je van kluiven.'

Toen hij een keer was blijven eten bij zijn jeugdvriend Jan, van melkboer Van de Boogaart, aten ze daar met mes en vork. Sjaak was thuisgekomen en had gezegd: 'Mam, ik weet niet eens hoe je met een mes het vlees moet snijden. Waarom leren jullie me dat niet?' Daarop had Hein tegen Tineke gezegd: 'Hij meent zich weer wat.'

Vanaf toen had Sjaak zich geërgerd aan die vork. Dat ze daar als een stel aardappeleters hun prak naar binnen zaten te schuiven. Toen hij een jaar of vijftien werd, was hij begonnen met elke keer als ze aan tafel gingen, een mes te pakken en zijn vlees in stukjes te snijden.

In de bus naar Heerlen zat altijd een wat oudere man, hij zal een jaar of 35 zijn geweest. Elke dag bekeek hij Sjaak. Eerst voorzichtig, daarna wat openlijker, uiteindelijk glimlachte hij schalks en kwam hij naast Sjaak zitten. Sjaak keek geschrokken om zich heen. De bus was half leeg.

De man heette Ron, hij was kandidaat-notaris en zat vanaf die dag op de stoel naast hem. 'Zullen we een keertje uitgaan?' Hij nodigde Sjaak mee naar zijn huis. Stelde hem voor aan vrienden. Ron was gezellig en lief voor Sjaak, en hij vroeg hem mee naar Roermond, voor een etentje bij vrienden. Een 'etentje'. Sjaak had nog nooit bij vreemden gegeten. Ja, friet van onder een laken bij Basja, en die keer dus dat hij had mogen aanschuiven bij Jan van de Boogaart, toen hij voor schut had gestaan, koekhappend naar een lap vlees aan zijn vork.

Elke dag verzon Sjaak een ander excuus. 'Ik moet dit weekend werken.' 'Mijn vriendin is jarig.' En: 'Mijn moeder ligt in het ziekenhuis.' Totdat zijn smoes van richting veranderde en hij thuis zei dat hij het hele weekend wegging met school. Niet dat dat veel uitmaakte. Zijn moeder was er vaak niet, en met zijn vader had hij weinig contact, die vond dat Sjaak het maar hoog in de bol had. Al zou hij dagen wegblijven, ze zouden het nauwelijks merken.

Ron haalde hem met de auto van school en ze reden naar Roermond. Daar woonden twee vrienden, mannen, in één huis, in een villa met een tuin zo groot als een park. Het huis had zware bruine deuren en hing tot de nok vol kunst, zelfs op de wc hingen nog ingelijste schetsen. In de salon stond een vleugel, de zitkamer had een bank met diepliggende knopen – een chesterfield, leerde hij – en uit de boxen klonk trage jazz. Dit was rijkdom zoals Sjaak die nog nooit van nabij had gezien. Niet alleen de weelde van geld, opwindend was het culturele kapitaal.

Eerst dronken ze een glas rode wijn, daarna werd een stadswandeling gemaakt. De mannen kuierden over de kinderkopjes van de markt, een paard en wagen kwam langszij, ze spraken over kunst en boeken.

Voor ze aan tafel gingen, vertrokken de mannen naar hun kamers, zich opfrissen; Sjaak keek naar Ron voor wat te doen: het gezicht gewassen, schoon hemd, odeur. De tafel was gedekt met gesteven damast, kristal, een vaasje met drie rozen uit de tuin, koperen kandelaars en een batterij messen en vorken waar het Sjaak van duizelde. Op zijn bord kwamen dingen te liggen waar hij nog nooit van had gehoord. Sjaak voelde zich een aapje in een circus, een rariteit in dit paleis vol cultuurnichten, het speeltje van zijn vriendje de kandidaat-notaris. Heel soms werd ook hem iets gevraagd. 'En Jacques? Wat wil jij later gaan doen?'

'Ik ga in het toneel en het cabaret.'

'Oh, maar dan moet je toch snel iets doen aan dat accent.'

De kandidaat-notaris was zorgzaam, hij was gek op zijn jonge vriend en nam hem vaker mee naar Roermond. De etentjes in de villa waren voor Sjaak een profane openbaring. Je kon dus avonden aan tafel zitten praten. Over tentoonstellingen en theater (ze deelden de liefde voor Shaffy), over literatuur, politiek en reizen naar andere landen (daar kon Sjaak zich dan weer niks bij voorstellen).

Deze entree in een nieuwe wereld gaf Sjaak de moed om andere grenzen te slechten. Een gay-bar binnen te gaan. In Heerlen waren er een paar, donkere honken zonder ramen – die zouden worden ingegooid. Hij wist iemand die er wel eens kwam, zijn rooie neef Wim, verketterd, niet omdat hij overduidelijk een bastaardzoon was, maar omdat hij even onmiskenbaar de mannenliefde aanhing, en jaren geleden al eens aan zijn piemel had gezeten. Sjaakie had op hem staan wachten in de straat waar Wim met tante Lies woonde. Ze smoesden wat, ze waren het snel eens.

Op zaterdagavond stapte Sjaak bij Wim achter op de brommer. Ze reden naar Chez-Nous in Heerlen. De brommer parkeerden ze een eindje verderop, uit het zicht, zo hadden ze van tevoren bedacht. Wim ging voorop, Sjaak achter hem aan, hij kroop zowat de deur door. De tent stond vol luidruchtige volbloedhomo's en leernichten. Sjaak had zoiets nog nooit gezien, en hij zocht een kruk in een achterafhoekje aan de bar. Toen hij eindelijk zijn hoofd oprichtte, keek hij in een bekend gezicht. Het werd Sjaak koud en heet. Aan de bar stond de kerkmeester van de Onze-Lieve-Vrouw van Altijddurende Bijstand. De kerkmeester! Katholieke penningmeester, rechterhand van meneer pastoor, de zakelijke baas van de kerk. Sjaak wist bij God niet waar hij moest kijken. Hij deed heel veel met zijn cola, slokje, glas op de bar, vlek van glas vegen, weer een slokje, maar slikken was lastig.

'Daag, jong. Ook hier?'

Sjaak ging door de grond. Dat was het dan. Die zou in Heilust gaan rondbazuinen dat hij hier in een homobar zat. Zijn leven daar was voorbij.

Wim en Sjaak dronken hun cola op en slopen ongezien naar buiten, alsof ze zonet iets hadden gestolen, terwijl juist zij daarbinnen iets waren kwijtgeraakt.

De kerkmeester heeft nooit zijn mond opengedaan. De man had vrouw en kinderen. Dat de jongens in een homobar waren geweest, kwam uit doordat de brommer van Wim was herkend. Tineke werd ingelicht door tante Hanna en raakte buiten zinnen, krankzinnig leek ze. Sjaak had zijn moeder in veel variaties van hysterie meegemaakt, maar zo'n paniekerige woede had hij niet eerder gezien. Ze schold hel en verdoemenis, krijste dat hij haar te schande maakte. Ze zou hem de *bood*, het huis, uit schoppen. Sjaak maakte zich uit de voeten. Hij was bijna achttien en vluchtte zijn kleerkast in.

Gehurkt onder de plank met onderbroeken hoorde hij Tineke schreeuwen: 'Ik sterf! Ahhhh laat mij toch sterven!' Tante Hanna moest ingrijpen. 'Tien, laat mij maar. Ik knijp hem de keel dicht.' Ze moet haar hoedje hebben afgezet, want dat lag later op de keukentafel, en is naar boven gelopen. Recht op Sjaaks kleerkast af. Ze trok de deur open en greep de jongen beet, twee handen om zijn nek, zijn strot afklemmend. 'Als jij je vader en moeder dít aandoet,' siste ze, 'vermoord ik je.' En ze kneep harder en harder. Tineke kwam aanrennen. Ze kalmeerde, schrok van de scène voor haar ogen. Ze keek toe hoe haar jongste zoon door haar schoonzus werd gewurgd.

Sjaak was overdonderd door tante Hanna's vastbeslotenheid. Had zij niet altijd voor hem gezorgd? Zij had hem gewassen in de teil, hem meegenomen naar de pianomuziek in de V&D, rolschaatsen voor hem onder de kerstboom gelegd. Tante Hanna wist wat goed voor hem was. Als zij vond dat hij dood moest, dan zou dat wel zo zijn.

Zijn hoofd kleurde van rood naar paars. Tineke wist niet wat ze moest doen. Als ze niks deed, lag hier zo meteen nog een dood kind. Maar Sjaak maakte alles stuk. Hij had het verpest, zijn eigen leven, het hare, hij was homofiel, HOMOFIEL. Hij had haar te schande gemaakt, en nooit zou hij de kinderen krijgen die haar de grootmoeder van een grote familie moesten maken.

Sjaaks hoofd begon vanbinnen te trillen, alle druk steeg naar de voorkant van zijn schedel, tot het boven zijn ogen flitste en hij juist licht werd in zijn hoofd. Net toen hij zich definitief leek over te geven aan Hanna's executie, sloeg hij met een zwaai haar handen weg. Raspend naar adem lag hij tussen truien en het ondergoed.

De maanden erna werd nergens meer over gesproken. Niet over Hanna's eerwraak, niet over de homobar. Sjaak had moeten beloven dat het over en uit was met die fratsen. Nooit meer wilden ze iets horen van dat vieze gedoe met kerels. Hij was een Vinders, ja? Hij had een vriendinnetje, al jaren, en dat was een lieve meid. Daar moest hij zijn tijd in steken. Dat hij nou eens plannen maakte om te trouwen, net als Hein.

Maar Sjaak was gebroken. Hij had zijn moeder niet kunnen genezen, hij had alles heel willen maken, het fijn willen hebben, willen leven zonder angst voor tekorten, hij had een winterjas en daarna een stofzuiger en een kleuren-tv voor Tineke gekocht. Zijn broer had zich nooit ergens iets van aangetrokken. Maar die hield van voetbal en van kaarten, hij was lang en knap en wilde trouwen met zijn Marlies. Dat was wat ook van hem werd verwacht. Hein leverde.

Op een zaterdagavond kwam hij thuis van zijn werk op de Vaalserberg. Zijn vader zat op hem te wachten in zijn stoel in de voorkamer, in zijn hand had hij de krant en op schoot lag een brief. Zodra Sjaak de kamer in kwam, vouwde hij de krant dicht, opende de envelop, en las voor: 'Lieve Jack, Wat is het heerlijk dat ik je heb leren kennen... Ik zou je graag nog een keer zien...' De brief eindigde met: 'Ik kus je.' Een naam stond er niet onder. Sjaak bloosde.

Hein: 'Wat is dit?'

'Nou, dat lijkt me een liefdesbrief...'

Hein: 'En jij? Ben je ook verliefd?'

'Heel erg.'

'Hoe heet ze?'

'Ze?'

'Ja, ze?'

'Het is een jongen, pap.'

Hein schoot omhoog uit zijn stoel, brief en krant woeien de grond op. 'Godverdomme! Je doet het godverdomme met een kerel!' schreeuwde Hein, en hij haalde uit met zijn rechtervuist en sloeg Sjaak tegen zijn hoofd.

Toen Sjaak op de grond lag, gaf hij hem nog een mep in zijn gezicht. 'Dat zal je leren.' Sjaak zag hoe bloeddruppels verdwenen in de kokosmat en riep naar zijn vader: 'De dag dat ik op jou ga lijken, hang ik me op.'

9

Verschroeide aarde

(1970-1980)

Jarenlang hadden ze de skyline van Heerlen bepaald, de Lange Jan samen met zijn jongere en nog 20 meter hogere zuster, Lange Lies. Vanuit heel Zuid-Limburg zag je ze staan, de trotse schoorstenen van de Oranje-Nassau, allebei 12 meter breed en meer dan 5 miljoen kilo zwaar, de koeltorens aan hun voeten denigrerend tot dwergen. Wat de Eiffeltoren is voor Parijs en de dom voor Keulen, dat was de Lange Jan voor Heerlen – hij maakte naam lang voordat in 1953 Lange Lies, het nakomertje, naast hem oprees. Lange Jan was bijna 138 meter hoog. Omdat Heerlen in een dal is gebouwd – noem het de Carboonvallei, moest zijn schoorsteenpijp omhoog. Anders lag de stad alle dagen in nevel.

Samen vormden ze het landmark van de Oostelijke Mijnstreek. En ze waren meer dan dat. Lange Jan en Lange Lies waren totempalen van de voorspoed die de steenkool had gebracht. Van d'r Lange Jan werd gehouden. Wiel Knipa, een Heerlense specerijenverkoper die nationale roem vergaarde toen hij het AVRO-programma *Sterren en streken* presenteerde, scoorde in 1950 een carnavalshit met zijn ode aan de reusachtige pijp. Heel Limburg bezong de Lange Jan, en Knipa werd uitgeroepen tot Opper Winkbül van de Heerlense carnavalsvereniging. Ze hadden Knipa er na zijn dood een standbeeld voor willen geven, maar toen bleek dat hij lid was geweest van de NSB.

Toen, op 21 augustus 1976, moest de Lange Jan neer.

Na het sluiten van de laatste mijn wiste Heerlen zijn verleden uit. Dat ging met een haast die je deed denken dat een nieuwe bestemming zich opdrong. Niet alleen koeltorens, schachtbokken, cokesovens, fabriekshallen, energiecentrales en schoorsteenpijpen werden neergehaald, ook kantoorpanden in Amsterdamse stijl en de Witte Boerderij, het markante hoofdkantoor van de Staatsmijnen in het centrum van Heerlen, werden gesloopt. Met de tactiek van de verschroeide aarde werd alles wat aan de mijnen herinnerde, weggevaagd.

Maar Lange Jan gaf zich niet zomaar gewonnen. Het bouwbedrijf belast met het omschieten van de schoorsteen, kreeg onenigheid met rijksinspecteurs over waar de inkepingen in de voet van de Lange Jan moesten komen. De rijksinspecteurs eisten een snee aan beide kanten. Toen het dynamiet ontplofte, wankelde de reus, om vervolgens neer te zijgen naar de verkeerde kant. Met een goed gevoel voor ironie nam hij in zijn val de hoogspanningslijnen mee en beroofde een groot deel van Heerlen van zijn stroom. Vervolgens stortte de Lange Jan zich boven op het Mijnarchief en het Bureau voor Mijnschade.

De Limburgers speculeerden erop los. Rijksinspecteurs die een foute beslissing afdwingen... Als daar geen opzet achter zat. Kijk maar wat er vergruizeld was: het archief van mijnschade. Er waren er ook die genoegdoening haalden uit de weerbarstigheid van de Lange Jan. De overbuurman van Hein en Tineke, Wiel Frijns, had sinds de Wilhelmina haar poorten had gesloten niet meer echt gelachen. De gewezen schiethouwer en vakbondsman was boos en bedrukt, zwartgallig, al zolang de mijn dicht was. Hij was gaan kijken hoe in Heerlen de reus werd opgeblazen. Op veilige afstand stonden ze met honderden achter een dranghek. Ze zagen hoe de Lange Jan de ingenieurs te grazen nam, en Frijns had dagen gegrijnsd. Weken later zei hij het nog, soms zomaar uit het niets: 'Goed van hem. Echt heel goed.'

Het was tien jaar nadat de mijnsluiting was ingezet met het afbouwen van de Maurits, in 1966. Daarna was het snel gegaan. Al in 1967 besloot het liberaal-christelijke kabinet-De Jong de resterende mijnen versneld te ontmantelen. De gasbel in Slochteren was groter dan verwacht en er moest mankracht worden vrijgemaakt voor nieuwe industrieën. De arbeidsmarkt was krap, steeds meer jonge mannen uit de Mijnstreek pendelden voor werk naar Duitsland. Bedrijven met plannen om in Limburg te investeren, zetten de regering onder druk. De mijnsluiting moest worden versneld. Anders konden ze niet genoeg werknemers vinden en ging het hele feest niet door.

De belofte van Joop den Uyl werd geschonden nog voor de haan tweemaal had gekraaid: met de eerste zes mijnen waren 22.000 directe arbeidsplaatsen verdwenen. Het aantal vervangende banen bedroeg net 8000. In de rest van Nederland groeide die jaren de werkgelegenheid. Het gevolg: een uittocht uit de Mijnstreek. Wie wat kon, maakte dat hij wegkwam. De vader van de met de MH17 omgekomen beroemde aidsonderzoeker Joep Lange was mijnarts in Heerlen. Niet lang na Den Uyls aanzegging zei dokter Lange tegen zijn kinderen: 'We moeten gaan, hier is straks niks meer te doen.' De familie Lange verhuisde naar Eindhoven.

In de Algemene Politieke Beschouwingen van 1968 had – intussen oppositieleider – Joop Den Uyl het kabinet al gewaarschuwd dat jonge mensen uit Limburg wegliepen. Alleen dat jaar al waren het er vijfduizend: 'De situatie is alarmerend... Limburg, zo heb ik gezegd, dreigt leeg te bloeden.'

Een gevoel van leegbloeden, precies dat hadden ook de mijnwerkers die hun voorman Frans Dohmen zo trouwhartig naar de uitgang waren gevolgd. Niet alleen hun werk was weg, de omgeving waarin hun leven zich had afgespeeld, werd vermalen. Zelfs al betreurde een bijna voltallige Heerlense gemeenteraad de sloop van de Witte Boerderij, neer ging ze.

6

De Mijnstreek liep leeg. Wie kon, vertrok uit de kolonie, maar Sjaak bleef, nog even, al had het pak ransel hem in feite Heilust al uit geslagen. Hij had de kokosmat in zijn wangen staan en wist: het is gedaan. Ik moet hier weg. Alleen kwam hij om te vluchten lucht tekort. De volgende ochtend werd hij wakker in een aanval. Sjaak piepte, hij gierde naar zuurstof, de paniek! Hein snelde toe en hield een zak voor zijn gezicht.

Tineke en Hein hadden hetzelfde als Sjaak: nu is het klaar. Sjaak moet maar gaan. Hij moet genezen. En dus nam Hein hem mee naar dokter Vulpen, de psychiater bij wie Tineke onder behandeling was. Dokter Vulpen heette zo omdat ze plechtige krulletters schreef uit een pen met een gouden kroon, en ze wist ervan, van de problemen van Tinekes jongste zoon. Het was het beste, zei ze, dat Sjaak een tijdje in de kliniek werd opgenomen. Dat lijkt ons ook het beste, zei Hein. Sjaak kon meteen blijven.

Hij werd door dokter Vulpen in een bed gestopt. Een gekkenbed, noemde hij het, in het Sint-Jozefziekenhuis op de afdeling voor zenuwziekten. Driemaal daags kwam er een zuster met een dienblad vol eten en drie keer per dag moest hij onder toezicht een zwik pillen doorslikken. Zijn remedie heette 'rust' en dus gebeurde er verder niet veel. Er was geen onderzoek en ook geen praatsessie. Zijn therapie was een daas roesje.

Rustig werd hij wel. De dosis deed zijn werk. Al snel vond hij het best om in bed te liggen. Loom lag Sjaak te soezen, te wachten tot bezoek kwam. Ziekenhuizen hadden nog geen tv, hij mocht van dokter Vulpen rustgevende boeken lezen, moderne literatuur was hem door de arts ontraden. In de middag zaten er vrienden aan zijn bed, jongens van school, 's avonds Tineke en Hein.

Marijke kwam niet meer. Ze was bij hem weggegaan toen Sjaak had verteld dat hij ook met jongens vrijde. Het had Sjaak verbaasd dat ze daar zo kwaad om werd. Marijke had gehuild en geschreeuwd, en hij had het niet begrepen. Het ging toch al jaren zonder problemen naast elkaar.

Na drie dagen in de kliniek was Sjaak 's morgens opgestaan. Wat bezielde hem? Hier blijven liggen, pillen eten en zich laten uitdoven tot hij zo meteen echt gestoord was? Hij zat hier in de kweekvijver van dokter Vulpens ijzeren patiëntenvoorraad. Sjaak had zijn kleren aangetrokken en de dokter gezegd dat hij naar huis ging. Ze had het hem sterk ontraden, het hoorde bij het helen, zei ze, dat hij nu naar huis wilde, maar voor zijn bestwil moest hij blijven. De rust had hem zichtbaar goed gedaan, hoeveel kalmer was hij wel niet vergeleken met hoe hij binnenkwam. Sjaak had haar een hand gegeven en was met zijn jas onder de arm naar buiten gelopen, terug naar zijn ouders.

Op 17 april 1970 was de Willem-Sophia voor het laatst een mijn in bedrijf. Vijf schachten, tien verdiepingen tot 651 meter diep over een ondergronds gebied van 1600 hectare werden verlaten. De allerlaatste kolenwagon was door de laatste kompels met krijt beschreven. Op een foto poseren de mannen naast de kolenkar. Daarop stond de tekst:

EINDE

studio ws
Regie .... Bakker
Kamera .... Pereboom
Ballet ..... H. vd Werff
Tekst ... H. Cepping
God Zij
Dank

Die laatste dag hadden de mannen van Vinders niet meer meegemaakt. Even daarvoor waren zij begonnen bij de Caja, een van de vele bedrijven die zich hadden gemeld met belangstelling voor de

Oostelijke Mijnstreek, voor de goudpotten vol subsidie die het Rijk klaar had staan om bedrijven als bijen naar de honing richting het zuiden te lokken. Joop den Uyl had ook de particuliere mijnen ervan doordrongen dat ze voor nieuw werk moesten zorgen. Hij sprak van een 'sociale hypotheek' die rustte op de mijnbedrijven.

Eerst was de kinderwagenwielenfabriek bij de Staatsmijnen langs geweest. Die hadden er geen rendabele investering in gezien. Vervolgens klopte Caja aan bij de Investeringsmaatschappij van de Willem-Sophia. Zonder veel bedenkingen was die in zee gegaan met de chroomfabrikant. De Caja kreeg zo'n 13 miljoen gulden aan subsidies voor grond, en een nieuw gebouw. Er zouden 1800 man komen te werken, zo was het plan, en de Caja zou 'de motor van de Oostelijke Mijnstreek' worden.

In het begin werkten er 450 mensen; 155 waren oud-mijnwerker, de rest kwam uit Eindhoven. Het eerste jaar werden Hein en zijn collega's in bussen tussen Kerkrade en Eindhoven heen en weer gependeld. Na een jaar betrok Caja zijn nieuwe fabriek in Kerkrade. Daar lag op het oude terrein van Willem-Sophia verschroeide aarde te wachten op nieuw leven. De Caja werd warm onthaald op het nieuwe industrieterrein – de gemeente had er nog meer aangelegd: Dentgenbach, Spekholzerheide, allemaal in de hoop dat waar industrieterreinen waren industrie vanzelf zou volgen.

Zoals de Caja waren er veel meer nieuwe fabrieken. In Kerkrade kwam de Burex, een fabriek die tandenborstels, wc-borstels en verfkwasten maakte, kwasten die, zelfs al schilderde je in het aardedonker, geen strepen zouden achterlaten. In Heerlen zette schroefboutenfabriek Everts & Van der Weijden een terrein vol koepelvormige fabriekshallen.

Een kinderwagenwielenfabrikant, een schroefboutenfabriek en een borstelmaker die 'Durex' werd genoemd; het zijn de ondernemingen die het vaakst klinken als voorbeelden van bedrijven die naar Limburg trokken om het gat te vullen dat was geslagen door de neergang van de steenkoolindustrie.

Eenmaal in zijn gloednieuwe Kerkraadse fabriek groeide de

Caja niet meteen zoals gehoopt. Met subsidies waren onrendabele machines gekocht, en de loonkosten waren flink gestegen. Begin jaren zeventig stagneerde ook de economie en de verkoop van kinderwagenwielen viel tegen omdat de verwachte babyboom uitbleef.

Vader en zoon Vinders konden moeilijk wennen aan de lopende band van de Caja. Eigenlijk gold dat voor alle mijnwerkers die van de mijn naar de fabriek waren gegaan, en dat terwijl de verwachtingen zo hoog gespannen waren geweest. Ondergrondse mijnwerkers, betere arbeidskrachten waren er niet, zo toegewijd en precies. Hun uitstekende arbeidsdiscipline had mythische proporties aangenomen. Zij konden gemakkelijk worden omgeschoold.

Helemaal ingrijpend was de overgang voor de mijnwerkers die aan het 'kolenfront' hadden gediend. Zij waren gewend hun opdrachten zelfstandig uit te voeren. Meesterhouwers, rovers, ze hadden in gevaarlijke omstandigheden moeilijk werk gedaan en veel verantwoordelijkheid gedragen. Nu stonden ze daar, pion aan een productielijn. In de DAF-fabriek moest de mijnwerker de hele dag dezelfde bouten aandraaien.

Waren ze als mijnwerker gewaardeerd om hun kennis van materiaal en materieel; van bodems en stutten, van gassen, dynamiet en hoogtechnologisch mijnbouwwerktuig, met een kinderwagenwiel en een wc-borstel in handen waren hun kennis en kunde verdampt. Hier waren ze ongeschoolde dommekrachten. In de textielfabriek waar fijne stoffen werden geweven, moest de kompel gynaecologenhandschoenen aan omdat de garens aan zijn gekloven vingers bleven haken.

Het fabriekssloon was veel lager dan wat ze in de mijn hadden verdiend. Daar was niet alleen het salaris hoger geweest, de berg aan toeslagen had hun inkomen met de helft opgehoogd.

De macho was een sukkel geworden. Zijn vakmanschap bleek alleen wat waard in een mijn. En de sporen van die geschiedenis waarin hij wat had voorgesteld, die moesten zo snel mogelijk worden gewist. De vernedering van de kompel was het negatief van voorheen zijn trots – even groot, allesbepalend voor wie hij was.

De collectiviteit waar de mijnwerkers zo hoog van opgaven, de kameraadschap van onder de grond, was aan de lopende band ver te zoeken. Hein junior schrok van zijn nieuwe omgeving. In de mijn ging je voor elkaar, in de fabriek was het ieder voor zich. Een oud-mijnwerker vertelde dat die kameraadschap in zijn tegendeel kwam te verkeren. Eertijds waren de kompels één tegenover de opzichter. In de fabriek probeerde iedereen in het gevlij te komen bij de chef, en dat gaf concurrentie en gekonkel.

Hein Vinders senior was nooit verder van huis geweest dan de plaatsen waartegen ze moesten voetballen. Hij was elke ochtend de Batastraat doorgelopen, over de Industriestraat naar het terrein van de Willem-Sophia. Nu zat hij elke dag om 6 uur in een bus naar een stad waarvan hij de taal niet sprak. Voor Hein, de opgeruimde, de meest getapte van allemaal, voelde het niet goed. Hoewel zijn positie nu gelijk was aan die van de vroegere ondergronders – in de mijn was hij als bovengronder een derderangs mijnwerker geweest – miste hij de heelheid, de harmonie van het mijnwerkersbestaan. Zonder dat hij het meteen merkte, had hij in de bus naar Eindhoven zijn eerste hartinfarct.

Toen begin jaren zeventig de startsubsidies voor de nieuwe bedrijven opdroogden, vielen de eerste fabrieken om. Caja kwam in de problemen, net als Burex-borstels en de schroefboutenfabriek. De industrieterreinen, gedroomde vruchtbare akkers van nieuwe bedrijvigheid, stonden er zieltogend en halfleeg bij.

De kompels die zich eerst gekleineerd hadden gevoeld achter de lopende band, stonden nu echt op straat. En daar was niks te merken van de beloofde nieuwe welvaart, er was niks om bij aan te haken, daar wachtte de ledigheid van de aanstaande malaise.

Een imploderende economie is geen goed vestigingsklimaat voor een eigen zaak. Bovendien was ondernemerschap in Limburg niet sterk ontwikkeld. De daarvoor noodzakelijke eigenschappen, inventiviteit en zakelijke schranderheid, waren in een kleine eeuw carboondisciplinering juist uitgebannen. Een halve eeuw social engineering had hier de mens gevormd naar het tegendeel van de entrepreneur. De katholieke arbeider had geleerd te gehoorzamen. Hij had nooit initiatief hoeven nemen. Hij had nooit keuzes hoeven maken. Hij had nooit voor zichzelf hoeven zorgen, zelfs zijn geldzaken waren beheerd. Hem was geleerd naar boven te kijken. De 30.000 mensen die eerder als houtleverancier, timmerman, bakker, kruidenier, coupeuse of schoonmaakster hun boterham als een afgeleide van de mijnen hadden verdiend, zaten zonder werk. Voor hen was er de sociale dienst.

Voor de 45.000 mensen die in dienst van de mijnen waren geweest, de kompels, bovengronders en beambten, was altijd goed gezorgd. In de nazorg tekende zich een schifting af tussen particulier en staat. Voor de werknemers van de particuliere mijnen was van alles geprobeerd, maar toen de vervangende werkgelegenheid verdampte, waren ze op zichzelf aangewezen. Alleen de oud-kompels van de vier staatsmijnen konden rekenen op een regeling – daar werd geprobeerd de belofte van Den Uyl gestand te doen.

Een aanzienlijk deel van die oud-mijnwerkers vond een gesubsidieerde baan in een sociale werkplaats. De sociale fondsen van alle mijnen waren samengevoegd tot één organisatie, het sociale Werkvoorzieningschap Zuid-Oostelijk Limburg, stamvader van een reeks ZOL-bedrijven. Op feestjes werden er grappen over gemaakt. 'Waar werk jij?' 'Ook bij Zie Ons Lijden.'

De ZOL werd de grootste werkgever van Limburg, de grootste sociale werkvoorziening van Nederland, en dat zou ze blijven tot in de eenentwintigste eeuw. Het negatieve imago dat de sociale werkplaats in de rest van Nederland aankleefde, ontbrak in Zuid-Limburg. Er werkten zoveel mensen bij de ZOL, dat die gold als een normale werkgever.

En er werd meer geregeld. Veel oud-kompels van de Staatsmijnen gingen met vervroegd pensioen. Een ander deel werd arbeidsongeschikt verklaard. Tussen 1970 en 1980 verdriedubbelde in Zuid-Limburg het aantal arbeidsongeschikten, tot 43.000 in 1980.

Een van hen was Hein Vinders senior, afgekeurd in 1974. Hij was 56. Hij had het aan zijn hart en de dokter zei dat hij beter niet meer kon werken. Voor veel minder werd iemand geadviseerd 'eruit' te gaan. In de Zuid-Limburgse kolonieën lagen straten waar niet één volwassen man nog werk had. Vooral Kerkrade werd zwaar getroffen. Heerlen had tenminste nog beambten met een hogere opleiding en de 'schrijvers' van de mijnen, bovengronders die de administratie hadden gedaan. Zij kwamen soms nog aan een baan. Maar in Kerkrade, waar het merendeel kompel was geweest, of in de Heerlense Kasteelbuurt, zat 80 procent van de volwassen mannen thuis.

Zelf wilden ze het tot elke prijs anders zien dan zo, als werkloos. Wie vroegpensioen of WAO kreeg, zag zichzelf onverminderd als kompel. Jaren later zou op de vraag hoelang ze werkloos waren geweest, in Heilust de ene na de andere oud-mijnwerker zeggen: 'Werkloos? Ik? Nooit. Altijd gewerkt.'

Wiel Frijns verdroeg het niet. Geen werk was geen leven. Hij was een man met genoeg aanzien geweest. In 1948 was hij op zijn achttiende in de mijn begonnen, anders had hij naar Indië gemoeten. Hij had gekeken waar hij het meeste kon verdienen en dat was onder de grond. Wiel had de mijnschool gedaan, zijn diploma gehaald, hard gewerkt en gauw promotie gemaakt. In 1954 was hij getrouwd met Marie Voncken en in het ouderlijk huis van zijn vrouw gaan wonen, schuin tegenover Romeinenstraat 7. Net als de Vindersen aan de overkant woonde hij in een eigendomshuis, maar dan van henzelf. In de goeie kamer hing aan de muur zijn mijndiploma, naast dat van zijn overleden vader.

Ze hadden aan niks tekort gehad; een huis aan een flinke tuin, deputaatkolen met ook altijd een lading antraciet, genoeg hout en een volière vol kanaries in de achtertuin. Frijns stond met zijn mooiste mannetjes op kanarietentoonstellingen. Onder de grond was hij schiethouwer geweest, voorman in het drijven van nieuwe gangen, boven de grond secretaris van de Roomsch Katholieke Mijnwerkersbond. Frijns zelf was overigens niet zo van de kerk, anders dan zijn vrouw. Wanneer zij kaarsjes aanstak voor de een of andere heilige, blies hij ze uit. Alleen wanneer er gregoriaans werd gezongen, ging hij graag naar de kerk.

Vaak nam hij zijn twee dochters mee naar Heerlen, om te winkelen. Dat zoiets voor mannen ongebruikelijk was, kon hem niks schelen. Hij had er plezier in gehad bij Huntjens mooie kleren voor zijn meisjes uit te zoeken, jurken met ruches en een bijpassend lint voor in het haar. Eens in de zoveel tijd had hij dan voor zichzelf een kostuum gekocht bij Groote, speciaalzaak voor herenmode. Nooit was Frijns naar Schunck gegaan, altijd naar de kleine middenstand. Op de weg terug naar het station stopten ze bij chocolatier Van der Tuijn, waar zijn zusje achter de toonbank stond.

Steeds vaker had Wiel naar Heerlen gemoeten. Vergaderingen van de bond hadden elkaar in hoog tempo opgevolgd. Eerst had hij er niet zoveel over gezegd, tot zijn vrouw aandrong en hij antwoordde: 'Ze denken dat de mijnen dicht moeten.' Dat gebeurde toen hij 37 was. Daar stond hij, met zijn maatkostuum en zijn meisjes met strikken om het hoofd. Werkloos. Weg was zijn baan met ondergronds gezag, weg was de secretaris van de Mijnwerkersbond.

Vanaf de dag dat hij zijn congé had gekregen, was Wiel een andere man. Hij kwam thuis en trok alles van de muur dat aan de mijnen deed denken: de diploma's, een aardewerken gedenkbord uitgegeven bij het jubileum van de Staatsmijnen, de kalender van de bond. Voorheen geëerd bezit, nu tastbaar bewijs van zijn overbodigheid. Zijn zondagse overjas, een bruine gabardine trenchcoat die hij had gekregen van de mijn en die werd gedragen bij processies en andere kerkelijke feesten, had hij weggegooid. Wiel was opgehouden met praten.

Elke twee weken moest hij naar het arbeidsbureau, een hele dag zat hij daar tegenover een consulente, de kaartenbakken door te vlooien. Aan het eind van de middag kwam hij bekaf thuis. Het was geen man om te janken, daarom schold hij, de rest van de avond, en vaak nog de dagen erna. De grimmigheid was er altijd, het binnenvetten, de somberte.

In die dagen van 1976 kwamen vier muzikanten bijeen met het idee een lp op te nemen over het leven van de mijnwerker. 'Carboon', noemden ze zich. In het Heerlens dialect zongen ze over Koempel Sjeng en zijn kameraden. Over hoe die sjekkies rokend 's ochtends om 5 uur hadden zitten wachten op de mijnbus. Over het *boeteren*, het lunchen onder de grond, de boterham belegd met kolengruis, en de *blech*, de thermoskan met koffie, tussen de benen.

Witste nog, koempel heette de dubbel-lp, met foto's en teksten binnenin. Ze kwam uit en was onmiddellijk uitverkocht. In de platenzaak Roeks en in de V&D stonden rijen te wachten tot nieuwe lp's binnenkwamen. De oudste dochter van Wiel Frijns, Truus, was in de rij gaan staan om voor haar vader een lp te bemachtigen. 'Die plaat is gemaakt door iemand die onder de grond heeft gewerkt,' zeiden de mijnwerkers, 'dat kan niet anders. Elke zin klopt.' De oud-kompels en hun vrouwen luisterden met tranen in de ogen. 'Zo was het,' zeiden ze. Truus Frijns vond bij Carboon het gevoel van het ondergrondse leven dat haar vader zo miste. Ze durfde het hem nog niet te laten horen.

Wat nog nooit was gebeurd in de Nederlandse muziekgeschiedenis, lukte Carboon in enkele weken: een album in lokaal dialect werd een gouden plaat. Bijna veertig jaar later duidde een van de zangers het succes: 'Toen de overheid alles deed om de sporen van de mijnen te wissen, hebben wij ze iets nagelaten.'

Al vóór de aankondiging van de mijnsluiting had vakbondsleider Frans Dohmen toenmalig minister van Economische Zaken Den Uyl gevraagd om een zwaargewicht, iemand die de herstructurering kon leiden en die genoeg nieuwe bedrijven kon aantrekken. Dohmen zei toen: 'Voor mijn part verdient zo'n makker een miljoen gulden per jaar. Hij zal zijn geld opbrengen.'

Zo'n centraal commando voor herstructurering kwam er niet. Er werd geen groot project opgezet rond de vraag hoe de oude Mijnstreek in te richten voor de toekomst. De eerste tien jaar was de economische transformatie een zaak van het Rijk, de provincie speelde nauwelijks een rol, en elk mijninvesteringsfonds probeerde maar wat vervangende werkgelegenheid te organiseren. Rijk, de Staatsmijnen en particuliere mijnen gingen elk met een pak bankbiljetten de markt op om bedrijven naar Limburg te lokken.

Zo haalde Den Uyl met royale subsidie DAF over zijn nieuwe fabriek in Born neer te zetten. Behalve Dafjes was het bedrijf na 1956 trucks voor het Nederlandse leger gaan bouwen. Toen de Staatsmijnen een belang van 25 procent namen in de autofabriek, kon de deal doorgaan. Zomer 1967 rolde de eerste DAF 44 in Born van de band, waarna de productie van deze DAF en de iets grotere DAF 55 werd opgevoerd. Een dik jaar later leverde Born de 50.000ste auto af, wat met de 1400 personeelsleden groot werd gevierd met bier en worstenbroodjes. De fabriek was toen nog ver van de 3500 werknemers die waren voorzien voor 1969.

Zo idyllisch als de komst van de autofabriek had geleken, zo weerbarstig was de praktijk. Van de 1400 werknemers hadden er maar 700 in de Maurits gewerkt. De fabriek had moeite nieuw personeel te vinden, want oud-mijnwerkers waren lastig te porren. De lopende band viel hun zwaar. Wie jong en fit was, zocht werk in Duitse mijnen, oudere mijnwerkers gingen liever met een goeie regeling eruit.

Het lukte bij lange na niet genoeg banen te scheppen. Oppositieleider Den Uyl verweet het kabinet dat met de versnelde sluiting te veel arbeidsplaatsen ineens verloren waren gegaan. Hij eiste van de regering een andere aanpak: er moest een 'Projectenbureau' komen en een 'Industrialisatiemaatschappij'. Ook was een team nodig dat fulltime de 'Limburgproblematiek' ter hand ging nemen. En de overheid moest er zelf bedrijven gaan opzetten. Den Uyl: 'Wij hebben in de afgelopen anderhalf à twee jaar ervaren dat het op de bestaande manier niet gelukt.' De KVP speelde de zwartepiet naar Den Uyl terug: 'In 1965 zijn uw eigen prognoses veel te optimistisch geweest.'

Achteraf bleek dat particuliere mijnbedrijven kennis en kunde misten om zo'n ingrijpende economische herstructurering uit te voeren. Voor de investeringsmaatschappij van de Willem-Sophia reisde meneer Bakker, de directeur, met zijn zak vol subsidies stad en land af op zoek naar deals en joint-ventures. Of een investering levensvatbaar was, moest hij bijna altijd in zijn eentje vaststellen. De moedermaatschappij, Société Anonyme des Charbonnages néerlandais Willem et Sophia, zat ver weg in Brussel.

De mijnbedrijven misten niet alleen de nodige expertise, sommige ontbrak het aan de intentie om Zuid-Limburg aan nieuwe werkgelegenheid te helpen. De Oranje-Nassaumijnen, Nederlands grootste particuliere mijn in handen van de Franse familie De Wendel, kreeg van de staat meer dan 400 miljoen gulden voor de re-integratie van de werknemers van Oranje-Nassau. Minister Leo de Block gaf de ondernemers grote vrijheid in het besteden van de gelden. Belangrijkste voorwaarde was dat 'het vermogen dat na de sluiting vrijkwam' werd gebruikt voor '...in principe nieuwe industriële activiteiten in Nederland, bij voorkeur in Zuid-Limburg'.

De firma De Wendel liet zich aan dat principe weinig gelegen liggen. Ze investeerde slechts een klein deel in Limburg, naar schatting minder dan een kwart. Ook de industrie elders in Nederland schoot er weinig mee op. Het leeuwendeel stopte De Wendel in offshore business, in olie en gas voor eigen gewin. De Algemene Rekenkamer zou in 1983 vaststellen dat niets was vastgelegd over wat moest worden verstaan onder 'het te herinvesteren vermogen'.

Toen op 31 december 1974 de laatste Oranje-Nassaumijn sloot, was de Nederlandse steenkoolindustrie ten einde. In België had de aangekondigde sluiting van de mijn Zwartberg in 1969 tot heftige demonstraties en stakingen geleid; Rijkswachters gebruikten traangas en schoten met scherp, wat twee mensen het leven kostte en vijf zwaargewond achterliet. De Belgische regering had parachutisten ingezet om de mijninstallaties te beschermen en de rust te herstellen.

De Britse regering zou in 1984 twintig mijnen gaan sluiten. De historische staking die daarop volgde, zou door Margaret Thatcher hard worden neergeslagen. In Nederland had de sluiting zich zonder rumoer voltrokken. Een kompel verzette zich niet, dat lag niet in zijn aard. Bovendien meenden de bonden ook nu nog dat een constructieve opstelling hun leden meer zou opleveren; dat dan voor nieuw werk zou worden gezorgd.

De tussenstand bij de sluiting van de laatste mijn: er waren 107 nieuwe bedrijven met een premie naar de Oostelijke Mijnstreek gekomen. Die hadden ruim 11.000 banen geschapen, een kwart minder dan vooraf gepland. Voor die 11.000 banen waren slechts 3757 ex-mijnwerkers aangenomen. De groei van de beroepsbevolking was veel groter dan die van nieuwe banen. In de zeven jaar tussen de eerste en de laatste mijnsluiting was ook nog eens veel meer herstructureringsgeld gegaan naar het financieren van de nog open mijnen – een miljard gulden – dan in het aanleggen van nieuwe infrastructuur – 400 miljoen. Het wetenschappelijk tijdschrift *Zone* bracht in 1976 de herstructurering in kaart en concludeerde: 'Zeker is dat een aantal bedrijven op de vette premie zijn afgekomen, deze opgestreken hebben en daarna weer vertrokken zijn.' Het was hoog tijd dat Limburg een krachtdadige man kreeg, een *Macher*, iemand die als een generaal de regie zou voeren.

Nadat Sjaak was weggelopen uit het Sint-Jozefziekenhuis, hadden Tineke en Hein hun handen van hem afgetrokken. Hij was twintig, hij woonde nog thuis, maar ze zagen hem liever niet. Als hij niet door de dokters geholpen wilde worden, moest hij het zelf maar weten.

Dat is precies wat Sjaak deed. Hij ging weg, zocht zijn eigen spoor. Zijn lange blonde haar golfde op de schouders, hij droeg strakke broeken met wijde pijpen, bloesjes spanden om zijn borst. Hij was dan wel niet groot geworden, gespierd was hij des te meer, en net zo slank als zijn moeder – de overmaat aan zenuwen kwam met een kleine maag. Hij had vierkante armen bedekt met sproeten en blond dons, zeemansbonken waar jongens – net als meisjes – graag over aaiden.

Zijn badsessies op zaterdagmiddag werden een heilig moment. Eerst liet Sjaak zijn vader, moeder en Hein weten dat hij in bad ging – wie iets uit de keuken nodig had, kon dat nog snel even pakken. Dan was hij al even bezig met het koken van water voor in de teil. Die stond midden in de keuken te dampen. Als de kuip vol was, deed Sjaak de deuren op slot, zette zijn cassetterecorder aan en zonk verzaligd weg in het warme sop. Dan schalde 'Pastorale' van Ramses Shaffy en Liesbeth List door het hele huis: 'Ik heb je lief, zo lief...'

Sjaak was ook begonnen te zingen, in het jongerenkoor dat op zondag de beatmis vulde met 'Kumbaya my Lord' en zelfgeschreven liedjes. De jongeren van het koor wilden meer zijn dan een levende langspeelplaat. In de kerk wilden ze getuigen van hun levenslust, van hun voornemen de wereld anders in te richten. Daarover spraken ze met hun jonge kapelaan. Thei Maasen was pas 26, de zwarte priesterdracht had hij verruild voor een jeans, zijn blonde haar was langer dan de kerkelijke coupe en in zijn ogen schitterde het plezier; een Jesus-Christ-Superstar-kapelaan. Na een vergadering over het koor bleven ze nog uren hangen om Maasen hun levensvragen voor te leggen.

's Zondags om half twaalf deed Maasen de mis, en de Onze-Lieve-Vrouw van Altijddurende Bijstand zat dan stampvol. De kapelaan had het goed gevonden dat Sjaak zijn bewegingstheater de kerk in bracht. Dansend in zwarte maillots en zwarte T-shirts speelden ze scènes uit hun leven. Ze verbeeldden de liefde, het onrecht, het verlangen naar vrijheid.

Het waren de dagen na het Tweede Vaticaanse Concilie, de kerk vulde zich met een gevoel van bevrijding van een bestraffende God, en kapelaan Maasen met zijn aanhang gaf gehoor aan Romes oproep katholieke dogma's te onderzoeken op hun houdbaarheid. Dat ze daarbij op blote voeten over het priesterkoor zijn gaan dansen, heeft de jongerenmis de kop gekost. De steilere katholieken vonden het heidens en heiligschennis, en kwamen in het geweer. Uiteindelijk moesten de jongerenmissen worden gestaakt.

In het koor werd Sjaak steeds vaker gevraagd voor de solo's. Hij zong graag, ontdekte hij, en hij werd geprezen om de warmte in zijn stem. Meneer John, de dirigent, begeleidde het koor op het orgel, maar op een dag werd hij voor langere tijd ziek. Sjaak ging op zoek naar een vervanger.

'Het meisje van De Magneet,' hadden ze in het koor gezegd. Sjaak kende haar van gezicht. Ze was vaak komen binnenlopen in de winkel van Marijkes vader, bij groenteboer Schetters, toen Sjaak daar nog in de winkel hielp. Haar naam was Ans en ze zeiden dat ze goed pianospeelde.

Ans was de dochter van de familie Stoelinga, eigenaar van warenhuis De Magneet in de Akerstraat. De Magneet verkocht alles wat in huis aan niet-eetbaars nodig was: matrassen, beddengoed, wol, lederwaren, speelgoed, kerstballen, pannen, serviezen, glazen, stoffen, stofzuigerzakken, opschrijfboekjes en carnavalsneuzen. Achterin was een atelier waar gordijnen werden genaaid.

Oma Stoelinga was de winkel begonnen, en tot op haar oude dag zwaaide ze er de scepter. De vader van Ans had de zaak moeten overnemen, maar dat was er nooit echt van gekomen. Hij was een boekenwurm met meer liefde voor Plato dan voor peper-en-zoutstelletjes, een intellectueel die liever boven de winkel in zijn rookstoel zat te lezen dan dat hij zijn klanten hielp een douchegordijn kiezen. En zo was oma aangebleven als directrice. Ze inspecteerde de winkel met haar wandelstok en als het nodig was, zwaaide ze ermee. Lagen de handdoeken niet strak op een stapel, dan trok ze ze met haar stok naar beneden. De hele partij werd dan door het personeel opnieuw gevouwen.

Het was De Magneet voor de wind gegaan. De mijnen hadden in Spekholzerheide en het aangrenzend Heilust koopkracht gebracht. Beginnend bij een set theedoeken en daarna bord voor bord een servies in boerenbont, hadden de mijnwerkers dertig jaar lang hun huis gevuld met steeds meer en mooiere spullen. Veel werd op afbetaling gekocht. Eens in de maand stond oma achter een bak vol kaartjes met daarop de namen en bedragen van de debiteuren, klaar voor de maandelijkse incasso. Niemand wist van een verborgen administratie. Pas na oma's dood bleek er voor dik 25.000 gulden aan vorderingen open te staan. Van klanten die moesten worstelen om rond te komen, had ze de kaartjes laten verdwijnen.

Haar kleindochter studeerde door de week piano aan het conservatorium in Maastricht. Op zaterdag hielp Ans in het warenhuis. Dan stuurde oma haar voor boodschappen. Daarbij moest ze de aankopen heel precies verdelen onder alle omringende middenstand. Naast De Magneet lag vishandel De Zeester, daarnaast modezaak Eureka, er waren twee bakkers en twee groentewinkels. De ene keer kocht Ans bij de ene bakker en groenteboer, de volgende keer bij de andere twee, zodat nooit iemand scheve ogen opzette. Wanneer bij Schetters die leuke jongen werkte, liet ze oma's schema zitten en liep ze daar naar binnen. Sjaak en Ans hadden dus al vaker een praatje gemaakt, toen op een zaterdag Sjaak met een kameraad bij De Magneet naar binnen stapten, op zoek naar een pianist.

'Ik heb gehoord dat jij pianospeelt?'

Dat Ans elke dag naar Maastricht ging om daar aan het conservatorium te studeren, maakte grote indruk op Sjaak. Dat kon dus zomaar. Zo dichtbij kon een ander leven worden gevonden; de belofte van theaters en concertzalen was slechts dertig kilometer ver.

Ans kwam het koor begeleiden, maar dat koor werd diezelfde dag nog bijzaak. Ans ging spelen met Sjaak. Zij achter haar vleugel, hij staand ernaast. Ze hadden haast, gingen de volgende dag op zoek naar liedjesboeken en speelden en zongen alles wat ze maar voor ogen kregen. Veel Charles Aznavour: 'Yesterday When I Was

Young' en 'For Me, formidable', van John Rowles deden ze 'If I Only Had Time'. Hun favoriete nummer kwam uit de musical *Fiddler on the Roof*: 'If I Were a Rich Man'...

Sjaak was een vrije jongen sinds Marijke hem had verlaten. Hij had veel tijd bij Basja doorgebracht, maar sinds hij het pianomeisje had gehaald, kwam hij nooit meer bij zijn Poolse vriendin in de zwarte kolonie. Alle uren die Ans niet in Maastricht was, stond Sjaak aan haar vleugel. Ze waren uitgelaten van opwinding, ze hadden het gevoel iets groots te hebben gevonden, iets als een bestemming.

Maar Sjaak hoorde bij haar, vond Basja, en ze ontbood Ans bij haar thuis. Ans was kleiner, verlegen, had steil bruin haar en werd overklast door de struise Poolse met het temperament van een zigeunerin. Het voelde alsof Ans op audiëntie moest. Ans ging naar de Gracht. Daar zei Basja: 'Jij studeert muziek, ik niet. Ik heb geen piano. Ik kan niet tegen jou op. Je mag hem hebben.'

Sjaak had een brommer gekocht en ging nu waar hij wilde. Thuis zei niemand nog wat. Hij schuimde homokroegen af, maar kon er het geluk niet vinden. Werd hij verliefd, waren het altijd de mooiste mannen en getrouwd. Hij zocht liefde en vond in het bronstig leer het schrijnen van de eenzaamheid. Vaak eindigden zijn strooptochten diep in de avond in Bettina's Bar op de 'Reeperbahn' – de bijnaam van het deel van de Akerstraat in Spekholzerheide waar de cafés zo dik gezaaid waren dat het deed denken aan de Reeperbahn in Hamburg, hart van het nachtleven en de 'sündigste Meile der Welt'.

Met zijn oude schoolkameraden hing Sjaak dan bij Bettina aan de bar. Achter de tap stond altijd Bettina zelf, fuifnummer van 110 kilo. Over haar deed het verhaal de ronde dat ze één grote witte onderbroek had, die ze elke avond na sluitingstijd in de spoelbak waste. Na tweeën trok Bettina de gordijnen dicht maar bleef de tap open. Wanneer de politie kwam, stoven Sjaak en de jongens de trap op, Bettina's slaapkamer in.

Het uitgaansleven in Kerkrade hield het op pils, in Heerlen kwamen er met de komst van de Amerikaanse militairen van de AFCENT (Allied Forces in Central Europe) andere genotsmiddelen bij. Onder de Amerikaanse soldaten waren een paar Vietnam-veteranen. Zij zouden in de oorlog lsd en heroïne hebben gebruikt en verhandelden het spul in Heerlense discotheken. In het donkere, hete en van soul pompende Shangri-La waren de harddrugs te koop, later ook in Le Barock en Femina.

Met het verdwijnen van de mijnen verdwenen de kansen. De jeugd van de oude Mijnstreek restte weinig toekomst. Terwijl de elite van Heerlen nog even uitdreef op restjes glans en welvaart, begon voor de arbeiders het verval, koerste de gemeente af op een faillissement en raakten haar jongeren aan de dope.

In de zomer van 1970 vierde de familie Vinders feest. Sjaak was bijna 21 en klaar met de kweekschool. Zijn vader had maanden niet met hem gesproken, maar het aanstaande afstuderen hield Hein senior erg bezig. Zijn zoon was de eerste Vinders die had doorgeleerd, Sjaak zou de eerste onderwijzer in de familie zijn. Een onderwijzer, dat had aanzien, dan kreeg je een plek vooraan in de kerk, dan zat je bij de dokter en de notaris. Hein had tegen Sjaak gezegd: 'Jong, als jíj dat diploma haalt... Jong, dan hangen wij hier de vlag uit.' Tineke had erbij staan knikken. Er waren een stok en een Nederlandse vlag aangeschaft.

Op de dag van de diploma-uitreiking was het hele huis in ontreddering. Sjaak had even daarvoor zijn rijbewijs gehaald. Van het geld verdiend in Vaals had hij een oranje Simca gekocht, een rallywagentje met een klein stuur, zwarte motorkap en strepen over de achterbak. Hij had ermee lopen blitsen. Nu hij met zijn auto naar school mocht, kon gaan pronken, gierden de zenuwen zo door zijn lijf dat zijn broer hem naar Heerlen moest rijden. Hein senior was er nog erger aan toe. De spanning had zich weken opgebouwd en de eeuwige gangmaker was een wankel wrak. Hij vreesde een onvoorziene correctie in Sjaaks nadeel, waardoor die zijn diploma niet zou krijgen. Tineke en hij konden maar beter thuisblijven, zei Hein. Samen met Ans en zijn broer ging Sjaak zijn diploma ophalen. Toen ze in de avond terugkwamen in Heilust, wapperde aan de Spireastraat het rood-wit-blauw. Het was voor het eerst dat Sjaak de tranen van zijn vader zag, op het moment dat Hein het onderwijzersdiploma vasthield.

De saamhorigheid duurde niet lang. Toen zijn vader de volgende ochtend informeerde of hij al een betrekking had gezocht, zei Sjaak dat hij andere plannen had. Hij wilde naar Utrecht, naar de School voor Dramatische Expressie. 'Die gekkigheid kun je maar beter heel snel vergeten,' brieste Hein. Sjaak had een fatsoenlijk diploma, dat hij nu niet dacht dat-ie naar Holland kon gaan om zich in te laten met zulke flauwekul. 'Dramatische expressie!' Hein spoog het hem met walging na.

Gelukkig was er een half jaar later weer wat te vieren. In januari 1971 trouwde Hein met zijn Marlies. Hij was eenentwintig, zij achttien. Zij was zijn grote liefde en hij de hare. Ze hadden zes jaar verkering en nu was ze drie maanden zwanger. Marlies was een meisje van Heilust, iemand die nooit slechte zin had, die altijd oplossingen en nergens problemen zag. Hun trouwfeest vierden ze in café Zum Blauen Bock. Het was dansen en drinken tot diep in de nacht. De jongens van Heins elftal waren uitgelaten en toeterzat, het bruidspaar zwierde maar over de dansvloer. Sjaak kwam met Hein en Marlies als laatste naar buiten. Hij liep naar de Spireastraat toen zij afsloegen voor een bruidsnacht in hun nieuwe huis.

Sjaak zag hoe ze wegliepen, hij keek ze na. Het was koud, maar Marlies schopte haar pumps uit en trok haar jurk op, ze haakte haar arm in die van Hein en slingerend, schaterend, zwalkten ze op huis aan. Sjaak bleef naar ze kijken tot ze aan het einde van de straat de bocht om gingen. Hij verlangde naar zo'n liefde, volledig en vanzelfsprekend.

Hein junior was intussen vertrokken bij de Caja, hij had er net een jaar gewerkt. Bij bakker Hendriks was hij op de wagen gaan rijden. Met brood, *wick* (witbrood) en vlaaien. Dat beviel beter, hij was er weer zijn eigen man. De sluiting van de Willem-Sophia had hem uit de voorbestemde ordening gestoten; hij kon niet meer de kompel zijn die hij in feite van jongs af aan was geweest, maar met zijn broodwagen en zijn prille gezin kon Hein weer vooruitkijken.

Nog geen maand was hij getrouwd, toen hij op 11 februari 1971 terug naar huis reed en Marlies aan de keukentafel trof. Ze zat daar zoals hij haar 's morgens met een kus had achtergelaten. In haar ochtendjas, de radio aan, het ontbijt nog op tafel, het enige verschil was dat haar hoofd wat raar op de tafel lag. Hij zei 'Hee!' en pakte haar schouder. Marlies was blauw en koud. Al uren dood. Hein rende naar buiten en schreeuwde: 'Help! Help me dan!' en is nooit meer het huis in gegaan.

Marlies had een longembolie gehad. Een grote bloedprop had de toevoer van bloed naar de longen geblokkeerd en haar hart in één keer doen stilstaan. De kans op zo'n embolie kan worden vergroot door een zwangerschap. Marlies was bijna op de helft.

Het was februari, zes weken later zou Marlies negentien zijn geworden. Hein kocht negentien knotsen van rode rozen voor op haar kist. Onderweg knakte er een. Hein was radeloos, totaal verslagen. Nog voor hun wittebroodsweken voorbij waren, was hij weduwnaar. Zijn vader haalde met zijn schoonvader het appartement leeg en bracht Heins spullen naar huis. Daar had Hein zijn oude kamer aan de Spireastraat weer ingenomen.

Na een paar weken had Hein weer op de bakkerswagen willen gaan rijden. Ergens in Spekholzerheide was hij gestrand. Hij zette de bus aan de kant, belde zijn baas en zei: 'Johan, kom me asjeblieft halen, het gaat niet...'

Als Hein zijn bed nog uitkwam, was dat om naar het café te gaan. Het geld dat hij had gespaard om met Marlies een gezin te stichten, ging op aan bier met schnaps. Bij Vinders rinkelde dan midden in de nacht de telefoon, stond Hein boven op een elektriciteitshuisje te zingen. Of hij lag lam ergens in een goot te brullen.

Tineke verdroeg de dood van Marlies al niet beter. Haar Hein verloor zijn vrouw en kind. Ze zal zich hebben afgevraagd of de vloek die zij over zich had afgeroepen ook haar oogappel trof. Ze zag haar jong voor haar ogen kapotgaan. Haar dochter was toen nog maar zes, maar Tineke kon niet meer voor Linda zorgen. Het vermoeden van overerfde boete voor haar eigen zondeval voerde haar een duistere diepte in. Tineke werd weer naar Meerssen gebracht.

Ook Hein trok niet bij. De bedoeling was hem even rust te gunnen, te laten uithuilen, bijkomen, dan kon hij opnieuw beginnen. Maar Hein verzoop in zijn verdriet. En niemand die hem eens vroeg: 'Hoe gaat het met je?' Voor gevoelens was geen idioom.

Binnen een paar weken was Hein een zware alcoholist. Wat hem eerder onvoorstelbaar had geleken, was nu een feit: Hein kwam niet meer op het voetbalveld. Toen hij al zijn reserves had opgezopen en zocht naar geld om te drinken, sloot zijn vader hem op. De deur van de Spireastraat ging op slot en Hein zat vast. Furieus was hij, maar uitbreken deed hij niet. Achteraf is hij dankbaar voor zijn vaders daadkracht. Een paar maanden later werd Hein vrachtwagenchauffeur. Hij reed een dubbelasser met grind van de Brunssummerheide naar een fabriek voor siertegels.

Toen Linda dat voorjaar 1971 de eerste heilige communie deed, was Tineke niet thuis. Ans nam Linda mee naar Heerlen om een wit jurkje te kopen. Tante Hanna maakte met oma de koude schotel. Het bleef een klein feestje.

Het was een machtige minderheid van orthodoxe katholieken geweest die in Heilust het drumstel de kerk uit had gemieterd. In het bisschoppelijk paleis in Roermond stond iets soortgelijks te gebeuren. Katholiek Nederland was sinds het Tweede Vaticaans Concilie in discussie over de kerk in de moderne tijd. Onder leiding van de progressieve kardinaal Alfrink werd gesproken over het afschaffen van het celibaat en de houdbaarheid van andere kerkwetten. Godfried Bomans twijfelde openlijk aan zijn geloof en jonge priesters droegen spijkerbroeken, zodat ze dicht bij hun gelovigen stonden. Toen in Roermond bisschop Petrus Moors zijn aftreden bekendmaakte, hoopten de meeste Limburgers op een jonge, veranderingsgezinde bisschop. Het bisdom deed een voordracht voor de nieuwe leider. Drie, volgens het bisdom gematigd progressieve priesters, kwamen op de lijst.

Maar daar was buiten de conservatieven gerekend. Zij gruwden van wat er in hun kerk gebeurde. Afbraak, vonden ze deze poging de kerk bij de tijd te brengen. Een priester in opleiding, Gerard Hover, zei: 'De motorhelmen en multomappen lagen op het altaar, het was één grote chaos.' Dat beeld was ook tot Rome doorgedrongen. Joseph Ratzinger, die toen al een hoge functie in het Vaticaan bekleedde en later paus Benedictus XVI zou worden, zei: 'Nergens in de katholieke wereld heeft het Vaticaans Concilie tot zulke excessen geleid als in Nederland.'

Rome besloot dat het tijd was voor restauratie. In plaats van de drie kandidaten uit Roermond wilde het Vaticaan een conservatieve deken tot bisschop wijden. Limburgse priesters reageerden ontsteld: 'Een oude dorpspastoor met oude ideeën.' Kardinaal Alfrink zou het gaan regelen en reisde af naar Rome. Daar hoorde hij dat Rome zijn kandidaat wilde laten vallen, op één voorwaarde. Dat het bisdom de volgende kandidaat zonder morren zou accepteren. Alfrink ging akkoord. Als nieuwe bisschop werd voorgedragen de 39-jarige Jo Gijsen, goede vriend van de conservatieve Rotterdamse bisschop Ad Simonis.

Het nieuws sloeg in als een bom. Onbestaanbaar, vond de meerderheid van de Limburgers: een orthodoxe conservatief die de klok moest komen terugdraaien. Het volk protesteerde met een geestdrift zoals Limburgers die zelden hadden laten zien, alsof de ontvoogding die in de jaren zestig in Amsterdam was begonnen nu als laatste ook het meeste zuidelijke deel van Nederland had aangestoken. De kranten stonden vol woedende brieven en er werd gedemonstreerd voor het bisschoppelijk paleis. Slechts 31 procent van de Limburgers noemde Gijsen 'aanvaardbaar'.

Het maakte geen bal uit. Op 13 februari 1972 werd Gijsen in Rome tot bisschop gewijd. De progressieve kardinaal Alfrink moest op last van de paus assisteren bij de wijding en legde zo zijn gang naar Canossa af; hij werd overwonnen en vernederd.

De nieuwe bisschop maakte in zijn eerste honderd dagen duidelijk dat een heel andere wind ging waaien door Limburg, een van oude katholieke waarden en wetten, van onderwerping aan een weer bestraffende God. Gijsen ontsloeg een groot deel van zijn staf. Hij zette zijn eigen beleid uit, afwijkend van de andere bisdommen: abortus en homoseksualiteit waren weer gewoon verboden, gescheiden katholieken kregen geen sacramenten meer, en de kerk hield zich niet meer bezig met sociale vraagstukken. In Rolduc begon Gijsen een eigen priesteropleiding. Met de kapelaan in spijkerbroek was het gedaan. De geestelijken droegen weer een zwart pak met priesterboord. Vijf maanden na de benoeming van Gijsen hield de tv-rubriek *Brandpunt* een enquête. De steun voor Gijsen bleek sterk afgenomen. *Het Vrije Volk* kopte: 'Drie kwart r.k. Limburgers lust Gijsen niet.'

Niet lang na het aantreden van Gijsen trad kapelaan Thei Maasen uit, zoals veel jonge priesters, vicarissen en kerkpersoneel in die dagen hun ontslag aanboden. Maasen is getrouwd en vader geworden.

Het duurde nog even voordat Sjaak los was van Heilust, daarvoor moesten strakke banden worden verbroken. Hij gehoorzaamde zijn vader en ging niet naar de theaterschool in Utrecht. Nog voor hij een baan als onderwijzer had kunnen zoeken, werd hem gevraagd om voor de klas te komen staan.

Op straat had hij een voetbalmaat van zijn broer Hein getroffen. 'Zeg Sjaak, jij bent toch onderwijzer?' De jongen werkte in de bibliotheek van de kloosterschool en daar was een leraar ziek geworden. 'Kun jij niet invallen?' De kloosterschool was de Sint-Jozefschool in Spekholzerheide, een door paters geleide jongensschool voor moeilijk lerende kinderen (MLK). Om les te geven aan het speciale onderwijs, had je een aparte akte nodig. Die akte had Sjaak niet, maar evengoed stond hij een paar weken na zijn afstuderen voor een klas kinderen die 'debieltjes' werden genoemd.

De katholieke lente die Limburg even had beleefd, was aan de Sint-Jozefschool voorbijgegaan. Frisse wind bleef buiten. Deze ramen waren geen vensters op de buitenwereld, hier hing dichte vitrage, en de sanseveria's vulden de vensterbank met tralies van bladeren. De muren waren bruin en zo was de geur, dof van de boenwas die dik op de vloeren lag. Nergens een tekening aan de muur.

Sjaak had geen idee wat hij moest doen met kinderen wier IQ was blijven steken bij de 80. De eerste dag stond hij daar, met zijn gouden lokken en zijn hippiepak. Hij legde een som uit zoals hij dat had geleerd op de Kweekschool. Acht jongens keken hem glazig aan. Hij legde het nog een keer uit, ze keken nog even wazig. Hij gooide het plan om. Wascotekeningen voor aan de muur, dat ze daar maar eens mee begonnen. Heldere, felle kleuren krijt op groot papier. De vellen pasten niet op de tafels, ze konden beter werken op de vloer. Toen het vel was bedekt met kleur, gingen ze er dik met zwart vetkrijt overheen. Daarna krasten ze figuren in het zwarte dek en kwamen er prachtige kleuren tevoorschijn. De jongens waren door het dolle heen, deden met ontroerende ijver hun werk, krijtten, kleurden, krasten. Toen ze naar huis gingen, waren de muren bekleed met geweldige prenten.

Die middag raakte het hele klaslokaal onder de wasco. De schoolbanken waren beklad, de muren hadden vegen en de vloer... de steriele linoleumvloer was een mozaïek.

Lang na half vier lag Sjaak nog op de grond. Met Vim en een schuursponsje krabde en wreef hij de wasco van de vloer. Met het krijt verdween de boenwas. Doffe strepen trokken een patroon van chaos door het klaslokaal. Sjaak vloekte en ploegde voort – nu was hij toch meester geworden, precies zoals hij zich had voorgenomen sinds meester Schreuder hem op zijn zesde de weg had gewezen. Al die jaren had hij zijn ogen op het doel gehouden, het zou hem niet gebeuren dat hij met één tekenles zijn baan verloor. En zo schrobde hij verder. Tot hem ergens na zessen het boenspoor werd geblokkeerd door twee benen in een pij. Sjaak ging snel staan, ook zo torende de hoofdbroeder nog een halve meter boven hem uit. Broeder Gregorius produceerde een mild-cynische glimlach: 'En...? Hoe is het gegaan?'

De MLK-school werd geleid door de broeders van de Onbevlekte Ontvangenis. Wat Sjaak aan vooroordelen jegens fanatieke katholieken had opgedaan, werd hier bevestigd. Broeder Gregorius konkelde, roddelde, stookte, zette leraren tegen elkaar op, maar door hun goede werken met deze kinderen werd de broeder behandeld als een heilige. Liefdadigheid gaf hun bestaan een aura van voornaamheid. Veel van de broeders aan school waren nauw betrokken bij de kinderen. In Sjaaks klas kwam een keer een jongen veel te laat de les in.

'Waar kom jij vandaan?' vroeg de meester.

'Van broeder Grimuwald.'

'Wat moest je bij broeder Grimuwald?'

'Die had onderbroeken voor mij gekocht.'

'Onderbroeken?'

'Ja, die moest ik passen.'

'Allemaal?'

'Ja, ik heb ze allemaal gepast.'

De Sint Jozefschool was als een bunker met monnikspijen en vrome kinderen, de tijd stond er stil. Buiten de kloostermuren ging de wereld op de schop. Het oude Heilust, de wijk vol arbeiderswoningen die koningin Wilhelmina in 1919 had bezocht, werd afgebroken. De 146 huizen waren te slecht om te renoveren. In plaats daarvan kwamen 187 nieuwe woningen – 41 meer, in nauwe woonerven op elkaar gedrukt als kompels in hun liftkooi. Van de oude bewoners kwam niet iedereen terug, sommigen konden de hogere huur niet betalen. Bovendien moest er volgens beleidsmakers 'nieuw bloed' de wijk in. Onder hen ook mensen die van de Dienst Maatschappelijk Werk het stempel 'probleemgeval' hadden gekregen. Volgens Wiel Beijer, journalist en opgegroeid in Heilust, werd met de stenen de sociale samenhang van de wijk gesloopt.

De jaren daarna kwamen onbekenden de wijk in en veranderde de sfeer. Vroeger zaten er alleen klinken en geen sloten op de deur, kwamen in de middag de stoelen op de stoep en liep iedereen bij elkaar binnen. Langzaam maar zeker ging Heilust de deur afsluiten. Ook het uitzicht veranderde. De immense steenberg die achter de mijnwerkershuisjes van Spekholzerheide omhoogrees en waar Heilust altijd op had uitgekeken, werd afgegraven. Nadat eerst aan het eeuwige ratelen en kloppen een einde was gekomen – geluiden die in Heilust als een hartslag hadden geklonken –, werd nu ook de horizon van schachtbokken en fabriekspijpen platgeslagen.

Toen later België en Duitsland hun steenkolenmijnen sloten – Duitsland heeft van zijn 140 mijnen nog steeds enkele in bedrijf –, kregen de fabriekscomplexen als industrieel monument een andere bestemming. Duitsland had voor de herstructurering van een gebied al sinds 1901 zijn eigen methode: die van de Internationale Bauausstellung (IBA). Dan werden in een groot programma van soms meerdere jaren en met alle betrokkenen sociale, culturele en economische plannen ontwikkeld om een regio een nieuwe toekomst te geven. Berlijn had in 1957 een IBA en voor 2020 staat er opnieuw een op de rol. De beroemdste IBA vond plaats vlak bij de Limburgse Mijnstreek, in het Ruhrgebied. Daar hadden steenkolenmijnen en staalindustrie het gebied uitgewoond. Van 1989 tot 1999 werd met de IBA de nieuwe inrichting ontworpen van wat Emmscher-Park is gaan heten.

In de Mijnstreek werd zonder veel nadenken gesloopt. Het hoofdkantoor van de Staatsmijnen, de Witte Boerderij in Heerlen, was een waardige plek geweest voor een mijnmuseum. Als per ongeluk bleef er een schachtgebouw van de Oranje-Nassau staan. Nergens werd een mijnmuseum ingericht.

De mijnwerkers kwamen al snel tot de ontdekking dat ze hun werk hadden opgegeven en er nagenoeg niets voor hadden teruggekregen. Vervangende werkgelegenheid was er nauwelijks. De pensioenen waren een affront, zo laag. In 1965 kreeg je na 28 dienstjaren een pensioen van 292,65 gulden. De carnavalsoptocht reeg zich aaneen met grappen over Den Haag. Op een wagen stond een minister, zijn grote handen vol met gouden muntstukken die hij graaide uit de schatkist die Limburg heette. Vader Abraham zong: 'Den Uyl is in den olie...'

De kompels hadden er blind op vertrouwd dat Frans Dohmen het goed zou regelen. Zoals een oud-mijnwerker zei: 'Je mocht niet zelf denken. Er werd voor je gedacht. Het zal goed komen, zegt ook het evangelie.' Meneer Blomsma, mijnwerker, had een vergadering van de Roomsch Katholieke Mijnwerkersbond over de sluiting bijgewoond. In *Afstand van de berg. Vertellingen uit de Mijnstreek*, een film van Eugène van den Bosch, vertelt hij: 'Er zat een geestelijke bij. En al die mensen zaten te knikken als makke schapen. De mijnwerkers waren een willoze kudde.' Nu bleek dat de vakbondsleider slecht had onderhandeld. Dohmens afkeer van de steenkool had hem doen instemmen met sluiting voordat er een goed plan was voor de Mijnstreek, voordat herstructurering en pensioenen waren geregeld. Op de lagere school in Kerkrade deden kinderen een gokspelletje dat 'springen' heette. Dan werd geraden van welke van de twee hoogste flats van Kerkrade die dag iemand zou springen: die van Chevremont of die van Bleijerheide.

De gretigheid waarmee werd afgebroken, verried de afkeer van de recente geschiedenis. Het was zwart, het was vies, het moest zo snel mogelijk worden weggewerkt. Die drift tot afbreken en herbouwen werd belichaamd door één man: de Heerlense wethouder Hub Savelsbergh. Zijn bijnaam resoneerde in heel de Mijnstreek: Hub de Sloper. Niet alleen mijngebouwen moesten tegen de vlakte, ook andere karakteristieke panden overleefden deze vooruitgang niet. Kort vóór de mijnsluiting was naast de Heerlense Sint-Pancratiuskerk een middeleeuws pleintje gesloopt. Achter de kerk en de

Schelmentoren lag het plein van waaruit de stad na 1200 was gegroeid als een spinnenweb, zoals grote vestingsteden kringen regen rond het hart van de stad. Aan dat pleintje stonden vakwerkhuisjes uit de zestiende eeuw, gemaakt van leem en stro. Ze gingen tegen de vlakte omdat de stad haar ambities vertaalde in nieuwbouw – het huidige Pancratiusplein. Zo verging het ook de Geerstraat, een winkelstraat met huizen als Amsterdamse grachtenpanden met op de begane grond een vrolijk lint van winkels, muziekschool, fietsenmaker. Achter de Witte Boerderij lag een groot wit en rijzig gebouw met stalen raamkozijnen, een pand als de Witte Dame in Eindhoven. Alleen hier werd ze geruimd.

Het was een mores die de stad zich met burgemeester Marcel van Grunsven had eigen gemaakt en waar ze ook na diens pensionering in 1961 onverkort aan vasthield. Voor Heerlen begonnen de decennia van sloop en dope, decennia van peilloos diep verval.

De ontmoeting met Ans had Sjaaks leven op zijn kop gezet. Staand naast haar vleugel was hij ineens iemand anders, een zanger. Zeker, zijn stem kon scholing gebruiken en hij zat er soms naast. Zijn toon en taal had hij nog niet gevonden, maar hier klonk zijn instrument.

In het kerkkoor had hij nooit de vinger durven opsteken als meneer John een solo te vergeven had, nu stond hij erbij alsof hij nooit anders had gedaan. Alsof eindelijk dat andere leven, waarvan Sjaakie als zevenjarige in de piano van de V&D de contouren had gehoord, zich voor hem opende. Al zingend waren er geen zenuwen, geen angsten, alleen een fijn suizen van opwinding. Hij keek uit naar een grote zaal.

Elke vrije minuut maakten Ans en Sjaak muziek. Buiten de Sint-Jozefschool – hij – en buiten het conservatorium – zij – loste al het andere op. Muziek werd doel en middel van hun bestaan, waarbij die vervulling alleen bestond met en door elkaar. De piano had ze aan elkaar verklonken. Het was alsof een natuurwet werd gevolgd, zo vanzelfsprekend was het dat ze samen waren, dat ze elkaar aanraakten. Wanneer ze laat op de avond stopten met spelen, vreeën ze.

Ans en Sjaak werkten aan een repertoire en maakten plannen voor een optreden. Hun debuut was in 1972 op een talentenjacht in de Hanenhof in Geleen. Na de aankondiging stapte Sjaak het podium op, popelend: 'Jack Vinders!' Hij zag de zaal, 600 man sterk, en werd weldadig kalm. Daar, als artiest, werd Sjaak voor het eerst Jack genoemd – niet Djeck, op zijn Amerikaans, maar Sjak. Met zijn eerste optreden pakte Jack Vinders de zaal en de jury in. Hij zong wat ze eindeloos hadden gedaan: 'If I Were a Rich Man', waarin hij zijn stem kon laten gaan – van klein, beheerst, naar vol gas, hij kon de performer laten zien, de acteur die verlangt, die briest, die de ganzen voert en zijn God smeekt en die de laatste *Yubby dibby dibby dibby dibby dibby dibby dum!* besluit met een achterwaartse salto.

Staande ovaties. Iemand gooide bloemen het podium op. Sjaaks foto stond groot in de krant. Op straat hielden mensen hem staande, want wat ze nu toch hadden gelezen. Glansrijk had hij de talentenjacht gewonnen. De krant schreef over 'een groot talent' en 'de zingende en dansende leraar uit Kerkrade'. Hein en Tineke haalden hun wenkbrauwen op.

De eenheid met Ans was hecht. Ze waren tegenpolen die elkaar aanvulden. Zonder haar en de piano kon hij niet zingen, zonder hem speelde zij niet. Zij wilde niet worden gezien, hij groeide onder de lampen. Hij was te verlegen om hun muziek te verkopen, zij was de marskramer en manager. Als het aan Sjaak lag, gingen ze voluit. Hij wilde zo vaak als dat kon het podium op, zo veel als zijn werk op school het toeliet. Na een paar talentenjachten werden ze gevraagd in zaaltjes te komen zingen. Dan zongen ze musicalhits als 'Maria' uit de *West Side Story*, en Duits repertoire. Shaffy en List waren in de Mijnstreek niet erg populair, Udo Jürgens wel, en Karel Gott en Rex Gildo.

Maar Ans krabbelde terug. Niet dat haar verliefdheid minder werd, dat niet, ze adoreerde Sjaak. Maar waar hij in de spotlights iets vond wat hij tot dan toe had moeten missen, bestierf zij het op de planken. Als ze het trapje op moest richting podium, loerde de piano van boven als een vijandig beest. Dan trilde ze zo dat de bladmuziek uit haar handen dwarrelde. Sjaak wilde niet opgeven, wat moest hij zonder Ans. Geld voor een pianist was er niet en Ans was off-stage de gangmaker. Zij knoopte alle contacten aan, regelde wat er geregeld moest worden. En Sjaak voelde dat zijn doorbraak aanstaande was.

Op een zekere avond speelden ze in Heerlen in een klein zaaltje. Het podium was krap en achter de piano nauwelijks plek voor een kruk. Toen Ans de laatste noten aansloeg en opgelucht naar achter schoof, viel ze met kruk en al achterover het podium af. Niet lang daarna was er een optreden in Schaesberg. Sjaak zocht in de zaal naar zussen van zijn moeder, misschien een neef of nicht. Boven op de piano had Ans een ritmebox gezet. Tussen twee nummers door moest de beat worden gewisseld. Ze drukte te hard tegen de geluidsdoos en het apparaat donderde van de piano af. Jack improviseerde een halfgare act waarbij het leek of de doos met opzet in duigen was gevallen. Ans, rood hoofd en zweet langs haar oren, grijnsde gekweld. Daarna hebben ze nooit meer samen op het podium gestaan.

De talentenjachten werden groter en brachten Sjaak verder dan hij ooit was geweest: naar Venlo, Rotterdam en Hilversum. Hij zong in de *Tros Talentenshow* en even later in AVRO's *Nieuwe oogst*. Twee keer werd hij tweede. Bij de AVRO kreeg hij een grote lp-box van Wim Sonneveld. De Limburgse kranten bleven schrijven over 'de zingende, dansende en nu ook fluitende leraar uit Kerkrade'.

Na de AVRO-show werd hij aangesproken door een man uit Amsterdam. Die nodigde Sjaak uit om te komen studeren aan de Akademie voor Kleinkunst in de hoofdstad. 'We beschouwen uw optreden als een geslaagde auditie.' De volgende dag werd Ans gebeld door een platenmaatschappij uit Weesp. Dureco, groot label voor Nederlandse artiesten met Ben Cramer en Corry Konings in hun stal, bood hem een platencontract.

Zingend raakte Sjaak vrij van de kolonie. Overdag stond hij voor de klas, in de avonden en weekenden was hij zanger – met intussen een eigen pianist, een begeleidingsband of zijn muziek op een cassettebandje, met een eigen fanclub en juichende stukken in de krant.

Tussen Sjaak en zijn ouders werd weinig meer gezegd. Hij woonde nog wel thuis, hij hoorde er niet meer bij. Zijn vader, zijn broer en zijn moeder leverden alle drie hun eigen strijd, en Sjaak met zijn frivole flauwekul, die had daar part noch deel aan. Hein zat afgekeurd thuis, zocht naar zelfrespect in zijn overbodige bestaan. Als hij al blijk gaf van Sjaaks aanwezigheid, was dat met een sneer over het zingen of over zijn vrienden. Met zijn broer wisselde Sjaak geen stom woord. Ook hij, 25 nu, woonde nog bij zijn ouders; na zijn vertrek uit de mijn had hij zich geen eigen huis meer kunnen veroorloven. Hein had intussen een nieuwe vrouw, Marianne, en ook zij was ingetrokken bij de familie Vinders. Sjaak had zijn grote kamer aan het koppel afgestaan.

Hein werkte nu vlak over de grens, bij een Duits staalconcern. Hij voerde op een vrachtwagen ijzer aan, vulde de ovens, werkte als gieter. Hij was gevraagd voor Rhenania Eschweiler, de voetbalclub die in de Landesliga van Nordrhein-Westfalen speelde. Hij was een moeilijk te verdedigen linksbenige linksbuiten, net zoals Hein senior dat voor Juliana in de landelijke hoofdklasse was geweest. Anders dan zijn vader, elegant grootmeester van de techniek, kwam Hein junior altijd met de broek smerig en soms met een rode kaart van het veld.

Wanneer Tineke niet in een inrichting of rusthuis zat, vulde ze het huis met haar neuroses, haar angsten voor kanker, hartfalen, herseninfarcten of een andere dodelijke toeval. De innerlijke paniek liet haar handen zodanig schudden dat ze moeite had de opstelling aan pillen te slikken die haar tegen de ontreddering waren voorgeschreven. Wanneer Sjaak vroeg of haar vingers misschien zo beefden van die kleurige cocktail, werd ze nijdig. 'Zeker ook voor dokter geleerd.'

Zei Sjaak thuis een keer iets over zijn werk, over het konkelen van broeder Gregorius, dan siste Tineke alleen maar: 'Kijk nou maar uit, je hebt nu een betrekking. Straks sta je op straat.' Over optredens kon hij beter zwijgen. Elke opmerking werd beantwoord met: 'Pas op, straks meent hij zich nog wat.'

Thuis-zijn verteerde hem. Hij deugde niet en deed niets goed. Als een besmet sujet was hij uit zijn familie gestoten – al leefde hij er nog middenin, in een relatieve eenzaamheid die hem wanhopiger maakte dan eenzame opsluiting had kunnen doen.

Op een maandagmorgen is Sjaak bij de woningbouwvereniging naar binnen gestapt en heeft hij om een eigen huis gesmeekt. 'Asjeblieft! Het gaat niet meer. Het gaat thuis echt niet meer.' De ambtenaar van de corporatie vond dat Sjaak, een artiest, thuis fatsoenlijk mensen moest kunnen ontvangen en hij wees hem een riante flat toe aan het Elbereveld, het Aardbeienveld, een paar blokken van de Spireastraat.

Sjaak had altijd geweten wat hij wilde. Nu het doel in zicht kwam, sloeg de twijfel hem in het gezicht. Hij was in Amsterdam uitgenodigd voor een opleiding tot acteur, tot cabaretier, tot musicalster. Hij, de kleine zanger uit de kolonie, Sjaakie-Sjaak-Jack, die had een ticket voor de kleinkunstacademie in nota bene Amsterdam, stad van Carré, van Wolkers en Kremer, de stad waar Shaffy rokerige zalen veroverde of de grachten afschuimde, waar *Turks fruit* werd verfilmd.

En nu ontbrak het Sjaak aan een kompas. Aan steun. Had hij een vader gehad die zou zeggen: 'Fantastisch nieuws, jongen, dat moet je doen!', of een moeder die hem had meegenomen om een kamer in Amsterdam te zoeken, dan had hij met zijn koffer en opgetogen smoelwerk klaargestaan. Maar er was niemand die zei: 'Dat gaan we regelen.' Niemand die aanmoedigde: 'Dit is je kans!' Ook Ans niet. Zij moest er niet aan denken dat Sjaak vertrok. Nu al was hij soms avonden op pad en wist ze niet waarheen. Maar elke ochtend was hij weer thuis. Uit Amsterdam zou hij niet meer terugkomen.

Sjaak had net in Heilust een flatje toegewezen gekregen. Hij had zijn Simca. Vrienden waar familie was geweken. Genoeg geld om zich te bedruipen. Alleen aan draagkracht kwam hij tekort. In zijn eentje kwam hij tot Heerlen, daarna werd het hem benauwd. Wanneer hij dacht over een nieuw leven in een onbekende stad, draaide de klem om zijn borst zich aan.

Hij ging in zijn eentje in Heerlen naar de film, naar Stanley Kubricks *A Clockwork Orange*, en kwam desolaat naar buiten. In wat voor wereld leefde hij? Waar hoorde hij? En wat was goed? Goed voor Sjaak? En wat voor Jack Vinders? De dilemma's maakten hem onrustig en bang. Er was één vraag die hem houvast bood: kon hij de jongens in zijn klas verlaten? Het antwoord was een onverbiddelijk 'nee'. Hij was dan zelf misschien niet zo stabiel, voor deze jongens was hij een baken. Het had even geduurd, maar Sjaak had zijn manier gevonden om de jongens van de moeilijk-lerende-kinderenschool een hoop bij te brengen. Eerst moest hij hun vertrouwen winnen, ze moesten zich veilig voelen, daarna kon hij met ze toveren. Hij leerde ze de taal en de tafeltjes. Die jongens rekenden op hem.

In het weekend trad hij weer op. Zoals altijd sloot hij af met Fiddler on the Roof: 'If I Were a Rich Man'... Sjaak naderde het slot, in de laatste *yubby dibby dibby dibby dibby dibby dibby dum* zette hij af voor zijn salto achterover en kwam verkeerd neer. Bij de landing hoorde ze het tot op de eerste rijen knappen. Hij kon niet meer staan. In het ziekenhuis bleek zijn meniscus gescheurd. Hij moest een operatie en een tijd revalideren. Sjaak belde Amsterdam af.

Op krukken strompelde Sjaak zijn nieuwe flat binnen, het was zomer 1973. Ans had samen met een vriend zijn spullen verhuisd, veel was het niet. Het meest dierbaar was zijn platencollectie, zijn singletjes. Een gammel spijlenbed had hij meegenomen, zijn kleren, boeken en plakboeken met Caterina Valente en andere idolen. Bij vertrek was er niemand thuis geweest. Tineke wist van niks, zij zat in het Dr.

Poelsoord. Hein en Hein hadden de aankondiging van zijn vertrek zwijgend aangehoord.

In een meubelzaak kocht hij op afbetaling een kleerkast, een bank en een witte eethoek met rood-witte kuipstoeltjes in de vorm van een paddenstoel. Nu Sjaak alleen woonde, bleef Ans vaak slapen. Een paar maanden later haalde zij van de Akerstraat haar spullen op en trok bij Sjaak in.

Het vinden van nieuw werk zou voor arbeiders makkelijker zijn dan voor de beambten van de mijn, meende Joop den Uyl toen hij de mijnsluiting aankondigde; industrieën zouden toestromen op het ruime aanbod aan arbeidskrachten. Voor de werkloze beambten zou 'een grote administratieve instantie' naar Zuid-Limburg komen.

In 1967 was het Centraal Bureau Spreiding Rijksdiensten opgericht. Doel was om werkgelegenheid buiten de Randstad te bevorderen met rijksdiensten in de periferie. PTT'ers zouden naar het noorden en oosten van het land gaan, werknemers van het Centraal Bureau voor de Statistiek (CBS) en het Algemeen Burgerlijk Pensioenfonds (ABP) naar het zuiden.

In 1972 opende het eerste Heerlense kantoor van het ABP. De 'schrijvers' van de mijnen waren uiteindelijk degenen die juist goed aan een baan kwamen, zeker toen later met de komst van het Centraal Bureau voor de Statistiek (CBS) en de Belastingen meer rijksdiensten volgden. Administratieve overheidsbanen scheppen bleek stukken makkelijker dan industrie voor laaggeschoolde arbeid aantrekken. Daar had Heerlen een groot voordeel boven Kerkrade: in de hoofdstad van de Mijnstreek zaten relatief veel beambten, in Kerkrade was bijna alles kompel. Kerkrade kreeg één rijksdienst, of beter: een deel van een dienst, het betaalkantoor van het ministerie van Defensie.

De verplaatsingen zouden uiteindelijk een succes worden in die zin dat de meeste administratieve diensten bleven, maar daarmee waren de zegeningen wel geteld. Het leeuwendeel van de banen was papierwerk, niets voor mijnwerkers. Het waren ook geen ondernemingen die iets creëerden, die groeiden en die een motor konden worden van regionale ontwikkeling. Eigentijdse maakindustrie bleef weg. Grote commerciële dienstverleners of hightech kwamen niet. Er was geen groot nieuw project waar de Mijnstreek zich naar kon richten.

In 1969 werd in Limburg groot feest gevierd toen koningin Juliana in de Troonrede aankondigde dat de nieuwe universiteit naar Limburg zou gaan. Niet Heerlen maar Maastricht was de uitverkoren stad. Daar gingen de vlaggen in top, kerkklokken werden geluid en mensen gingen de straat op om het goede nieuws te vieren. Drijvende kracht achter de Rijksuniversiteit Limburg was Sjeng Tans, de leraar Nederlands die sociaaldemocraat was – en bleef, ook nadat de bisschop hem intimideerde. Hij werd de eerste Limburgse PvdA'er in de Tweede Kamer, daarna partijvoorzitter van de Partij van de Arbeid, en hij ijverde voor een universiteit in zijn geboortestad.

Tans' inspanningen werden beloond. In 1974 begon in het oude Jezuïetenklooster in Maastricht met vijftig studenten de nieuwe medische faculteit. Die historische gebeurtenis zou grote invloed hebben op de ontwikkeling van de Mijnstreek, alleen niet zoals bedoeld toen het kabinet-De Jong in 1969 Limburg een universiteit gunde: 'om de door mijnsluiting zwaar getroffen provincie nieuwe kansen te bieden'.

Met de groei van de universiteit knapte Maastricht op. De provinciehoofdstad was na de hoogtijdagen van de aardewerkindustrie in de versukkeling geraakt. In de jaren zestig was het verloederde Stokstraatkwartier al opgeknapt, maar zijn nieuwe bloeiperiode begon met de komst van de studenten, de wetenschappers, de universitair medewerkers en, in hun kielzog, het kosmopoliete personeel van bijna honderd internationale instituten. Vervallen kloosters in de binnenstad werden gerenoveerd en door de universiteit in gebruik genomen. Maastrichtenaren verhuurden huizen en kamers, cafés, eetcafés en restaurants zaten bomvol en een hausse aan kleine en grote bedrijven volgde de hoogopgeleiden naar Maastricht.

Na de mijnsluiting hadden jonge Limburgers met talent en ambitie hun geboortestreek verlaten. Ze hadden hun heil gezocht buiten dit gewest dat talent te weinig te bieden had, waar de voedingsbodem een drassige poel was waarin je makkelijk bleef steken. Limburg kampte met een braindrain, het leegbloeden waar Joop den Uyl al in 1968 voor had gewaarschuwd. De universiteit gaf hun een reden om te blijven.

Maastricht kreeg met de universiteit het grote project dat Heerlen zo nodig had. De universiteit was een economisch vliegwiel zoals de mijnen dat waren geweest. Decennia later werd ter gelegenheid van een jubileum van de universiteit gezegd: Heerlen was gebombardeerd en Maastricht kreeg de wederopbouw. Luc Soete, huidig rector magnificus van de Universiteit Maastricht en hoogleraar industriepolitiek, spreekt van 'een weeffout in de herstructurering'.

Was die weeffout te voorkomen geweest? Ger Kockelkorn was erbij toen werd besloten Maastricht voor te dragen als zetel van de nieuwe universiteit. Kockelkorn, geboren in Heerlen, halverwege de jaren zeventig voor de PvdA lid van de Provinciale Staten en later gedeputeerde, zegt daarover: 'Er was weinig keus. Verschillende steden aasden op de nieuwe universiteit. Het was Maastricht of niks. Hadden we Heerlen voorgesteld, dan was de universiteit niet naar Limburg gekomen.'

Nog steeds zat Sjaak avonden bij Bettina aan de bar, al had hij thuis een meisje. De eerste tijd dat ze samen waren, had Ans geen weet van Sjaaks liefde voor mannen. Samen hadden ze het goed, hij had haar nodig en zij hem, ze konden vreselijk lachen en ook in bed hadden ze plezier. Op een dag vroeg iemand aan Ans: 'Ben jij nou de vriendin van Sjaak? Die is toch hartstikke homo?'

Ans verzoende zich met de ambulante vrijers. Ze nam een eigen kamer. De vriendjes waren eendagsvliegen, zij bleef. Tot ze in 1974 op een zaterdagmorgen in de badkamer een blonde kerel trof. Hij heette Daan, een beroepsmilitair van 23 die in Bettina's Bar tegen Sjaak aan was gelopen. Ineens had Daan daar gestaan, midden in de nacht. De kohl onder zijn ogen was uitgelopen. Heel veel woorden waren er niet gewisseld. Daan had tegen Sjaak gezegd: 'Vannacht slaap ik bij jou.' Daarna is hij nooit meer weggegaan.

Soms zagen ze hem weken niet, dan zat hij in zijn kazerne in Duitsland of ergens anders, dat wisten ze niet precies, maar Daan kwam altijd weer terug naar de flat aan het Elbereveld. In Heilust werd het met een scheef oog aangezien, twee mannen en een vrouw achter één voordeur. Ze vonden krabbels in de brievenbus: 'Jullie zijn geen nette mensen. Jullie moeten ergens anders gaan wonen.'

Tegen de regels in hadden ze een hond. Zodra die blafte, stonden de buren in een rij aan de deur. Dan was er altijd een vuilniszak te vroeg buiten gezet, te harde muziek gedraaid, mocht er niks worden verbouwd op het balkon en was onderhuur niet toegestaan. Op de galerij woonde ook een Amsterdamse. Die duwde zich dan door het gewoel op de overloop en riep: 'Jongens! Jongens, vanavond bij mij een borrel, hè!'

Ze wisten dat Daan definitief was ingetrokken toen hij de hele flat op stelten zette. Hij had op de paddenstoeleneethoek na alle oude meubels eruit gesleept en een week lang gesjouwd en geschilderd: op de muur van de woonkamer een rode cirkel met een paarse kring eromheen, hij legde witte vloerbedekking en kocht een bankstel van oranje rib. In de woonkamer kwam een tropisch aquarium en op het balkon timmerde hij een volière voor twintig kanaries.

Een paar maanden later betrokken Hein, Tineke en 'het kind' – zoals Linda liefkozend werd genoemd – zo'n zelfde ruime flat aan het Elbereveld. Sjaak woonde met Ans en Daan in flatblok één, zij in drie. Sjaak keek naar het westen, zij naar het oosten. Ze hadden geen last van elkaar.

Integendeel, het bracht Sjaak weer dichter bij zijn ouders. Eindelijk leerde hij zijn zusje kennen. Tineke werd nog steeds met regelmaat opgenomen, niet meer in het Dr. Poelsoord, maar in de Welterhof in Heerlen, geen rusthuis maar een psychiatrische kliniek. Dan moest Hein voor Linda zorgen. Het meisje zat vaak bij Sjaak, Ans en Daan. Op zondagochtend vroeg kroop ze bij Sjaak in bed.

Sjaaks zangcarrière was een project van hen alle drie. Samen reden Sjaak, Ans en Daan in de Simca naar Weesp. Sjaak achter het stuur, Daan ernaast en Ans schonk op de achterbank koffie uit de thermoskan. Dureco had Sjaak een contract aangeboden. De grande dame van Dureco was Annie de Reuver, zelf een van Nederlands populairste zangeressen in de jaren veertig en vijftig, nu succesvol scout van nieuw talent; zij had Corry Konings en Ben Cramer ontdekt. Toen ze de auto parkeerden bij het kantoor van de platenmaatschappij kwam een producer hen met open armen tegemoet. Hij liep regelrecht af op Daan, de mooie jongen met de looks van een popster. Hij sloot Daan in de armen en lachte: 'Jack Vinders, een echte artiest, dat zie je meteen.' Toen hij zich even later naar Sjaak wendde, was het even stil. 'Ahh, kijk aan, zo klein?'

Evengoed wilde Dureco een paar singles met hem opnemen, Duitse schlagers in het Nederlands. Sjaak juichte en hij aarzelde. Dit was de volgende stap op de ladder omhoog, een label, een plaat. Maar moest hij wel Duitse muziek vertalen terwijl Engelse nummers de hitparades vulden? Wilde hij zingen in het Nederlands?

Sjaak nam er zijn eerste singles op: 'Ik kijk jou zo graag in je ogen' en daarna: 'Mijn schat je bent mijn stuk'. Op de hoesjes zit Sjaak in een hippiebloes op zijn hurken tussen de bloemen. Zijn haar is van ver rechts naar links gekamd en valt in een krul op zijn schouders.

Ans ging met de singles de boer op. Ze reed met een stapel Limburgse vlaaien langs radioprogramma's en platenzaken. Bij Roeks in Heerlen lagen zijn singles in een stapel op de toonbank.

De plaatjes waren de opmaat voor meer optredens. Ineens stond Sjaak in *Op volle toeren*, hij reisde langs grote festivals, stond op verzamelelpees tussen Corry Konings en Ronnie Tober. Hij was te horen bij Hans van Willigenburg en in *Vraag het aan Annie*, Annie de Reuvers verzoekplatenprogramma.

Jack in 1972 (fotograaf: Dries Linssen)

Sjaakie met oma Vinders, 7 juni 1964

Marijke en Sjaakie in 1966

Tineke Vinders met dochter Linda, ca. 1967

Jack met zijn begeleidster en geliefde Ans Stoelinga, 18 oktober 1972 (fotograaf: Dries Linssen)

Jack in Duitsland met pruik, 1982

Jack Vinders met Ans en Daan in 1982

Sjwats-Wies, Jack Vinders en Roger Lataster in 2003

Jack als Clara Zoerbier in 2014

Ammoniakfabriek van DSM in Geleen, 1980 (collectie Sociaal Historisch Centrum voor Limburg)

Toespraak Joop den Uyl in de stadsschouwburg van Heerlen op 17 december 1965 (collectie Sociaal Historisch Centrum voor Limburg)

Op 18 september 1975 togen enkele duizenden mijnwerkers met hun vrouwen naar het Haagse Binnenhof om hun aanspraken op een beter pensioen kracht bij te zetten (collectie Sociaal Historisch Centrum voor Limburg)

Jack Vinders in Ahoy in 2012

Jack Vinders treedt op tijdens een wedstrijd van zijn geliefde voetbalclub Roda JC uit Kerkrade, 2012

Dit was het succes waarop hij had gehoopt. Maar het klopte niet. Hij was een vis in het verkeerde aquarium. In het wereldje van de schlagers waren de zangers knap en ijdel en zat alles in de hoogglanslak. Gelikt, klef waren de omgangsvormen. Kwam Sjaak na zijn optreden de kleedkamer in, zat Dennie Christian bij producer Harry Thomas op schoot.

Sjaak voelde zich het lelijke eendje, de buitenstaander. Hij moest steeds verder reiken voor de scheiding op zijn hoofd. De Limburgse radio en kranten waren dol op 'de zingende en dansende onderwijzer', maar in interviews haalde hij zichzelf graag naar beneden; dat ze niet dachten dat hij zich wat meende. De koppen boven interviews waren altijd quotes van de zanger zelf: 'Het eeuwige talent dat nooit doorbreekt' of: 'Ik ben lelijk genoeg voor mijn eigen stijl'. Maar wat Sjaak het meest hinderde, was niet zijn gebrek aan haar en ook zijn 1,60 meter niet. Zijn handicap was dat hij niet in zijn eigen taal zong. In het Nederlands kon hij niet zeggen wat hij voelde. Zo zou hij nooit een Shaffy worden.

Wat de Mijnstreek nog had aan hoop van eigen bodem, lag tussen Geleen, Beek, Stein en Sittard op een snel uitdijend industrieterrein, de uit de Staatsmijnen ontsproten chemische industrie. In juni 1974 werd DSM getroffen door een groot ongeluk bij een dochteronderneming in het Engelse Flixborough: een installatie ging de lucht in, 28 doden. Een lek in een reactor zou achteloos zijn gerepareerd. Het vertrouwen in de chemische industrie kreeg een knauw.

Anderhalf jaar later, op 7 november 1975, werd om half tien 's ochtends in Stein de nog nieuwe Naftakraker 2 opgestart. Een DSM-technicus die de 'NAK-II' bediende, had 's ochtends bij het afscheid tegen zijn vrouw gezegd dat het een spannende dag zou worden. Om kwart voor tien vloog de reactor in brand. De NAK-II braakte vuurwolken en de ene na de andere opslagtanker vatte vlam. Het vuur liet zich niet blussen, een helverlichte nacht volgde.

Over de Mijnstreek donderden explosies alsof er een bombardement gaande was. Donkere wolken dreven door de heuvels, zo zwart was de lucht in de hoogtijdagen van de kolenwinning nooit geweest. Veertien mensen kwamen om, meer dan honderd waren gewond; ook daarin overtrof de ontploffing de meeste mijnongelukken. DSM betaalde de veertien begrafenissen en gaf de weduwen drie maanden salaris en wat nazorg mee. Zo schreef de wet dat voor, daarna was de ramp afgehandeld. Zuid-Limburg vroeg zich af of het zo blij moest zijn met nog meer chemie.

Het dossier zou gesloten blijven tot twintig jaar later een jonge vrouw aanklopte bij DSM's hoofdkantoor in Heerlen. Suzan Vergoossen was drie geweest toen haar vader bij de explosie omkwam. Als 23-jarige maakte ze een plakboek om haar vaders dood te gedenken en ze vroeg DSM om meer informatie. Die kreeg ze niet, DSM was achterdochtig – wat achterdocht opriep. Het wekte argwaan bij niet alleen Suzan Vergoossen, ook andere nabestaanden fronsten hun wenkbrauwen. Daarop opende een 'DSM-weduwe' voor het eerst de aktetas van haar overleden man. Ze had hem na zijn dood van DSM teruggekregen en de tas als relikwie weggezet. In die tas zat een blocnote met aantekeningen over problemen met de nieuwe naftakraker. Daaruit bleek dat DSM weet had van de problemen met de installatie. Jaren procederen later zou DSM geheime rapporten openbaar maken, schuld erkennen en in 2002 de slachtoffers alsnog smartengeld betalen.

Het duurde tot 1977 voordat Limburg de *Macher* kreeg waar Frans Dohmen om had gevraagd, 'iemand om de lakens uit te delen'. Johan (Sjeng) Kremers was voorzitter van de Wetenschappelijke Raad voor het Regeringsbeleid (WRR) en zat achter zijn bureau op Plein 1830 in Den Haag, toen hij op de tv zag hoe even verderop een kluitje mijnwerkers demonstreerde op het Binnenhof. Zondagse pak aan, pet op en gesteven zakdoek bij de hand. Hij zag ze daar staan, met hun kartonnen bordjes: 'Ereschuld aan de mijnwerkers!' Met te weinig om verschil te maken. En wat als ze met meer waren geweest. Ook dan had niemand zich geroepen gevoeld hun verhaal te horen? Ze waren ruis op een plein in de Hofstad. De machteloze mars om een leefbaar pensioen, om smartengeld voor hun versteende longen; hun aandoenlijke aanwezigheid greep de hoogleraar psychologie aan. Voor hetzelfde geld stond zijn vader ertussen.

Sjeng Kremers was de zoon van een mijnwerker uit Nieuwenhagen. Hij was slim en ambitieus en ging naar het Bernardinuscollege, een streng katholieke, hoog aangeschreven school in Heerlen. Hij deed de hbs en zou daarna beslist een goeie schrijver worden bij de mijnen, een hoge beambte, althans, zo had zijn vader het bedacht. Een paar maanden voor zijn eindexamen zei Sjeng tegen zijn vader: 'Ik ga naar de universiteit.' Een pensioenleeftijd later moet Kremers er nog om lachen. 'De arme man viel zowat flauw! Hij wist niet eens wat de universiteit was.' Zijn vader antwoordde dan ook: 'Jong, jij wordt *sjriever*.' Dat was het hoogste wat je kon worden, vond vader Kremers.

Sjeng: 'Pap, ik volg het Voorbereidend. Wetenschappelijk. Onderwijs. Dat is om wetenschappelijk onderwijs te gaan volgen, en dat is wat ik straks ga doen ook.'

Hij wilde psychologie studeren aan de Universiteit van Utrecht en had 'in eigenwijzigheid' al een kamer geregeld. 'En als ik geen wetenschappelijk onderwijs ga volgen, dan doe ik ook geen examen.'

Vader toog naar school. Tegen de rector van het Bernardinus zei hij: 'Die jongen wil naar de universiteit.'

'Wat een flauwekul!' zei de rector. 'Stuur die jongen naar de kweekschool.'

'Mè menier, dè jong leet zich neet sjikke' (Maar meneer, die jongen laat zich nergens heen sturen.) 'Naar Utrecht wil hij.'

'In elk geval niet naar Utrecht. Als hij al naar de universiteit gaat, dan naar de katholieken!'

Zo kwam het dat Sjeng Kremers psychologie ging studeren aan de Katholieke Universiteit in Nijmegen. Bij het studentencorps Carolus Magnus werd hij ontgroend door de twee jaar oudere Dries van Agt, student rechten en later, net als Kremers, lid van de KVP. Ze raakten bevriend en eind jaren zestig werden ze allebei hoogleraar in Nijmegen.

Nu zat Kremers in zijn werkkamer in Den Haag en was hij pijnlijk getroffen door de ontreddering van mannen als zijn vader. Een half jaar later werd hij gevraagd om in Limburg commissaris van de Koningin te worden.

Joop den Uyl, de man die de mijnen sloot en die Limburg in 1965 had beloofd dat het allemaal goed zou komen met de woorden: 'Dat een nieuwe generatie een nieuw leven tegemoet gaat, in een nieuw industrieel centrum met grote groeikansen én met grote welvaart,' en: 'Er gaat geen arbeidsplaats verloren zonder perspectief op vervangende werkgelegenheid,' die man was intussen premier. Hij zei: 'In godsnaam, Sjeng, doe het niet! Je weet niet waar je aan begint.' En: 'Zo meteen zijn er verkiezingen, dan komt er een tweede kabinet-Den Uyl en word jij minister van Onderwijs.'

Kremers liet zich niks zeggen en ging naar Maastricht. Het was 1977 en hij trof de provincie in een staat van verdwaasdheid. Op een gebied van veertig bij twintig kilometer waren 75.000 banen verdwenen, en de werkloosheid liep nog steeds op. Officieel telde Limburg dat jaar een kleine 30.000 werklozen – een zware onderrapportage waarin de verborgen werkloosheid in vroegpensioen en arbeidsongeschiktheid niet was meegerekend. Heerlen had zijn vaste groep junkies, een ijzeren voorraad die in 25 jaar zou groeien naar 750. De trotse hoofdstad van de Mijnstreek was een slagveld met spuiten op de stoep en jonge mensen in de goot, de ogen hol van de allesverterende zucht naar het bedwelmende spul.

Het eerste wat de nieuwe commissaris van de Koningin deed, was het afronden van de Perspectievennota Zuid-Limburg. Daar was in 1971 door de Tweede Kamer om gevraagd. Zijn voorganger Charles van Rooy was ermee begonnen, maar hij had na zes jaar nog geen verhaal klaar. Belangrijkste doelstelling uit die Perspectievennota was de regionale werkloosheid terugdringen tot landelijk niveau. Na Joop den Uyl deed Sjeng Kremers de Limburgers opnieuw een belofte: hij zou niet vertrekken voordat de werkloosheid in Limburg even laag was als het Nederlands gemiddelde. Of beter: even hoog, want ook landelijk was de werkloosheid opgelopen naar ruim 4 procent – de helft van 2015, maar midden jaren zeventig reden tot grote zorg. De Perspectievennota stelde dat het 'aanzienlijke werkgelegenheidstekort' schreeuwde om 'krachtig beleid'.

Kremers voegde er een belangrijke afspraak aan toe: dat elk half jaar de gedeputeerden van de provincie Limburg een ontmoeting hadden met het kabinet om te kijken hoe het stond met de gemaakte afspraken, de zogenaamde 'taakstellingen'. Kremers hechtte aan duidelijke doelen en afgesproken momenten om die te toetsen. Daartoe boekte hij dat halfjaarlijks overleg, een vaste plek in de agenda van de nieuwe minister-president, Dries Van Agt.

De regio die haar bewoners en infrastructuur had gevormd voor stabiele steenkoolexploitatie speelde met grote handicaps nu uit de economische monocultuur iets anders moest ontstaan. Zo voerden alle grote snelwegen en spoorlijnen richting de oude mijnzetels. Het dichtbevolkte gebied had geen stedelijke inrichting – de dorpen Kerkrade en Heerlen waren gegroeid zonder zich vanuit een kern te ontwikkelen. Doelbewust waren de kolonieën als satellieten gebouwd. Eertijds geschikt om een socialistisch vuur in te dammen, nu een harteloze stad van voorsteden, suburbia zonder urbs. Een beroepsbevolking van gedisciplineerde, gedweeë arbeiders bracht weinig jonge ondernemers voort. Integendeel, jongeren in de Mijnstreek groeiden op en zagen hun vaders die thuiszaten en toch hun geld wel kregen.

Kremers maakte verschil, niet met papieren plannen, maar in een andere politieke stijl. Op het 'Gouvernement' werd uit een ander vaatje getapt. Volgens Kremers zelf was dat: niet bij de pakken neerzitten. Volgens tegenstanders 'een operette met veel theater'. In elk geval deed Kremers wat veel Limburgers moeilijk vinden: waar nodig herrie trappen. In zijn strijd om economische wederopleving ontzag hij niets en niemand; niet de provincieambtenaren noch zijn dierbare studievriend de premier. Het eerste overleg in het Catshuis liep uit op een ramp. Kremers ging als een woesteling tekeer tegen het kabinet, dat zich niet aan de afspraken hield. Waar bleven bijvoorbeeld de rijksdiensten die in het kielzog van het ABP naar Limburg zouden komen? Hij rekende nog steeds op 3000 administratieve banen.

Van Agt schortte de vergadering en trok zich met zijn minister van Financiën terug. Daarna ontbood hij Sjeng Kremers. Hij riep tegen Kremers: 'Jij kent je rol helemaal niet! Jij vertegenwoordigt het Rijkskabinet, maar je gedraagt je als een actieleider, als een vakbondsman!'

En dat deed hij. Onverstoorbaar trok hij eropuit om op het pad van Limburgs wederopstanding hobbel na hobbel te slechten. Sprak het kabinet bij financiële tegenslag over het sluiten van de nieuwe universiteit in Maastricht, dan maande Sjeng Kremers de universiteit zo snel mogelijk duizenden studenten aan te trekken. 'Dan kunnen ze onze universiteit niet meer sluiten.'

Kremers greep elke gelegenheid aan om kansen naar Limburg te halen. Zo las hij in de krant dat het 'Verdrag van Lomé' afliep – een verdrag tussen wat toen de eerste en de derde wereld heette. Kremers belde meteen de minister van Ontwikkelingssamenwerking, Eegje Schoo: 'Jullie willen ontwikkelingshulp drastisch verminderen? Prima, maar maak dan in dezelfde beweging een groot gebaar.' Het gebaar dat Kremers in gedachten had: een vooraanstaand kenniscentrum voor ontwikkelingsbeleid aan het Onze Lieve Vrouweplein in Maastricht. Zodra ergens een internationaal instituut te vergeven viel, stond Kremers vooraan. Hij belde met wie hij nodig had om zijn zin te krijgen. Het leverde Maastricht bijna honderd internationale instellingen op, bevolkt door hoogopgeleide kosmopolieten. De Europese Top van 1991 haalde hij naar Maastricht.

De Open Universiteit kwam weliswaar naar Heerlen, maar de kloof tussen Maasstad en Mijnstreek verwijdde zich. Iets wat allure verlangde, kon niet meer naar Heerlen – daar lagen de junks. Maastricht kwam met de universiteit als stuwende kracht over zijn dode punt heen, daarna zette de ene beweging de andere in gang.

Nieuw elan en drieste doorzettingsmacht konden niet compenseren wat er op een hoger plan misging. In 1973 stokte de curve van economische groei die sinds 1950 in een steile lijn omhoog was geschoten. De naoorlogse welvaartsgroei van West-Europese landen duurde een kwart eeuw en was overweldigend en ongeëvenaard. Economen spraken van Europa's Gouden Eeuw. De oliecrisis markeerde de breuklijn.

In 1973 was olie de belangrijkste brandstof en de vraag naar energie was tweeënhalf keer zo groot als in 1950. Arabische landen waren woedend over westerse steun aan Israël tijdens de Jom Kippoeroorlog van 1973. De olieproducerende landen van de OPEC verminderden hun olieproductie en verhoogden de prijs met 70 procent. De landen die Israël het meest hadden gesteund, kregen helemaal niks meer. Nederland was daar een van.

Het kabinet-Den Uyl ging brandstof distribueren. Het werd gevoeld als een keerpunt, door premier Den Uyl met de nodige zwaarte aangekondigd: 'Vanaf 7 januari gaat benzine op de bon. Dat betekent dat voor het eerst sinds de oorlog een jonge generatie zal kennismaken met distributie en schaarste.' Hij stelde autoloze zondagen in, tien op een rij tussen november 1973 en januari 1974.

Waren de lege snelwegen met fietsen en kinderwagens nog vermakelijk ongemak, van de omslag die de oliecrisis in de economie teweegbracht, verging iedereen het lachen. 1973 was het begin van een lange periode van inflatie, oplopende werkloosheid, stagnatie. Onder dat gesternte, in een perfecte storm, moest Limburg het verlies van 75.000 arbeidsplaatsen zien goed te maken.

Nadat Sjaak het patroon van de kokosmat op zijn gezicht had gehad, zocht hij zijn eigen spoor. Hij richtte in Kerkrade het Cultuur- en Ontspanningscentrum op, dat in 1946 in Amsterdam was ontstaan uit de 'Shakespeare Club', en dat zich hardmaakte voor de gelijkberechtiging en emancipatie van homoseksuelen, het COC. Sjaak droeg een roze driehoek op zijn revers – behalve als hij naar de Sint-Jozefschool ging. Met de broeders van de Onbevlekte Ontvangenis had hij een onuitgesproken deal, zoals Bill Clinton die later voor het Amerikaanse leger zou instellen: *Don't ask, don't tell.* Als hij niet over zijn homoseksualiteit begon, zouden zij er niet naar vragen en kon hij op de jongensschool blijven werken.

En dat laatste, een vast contract, was essentieel geworden voor zijn daadwerkelijke vertrek uit Heilust. In 1977, zeven jaar nadat het kloppend hart van Heilust was gestopt met bonken, het jaar dat Sjeng Kremers naar Limburg kwam, in dat jaar kochten Sjaak, Ans en Daan hun huis aan de Sint-Hubertuslaan. Een huis zoals Sjaak van een huis had gedroomd: hoog en statig met een grote boom ervoor en een park van een tuin erachter. De Sint-Hubertuslaan ligt in vogelvlucht 300 meter van Heilust, in werkelijkheid was het een ander universum, deze laan van notarissen, artsen en mijningenieurs. De goudkust van Kerkrade, zo heette de Sint-Hubertuslaan, een van de chicste straten van de stad.

De duurste straat van Terwinselen is door de drukke Kaalheidersteenweg van Heilust gescheiden. De kompels uit Heilust kwamen nooit in de Sint-Hubertuslaan, en omgekeerd hadden de notabelen uit de Sint-Hubertuslaan geen reden de rijksweg over te steken. De Kaalheidersteenweg was een Kerkraadse Rubicon die arm scheidde van rijk.

Nummer 17 was niet echt in goede staat. Het dak lekte, stucwerk was geel en brokkelde, het behang krulde en de bedrading hing als slingers langs de muren. Het kon Sjaak, Ans en Daan niet schelen. 150.000 gulden kostte het vervallen paleis. Sjaak was met zijn vaste baan in het onderwijs voor de bank een veilige partij; die bood een royale hypotheek, en Daan kocht alle pensioenrechten bij het leger af en stopte zijn geld in de Sint-Hubertuslaan. Met een kar vol oranje banken en rood-wit gestipte stoelen bracht een groepje vrienden hen naar het nieuwe adres. Bedelaars in een rijkeluishuis, lachten ze, en het voelde als het vieren van een olympische medaille. Ze pakten als eerste de pick-up uit, bouwden van een plank en patiostenen een tafel, haalden flessen wijn en draaiden heel hard Shaffy.

De volgende dag had Sjaak een vel papier gepakt en tientallen keren onder elkaar zijn nieuwe adres geschreven: Jack Vinders, St.-Hubertuslaan 17, Kerkrade.

Drie weken later hadden de buren de hele lengte van de achtertuin afgezet met een schutting. De andere buurvrouw sprak wel met hen. Ze zei: 'We hadden liever gehad dat er een gezin met vier kinderen was komen wonen.' De vrouw van de chirurg een paar deuren verder had gezegd dat de verloedering van de buurt nu onafwendbaar was. De koster aan de overkant verzocht de Heer om redding voor het goddeloze trio. 'Ik bid me wat af voor jullie.' Sjaak dacht aan hun flat in Heilust, waarover mensen altijd zeiden: 'In een flat kent men elkaar niet.' In de flat hadden ze uiteindelijk iedereen leren kennen. In de straat van notabelen werden ze door niemand gezien.

De mijnsluiting was 'de bevrijding van Limburg' – woorden van het Kerkraadse PvdA-gemeenteraadslid en leraar economie Thijs Wöltgens. Een andere PvdA-intellectueel uit Heerlen, de beeldhouwer Nic. Tummers, schreef een spraakmakend artikel dat de steenkoolwinning omschreef als 'de Carboonkolonisatie'. Midden jaren zeventig verschenen verschillende boeken waarin het ondergrondse werk werd afgeschilderd als uitbuiting, als slavenarbeid: *Slaven van het zwarte goud*, een andere titel: *Ik zwarte blanke slaaf. Het leven van een mijnwerker*, en: *Mijnwerkers, verhalen om te onthouden.* Ze verspreidden een gevoel dat het goed was dat er aan het ondergronds bestaan een eind was gekomen.

Toen de mijnen sloten, was veel mijnwerkers van boven de vijftig gezegd: 'Jij hoeft nooit meer te werken.' Vervroegd pensioen had geklonken als een fantastisch cadeau. Hetzelfde gold de kompels die voor een pijntje in de rug honderd procent arbeidsongeschikt waren verklaard: bofkonten waren ze dat ze werden vrijgesteld. Onder het kabinet-Den Uyl werd royaal met sociale uitkeringen gestrooid om de pijn van de mijnsluiting te verzachten – dat het Joop den Uyl was geweest die het had gewaagd de mijnen te sluiten zal aan die gulheid hebben bijgedragen. Het was het 'sinterklazen' waar VVD-voorman Hans Wiegel in de verkiezingscampagne van 1972 in een historische tv-scène voor had gewaarschuwd: 'Sinterklaas bestaat! Hij zit daar, aan tafel.'

Eenmaal vrij viel het vies tegen, dat vroegpensioen. 'Vrijheid' was wel het laatste woord waarmee ze hun nieuwe bestaan zouden omschrijven. Ineens zaten ze thuis, en daar hadden ze niks te zoeken. Daar waren ze voorheen alleen geweest om te slapen en te eten. Na hun werk waren ze bekaf op de bank in slaap gevallen, of ze hadden in het café zitten kaarten, kegelen en over duiven gepraat.

Het waren altijd hun vrouwen geweest die rondom het huis alles hadden bepaald; de mijnwerkerscultuur was een matriarchaat. Moeder de vrouw had het geld bestierd en de kinderen opgevoed. Nu zaten de mannen zonder iets omhanden in huis. De enige plek in de samenleving waar ze zich nog konden laten gelden, was hier, in het gezin.

De mannen genoten niet meer het ontzag en respect dat ze als mijnwerker hadden gehad. Wat de mijnwerkers daarbij opbrak, was een voorheen 'hoge waardering, misschien wel overschatting van de mijnarbeid'. Mia Stollman was jarenlang maatschappelijk werkster bij de Wilhelmina in Kerkrade geweest en was voorvrouw van de Katholieke Vrouwenbond. Vanaf de eerste mijnsluitingen begeleidde zij mijnwerkersgezinnen. Stollman, zelf niet afkomstig uit een arbeidersgezin, werkte tientallen jaren in de koloniëen en kwam tot scherpe observaties. Zoals het feit dat de mijnarbeid doelbewust overgewaardeerd was geweest: 'Vanwege de zwaarte en de hoge risico's, niet vanwege de technische specialisatie, verdiende de mijnwerker een zeer goed loon. Zijn opleiding was betrekkelijk simpel en meer gericht op verantwoordelijkheidszin dan op vakkennis.'

Al was de waardering doelbewust opgeblazen, de mijnwerker leed onder het verlies van zijn sociale status. Nog erger was dat hij de ondergrondse kameraadschap – een deugd van soms mythische proporties – kwijt was. Tot overmaat van ontsteltenis viel ook nog eens het leeuwendeel van zijn inkomen weg. Het karige inkomen was een bron van stress. Als mijnwerkers waren ze de eerste werkmannen met een wasmachine, auto en kleuren-tv geweest. Nu toeslagen, voorzieningen en andere voordelen wegvielen, bleef van hun uitkering weinig over. In 1974 kregen sommige mijnwerkers een vervroegd pensioen van 294 gulden per maand.

Bij 60 procent van de mijnwerkersgezinnen gaf geldgebrek grote problemen. Een rapport van de Sociale Academie Breda schreef: 'De mensen gaan er moreel aan kapot. Allerlei soorten spanningen tussen ouders onderling en tussen ouders en kinderen zijn het gevolg van minder inkomen.'

Wiel Frijns kwam niet meer bij Huntjens of Groote. Er werd helemaal niet meer naar Heerlen gegaan om te winkelen, er werden geen nieuwe jurken of pakken meer gekocht. De kleren van hem en zijn meisjes waren ouder en meer versleten dan zij ooit hadden gedragen. Zijn vrouw zocht een naaister die van een lapje van de markt iets aardigs kon maken. Toen Truus zeventien was en een nieuwe jas nodig had, werd de oude mantel van een tante versteld, nieuwe knopen en een andere gesp erop.

De anderhalf jaar dat Wiel Frijns werkloos was, ontving hij elke week een envelop met 115 gulden aan 'bijbetaling'. De envelop smeet hij op de keukentafel met een worp die stinkende smerigheid suggereerde. 'Hier!' en weg was Wiel, naar een woordloos hoekje in de voorkamer.

Wiel was voor hulp naar dokter Kreuzkamp in Heerlen gegaan. De psychiater gaf hem pillen die het zicht vervaagden van de afgronden voor zijn geestesoog. Van de antidepressiva is Wiel Frijns nooit meer af gekomen, ook niet toen hij na anderhalf jaar weer werk vond. Hij werd vulkaniseur bij handelsonderneming Koreman & Zn. die voor allerhande industrie – voorheen kolen, daarna zand en grind – transportbanden levert en repareert. Wiel was de hele dag in zware chemische dampen rubber aan het herstellen.

Dat Wiel weer een betrekking had, bracht geen normalisering in zijn zwijgend bestaan. Zijn vrouw en kinderen hoorden hem zelden, de duisternis trok niet meer op. Naar de lp van Carboon weigerde hij te luisteren. Truus had het na een paar jaar eens geprobeerd, maar Wiel stond op en liep weg. Naar de kerk is hij nooit meer geweest.

Steeds meer mijnwerkersvrouwen zochten een bijbaantje, bijvoorbeeld als poetsvrouw, om het gezinsinkomen wat aan te vullen, maar de mannen vonden het moeilijk dat hun vrouwen gingen werken. 'Eerst hebben we gevochten om de vrouw thuis te kunnen laten, en nu zou ze weer moeten gaan werken,' zei een kompel tegen de maatschappelijk werkster. In de jaren na de mijnsluiting liep het aantal echtscheidingen snel op.

De sociale ontwrichting werd in de eerste plaats veroorzaakt door het wegvallen van de belangrijkste werkgevers, de steunberen van een economische monocultuur. De ontreddering was echter ook het product van een katholieke cultuur die het tegenovergestelde van zelfredzaamheid had gekweekt. Maatschappelijk werkster Mia Stollman zei daarover: 'Men accepteerde alles, de zaken werden van bovenaf geregeld, de normen werden verstrekt. Priesters, vakbondsleiders en mijndirecties hebben het bedje altijd met zorg gespreid.' Telkens wanneer de nood aan de man kwam, had de mijnwerker naar boven gekeken. En telkens hadden mijn, kerk en staat hem verteld wat te doen. Nu keek hij omhoog en was de trojka weg. De mijnopzichter was waarschijnlijk werkloos. Meneer pastoor kon geen baantjes meer regelen. Sterker, meneer pastoor was ook geen sociale voorman meer. Zelfs als moreel leider was zijn rol uitgespeeld. Hij bood niet meer de troost en contemplatie waardoor mensen zich altijd met hun lot hadden verzoend.

Restte de staat. Die was gul geweest met uitkeringen, maar intussen had de overheid grotere problemen die om een oplossing schreeuwden. De economie zat in zwaar weer. Na de oliecrisis was de economie ingezakt, inflatie en werkloosheid bleven stijgen, ook buiten Zuid-Limburg, en de Haagse belangstelling voor de appendix in het zuiden werd snel minder. De herstructurering leek niet verder doordacht dan dat er acuut nieuw werk moest komen. Het scheppen van nieuwe banen leek niet verder doordacht dan dat met subsidies, premies en regelingen bedrijven naar Zuid-Limburg moesten worden gelokt.

Af en toe was daarvoor gewaarschuwd, zelfs al zo vroeg als in 1968. Toen had de 'Kontrole-kommissie individuele en gezinsvraagstukken in Zuid-Limburg' geconcludeerd: 'Werkelijke hulp wordt niet geboden wanneer er alleen aan industriële herstrukturering wordt gedacht, maar pas wanneer er bewust en gekoördineerd aandacht besteed gaat worden aan een totale herstrukturering van gebied en bevolking.'

De social engineering die zo alomvattend en geraffineerd was geweest, die met overweldigend succes de Mijnstreek had geprepareerd voor de steenkool, daarvan ontbrak bij de sluiting van de mijnen elk spoor. Daartoe ontbrak alle ambitie. Er werd niet gesproken over noodzakelijke aanpassingen in onderwijs, in mentaliteit en cultuur, en als die er niet waren, maakte de Mijnstreek geen schijn van kans zichzelf opnieuw uit te vinden. Er was geen groot project, geen aanstekelijke ambitie.

Geholpen door boeken als *Ik zwarte blanke slaaf* sloeg de voorstelling om van wat kort daarvoor nog een bron van trots was geweest. Het leven ná de mijnsluiting was een pijnlijke teleurstelling. Het gros van de mijnwerkers had zich op een uitzonderlijke manier verhouden tot de autoriteiten. Mijn, kerk en staat waren verzekerd geweest van hun onvoorwaardelijke trouw. Hun leven hadden ze in dienst gesteld van die als hogere opdracht gepresenteerde betrekking. In ruil daarvoor hadden ze een geheel verzorgd bestaan genoten, precies zoals de mijnen dat eind jaren vijftig hadden geadverteerd: 'Werken in 't mijnbedrijf beteekent: Hoog loon, Sociale Zekerheid, Vroeg Pensioen, Ruim Verlof, Behoorlijke Huisvesting, Speciale extra bonnen.' De ontreddering na de mijnsluiting voelde als hoogverraad in een verbond van loyaliteit. Die ontgoocheling kleurde in retrospectief het beeld van de voorgaande mijnarbeid. Wat overheerste, was het gevoel: wat zijn wíj lelijk bedrogen.

De herstructurering kreeg ergens die jaren het motto 'Van zwart naar groen'. Wat er was neergezet, werd neergehaald, gesloopt, weggevaagd. Het doet denken aan traditionele boerentechnieken: een stuk bos of struikgewas in brand steken, zodat de as de grond vruchtbaar maakt voor nieuwe oogsten.

Maar op de verschroeide aarde in Zuid-Limburg groeide weinig. Met de fabrieken, de steenbergen, de schachtbokken en de koeltorens verdwenen ook het vernuft, de handigheid, de moed en de kracht, verdween het zaad waaruit een nieuw groot project had moeten groeien. Carboonvallei was met de grond gelijkgemaakt.

10

Punt erachter

(1980-1989)

Zijn rechterhand aan de barre, linkerbeen naar achter, in de spiegels van de danszaal zag Sjaak zijn wat vreemde beeltenis kaatsen: een niet bijster grote, ranke jongen in het zwart, vierkantig gespierde armen onder de sproeten en een volle bos haar. Om hem heen draaiden de paradijsvogels uit zijn klas hun been naar voren, nauwkeurig de beweging volgend van de dansdocent vooraan. Sjaak keek alleen nog naar zichzelf.

Hij zat in het derde jaar van de Toneelacademie in Maastricht, de school die acteurs als Anne Wil Blankers had voortgebracht. Pierre Bokma, Gijs Scholten van Aschat en Peter Blok waren er net afgestudeerd. Elke donderdag, vrijdag en zaterdag reed Sjaak van de Sint-Hubertuslaan in Kerkrade naar het Jekerkwartier in Maastricht. Zijn klasgenoten gooiden er hun bontgeschilderde fietsen tegen het hek. Hij parkeerde zijn oranje Simca.

Hij was de oudste in zijn klas, 36, toen hij in 1986 aan de opleiding begon, nu daagde de veertig. Nog steeds was hij niet helemaal thuis bij zichzelf, maar hij was een eind op weg. Bij zijn audities drie jaar eerder had hij naar *Kinderland* van Aart van der Leeuw een jongetje in een dampende teil gespeeld. Terwijl 'de dunne wasem uit de teil' de kamer vulde:

> Over den spiegel hing een floers gespannen, de meubelen waren niet werkelijk meer. Ernstig en sprakeloos begon ik mij uit te kleeden. [Dan stapt hij in het 'bloedwarme' water.] De lauwe damp omhulde mij, streelend en zoet van aromen... Rillend trappelde ik in het water, mijn buikje had ik ingetrokken dat mijn ribben spanden onder het vel en ik kneep mijn wangen en mond tot gezellige rimpels. [Aan het einde] stond ik daar geurig en blozend als een jonge, pas ontloken roos.

Kleiner had zijn scène niet kunnen zijn. Een mannetje van zeven dat wordt gewassen in een tobbe. Zijn bewegingen waren precies en intens.

Hij bleef nog even kijken naar de auditie na hem. Een meisje van nog geen twintig. In krijsende wanhoop kroop ze halfnaakt over de vloer. Iets van Tolstoj. Dat was nog eens een auditie, meende Sjaak. Zoveel drama, zoveel expressie en wat een lef. Wat zijn ze allemaal goed, dacht hij, ik met mijn teil, ik sta voor gek. En toch had hij niet zomaar wat gekozen. Het grote gebaar en de onechtheid ervan, dat was waar hij van af wilde.

Al een paar jaar zong Sjaak met orkesten. Eigenlijk zoals hij dat had gedroomd toen hij als jongetje van zeven met tante Hanna frietjes at bij V&D en de vleugel hem de adem benam: volle zalen met rood fluweel en kroonluchters, een groot orkest van strijkers en een denderende sectie blazers. In Duitsland bewoog Sjaak zich als een ster tussen echte sterren. Freddy Quinn en Paola groetten hem, collega's. Hij hoorde tot het contingent Limburgse zangers dat ver buiten de provincie succes had, zoals Bruno Majcherek uit Heerlen ('Laila, küsse mich und quäle mich'), de drie zusjes Kowalczyk, samen Pussycat, die met 'Mississippi' in 14 landen op nummer één hit stonden, en Heintje Simons, bijgenaamd 'de nachtegaal uit Bleijerheide'.

Sjaaks loopbaan was begonnen in 1980. Toen was er na een talentenjacht ineens een Duitse manager op hem afgestapt. 'Herr Vinders, Sie können singen,' zei die. 'Ich mache von Ihnen ein grossen Star.' De man scheen precies te weten hoe dat moest. Hij tikte tegen Sjaaks lokken. 'Die pieken gaan eraf. Der Bart muß weg.' Sjaak had een klein baardje dat hem mooi mannelijk stond, vond hij. 'Du, jij krijgt van mij een nette coupe.' *Anzug an, eine Fliege*; in het pak, vlinderdasje om. En toen was de Duitser gekomen met de *Perücke* (de pruik). Op maat gemaakt, net als zijn kostuum. In Aken kreeg Sjaak het geval aangemeten, gemaakt van echt haar. De pruik sloot aan op de blonde plukken boven zijn oren. Met een paar vernuftige steekjes werd het aan zijn laatste lokken vastgezet. Hij kon ermee gaan slapen, dansen, zwemmen, zei de kapper, hij hoefde nooit meer kaal.

'Sieht euch das mal an!' juichte de manager. Daar stond Sjaak dan, in zijn nette pak en met zijn gewassen gezicht, op zijn hoofd een bos haar, royaler dan hij ooit had gehad. De manager nam hem apart voor een onderhoud. Vanaf nu mocht hij nooit meer, *verstehen Sie: nie wieder ohne Perücke* de deur uit.

Terwijl Sjaak zocht naar eigenheid en erkenning, raakte de oude Mijnstreek zichzelf kwijt. Op een zeker moment was daar de naam 'Parkstad' gevallen, een aanduiding bedacht door Thijs Wöltgens, het karakteristieke PvdA-Kamerlid uit Kerkrade dat voor Nederlanders uit andere windstreken de bourgondische gemoedelijkheid belichaamde. Wöltgens bedacht 'Parkstad' voor de zo typische ruimtelijke ordening van de streek: verstrooide mijnkolonieën met stukken groen ertussenin. Stad en platteland waren hier verstrengeld, een ware 'Parkstad'.

Wöltgens' partijgenoot Nic. Tummers vond die naam maar niks

voor zo'n verstedelijkt gebied. Bouw voort op wat je bent, vond de Heerlense PvdA-senator. De Mijnstreek moest de Carboonvallei worden. Lang voordat Sillicon Valley de thuishaven werd voor trendsettende hightech, pleitte Tummers voor de Carboonvallei als knooppunt van industriële vernieuwing – zoals het dat de voorafgaande halve eeuw was geweest. Maar de weg naar een carboonvallei was afgesloten nog voor hij kon worden gezocht. De Mijnstreek moest 'Van zwart naar groen'. Die kreet werd kort na de sluiting op de hele transformatie geplakt, hij suggereerde iets als een groter plan. Daarvoor klonk 'Parkstad' als een ideale eindbestemming, heel hoopvol allemaal. Het leek een goed voorteken dat weg en eindpunt zo mooi bij elkaar kwamen.

De oude Mijnstreek raakte ook een deel van zichzelf kwijt doordat ze haar jonge talent niet kon vasthouden. Hoogleraar Limburgse geschiedenis Ad Knotter noemt het 'selectieve emigratie', mensen met ambities gingen weg, die met minder kansen bleven. DSM betaalde 'aanblijfpremies' om te voorkomen dat zijn goed geschoolde personeel vertrok. De rijksdiensten die naar Limburg waren gehaald om banen te scheppen, moesten vaak elders gekwalificeerde werknemers halen. Tegelijkertijd waren er weinig banen voor hbo'ers en academici, zodat die na hun studie niet in Limburg bleven.

Daarmee beleefde de oude Mijnstreek een omkering van wat Charles Darwin had beschreven met zijn evolutietheorie. Die liet zien dat leven op aarde de logica volgde dat de best aangepaste soorten blijven bestaan, de zogenaamde 'positieve selectie'. Hoewel de oude Mijnstreek schreeuwde om de visionairs en geestdriftigen, om mensen met vernuft, creativiteit, verbeelding, lef en doorzettingsvermogen, waren juist zij het die wegtrokken.

De blijvers troffen een elite die geen plannen had met de massa; geen bovenklasse met de bedoeling het volk te verheffen. Dat was tijdens de vorige grote crisis, in de jaren dertig, heel anders geweest. Toen was er een zakelijke, geestelijke en maatschappelijke elite (mijn, kerk en staat) geweest die alles in het werk had gesteld om de onderklasse te vormen. Het patronaatstoneel, de zondagsscholen, de verkennerij, de fanfare, de gezinsverzorgsters, voorlichtingsboekjes en tijdschriften, het waren de instrumenten van de elite in haar intensieve bemoeienis met de arbeider. Dat streven naar culturele verheffing en vorming was na de mijnsluiting weg. De nobele idealen waren functioneel geweest, ten dienste van de steenkoolindustrie die gedresseerde, gezonde werknemers nodig had. De zuilen, de politiek-maatschappelijke structuur die de elite had verbonden aan de massa, vielen in de jaren tachtig uiteen. En de kerk, spil van de maatschappelijke ordening tijdens de opbouw en glorie van de mijnindustrie, oogde versleten en onmachtig.

Bisschop Gijsen had al het mogelijke gedaan om de modernisering van de kerk te keren. De beatmis was afgeschaft en vervangen door een hoogmis met gregoriaanse zang. De orthodoxe priesteropleiding die hij op Rolduc begon, kreeg nu en dan bezoek van kardinaal Ratzinger, de latere paus Benedictus XVI. Die liet weten dat het project van Gijsen van groot belang was voor de toekomst van de kerk. Ook richtte Gijsen zijn eigen missie-organisatie op. Met de nieuwerwetse strijd voor sociale rechtvaardigheid in ontwikkelingslanden wilde hij niets te maken hebben. Kerstening, daar ging het om. Zijn mobiele missiebureau, een houten keet op een trailer, reed door het bisdom en deelde kijkdoosjes uit. Daarin zagen kinderen een klaslokaal met negertjes die luisterden naar een witte missionaris. Voor de sociale ontreddering in zijn eigen bisdom hield Gijsen zich doof en blind. Zijn restauratie leverde hem een paar fanatieke katholieken negentiende-eeuwse stijl op. Een deel van de katholieken keerde zich met onverschilligheid af, niet altijd van het geloof, dat was in hun DNA gaan zitten, maar van het instituut. De kerk die Zuid-Limburg in de twintigste eeuw zo sterk had bepaald, was uitgespeeld.

Niets zou dat duidelijker illustreren dan het bezoek van paus Johannes-Paulus II in 1985. Wat voor Gijsen een vertoon van katholieke glorie had moeten worden, liep uit op een fiasco met rellen, bedreigingen en lege pleinen en straten.

6

Het was 1980, Sjaak was 31 en opnieuw leefde hij meerdere levens naast elkaar. Overdag leerde hij zijn jongens van de Sint-Jozefschool de tafeltjes. 's Avonds stond hij in Anzug, mit Fliege in feestpaviljoens vol dames in haarlak, bont en naaldhakken, tegen decors waar André Rieu de kunst van moet hebben afgekeken. Het ging hem makkelijk af. Zingen in het Duits was vanzelfsprekend, de taal was hem zo nabij. Tweeduizend mensen die zijn hits meezongen – want eigen hits had hij er een paar. 'C'est la vie la vida' was de grootste. Hij kon duizenden laten *schunkeln*, in het Nederlands was er niet eens een woord voor.

Als artiest in Duitsland werd hij met egards ontvangen. Kwam hij ergens, dan was het Herr Vinders of Meneer de Artiest en maakte de voorzitter van het betreffende festijn een lichte buiging. Sjaak was te gast in de show van Lou van Burg, een Nederlandse showmaster groot in Duitsland, zoals Rudi Carrell en later Linda de Mol. Het *Limburgs Dagblad* wijdde er een tv-pagina aan: 'Onkel Lou inviteert zingende Limburgse onderwijzer.' Zijn single 'Si-si... Nachbar, leihst du mir Marie' stond hoog in de hitlijst van Duitse discotheken die Vinders drie-sterren-plus hadden gegeven – voor zijn liedje en zijn vlekkeloze Duits.

Samen met Ans en Daan toerde hij van Keulen tot Hamburg, heel Duitsland door. Altijd met zijn drieën in de auto, om de beurt rijden of kaartlezen, Ans had altijd een stapel singles voor de promotie bij zich, de smoking aan een knaapje, en dan in de nacht over de Duitse snelwegen weer naar huis.

Sjaak genoot van zijn Duitse succes. Misschien hadden zijn ouders hem nooit echt gezien, hier werd zijn hoofd op posters geprint. Elk optreden eindigde hij met een rock-'n-roll-medley. Dan kwam het publiek uit zijn stoelen, de gesoigneerde dames zakten door hun knieën en wiegden hun gewatteerde heupen en billen. Daarna klaterde het applaus als een gouden regen over hem heen.

Het was het jaar dat hij zijn oma verloor. Anna Vinders had haar einde afgewacht in Hanna's huis voor de televisie. Met haar vingers strak om haar duimen geslagen bekeek ze al het wereldnieuws. Sjaak zocht haar nog wel eens op. Als tante Hanna hem belet verleende, rende hij naar zijn oma en sloeg hij zijn armen om haar heen: 'Oma,' zei hij dan 'moet je horen. Ik heb toch zulke mooie muziek voor je!' Dan draaide oma zich weg van de televisie, keek hem aan en zei met een glimlach: 'Sjaakie. Wat een gekke wereld hè.' Op haar 87ste is ze op een avond gaan slapen en niet meer wakker geworden.

De Mijnstreek kreeg het zwaar toen de tweede oliecrisis van 1979 een wereldwijde recessie inluidde. Ook de Nederlandse economie kromp begin jaren tachtig met twee procent. Huizenprijzen daalden met eenderde, de landelijke werkloosheid en het begrotingstekort overschreden de tien procent. In Rotterdam ging ondanks 2,2 miljard gulden overheidssteun het scheepsbouwconcern Rijn-Schelde-Verolme failliet en kwamen 30.000 mensen op straat.

In het economisch rampjaar 1982 werd vastgesteld dat de Nederlandse economie leed aan een ernstige aandoening: de 'Hollandse ziekte' – een syndroom dat als *Dutch Disease* wereldwijd furore zou maken. Door gasopbrengsten was de gulden sterk in waarde gestegen. Dat had de export duurder gemaakt, waardoor Nederland niet meer concurrerend zijn spullen kon aanbieden op de wereldmarkt. Economische crisis was het gevolg.

De crisis was de opmaat voor een belangrijke regeringswissel. Het rariteitenkabinet-Van Agt-Den Uyl was onwerkbaar en werd in 1982 vervangen door het eerste kabinet-Lubbers. Dat zette een rigoureus bezuinigingsprogramma in dat een historische breuklijn zou worden. No-nonsense was het motto. In de taal van Margaret Thatcher en Ronald Reagan werd de staat gedwongen tot een terugtocht; die was geen oplossing, maar de bron van het probleem.

Nu waren er meer streken in Nederland waar de negentiende-eeuwse industrie die aanvankelijk welvaart had gebracht, ten onder was gegaan. In Oost-Groningen was eind jaren zestig de laatste strokartonfabriek gesloten, in Twente en Tilburg verdwenen de textielfabrieken, maar nergens leek de kaalslag zo alomvattend als in de Mijnstreek. Begin jaren tachtig was van de vervangende werkgelegenheid een deel verdwenen, en oud-mijnwerkers zaten in een sociale werkplaats of uitkering de eindjes aan elkaar te knopen. Toen het ministerie van Defensie in oktober 1982 aankondigde drie afdelingen te verplaatsen naar Kerkrade en veertig vacatures in de krant zette, overstroomde op het ministerie de postkamer. Op woensdag zei de woordvoerder van Defensie tegen het *Limburgs Dagblad*: 'Postzakken vol met sollicitatiebrieven zijn hier binnengedragen. Ik schat dat zo'n 10.000 mensen hebben gereageerd. Allemaal uit Limburg. En de sollicitatietermijn sluit pas vrijdag!' Het hoogste percentage werklozen van Nederland woonde toen in de oude Mijnstreek, dertien procent van de beroepsbevolking.

Geen stad in Nederland viel zo snel zo diep als Heerlen. De hoogste dichtheid aan bontjassen in de jaren vijftig, de grootste armoe twintig jaar later. Een winkeldomein als een pretpark zo groot voor een bevolking die haar koopkracht kwijt was, met planken dichtgespijkerde winkelpuien. Het Glaspaleis, Heerlens revolutionaire doorkijkwarenhuis, had in de jaren zeventig donkerbruin rookglas gekregen. Sindsdien stonden Glaspaleis en Sint-Pancratiuskerk, beeldbepalende instituten uit Heerlens gloriedagen, naast elkaar te verkommeren. Het stationsgebied werd gemeden door iedereen die niet op bus of trein was aangewezen. De tunnel naar de treinen was een sinister hol waar junks foerageerden, internationale hub voor heroïneverslaafden. Op parkeerplaatsen, industrieterreinen en in de koloniën Grasbroek en Eikenderveld cruisten 's avonds de auto's langs tippelende heroïnehoertjes.

Kerkrade verging het niet beter, al voltrok de neergang zich hier minder opzichtig dan in Heerlen. De stads hoogtijdagen waren niet zo pretentieus geweest, haar val trok minder kijkers. Kerkrade had geen treinstation dat, gelijk Heerlen, het Berlijnse Bahnhof Zoo naar de kroon stak. (Het had niet eens een serieus station. Alleen het Miljoenenlijntje had vroeger door Kerkrade naar Simpelveld gelopen, maar in de jaren tachtig werd die lijn opgeheven en was Kerkrade de eindhalte.) Eens in de vier jaar leefde Kerkrade op. Dan was de oudste mijnstad van het land het epicentrum van de blaasmuziek wanneer het Wereld Muziek Concours (WMC) er neerstreek. Ze werd ervoor bekroond met de naam Klankstad, een naam die lokale kranten graag gebruikten. Ook Roda JC was een nog florerend residu van de mijntijd. Voor de rest was het er stil. Geen geratel van schachtkabels of lossende kolenwagons, geen nieuw economisch rumoer. Kerkrade bleef een mijnstad, nu zonder mijnen.

Nergens in Nederland zaten zoveel mannen tussen de 15 en 64 zonder werk als in Kerkrade. In 1984 bijna 36 procent. Massawerkloosheid dreef mensen de stad uit, in 1983 begon het aantal inwoners te dalen. *Verelendung* en frustratie bliezen een op de twee gezinnen op. Zo ook het huwelijk van Hein Vinders, al was dat niet alleen te wijten aan de welvaartsval en zijn banencarrousel. Hij was overhaast met Marianne getrouwd, wanhopig als hij was na de dood van Marlies. Nu koerste zijn Duitse staalbedrijf af op een faillissement, met zijn topsport was het gedaan. Hij was 33 en trok opnieuw bij zijn vader en moeder in. Hein ging weer op een vrachtwagen rijden. Man alleen, met vrouw noch voetbal als afleiding, werkte hij als een bezetene. Een eigen huis had hij niet, zijn cabine was het domein waarin hij eigen baas was. Hij bracht zoveel uren achter het stuur door, dat hij na twee jaar het gaspedaal niet meer kon indrukken. Zijn rechterbeen was rood en dik: adervernauwing. De daaropvolgende twee jaar was hij voor inkomen aangewezen op de ziektewet. Hein voegde zich bij de groeiende groep Kerkraadse mannen met een gebroken huwelijk en een uitkering.

Alsof het verval een gegeven was zoals vroeger een toekomst ondergronds, zo vanzelfsprekend paste Kerkrade zich aan de nieuwe armoede aan. Toen Sjaak net was geboren, werden zijn handen herkend als handen van een mijnwerker. In de jaren tachtig werden in Heilust jongens geboren voor de uitkering. Maar ook veel van de kompels die wel nog werk kregen, vonden niet terug wat ze ondergronds waren kwijtgeraakt. Zo had Wiel Frijns als vulkaniseur nog jaren gewerkt, maar zijn verdriet bleef. De eertijds charismatische schiethouwer en vakbondsman, de vader die met zoveel aandacht zijn dochters in Franse jurkjes had gestoken, die was blijven zwijgen en ziek geworden. Het waren de dampen van de oplosmiddelen, meende Wiel, die hem de darmkanker gaven die ook zijn ruggenmerg besmette. Nadat bij een bestraling zijn zenuwen waren doorgebrand, heeft Wiel Frijns nog vier jaar verlamd op bed gelegen eer hij overleed.

Wat gold voor de hele Mijnstreek liet zich nog sterker voelen in Kerkrade: de neergang werd ondergaan als een natuurverschijnsel, als een onafwendbaar lot door schikgodinnen bepaald. Er viel weinig tegen te doen. Zelfs bidden om betere tijden had afgedaan. Klagen werd de belangrijkste vorm van verzet.

De Kerkraadse lagere technische school bond midden jaren tachtig de strijd met de moedeloosheid aan met speciaal daarvoor opgeleide leerlingbegeleiders. In het *Limburgs Dagblad* sprak lerares Emmy Kreykenbohm over 'de strijd tegen de normvervaging' en 'een sfeer kweken waarin je kunt overleven'. Ze signaleerde 'een ziekte van ongemotiveerdheid' die verschillende 'hoofddaders' had. De hausse aan gebroken gezinnen was er een. Een ander was de cultuur van armoede. Emmy Kreykenbohm zei daarover: 'Bij leerlingen leeft het idee: Waarom studeren, wat maakt het uit, mijn vader verdient toch ook niks.' Als derde ziektekiem wees ze op de armoede. 'De ouders met een uitkering kunnen vaak de boeken niet eens betalen. Ze kunnen überhaupt moeilijk omgaan met de weinige financiële middelen, omdat ze dat niet gewend zijn. En wie geen boeken heeft, gaat spijbelen omdat hij zich schaamt.'

Eigenlijk stipte Kreykenbohm aan hoe de mijnwerkerscultuur van weleer geleidelijk aan was overgegaan in een cultuur van moedeloze armoede: de kompels hadden nooit hun eigen geldzaken hoeven regelen, omdat ze nooit verantwoordelijkheid hadden hoeven nemen voor hun eigen leven. Het confronteerde Kerkrade en de rest van Parkstad met niets minder dan een ontwikkelingsprobleem. Kinderen zonder boeken gaan niet naar school. Leerlingen die niet genoeg hebben gegeten, letten niet op in de klas. Op de arbeidsmarkt was geen plek meer voor wie geen diploma had.

En Heilust was het oude Heilust niet meer. Wie tekortkwam, kon lang wachten op een pan gehaktballen van de buren. Deuren hadden eerst sloten gekregen, daarna kwamen de rolluiken. Als een besmettelijk virus gingen die de wijk door, het ene na het andere huis sloot zich als een middeleeuws fort af van de straat. Zodra de zon zakte, hoorde je de houten wallen ratelen. In het donker werden de naar bloemen vernoemde straten van Heilust een duistere vesting.

Toen Tineke en Hein naar het Elbereveld waren verhuisd, hadden ze eigenlijk afscheid genomen van de kolonie. Al lag de flat volgens de stadskaart in Heilust, de witte nieuwbouw had niets met de oude volkswijk van doen. Zelfs verderop, in de Romeinenstraat, bestond die niet meer. De buurt waarin Hein en Tineke hun jongens hadden grootgebracht, was verdwenen. Er waren onbekende mensen komen wonen, wat buitenlanders ook – de huren waren laag. Nu waren hier altijd arbeiders van ver gekomen; sinds de bouw van de eerste huizen in 1913 waren hier immigranten geweest: Slovenen, Polen, Italianen, Marokkanen, altijd hadden ze tussen de Kerkradenaren gewoond. En ze waren eigenlijk nooit opgevallen. De mijn was een integratiemachine geweest die alleen in het leger zijn gelijke had; wanneer je elkaars leven moet borgen, doet het er niet toe waar een wieg heeft gestaan. Onder de grond had iedereen elkaar goed verstaan: *Glück auf*.

De nieuwelingen die na de mijnsluiting kwamen, hadden met de rest van de kolonie niets te schaften. Die liepen van hun auto naar de voordeur en aan de avond denderden de luiken omlaag. Van wat er achter de voordeur gebeurde, had niemand een idee.

De jeugd had geen toekomst en hing op straat. Tien jaar na de laatste mijnsluiting was de criminaliteit in Kerkrade verdubbeld. In de krant verschenen stukken over 'jeugdbendes' en 'de verloedering' van de Kerkraadse kolonieën. 'Jeugdige criminelen' stonden er tot diep in de nacht op straat te drinken, waarbij lege flessen naar de hoofden van voorbijgangers werden gegooid of anders zonder doelwit tegen het asfalt in scherven gesmeten. Een buurtbewoner:

> Er wordt tegen voordeuren geplast en ontucht bedreven. Pas geplante boompjes worden gehalveerd, struiken en andere beplanting uit de grond getrokken, lantaarnpalen worden gemold, verkeersborden met paal en al uit de grond gehaald, deuren worden met verf bespoten. Ik kan hier niet meer leven. Je bent je leven niet meer zeker. Als dit nog langer duurt, schaf ik een revolver aan, om, als de nood echt aan de man komt, mij te weren.

De trek naar het Aardbeienveld deed Tineke goed. Uiteindelijk was ze nooit geaard in Heilust, en na hun verhuizing zou ze er steeds minder zijn. Hein en Tineke kochten een grote stacaravan op een andere hei, de Hommelheide in Susteren. Daar hadden ze even daarvoor de eerste vakantie van hun leven doorgebracht. Die was zo goed bevallen, dat ze er onder een bos berken, aan een grasveld, hun eigen vakantiehuis betrokken. Vanaf april, zodra de vorst uit de nacht was, tot het in november begon te regenen en waaien, zaten ze zo vaak als kon op de Hommelhei. Jack of zijn broer Hein reden hun ouders dan naar Susteren, de auto volgestouwd met plastic tuinstoelen, rekjes, vlonders en meer om de caravan in te richten.

Tineke was er sterker en vrolijker dan ze in jaren was geweest. Wat ze zo had gemist in Heilust, kreeg ze hier terug: haar zussen. Twee van hen, Net en Sofia, hadden hier een stacaravan, en met haar bloedverwanten in de buurt kwam Tineke tot zichzelf. Sof was haar troost, Net was bazig genoeg om Tineke door donkere dagen te slepen. 'Kom op, Tien, laat je niet hangen, koppijn hebben we allemaal wel eens.' En dus organiseerde, schrobde en boende Tineke de stacaravan, de voortent en het perk eromheen met een gretigheid die haar deed zingen. 'Ach wat ben jij toch een mooie vrouw,' lachte Hein dan.

Hein liep in een wit onderhemd en een blauw sportbroekje over de camping. Hij deed de boodschappen, had tijd voor iedereen die hij tegenkwam, deelde complimenten en kwinkslagen uit. Hein leefde op, hij herkreeg zijn luchtigheid, het joviale. Het was op de Hommelhei zo gezellig als vroeger in Heilust.

Hein had een groot project. Dat lag in een berg grote bleke keien naast het trapje van de caravan opgestapeld. Van die stenen moest hij een soort omheining rond hun perceel maken. Alleen waren de stenen eigenlijk helemaal niet zo wit als Tineke dat graag zag. De meeste waren meer grijs of bruin, het waren maaskeien. Hein zat met een bus Vim en de keien op schoot te schrobben en te schuren tot er geen spat meer op zat. Uiteindelijk heeft hij de keien die zich niet lieten bleken wit geverfd. Daarna was hij uren bezig met het rangschikken van de stenen, zodat ze mooi aaneengesloten in een ordelijke opstelling lagen.

Ook met de berken had Hein het druk. Daar vielen bladeren vanaf. Op het grasveld kon hij ze bijeenharken, maar het dak van de caravan was lastiger schoon te houden. Dan, in augustus, sneeuwde het 'tabak', zoals Tineke het pluizig bruin berkenzaad noemde. Dagenlang bleven ze vegen. En dat was nog niet het ergste. De bomen zaten onder de luizen. Die scheten een plakkerig goedje dat tuin en caravan met een suikerlaag bedekte.

Zo deed het berkenbosje ook Tineke goed, het gaf haar doel en missie en het hield haar onafgebroken aan de gang. Ze veegde de tabak uit haar banken en beddengoed, ze boende, schrobde en schuurde tot het hele terrein vrij was van luizenlijm – en kon dan overnieuw beginnen.

Hein was begonnen een paar overhangende takken van de bomen te snoeien. Hij zaagde er nog eens wat van af, en toen dat goed beviel, kortwiekte hij het bosje nog een flink stuk. De bomen werden steeds smaller. Sjaak lachte: 'Mam, je gaat in de natuur wonen om de bomen om te zagen?' En: 'Pap, je kan je beter een boom schilderen!' Tineke riep dan uit de caravan: 'Heb je hem weer, hij weet het weer beter.'

In hun straatje van stacaravans was het elke zaterdag feest. Ze organiseerden er een barbecue en aten daar koude schotel bij, er was kienen of een avond kaarten. De buurman pakte zijn trekzak en dan werd op de Hommelhei gezongen en gedanst.

Al was er geen groot nieuw project dat de Mijnstreek vleugels gaf, er werd gesloopt en gebouwd bij het leven. Voor een miljard gulden ging de Mijnstreek op de schop. Er werden steenbergen afgegraven, spoorwegen en snelwegen verlegd, mijnfabrieken en kantoren werden tot puin geslagen – het zouden industriële monumenten zijn geweest waar creatief volk in de eenentwintigste eeuw om zou vechten. In Eindhoven is het oude Philipsterrein Strijp-S een thuishaven van jonge ontwerpers, in de Mijnstreek moest de Amsterdamse School wijken voor de architectuur van de moderne tijd, het functionele beton van de jaren tachtig.

Dat bracht niet alleen instant werkgelegenheid in een gebied waar tot wel tachtig procent van de werkgelegenheid was weggevallen, het voedde de comfortabele indruk van bedrijvigheid, van iets van een idee over de toekomst. Zolang er werd gebroken en gebouwd, was het water in beweging, misschien wel ergens naartoe, dan werd de poel niet brak en viel het ontbreken van een masterplan niet zo op. Vervolgens bleven provincie en gemeentes maar slopen en bouwen om met grote projecten het stuwen van geld en banen gaande te houden. Want geld was er. Uit Den Haag stroomde het royaal naar het zuiden voor de grootste herstructureringsoperatie in de Nederlandse geschiedenis. Er was geld voor bedrijventerreinen, woonwijken, bruggen, snelwegen, een universiteit en een academisch ziekenhuis. Tussen 1964 en 1990 ontving Limburg in totaal 10,4 miljard gulden. De bouweconomie werd na de mijnsluiting zijn eigen reden van bestaan.

Het CDA-bestuur van de stad Heerlen had gedeelde belangen en soms innige banden met grote projectontwikkelaars. Dat de vraag naar woningen, kantoren en nieuwe winkels al langere tijd een neerwaartse curve was, kon niet deren, vastgoed was de kurk waarop de lokale economie kon blijven drijven. Onderzoeksjournalist Joep Dohmen beschouwt die miljardensteun als de voedingsbodem van de regionale corruptie. Hij schrijft: 'De dag dat Den Uyl in Heerlen de mijnen sloot, markeert het begin van de bloeiperiode van de Vriendenrepubliek.' Bouwondernemers waren gewend 'werk in te kopen'. Wegenbouwer Sjaak Baars legt in Dohmens boek *De Vriendenrepubliek* uit wat dat betekende: 'Ik bedoel te zeggen dat ik nooit geld zal uitgeven zonder dat er een afspraak tegenover staat of aan ten grondslag ligt. Degene die het geld ontvangt, zal ook aan mijn bedrijf moeten denken.' De wegenbouwer betaalde ook om mensen op belangrijke posities gunstig te stemmen. Wie hem informatie toespeelde, kreeg tipgeld. Per jaar ging er tot 300.000 gulden aan smeergeld door zijn handen.

Die politieke economie van geven en nemen was in Limburg zo normaal als het opkomen en weer ondergaan van de zon. Dat geven en nemen ging om grote bedragen die stroomden vanuit het Gouvernement en gemeentes, tot aan kleine gebaren in de lokale politiek. In Wijnandsrade, een klein kerkdorp aan de rand van de Mijnstreek, trokken in verkiezingstijd politici langs de deuren. De lijsttrekker van een lokale partij had een kippenboerderij, zijn concurrent van het CDA werkte op de fruitveiling. De kippenboer deelde aan de voordeur doosjes eieren uit, de CDA'er zakken met appels. In Wijnandsrade maakte men de grap dat ze gingen stemmen voor een appel en een ei.

In de 73 jaar dat de Staatsmijnen in Limburg kolen hadden gehaald, was Zuid-Limburg langzaamaan vernederlandst. In taal, in smaak – vanaf de jaren zeventig werd op tv ook naar Nederland 1 gekeken – en in politieke mores en moraal. De sluiting van de mijnen maakte dat Limburg zich op zichzelf teruggeworpen voelde. Gouverneur Sjeng Kremers had in Den Haag de macht over het herstructureringsgeld geëist. Politici, bestuurders, ambtenaren en ondernemers kwamen op allerlei plekken samen om die potten te verdelen.

De Maastrichts politicus Jan Hoen legt uit dat de zuidelijke mentaliteit nu eenmaal anders is. Hoen zelf heeft niet twee maar tientallen petten, en daar is niks mis mee, zegt hij. Hij is onder meer beschermheer van het Heugems Mannenkoor, oud-voorzitter van MVV, erevoorzitter van fanfare Sint-Martinus uit Itteren, ere-president van het Mestreechs Rizzjemint (regiment), erevoorzitter van Koninklijke Horeca Nederland afdeling Maastricht en Heuvelland, voorzitter van stichting de Knoevel (die verwendagen organiseert voor gezinnen met een langdurig ziek kind), erelid van de Blauw Sjuut (narrenschip van de Heerlense carnavalsvereniging), voorzitter van een *zaate herremenie* ('dronken orkest', carnavalsensemble) en voorzitter en erelid van verschillende joodse en joods-katholieke organisaties. Als raadsnestor ontving hij in 2013 een pauselijke onderscheiding voor zijn inspanningen om de relaties tussen de katholieke kerk en het jodendom in Limburg te verbeteren.

Van 1978 tot 1994 was Hoen CDA-wethouder in Maastricht. Hij typeert die Limburgse mentaliteit als 'soepeler, loyaler, niet zo stijf en misschien niet zo consequent'. Wanneer hij als politicus iets van iemand gedaan wilde krijgen, nam hij hem mee uit eten of naar het voetbal. Dat is 'een andere manier van leven', niet 'nuchter en puur zakelijk, maar joyeuzer'. Daardoor gaan volgens Hoen de zaken er veel soepeler.

Dat er in Limburg niettemin sprake was van grootschalige corruptie, kwam pas aan het licht toen in 1990 een belastinginspecteur alarm sloeg. De belastingdienst en de accountant bleken al veertien jaar van de corruptie op de hoogte; wegenbouwer Sjaak Baars had op zijn jaarrekening doodgemoedereerd een post 'steekpenningen' staan. De corruptie werd gewoon gevonden en was zo wijdverbreid dat nooit iemand naar het Openbaar Ministerie was gestapt. Toen in 1990 voor het eerst het raster van het strafrecht over de zuidelijke politiek werd gelegd, zag het er ineens anders uit.

Sjaak kreeg zangles van Limburgs grootste operabelofte. John Bröcheler had nog niet in de grote operahuizen gestaan, zong met Joan Sutherland – 'de stem van de eeuw', volgens Luciano Pavarotti – in Donizatti's *Maria Stuarda*, hij was een in Maastricht en Parijs cum laude afgestudeerde bas-bariton die om wat bij te verdienen beginnende zangers begeleidde. Bröcheler hielp Sjaak zijn stem beter te gebruiken. Hij oefende een buikademhaling, leerde zijn middenrif aanspannen, zijn stem ademsteun geven – de gebruikelijke basistechnieken, maar het belangrijkste: hij leerde Sjaak 'zingen door de ogen'. Daar moesten zich de klanken vormen, zei Bröcheler, hoog in het hoofd. Eindeloos liet hij Sjaak het juiste geluid oefenen met 'Der Vollmond scheint'. Tijdens de lessen liep de vrouw van Bröcheler wel eens binnen en zei dan: 'John, je moet van die jongen geen operazanger maken! Geef hem asjeblieft geen klassiek timbre.' Dat wilde Bröcheler helemaal niet. Sjaaks stem was een naturel, zei hij, geweldig voor musicals, precies zoals hij zijn eerste successen had geboekt met 'If I Were a Rich Man'. Hij vond dat Sjaak in Duitsland zijn talent aan het verkwanselen was.

Maar Sjaak wilde daar nog niet van weten. In Duitsland stond hij waar hij altijd had willen zijn: vooraan op de planken, gevierd. Het bijbehorende Canderel-zoete repertoire nam hij nog voor lief. Bovendien kon Bröcheler hem wel leren waar zijn stem moest klinken, hij zei hem niet in welke taal hij zou zingen.

Sjaak genoot nog even van zijn sterrenstatus, al begon het Duitse glamourrepertoire te knellen. Hij voelde zich steeds vaker een janklaassen in de poppenkast: elke avond hetzelfde flauwe kunstje. Het was dat hij er flink voor werd betaald en dat er aan de Sint-Hubertuslaan nog een hoop moest worden opgeknapt.

En toch. Hij had artiest willen worden om zichzelf te zijn, maar was zijn zelfverloochening ooit groter geweest? Stond hij daar, met die pruik en dat valse sentiment. Of hij nou een wilde bos haar had of een kale knikker, hij was Sjaak, Jack Vinders, de jongen die zijn ouders geweld had aangedaan door te willen zijn wie hij was. Het haarstuk werd het jeukende bewijs van zijn ijdele onoprechtheid.

Zo keek hij die donderdagochtend naar zichzelf aan de barre van de Toneelacademie. Hij was hier gekomen om uit te zoeken wie of wat hij ten diepste was, behalve het jongetje in de teil. Maar ook hier wrong de praktijk met de authenticiteit waar hij zo naar verlangde.

Hij zag op tegen het volgende uur. Niet het vak stond hem tegen – drama, daar was hij juist voor gekomen. Het was de docent, met wie hij moeite had. Johan Simons was ervan overtuigd dat je alleen een groot acteur kon worden als je je eerst volledig liet afbreken – door hem. Pas dan kon je worden opgebouwd naar de maten van een groot acteur. De jongens en meisjes uit Sjaaks klas waren gretig als jonge honden om zich de mores van de toneelwereld eigen te maken. Vol overgave onderwierpen ze zich aan de methode-Simons. Werden afgepeld, uitgekleed – figuurlijk en letterlijk – om naar de toneelwereld te gaan staan, een beetje zoals eerder Limburgs knechten en keuterboeren zich naar de mijnen hadden geschikt. De acteur moest zich blootgeven. Sjaaks klasgenoot Jules deed zijn best. Kwam hij 's ochtends te laat binnen, dan zei die: 'Ik ben te laat, maar ik heb een goede reden. Ik heb vanochtend zo heerlijk gescheten.' Dat vond men dan mooi.

Het groteske exhibitionisme had Sjaak al vanaf de eerste dag gestoord. Na een jaar had hij wel eens gezegd te willen stoppen, maar steeds weer was er iemand die hem voor gek versleet. 'Jij? Met jouw talent?' Daar kwam bij, hij vond het heerlijk om toneel te spelen. Hij genoot van drama, van de techniek, het graven in zichzelf. Hoe beeld je een zakenman uit? Wat zegt dit over jou? Hoe verraadt een klein gebaar zijn onbarmhartigheid of juist zijn scrupules? Totdat Simons met zijn sloophamer het toneel op kwam, dan deed hij de deur dicht.

Stoïcijnser werd hij – steeds minder bereid zich te compromitteren, wat Simons tot razernij dreef. Die dwong hem om op de grond te liggen, zodat de groep hem kon breken. 'Wat stel jij nou helemaal voor? Zo gehecht als je bent aan dat autootje, wat betekent dat? Je bent eigenlijk heel burgerlijk, geef nou maar toe.' Soms werd er met voeten tegen hem aan geschopt. Sjaaks vastberadenheid werd er alleen maar groter door. Zoals toen zijn vader hem de kokosmat in zijn gezicht had geprint en hij besloot dan ook maar vrijuit van mannen te houden. Toen had hij in Kerkrade het COC opgericht.

Drie jaar had hij hier rondgelopen en genoten van de stad, van de hippiesfeer. Maar die slang was in zijn eigen staart gaan bijten. Het vrijgevochtene was pose geworden – en daarmee een oxymoron: gedwongen vrijzinnigheid, zelfbedrog. Zo was er nauwelijks nog een voorstelling van de toneelschool zonder bloot. Johan Simons wilde een jongen 'een fantastische scène' laten spelen: hij trok zich af op het podium. Sjaak vond het voorspelbaar, hij noemde het 'Hollands', en hij begon er genoeg van te krijgen. 'Waar is dat nou voor nodig,' vroeg Sjaak zijn toneeldocent, 'staan rukken op het toneel?'

'Voor de totale overgave,' antwoordde Simons.

'Overgave? Aan wat?' vroeg Sjaak.

...

Het duurde tot 1989 voordat gouverneur Sjeng Kremers zijn belofte had ingelost – veel langer dan hij had verwacht toen hij in 1977 aantrad. Pas in 1989 was de gemiddelde Limburgse werkloosheid gelijk aan het landelijk gemiddelde, al bleef die in de Mijnstreek aanzienlijk hoger. Daar waren slechts 18.000 'duurzame arbeidsplaatsen' geschapen, terwijl de mijnsluiting er 75.000 had gekost. De meeste van die banen waren bij de overheid en in de dienstensector, het verlies aan industriële banen werd bij lange na niet gecompenseerd. Maar de Mijnstreek was heel Limburg niet, en naar de letter gelezen hield Kremers zich aan zijn woord. Bovendien was de verwachting dat de economie van Zuid-Limburg geleidelijk zou aantrekken. En dus vertrok Sjeng Kremers. Niet lang daarna stopte het herstructureringsprogramma van het Rijk. Voor de Nederlandse overheid kwam daarmee officieel een einde aan 88 jaar steenkoolindustrie. Punt erachter.

De oude Mijnstreek, een gebied van maar veertig bij twintig kilometer, was geen homogeen geheel. In deze jaren onderscheidde de Oostelijke Mijnstreek zich steeds nadrukkelijker van de Westelijke Mijnstreek, het gebied rond Geleen-Sittard dat voorheen draaide om slechts één Staatsmijn, de Maurits, de allergrootste en producent van vetkolen. Wat aanvankelijk een handicap was geweest – gasrijke kolen van mindere kwaliteit die alleen als cokes konden worden verkocht – werd een zegen voor de Westelijke Mijnstreek. Daar groeide uit de chemische bewerking van die vetkolen een multinational. Het was de enige loot van de Nederlandse mijnindustrie die niet werd gekapt en verbrand, en die kon uitgroeien tot een wereldspeler. Het voormalig Staatsmijnenbedrijf had ruim voor de aankondiging van de mijnsluiting zichzelf opnieuw uitgevonden – en dat was het bedrijf blijven doen. In de jaren tachtig werkten er bij DSM ruim 10.000 mensen. Daarbij had het bedrijf een opmerkelijke combinatie gevonden tussen vernieuwing en behoudzucht. Al sinds het eerste chemische lab in de jaren dertig was het bedrijf op zoek gebleven naar nieuwe kennis en toepassingen – en afnemers ervan. DSM grossierde in patenten die het op alle continenten sleet.

Tegelijkertijd was het bedrijf zelf als een familiebedrijf zo conservatief. Alle leiders waren in huis opgekweekt. Peter Elverding, CEO tussen 1999 en 2007, herinnert zich hoe hij als jonge directeur werd uitgenodigd voor de zogenaamde 'familiebijeenkomst'. Die begon op het hoofdkantoor en eindigde met drank en grote verhalen op Kasteel Vaalsbroek, toen nog van DSM. Elverding werd daar 'besnuffeld door de tantes', door de topbestuurders. Die familiesfeer, een *esprit de corps*, was essentieel voor DSM's succes, zeggen alle oud-topmannen. Iedereen zat er voor de onderneming. Allemaal deelden ze de liefde voor wat Elverding 'de knutselcultuur' noemt: altijd bezig ergens iets beters van te maken.

Begin jaren tachtig liep DSM op twee poten: de ene heette Kunstmest, de ander Kunststof. Kunstmest verdiende het geld, Kunststof draaide verlies. De divisie Kunstmest pleitte toen voor sluiting van die lamme andere poot. De baas van Kunststof, de latere CEO Simon de Bree, verweet de mannen van Kunstmest: 'Jullie maken ammoniak van gesubsidieerd aardgas. Als jullie je grondstof tegen marktprijs moesten kopen, maakte je ook geen cent winst.' DSM behield zijn Kunststof – en daarmee zijn toekomst.

Maar DSM kende ook avontuurtjes en missers. In de hoop mee te liften op de golfstroom van geld voor bouwprojecten, tuigde DSM in de jaren tachtig een bouwdivisie op. Het chemieconcern ging betonnen palen maken. Maar bouwen bleek een heel andere wereld dan chemie. De divisie werd in 1984 met verlies verkocht. Ook zette DSM in die jaren zijn eerste stappen in de biotechnologie. Eind jaren zeventig al was geprobeerd micro-organismen in plaats van chemie te gebruiken om een product te maken. DSM produceerde antibiotica goedkoper en schoner met biotechnologie dan met chemische processen, hetzelfde deed het met zoetjes en biobrandstof. In de jaren negentig zouden die uitvindingen leiden tot een radicale koerswijziging.

In deze jaren worstelde DSM met het 'Staatsmijnen' in zijn naam. Die naam was belast met een geschiedenis. In de jaren tachtig was de staat uit de mode. Onder aanvoering van de Amerikaanse president Reagan, die werd geadviseerd door Nobelprijswinnaar Milton Friedman en die Margaret Thatcher aan zijn zijde vond, viel de overheid uit de gratie. Vrijheid en al het andere heil kwamen van de markt. DSM was voor honderd procent in handen van de Nederlandse overheid. Oud-topman Hans van Liemt merkte in de jaren tachtig dat DSM moeite had om bedrijven over te nemen. 'Niemand wilde iets met ons te maken hebben. Wij waren de staat. Dat stonk.' DSM had belangstelling voor het biotechnologische bedrijf Gist-Brocades, maar de CEO daarvan voelde zich te goed om met een staatsbedrijf te praten. Het idee van een beursgang werd er des te aantrekkelijker door. Dan was DSM in één klap af van zijn ballast af. Van Liemt ervoer het als een bevrijding. 'Het gaf ons een zekere onafhankelijkheid. Eindelijk konden we voor de echt voetballen.'

In 1989 was het moment daar. De staat verkocht het merendeel van zijn aandelen in Dutch State Mines. Na het beëindigen van de herstructurering werd ook daar een definitief einde gemarkeerd. De steenkoolgeschiedenis was voor de Nederlandse staat voltooid verleden tijd.

Ook Sjaak naderde een breekpunt. Hij was de ster die hij had willen worden, maar de roem had hem geen voldoening gebracht. Het klatergoud van de Duitse Schlagerparade had zijn verlangens eerder aangeblazen dan verzadigd. Hij was er alleen maar ongeduriger van geworden. Het had hem naar de toneelschool gebracht. Naar de puurheid die hij zocht, werd daar onderzoek gedaan. Om een willekeurig personage te spelen, moest hij als acteur zijn eigen constitutie kennen, zoals de psychoanalyticus eerst zelf in analyse gaat eer hij anderen kan helpen. Alleen verschilde Sjaak van mening met zijn docenten over waar die eigenheid moest worden gevonden. Het was niet zomaar een twistpunt, het was de vraag waar uiteindelijk alles om draaide, een vraag met antwoorden die offers billijken.

Deze hinderlijke, innerlijke strijd kwelde Sjaak al drie jaar. Volgens zijn docent Johan Simons moest hij gaan staan naar een nieuwe rol, die van de lak-aan-alleskunstenaar die vooral bezig is te bewijzen dat hij heeft afgerekend met taboes. Voor Sjaak werd het leven zelf er één groot toneelspel door; allemaal acteur in *Turks fruit*. Maar Sjaak was al van alles. En daarvoor had hij het meest dierbare stuk moeten slaan. In plaats van zijn moeder te redden, had hij de band gebroken met Heilust, met zijn geboortegrond die de sporen droeg van vier generaties voorouderlijk mijnwerkersbloed. Van die bodem had hij zich losgemaakt. Het andere leven waarnaar hij verlangde toen hij zeven was en elke zaterdag in de dampende teil zat, dat had hij gevonden. Hij leefde met twee geliefden in een droomhuis aan de Sint-Hubertuslaan. Daan werkte in een kapperszaak – 's morgens zette hij een zwart streepje onder zijn ogen, föhnde zijn blonde lok, waarna hij hard werkte om goed genoeg te worden voor een eigen zaak. Ans was Sjaaks manager en gaf muziekles op de Sint-Jozefschool. Zelf stond hij nog steeds voor dezelfde klas moeilijk lerende jongens. Voor geen goud ging hij bij zijn leerlingen weg. Hij had genoeg spotlights gezien, de kitsch was hij ontgroeid. Wat hij zocht, waren de grote woorden die met hoofdletters horen te worden geschreven. Hij zocht Vrijheid, Echtheid. De eerste plek waar hij die oprechtheid had gevonden, was bij de debiele jongens.

Het huis aan de Sint-Hubertuslaan was na jaren breken, bouwen, behangen, stuken, inrichten en decoreren een thuis zoals Sjaak zich dat altijd had gedroomd. Het was er altijd warm. De thermostaat kwam alleen 's nachts onder de twintig (of als Ans de ramen tegen elkaar openzette, maar *lufte* deed Sjaak zo min mogelijk). En het huis was warm zoals de keuken van de oma dat was geweest, veilig. Het was een herenhuis met boekenkasten, gedrapeerde gordijnen, een grote eettafel, een piano, zilver bestek, schilderijen aan de muur en een tuin als een Engels park; een huis voor het goede leven, zoals de nichten in Roermond hem dat twintig jaar eerder hadden laten zien.

En ene Johan Simons zou uitmaken dat daar iets mis mee was?

Fuck him.

Sjaak stond nog steeds aan de barre in de danszaal, nu met zijn rug tegen de stang en zijn handen in het haar. Zijn klasgenoten liepen weg van de wand, iemand zette een wikkel om zijn enkel vast, twee meiden smiespelden en stelden zich op voor de volgende oefening. Alleen Sjaak bleef waar hij was. Hij trok aan de steekjes van zijn haarstuk. Toen het laatste knoopje had losgelaten, stond hij een paar lange seconden stil. Hij sloeg zijn rechterhand weer om de barre. 'Hé!' riep hij door de danszaal. 'Attentie...!'

De piano stopte, een hele klas draaide zich om. Sjaak liet de barre los, rende een paar stappen en zette af voor een grote sprong. In de lucht trok hij zich de haren van het hoofd en bij het neerkomen wierp Sjaak met een grote zwaai zijn Perücke de zaal in. Daverende stilte in het danslokaal. Kaal, maar niet naakt, stond Sjaak in het midden van de zaal. Daar lag zijn haar, een geschoten prooi op het hout. Of beter, het haar van een ander. En dat had hij als een Afrikaans stamhoofd als een tooi op zijn kale knikker laten plakken. Zo potsierlijk oogde ineens het bedrog in deze tempel van de geveinsde oprechtheid.

Ontsteltenis in de ogen van zijn vrienden. Sjaak wreef over zijn dampende schedel. Zijn ogen schoten de zaal door en peilden de schade. Totdat Jules twee vingers aan zijn mond zette. De bevrijding kwam met een juichend fluitsignaal. Alsof op de regieaanwijzing was gewacht, braken de acteurs uit, ze renden naar Sjaak, de een kuste zijn kale kop, een ander hees hem op de schouders en ze hosten hem het lokaal uit. De les drama werd gespijbeld. In de tuin van de toneelschool werd een blonde bos haar ritueel verbrand.

En toen was het gedaan. Sjaak had er een punt achter gezet. Wat er nog aan Duitse optredens stond, heeft Ans afgebeld. In het laatste jaar van de Toneelacademie staakte hij zijn opleiding. Sjaak ging naar huis.

Zonder pruik was hij de inversie van de keizer zonder kleren; met kale knikker voelde Sjaak zich gekleder dan ooit. Dit was hij. Hij deed een ringetje in zijn oor. Thuis hipten zijn duiven koerend in en uit hun doeffes, ze aten de mais uit zijn hand. Daar volgde zijn maltezer Prinsje hem op de voet. Op zondagmiddag zat Sjaak met zijn seizoenskaart op de tribune van Roda JC in stadion Kaalheide de club van zijn vader toe te juichen. Zijn stem loste op in het mannenkoor van duizenden dat Roda opdreef door de rangen van de eredivisie. De oude mijnwerkersclub deed het goed. Als laatste bastion van de mijnwerkers hield het elftal de eer van de kompels hoog. Eens per twee weken zong Sjaak uit volle borst de enige regels die hij nog wilde zingen: 'Roda Roda, Roda los mer joa.' *Los mer joa*. Laat het gaan. Voel je vrij...

11

Renaissance

(2015)

De nieuwe eeuw was net begonnen toen Sjaak zijn moeder begroef. Tineke was niet zachtjesaan weggegleden in een aftakelend ziekbed dat de opmaat was van het naderende einde. Ze was, zoals ze naar de kapper ging, voor de zoveelste operatie in het ziekenhuis opgenomen en niet meer wakker geworden. Dit keer moest er in haar buik een ader worden vervangen. Niks bijzonders, er waren eerder knobbeltjes, cystes, tumoren, niersteenen en ander ongerief uit haar lichaam gesneden. Ze zou snel weer thuis zijn, haar pantoffels stonden te wachten voor het streng opgemaakte bed.

Tineke was nog maar alleen. Hein was drie jaar eerder gegaan, in 1998. Tachtig was hij geworden – precies zoals hij altijd had voorspeld. Tot op het bot uitgemergeld door een kwaadaardig gezwel dat zijn pancreas had opgevreten – dat had hij dan toch niet voorzien, de vrolijke, fitte sportman. Zijn dood ontgrendelde bij Tineke een stormvloed aan liefde. Meer dan vijftig jaar had Hein haar op handen gedragen. Al haar neuroses, psychiatrische scheefgroeisels en opnames had hij voor lief genomen, en steeds weer had hij gezegd dat ze de *sjoenste* was, de allermooiste van alle vrouwen. Warmer dan 'Ach, jij gek' had Tineke de liefde nooit beantwoord. 'Ga toch weg,' had ze gezegd als hij haar aaide. En als hij haar herinnerde aan hun eerste ontmoeting – 'Je was meteen gek op me, Tien, je ging zó langs me op...' – dan gaf ze hem een lel: 'Hou op, viezerik!'

En nu lag hij daar op zijn bed. Geelbleek wegtrekkend op een koelplaat. Tineke was ontroostbaar, de snikken voerden als elektroshocks door het intussen knokige lijf – anders dan Sjaak was Tineke nooit gaan eten. 'Een lievere man was er niet, ach mienge Hein...'

Een paar dagen na de begrafenis zat Sjaak bij haar, geen arm om haar heen, dat verdroeg zijn moeder niet. 'God had me geen betere man kunnen schenken, die lieve Hein, die goeie Hein.' De liefdesverklaringen kwamen met zout water haar hart uit. Sjaak: 'Maar mam, had je dat niet een keer kunnen zeggen toen d'r pap nog leefde?'

Het was de eerste keer dat ze hem niet toebeet dat hij het toch verdomme altijd beter wist.

Sjaak zelf had wel op tijd met zijn vader kunnen praten. Hein was al ziek geweest, toen hij zijn zoon voorstelde om een rondje door Sjaaks tuin te lopen. Ze waren over de oude baksteentjes naar de duiventil achterin gekuierd en daar op het bankje gaan zitten. Het was niet altijd makkelijk, had hij gezegd, de ziekte van Tineke. Hij had zo vaak niet kunnen zeggen wat hij dacht. 'Altijd maar weer een vuist maken in mijn broekzak. Ik had zo graag wat meer plezier met haar gehad.' Het was laat, 41 jaar nadat ze elkaar op de kokosmat waren kwijtgeraakt, lang had Hein niet meer te leven, maar Sjaak was blij dat zijn vader en hij elkaar nog net hadden aangeraakt.

Het missen ging niet meer over. Niet eerder was Tineke zo op iemand anders gericht geweest. Op het dressoir in hun flat in Heilust stond Heins foto. Ernaast brandde een kaarsje. Als een Vestaalse Maagd voedde Tineke het vuur; het vlammetje moest blijven branden, of ze thuis was of niet. Het maakte dat Tineke niet meer weg wilde. Was ze buiten de deur, dan wilde ze *noa heem, noa d'r Hein*, want het kaarsje zou kunnen doven.

Sjaak en zijn broer en zus verzetten zich tegen de vuurceremonie. Bang voor brand bleven ze de kaars uitblazen. Maar Tineke, een leven lang nerveus over aanstaand onheil, had voor vlammen geen angst meer. Na Heins dood leefde ze alleen nog maar voor diens nagedachtenis. Al was haar geest al voor een deel met hem mee, Tinekes lijf was eigenlijk heel stabiel, het sukkelde ongemerkt richting haar laatste opname. Niemand voorzag een spoedig einde, Tineke was niet ziek er moest alleen iets gefixt. Routineus was ze door Sjaak en Linda naar het Sint-Jozefziekenhuis gebracht. Er werd geen afscheid genomen, er werden geen mooie laatste dingen gezegd, geen handen vastgehouden; een routinier in ingrepen houdt geen rekening met complicaties.

Natuurlijk werd Tineke naar de Onze-Lieve-Vrouw van Altijddurende Bijstand gebracht voor de finale van haar aards bestaan, voor de laatste zegeningen in naam van de Heer die ze zo hartstochtelijk om verlossing had gesmeekt. Natuurlijk zou haar zoon voor haar zingen. De mis werd geleid door een geestelijke die al 32 jaar diende in het hart van de kolonie, Con Dogge, geboren Zeeuw die van Heilust een zingende zuidelijke tongval had gekregen.

Dogge was onbedoeld een specialist in uitvaarten geworden; hij deed bijna niets anders meer. Zijn parochie besloeg heel Kerkrade-West en hij had er een jonge collega bij gekregen omdat hij in zijn eentje niet alle begrafenissen kreeg gedaan. Alleen dan stookte hij de hele kerk nog warm, voor een afscheidsdienst of voor feesten als een doop of communie. De dagelijkse mis droeg Dogge al een paar jaar op in de sacristie. Het scheelde flink in de gaskosten. Anders stookte hij de kerk met 900 zitplaatsen warm voor een handvol gelovigen.

Doopfeesten en communies kwamen nog elk jaar voor, alleen

waren het nog maar een paar kinderen. Dertig jaar geleden was een communiefeest iets als een bruiloft. Twee dagen feest, de eerste dag voor de familie, de tweede voor vrienden en kennissen, waarbij sommige meisjes voor de tweede communiedag een andere feestjurk hadden.

Anno 2015 zijn er minder communicantjes en blijft het bij één dag feest, al pakken de ouders ook nu nog graag uit. Verschil met vroeger is dat ze zich zo'n groot feest eigenlijk niet meer kunnen veroorloven. Con Dogge kreeg een moeder op bezoek die vroeg of haar zoon en dochter, communicantjes in opeenvolgende jaren, tegelijk de communie mochten doen. Dat scheelde de helft in kosten.

Ook doopfeesten worden nog gevierd, al komen die steeds minder voor. Anders dan vroeger worden ze gepland en voorbereid vóórdat het kindje is geboren. Con Dogge kreeg in januari een stel op bezoek dat in mei zijn eerste baby verwachtte. Ze wilden een mooie doop in augustus. De kerk, de pastoor, de catering, het werd allemaal acht maanden tevoren besteld. Bij het afscheid zei de aanstaande moeder: 'En als het nou misgaat, pastoor?' Met zijn fluweel-hese stem zei Dogge: 'Nee hoor, dat gaat niet mis, daar bid ik wel voor.'

Toen Dogge 32 jaar geleden voor het eerst de grote kerk betrad, was er niets mis met de opdracht boven de deur: 'Doet wat Hij u zeggen zal'. In 1983 deed men dat nog, zich iets gelegen laten liggen aan het woord van de Heer. Toen zaten zijn drie zondagse missen en doordeweekse avonddiensten aardig vol. Heilust was een doorsnee arbeiderswijk. Nu vallen Heilust en Kerkade op in allerlei statistieken. De werkloosheid overtreft er het landelijk gemiddelde (2013: Heilust 11 procent, landelijk 8 procent), bovengemiddeld veel kinderen leven in armoede en relatief veel zitten in de jeugdzorg, mensen roken er meer dan gemiddeld, het aantal wanbetalers voor zorgverzekeringen is hoog, nergens kromp de bevolking meer dan in Kerkrade, de drugscriminaliteit is alleen hoger in Amsterdam-Amstelland, de 'leefbaarheid' in Heilust ligt nog lager dan gemiddeld in de gemeente Kerkrade, en nergens scoorde de PVV van Geert Wilders meer stemmen dan hier in Kerkrade. In 2010 ruim 36 procent.

Het is er unheimlich in de letterlijke betekenis van dat woord: dat mensen zich er niet meer thuis voelen. Van de onveiligheid die deze statistieken suggereren, is overdag niet veel te merken. Hier wordt moeite gedaan de armoede te verbergen. Tuintjes zijn onderhouden, onkruid is gewied en voordeuren en ramen zijn gesopt. Nog steeds gaat veel geld naar dieren, al zijn de duiven grotendeels verruild voor honden; sommige hebben vier rashonden. Ook staan er forse auto's langs de stoep. Liever Mercedes dan Kia, zegt Con Dogge, al komt het eten van de voedselbank.

Maar 's avonds verandert het decor; de suburb verliest zijn kalmte zodra de zon zakt. Dan zijn de straten als woonwijken in Afrikaanse hoofdsteden waar massieve tuinmuren de bewoners afschermen; met de luiken omlaag zie je nergens geruststellende taferelen in schemerlicht achter de vitrage. Geen passanten meer op de stoep. Dan is de straat het toneel voor hangen, roken, drinken. De oudere bewoners liggen wakker van het alarm van brekend glas.

Al dertig jaar wonen Joop en Miriam in de Papaverstraat. Hij oud-mijnwerker, zij dochter, zus en echtgenote van oud-mijnwerkers. Na het donker doen ze voor niemand open, tenzij ze door het getint ruitje van de voordeur een bekende horen roepen. Nog vaak hebben ze het over de jaren dat ze met hun keukenstoel buiten zaten, iemand een krat bier meebracht en een ander de harmonica, en dat ze tot laat om dubbeltjes zaten te toepen. Het enige gevaar toen loerde onder de grond.

Nu zegt de politie dat ze 's avonds beter binnen kunnen blijven. Met zekere regelmaat wordt in de buurt een wietplantage opgerold – ze wisten van sommige huizen dat er op zolder, in de kelder en in de tuin wiet werd verbouwd. Dealers houden soms vanaf straathoeken de wijk in de gaten, drugskoeriers doorkruisen op scooters de buurt en jongeren maken de straten onveilig. Een paar jaar geleden ging er bij Joop en Miriam 's nachts ineens een insluiper door het huis. Sindsdien is alles met minstens twee sloten vergrendeld.

In 2006 pakte de politie in Heilust een jeugdbende van 36 jongens op, de meesten veertien en vijftien jaar. Ze waren verantwoordelijk voor een golf aan inbraken en roofovervallen; ze terroriseerden de bewoners. De burgemeester zag geen andere uitweg dan een samenscholingsverbod, een zware en in Nederland weinig gebruikte maatregel, om de bende te kunnen oprollen.

Pal tegenover zijn kerk woont pastoor Dogge in de pastorie. De ambtswoning heeft zijn laatste lik verf gehad toen Dogge 32 jaar geleden aantrad, de vloerbedekking rafelt krullen, maar tussen het sobere en sleetse meubilair tsjilpt het van het leven. Met de pastoor wonen hier een hond, twee katten en vogeltjes; in een rij kooien hupsen kanaries, parkieten en dwergpapegaaien. Dogge praat tegen ze als hij hun bakjes vult met zangzaad. De laatste tien jaar is dertien keer geprobeerd in te breken in zijn kerk en de pastorie. Soms lukte het en kwamen ze binnen. In 2010 liep Dogge na de nachtmis de kerk uit, de sneeuw lag een halve meter hoog, toen de koster zei: 'Pastoor, het hondje loopt buiten.' De pastorie stond open en was van onder tot boven overhoop gehaald. De buren hadden niks gemerkt, ze hadden de rolluiken omlaag. Geld was er niet buitgemaakt, want de sleutels van de kluis zaten bij de pastoor in de pantalon, maar verder was alles van waarde weg. Zelfs de kruisjes die pastoor op zijn revers speldt. 'Ze meenden dat het goud was. Het is maar doublé.' Een week was pastoor Dogge bezig om zijn papieren weer op orde te brengen.

Nog steeds had de parochie niet besloten dat ook de pastorie misschien moest worden beschermd met iets van afrastering voor de ramen, het bisdom was niet om beveiliging gevraagd. Bovendien wisten de rovers nu wel dat bij de kerk niets te halen viel. Maar in de nacht van 16 op 17 april 2011 stonden twee mannen naast het bed van pastoor Dogge. Het was het begin van de Goede Week, de dag voor Palmpasen. De overvallers hadden bivakmutsen over hun hoofd en eentje verborg een staaf of een wapen onder zijn jas.

'Eruit!' Ze duwden de pastoor zijn bed uit. 'We hebben geld nodig, 5000 euro. Je moet de kluis openmaken!' (Dat 'je' tegen meneer pastoor.) Eentje zei nog in het Nederlands: 'We doen u niks.'

Dogge grabbelde in zijn broekzak naar de sleutels en haalde beneden uit de kluis 900 euro. Geld voor missen, gezinsbijdragen en, zoals Dogge het noemt, 'geld van de goeden', schenkingen.

'En nu je sieraden.'

'Sieraden?' zei Dogge. 'Ik heb helemaal geen sieraden.'

'Jawel, je móét sieraden en juwelen hebben.'

Het was deze opmerking die de recherche later deed concluderen dat het waarschijnlijk jongens uit Heilust waren geweest, jongens die Dogge al langer kenden. Die vroeger misdienaar waren geweest.

Elf jaar eerder had hij vanuit zijn pastorie zijn Zeeuwse moeder begraven, nadat ze zes jaar bij hem in huis had gewoond. Een pastoor zou uit een rijke familie komen en dan had zijn moeder hem juwelen nagelaten.

'Dan naar de kluis in de kerk,' besloten de overvallers.

Dogge stond in zijn pyjama op blote voeten op het zeil. 'Zonder schoenen ga ik niet.'

Daarop is een van de overvallers boven zijn schoenen gaan halen. Om half vier togen ze de straat over, naar de zware houten poort van zijn Onze-Lieve-Vrouwe. De jongens wisten precies waar ze wezen moesten, ze duwden Dogge rechtstreeks de sacristie in. Daar opende hij de kast met daarin de kluis. De collecte en het kaarsgeld kwamen uit op 300 euro. Nog lang geen 5000 en ze pakten uit de kluis de kelken en de monstrans. 'Jongens, jongens,' zei Dogge, 'die zijn geregistreerd en gefotografeerd door de verzekering, die kun je nergens kwijt. Bovendien zijn ze maar verguld. Je hebt er niks aan.'

Zo had Con Dogge de heilige stukken van de Onze-Lieve-Vrouw van Altijddurende Bijstand gered.

Een jaar voordat Tineke in 2001 overleed, had Sjaak zijn eerste cd opgenomen: *Intens.* Na 1989 had hij jaren niet gezongen. Dat gaf niet, wist Sjaak, het voelde als het braakliggen van een vruchtbaar veld. Daar zou straks weer van alles ontkiemen. Hoe weldadig de rust was, toonde zijn postuur. Nadat hij van de toneelschool was thuisgekomen, was Sjaak voor het eerst met smaak gaan eten. Elk opeenvolgend jaar was hij een kilo zwaarder geworden.

De tweede etappe van zijn zangcarrière was eigenlijk begonnen met een stagiair die in 1993 zijn klas binnenstapte. Roger Lataster heette hij, student creatief-educatief jeugdwerk, midden twintig en met fonkelende donkerbruine ogen. Hij was ontwapenend, gevoelig en grappig en kon meteen lezen en schrijven met de zwakbegaafde jongens in Sjaaks klas. Er was minder voor nodig om Sjaak in onverbiddelijke staat van verliefdheid te krijgen.

Roger nodigde Sjaak uit voor het Kerkraadse amateurtoneel. Excelsior had nog rollen te vergeven in *De vrek* van Molière, en Sjaak had toch Toneelacademie gedaan? Het was niet de bedoeling dat hij de hoofdrol zou krijgen, maar na audities besloot de regisseur toch dat Sjaak de hebzuchtige oude Harpagon ging spelen.

Vanaf daar ging het uitlopen snel. Voor een avond cafécabaret in Kerkrade werden Sjaak en Roger gevraagd of ze konden optreden. De twee gingen een avond zitten. Scripten, een beetje spelen, uitproberen, improviseren, zonder dat ze het doorhadden draaiden ze de oeract van Sjwats-Wies (Zwart-Wit) in elkaar. Sjaak schminkte zijn gezicht wit, Roger het zijne zwart. Twee personages aan elkaar verklonken in tegenpolen. Ze vulden elkaar aan, Roger met zijn brille en een vlijmscherpe timing, Sjaak droogkomisch vol levensbeschouwelijke romantiek. Bij de generale repetitie voor de cabaretavond viel alles stil. Toen ze klaar waren, was Sjwats-Wies geboren en zei de organisator alleen nog maar dat ze als laatste zouden optreden, de uitsmijter van de avond.

Het was het begin van zeventien jaar juichend succes op de

planken. Ze speelden sketches en conferences waarin de ene tegenstelling stuitte op de andere en er zich tragische of filosofische, vaak hilarische scènes ontvouwden. Sjaak en Roger waren beste vrienden, op het toneel een symbiose waarin ze samen zoveel meer waren dan de som der delen.

Ze brachten twee ongetrouwde zussen tot leven, Mimi en Clara Zoerbier, de ene lang, mager en pinnig, de ander rond, kort, goeiig en naïef. De eerste een strenge juf, de tweede een blij paasei met een roze strik om het hoofd. Het publiek droeg Clara op handen, de naïeve, ongeremde met geen blad voor de mond. De zusters overtroefden Jack Vinders en Roger Lataster in populariteit. Wanneer ze improviseerden, was het verbond het meeste waard. Dan kreeg hun uitwisseling een vaart die ze zelf nauwelijks konden bijhouden. Het liep vanzelf, de scènes gingen met hen aan de haal, het was filosofie met een knipoog, cabaret met een boodschap. Toen ze een keer optraden bij een carnavalszitting – het was eigenlijk nog voor de grap ook – brak het publiek in uitzinnigheid de zaal zowat af.

Het werd de opmaat naar een avondvullende show in de kleine zaal van Theater Heerlen. En daar gebeurde het, daar begon Sjaak weer te zingen. Afgewisseld met cabaret en conference zong hij chansons. Veel Jacques Brel, hij schreef 'd'r Kloon', een lied over een kleine clown die de hele circustent laat lachen en zelf in de drukte allenig is. De schouwburgdirecteur bestelde meteen een voorstelling voor het volgend seizoen, maar dan in de grote zaal, voor de 1100 stoelen waarvoor Joop den Uyl dertig jaar eerder de sluiting van de mijnen had aangezegd. Sjwats-Wies speelde drie avonden voor een uitverkochte schouwburg.

In Heerlen was intussen een piepklein theater geopend: Theater Lexor, charmant huiskamertheater van Lex Nelissen. Een van Heerlens meest markante ondernemers – hij was platenbaas, restauranteigenaar, cafébaas, dj en presentator – paarde zakelijke drift aan de liefde voor muziek en bouwde een knus podium aan de Willemstraat, de straat die in de jaren zeventig met bar Shangri-La het beginpunt was van Heerlens heroïneallee. Het Lexor had 64 stoelen van rood velours, een podium met een vleugel. Nadat Sjwats-Wies er had opgetreden, hield Lex Nelissen Sjaak staande. Hij was geraakt, hij had een plan en Sjaak moest meedoen: een avond lang de mooiste liedjes uit de jaren veertig en vijftig, *Café Nostalgia* moest het gaan heten, en of Sjaak er zijn lievelingsmuziek wilde komen zingen.

Café Nostalgia bood de Limburgers wat ze zochten. Vijftig keer was het Lexor Theater tot de laatste stoel bezet. In het gangpad pasten nog elf man, waarmee 75 Limburgers zich een avond lang opsloten voor een overdosis troostmuziek. Het was balsem voor een stad die betere tijden had gekend, die langzaamaan was gaan geloven dat het alleen nog maar barrer zou worden – en dat zonder God die het lijden zin kon geven. Al een kwart eeuw deed Heerlen het zonder noemenswaardig lichtpuntje, wat zat er dan nog op, anders dan je met een goed orkest achter rood velours af te sluiten en de tap open te zetten.

Het orkest werd geleid door Wim Kleinen, bassist en arrangeur van grote Limburgse hits. 'Als jij op de bühne staat,' zei Kleinen tegen Sjaak, 'dan gebeurt er wat. Dan gaat van alles open.' Kleinen vroeg hem om een lijst te maken van de 200 nummers die hij zou willen zingen.

Het kostte Sjaak twee dagen, toen belde hij met zijn lijst bij Wim aan. 'Mooi,' zei die. 'Daar kunnen we een paar voorstellingen mee vooruit.' Kleinen sloeg de klep van zijn piano open en zocht Kerkraadse poëzie voor Brels 'Bruxelles': *Limburg woar doe nog e loestieg leef land, Limburg woar doe van hoots en koale...* (Limburg was toen nog een vrolijk lief land, Limburg was toen nog van hout en kolen...).

Heerlen benutte de harde return van de eeuwwisseling om met zijn meest recente verleden te breken. Het stadsbestuur besloot dat verloedering geen natuurverschijnsel maar een wilsbesluit was, en koos de aanval. Tot dan toe was het alleen maar bergafwaarts gegaan. Telkens was gedacht dat het niet erger kon, en dan werd het nog erger – meer junks meer straatroof meer leegstand meer werklozen. Eind jaren negentig zag SP-politica Riet de Wit hoe de eigen bevolking zich van haar stad afkeerde. De stad werd verlaten, letterlijk; winkels, kantoren en huizen kwamen leeg te staan.

Eigenlijk begon de wederopstanding met de plek waar eerder het welvarend Heerlen met zijn voorspoed had gepronkt: bij het Glaspaleis, het oude warenhuis van Peter Schunck. Dat had jaren op de lijst gestaan om gesloopt te worden, er was alleen geen geld voor. Een comité van Limburgse architecten en architectuurkenners als Jo Coenen, Wiel Arets en Nic. Tummers maakte zich midden jaren negentig hard voor het behoud van Heerlens blikvanger. Ze zochten en vonden 34 miljoen gulden om het monument te restaureren. Dat was de eerste zet van de gemeente in wat een masterplan zou worden: zich met investeringen in cultuur weer naar het licht werken.

In 1999 was eerst het bruine rookglas van de gevels gehaald. Daarna werd het Glaspaleis van alle fratsen gestript tot alleen zijn geraamte van betonnen paddenstoelen overbleef. Een jaar later riep de Union of International Architects het gebouw van Frits Peutz uit tot een van de duizend belangrijkste gebouwen uit de twintigste eeuw. (Heerlen zuchtte van opluchting; het had weinig gescheeld of de proclamatie was de necrologie van een architectuurmonument geweest.) Nu vond de bibliotheek er onderdak, het architectuurcentrum, de muziekschool en de Stadsgalerij. Op de gevel kwam de oude naam in grote rode letters terug: SCHUNCK. De Heerlenaren konden hun overdekte marktplaats weer op, niet op zoek naar linnengoed, mijnwerkerstenue of kant, maar naar boeken, breakdance en een expositie van de vrolijke wulpse vrouwen van Niki de Saint Phalle. Het gaf de stad moed.

Stijn Huijts, eerste directeur van het Glaspaleis en de man die het werk van De Saint Phalle naar Heerlen haalde, ervoer het als een trendbreuk. 'Voor het eerst in decennia word je weer buiten de stad gefeliciteerd.' Tot dan toe voedde een gebrek aan ambitie het tekort aan zelfvertrouwen en omgekeerd, in een volmaakte cirkel van neerwaartse berusting. De transformatie van vervallen warenhuis naar cultuurtempel vervulde de Heerlenaren met trots: kijk dan, ze konden het nog! Gewoon nog de oude Winkbül! Ook voor de wijdere omtrek was de ambitieuze redding meer dan een restauratie, ze liet zien dat durf kon worden teruggevonden.

In 2000 begon ook de grote slag om de stad te heroveren op de zelfkant: 'Operatie Hartslag' moest Heerlen veilig maken. Van politiek en justitie tot verslavingszorg, welzijnswerk en schoonmaakbedrijven, alle maatschappelijke organisaties werkten samen om criminelen en junks van straat te halen. In 2000 waren er 750 drugsverslaafden, in 2005 verklaarde het gemeentebestuur de stad clean.

Tegen de tijdgeest in bleef de gemeente geld steken in cultuur, ervan overtuigd dat mensen willen wonen waar 'het' gebeurt, dat nieuwe bedrijven afkomen op stedelijk vibreren. Andere Peutz-gebouwen werden voor miljoenen gerestaureerd – de Royal bioscoop en Theater Heerlen. De ambitie gold niet alleen de hardware. Inhoudelijk ging Heerlen uitblinken. De stad verwierf het beste theateraanbod van Zuid-Limburg. Ook met poppodium De Nieuwe Nor overklaste Heerlen Maastricht. Langzaamaan ontstond het beeld dat Heerlen de plek is voor vitale en experimentelere kunst, Maastricht de thuishaven van André Rieu.

Die weg uit het dal omhoog is als die vermaledijde processie van Echternach – twee stappen vooruit, een achteruit. Was de binnenstad na jaren zwoegen schoon, diende in 2008 de economische crisis zich aan. Begonnen Heerlen en Aken op hun landsgrens met de aanleg van het prestigieuze bedrijventerrein Avantis, zat er een korenwolf. Alsof een heuse wolf de grens met Duitsland was overgestoken, zo werd het beestje heilig verklaard. Geen paal mocht er meer worden geslagen, het knaagdier was beschermd en de Vereniging Das en Boom dreef de gemeente tot waanzin. Wethouder Wil

Houben zei tegen het *Algemeen Dagblad*: 'Ik ga er gillend van over mijn nek. Das en Boom is in staat een enorme chaos aan te richten.' Toenmalig Roermonds wethouder Jos van Rey moest de bouw van een bedrijventerrein staken om een zeldzame kikker. Zijn Heerlense collega Houben gaf advies: 'Ik raad ze in Roermond aan die knoflookpad niet te onderschatten.'

Nadat rechtszaken rond de Heerlense hamster jaren later tot aan de Raad van State waren uitgevochten, bleken voorheen enthousiaste investeerders vertrokken. De paar bedrijven die hadden gewacht, kwamen opnieuw bedrogen uit. In plaats van dat ze konden kiezen of ze zich onderwierpen aan het Nederlandse of Duitse regime voor brandveiligheid of vergunningen, moesten ze in de praktijk aan de voorschriften van beide landen voldoen. Het nieuwe vooruitgangsgeloof van Heerlen werd op de proef gesteld.

Sjaak moest en zou zingen op de begrafenis van zijn moeder. 'Ummer zal iech van diech hoade', een bewerking van Toon Hermans' 'Altijd zal ik van je houden', maar hij was de Onze-Lieve-Vrouw van Altijddurende Bijstand nog niet in of de paniek joeg zijn hart op. De tekst, o God, hij was zijn tekst vergeten. Natuurlijk had hij geen papier in zijn binnenzak, hij zong dit nummer al een jaar overal en uit het hoofd.

De mis ter nagedachtenis aan zijn moeder ging aan Sjaak voorbij zoals vroeger alle kerkdiensten in een waas waren vervlogen. Hij zat in de voorste bank zijn liedtekst te herhalen. Van de kop tot aan de laatste noot en van voren af aan. Afgesloten in een vacuum van repeterende woorden hadden grote gevoelens op hem geen vat. Toen de tijd daar was en de pianist de eerste akkoorden sloeg, vulde Sjaak kalm galmend de kerk.

Toen wachtte alleen nog een huis dat moest worden leeggehaald. Sjaak was naar binnen gegaan en had voor Tinekes bed haar pantoffels zien staan, bewijs van een onaangekondigde dood, de sloffen klaar om aan te schuiven. Sjaak voelde de klem aanleggen om zijn borst. Met zijn hand langs de muur kwam hij buiten.

Naarmate hij ouder werd, was hij meer op zijn moeder gaan lijken. Hij ging niet graag alleen over straat. Kwam de provincie niet uit. Bleef soms dagen binnen. En door een winkel of theater liep hij zonder met zijn handen een leuning of deurklink aan te raken. De kelder van de Sint-Hubertuslaan had voorraden om een atoomaanval uit te zingen, en hij registreerde of Ans en Daan voldoende vitaminen en mineralen aten.

Nu was het Hein die de spullen verzamelde in een flat waar de dood de toon zette. Hein zelf was in die dagen in goeden doen. Hij was voor de derde keer getrouwd en zielsgelukkig. Haar naam was Marlies – al kon Hein dat niet opbrengen, 'Marlies' zeggen, dat zou verraad zijn van de jeugdliefde die hem ontvallen was. Hij noemde haar 'Marle'. Nadat Hein begin jaren tachtig twee jaar in de WAO zat, ging ook hij aan de slag bij de ZOL, de sociale werkplaats en Limburgs grootste werkgever. Hij was 37 en begon helemaal onderaan. En daar zette Hein zich tot iets wat hij zijn hele leven had vermeden: hij wilde leren. Het kwam door de liefde. Hein had een houvast, een doel, een vrouw om voor te werken. Na wat opleidingen en cursussen werd hij manager van de ZOL-fabriek waar 900 verstandelijk gehandicapten wasknijpers in elkaar zetten. De eerste dag wist hij zich geen raad: met welke toon, met welk regime moest hij deze mensen aansturen? Daarna verging het hem als zijn jongere broer op de Sint-Jozefschool. Zijn onhandigheid met het minder begaafde, zijn aanvankelijke wanhoop, maakte plaats voor warmte, voor toewijding en trouw aan zijn bijzondere werknemers.

Na de dood van zijn moeder leverde Hein aan de Sint-Hubertuslaan een stapel schoenendozen af. Geen idee wat erin zat, Sjaak moest maar kijken of het de open haard in kon. Ze kwamen in een hoek van Sjaaks werkkamer te staan, uit het zicht. Het zou jaren duren eer hij van de eerste doos het deksel lichtte.

Nergens ter wereld was uit de steenkoolindustrie een bedrijf verrezen met de omvang van DSM. Zijn beursgang in 1989 was de ultieme emancipatie, een vadermoord. Los van de staat was ineens van alles mogelijk, al stonden de teugels ook meteen veel strakker. Er waren nu aandeelhouders die rendement eisten. En met zijn bulkchemie was DSM nog steeds gevoelig voor schommelingen van de wereldeconomie. In 1993 schreef de multinational rode cijfers.

Terwijl Philips onder kritische publieke belangstelling zijn Operatie Centurion doorvoerde, verdwenen bij DSM – in alle stilte, nog steeds – veel meer banen. Simon de Bree werd CEO in dat jaar dat de aandeelhouders verlies in plaats van winst namen. Toen werkte het bedrijf al tientallen jaren aan zijn supervezel Dyneema. Er was dik 300 miljoen gulden in geïnvesteerd, en nog was er geen cent winst gemaakt. Simon de Bree moest een boze aandeelhoudersvergadering kalmeren. Die verweet hem 'een eigen speeltuin te onderhouden'. Winstgevende DSM-divisies mopperden en zetten De Bree onder druk om de stekker eruit te trekken. In plaats daarvan stopte de CEO een laatste 20 miljoen in de ontwikkeling van de vezel.

De eis van aandeelhouderswaarde had bijna de kip met de gouden eieren de kop gekost. Niet lang daarna kwam Dyneema de markt op als allersterkste ultralichte vezel ter wereld, grondstof voor visnetten, kogelwerende vesten en vliegtuigcabines, een belangrijke nieuwe *cash cow*.

In 1998 onderging het bedrijf een gedaanteverwisseling die pas lukte met zijn Euronext-notering: het kocht alsnog Gist-Brocades, de Delftse producent van medicijnen en voedingssupplementen die zich eerder te goed had gevoeld voor verkering met een partij in staatshanden.

In 2002 was de omwenteling compleet. Toen verkocht DSM al zijn petrochemie – op aardolie gebaseerde productie, de helft van zijn activiteiten in Geleen – voor 2,25 miljard euro aan het Saudische Sabic. Opnieuw liet DSM zien hoe je in eigen vlees snijdt om iets nieuws te laten groeien. DSM en Sabic deelden het industrieterrein en stichtten er een campus: Chemelot, samentrekking van *chemo* en *lot* (plaats), klinkend naar het legendarisch kasteel van koning Arthur. Chemelot werd een gemeenschap van grote en kleine hightechbedrijven, van oude ondernemingen en start-ups die kennis en onderzoek delen in de hoop daar allemaal beter van te worden. Het haakte aan bij de universiteiten van Maastricht, Aken en Eindhoven en heette vanaf toen een *incubator*, een broedplaats.

Dat is iets waar Zuid-Limburg eindelijk goed in lijkt te worden: het bundelen van zijn krachten. Steden die elkaar jarenlang weerden als concurrenten en vreemden – Heerlen en Maastricht nog het meest – gingen ineens samenwerken. Eerder had Maastricht zich gedragen als Limburgs ongekroonde keizer, zoals Maastrichtenaren ook iedereen van buiten 'een boer' noemen, in de arrogante amnesie dat zonder universiteit ter compensatie voor de mijnsluiting Maastricht nog veel langer een verpauperd achterstandsgebied was gebleven. Toen kregen de grote steden burgemeesters van buiten Limburg (Onno Hoes in Maastricht en Paul Depla in Heerlen) en bleken ze elkaar te kunnen versterken.

De samenwerking werd geholpen door Europees geld. Nadat het rijk in 1990 de herstructurering voltooid verklaarde, wendde Limburg zich voor subsidies tot Brussel. De Europese Commissie stelde als voorwaarde dat de regio met een samenhangend plan kwam – iets wat voorheen nooit had gehoeven, wat voorheen niemand echt had gewild. Daarmee werd 'de methode Brussel' minstens zo belangrijk als de vruchten, de miljoenensubsidies.

Terwijl Sjwats-Wies op de planken en in de kranten nog steeds werd bejubeld, ging het achter de coulissen minder goed. Steeds vaker zat Sjaak voor de voorstelling alleen in de kleedkamer. De zaal liep vol en Roger was kwijt. Vlak voor het doek opging, viel hij binnen, dronken, soms stoned. Tussen de verschillende scènes gingen ze beurtelings van het podium af om zich te verkleden, de ander stond dan een paar minuten alleen op het toneel. Roger liep nu niet meteen naar de kleedkamer, hij sprintte twee verdiepingen lager naar de artiestenfoyer, tikte een paar Jägermeisters achterover, om dan, half aangekleed, weer de planken op te rennen. Het was aan zijn talent te danken dat het publiek nooit iets heeft gemerkt.

Nu hadden Sjaak en Roger allebei hun handicaps. Telkens wanneer Sjaak zijn huis uit moest, bewoog hij zich net als vroeger zijn moeder; twee stappen vooruit één naar achter, het veilige nest verlaten lukte alleen met de nodige moed en rituelen. En Roger, gezegend met brille en bravoure, kwam niet uit de ban van de drank. Hem trof het noodlottige succes van raspaarden die onder de roem bezwijken. En toch waren ze beste vrienden, vijftien jaar lang. De een panisch aangelegd, de ander drankzuchtig, gunden ze elkaar hun zwaktes, omdat allebei leefden voor het theater. Totdat dingen uit de hand gingen lopen.

Op een avond in maart 2007 struikelde Roger over een rookmachine en haalde hij zijn scheenbeen open, een wond die bleef lopen en door de alcohol niet wilde stollen. Het bloed stroomde van onder zijn jurk zijn intussen soppende schoenen in. Door Mimi's witte kniekousen zoog zich het rood omhoog. Ze trok strepen over het podium als vliegtuigen patronen in de lucht. Toen de eerste rij het bloedbad gewaar werd – mensen stootten elkaar aan en zeiden 'Oohhh' en 'Jaaaa' –, greep Clara een lap en begon omstandig te dweilen, tegen Mimi roepend dat ze nog steeds niet had begrepen in welk gat ze d'r tampon moest stoppen. Het publiek bezweek van de lach.

Zodra het doek viel, brachten ze Roger naar de EHBO. Hij, hyper van adrenaline en alcohol, vond ook deze scène geestig en zette met een hoop branie de Eerste Hulp op stelten. De arts die zijn been hechtte, deed geen moeite zijn ergernis te verbergen. De dag erna belde Roger de AA en begon af te kicken.

Gemiddeld trad Sjwats-Wies om de dag op, elk jaar een nieuwe avondvullende voorstelling, en alle algemeen menselijke zorgen, gewoonten en onhebbelijkheden waren voorbijgekomen, essentiele zaken van de angst voor de dood tot waarom wij op aarde zijn, waren besproken. Ze vormden een onverslaanbaar duo en het publiek stroomde nog steeds toe. Maar vijftien jaar na de oervoorstelling was Roger het klatergoud beu. 'De thema's zijn op,' zei hij. 'We vallen in herhaling.' Hij wilde back to basic. 'Niet meer in die grote zalen. We gaan het net als vroeger doen, wat rekwisieten achter in de auto en dan op de markt spelen. Straattheater, het pure werk.'

Na vijftien jaar symbiose toonde zich hier hun verschil. Sjaak wilde geen stap terugzetten. Eindelijk had hij zijn taal, zijn toon, zijn rol op het toneel gevonden, en daarmee vulde hij de grootste en mooiste zalen van Limburg. En dan weer op de markt gaan staan? Voor Roger was dat anders. Waar Sjaak genoot van de juichende massa, was voor hem de ovatie een gouden kooi. Hij dacht: ik verpruts mijn talent, ik moet iets maken met meer betekenis. Begin 2009 zei Roger: 'Ik kan het niet meer. Ik trek die jurk nooit meer aan.' Er stonden nog voor anderhalf jaar aan optredens. Die hebben ze afgewerkt. Het was al op en toch moesten ze een laatste voorstelling in elkaar draaien. Anderhalf jaar was het in de kleedkamer doodstil. Pas toen groot in de Limburgse kranten stond dat Sjwats-Wies was gestopt, werd het publiek gewaar dat er iets stuk was.

Mimi Zoerbier was verdwenen. Clara besloot te blijven. Net als zijn publiek was Sjaak aan haar gehecht geraakt. Clara kon dingen zeggen die Sjaak niet uit zijn strot zou krijgen. Jonge Limburgers waren dol op Clara. Zij kroop bij burgemeesters en de gouverneur op schoot en stak de draak met alles wat hoog en heer was.

Al hoort de oude Mijnstreek in 2015 tot de armste delen van het land, het lijkt als een jojo vooruit te gaan. Het centrum van Heerlen, voorheen landelijk kampioen leegstand, heeft minder verlaten winkels en kantoren dan Maastricht. Kerkrade bouwde mooie, grootse parken waarvoor de Randstad de ruimte mist: dierenpark Gaiazoo en Mondo Verde, met landschappen en beesten van over de hele wereld. Op de 239 meter hoge steenberg van de vroegere Wilhelminamijn is in Landgraaf een indoor skibaan gelegd waar 's zomers internationale teams op echte sneeuw komen trainen. De regio tooide zich met leisure als nieuw economisch profiel, vrijetijdsbesteding, en werd Nederlands koploper in de groei van toerisme. In 2010 was Zuid-Limburg de sterkste economische stijger van het land.

Maar Kerkrade, de naar binnen gekeerde stad aan de rand van het land, profiteert nauwelijks van de oases aan haar buitenkant. Na het groen en de wilde beesten draaien bezoekers Kerkrade de rug toe. Ze gaan terug naar huis, naar hun hotel in het Heuvelland, naar restaurants aan de pleinen van Maastricht. Het centrum van Nederlands oudste mijnstad ontvangt weinig mensen van buiten. In 1991 onderwierp de gemeente zich aan een imago-onderzoek. Kopstukken uit Limburgs bedrijfsleven en bestuur schetsten hun beeld van Kerkrade: 'een afgelegen, gesloten, soms ingeslapen stad waarvan de bewoners terughoudend zijn naar buitenstaanders en joviaal onder elkaar'. De voorzieningen voor ouderen en zieken waren uitstekend en het Wereld Muziek Concours scoorde hoog, maar de stad zelf maakte weinig warmte los. Het centrum heette 'slapend', 'ongezellig', 'sfeerloos', 'klein' en met weinig winkels. Iemand vroeg waar het centrum eigenlijk lag.

Vijfentwintig jaar later zijn de V&D en de Hema gesloten en nijpt de bloedarmoede van het amorfe stadshart. Vergrijzing en krimp gaan samen op. Nergens leven meer 65-plussers dan in Kerkrade. De stad die een eeuw eerder als een magneet mensen van ver naar zich toe trok, raakt steeds meer in zichzelf besloten. Kwam er een Centrumplan, bleek dat gefinancierd te worden door Piet van Pol, de bouwondernemer die vrienden is met Jos van Rey en verdacht van het betalen van steekpenningen. Dat plan moest van tafel. Juli 2015 is Kerkrade begonnen het hart van haar stad nieuw leven in te blazen.

De oude trots leek de genadeklap te krijgen, toen in 2014 zelfs Roda JC brak. De mijnwerkersclub had 41 jaar eredivisievoetbal gespeeld en was gekoesterd als de laatste *stronghold* die het glorieuze verleden in ere hield. In 2014 degradeerde de mijnwerkersclub uit de eredivisie. Sjaak, fervent fan en huiszanger, had het eerder op de radio ondenkbaar verklaard, nu stond hij met tranen in de ogen op de grasmat.

Een jaar later liep heel Kerkrade uit naar de markt, waar een avond lang als één man het elftal van Roda werd toegezongen. De vernedering was goedgemaakt, NAC Breda verslagen en Roda terug in de eredivisie.

De kwalen waarmee Kerkrade kampt, tonen zich nergens beter dan in Heilust. Een voor een zijn de winkels dichtgegaan; de middenstand sneuvelde met het inzakken van de koopkracht. Alleen de SRV-wagen verkoopt nog melk, brood en een krop sla, en op de hoek van de Kampstraat zit de TamTam, een 'budgetwinkel' die toiletverfrisser, haarspeldjes, paaseierenverf en andere onbederfelijke restpartijen slijt tegen bodemprijzen.

Tussen de Onze-Lieve-Vrouw van Altijddurende Bijstand en de Papaverstraat gaapt een vreemd gat, een veld vol onkruid en gras, plein zonder plan. Groen, dat wel, maar niet zoals 'Parkstad' zal zijn bedoeld toen Thijs Wöltgens de oude Mijnstreek een nieuwe naam gaf. Het hart van de wijk ligt erbij alsof er een bombardement is geweest. Na het luwen van de strijd verovert de flora zijn meters op de stad.

Het eerste gat werd geslagen in 2003, toen de Barbaraschool werd gesloten. Daarna ging de oude jongensschool dicht, en in 2013 zijn de witte flats tegen de vlakte gegaan. De laatste demon heet Krimp. In 2014 gebeurde waar Con Dogge al jaren bang voor was: de Onze-Lieve-Vrouw van Altijddurende Bijstand werd gesloten, in kerkelijke termen: zijn kerk werd aan de eredienst onttrokken. Te weinig mensen in de mis. Tot hij de missen in de sacristie deed, zaten de gelovigen zo verspreid dat Dogge vanaf het priesterkoor niet meer goed wist tot wie en waar hij zich moest richten. Nu ging de Onze Lieve Vrouwe dicht en Dogge was er kapot van. Zijn grootste angst is afgewend. De kerk wordt niet gesloopt – want dat was beleid van het bisdom: geen wereldse bestemming voor een lege kerk. Zo zijn in de buurt ontheiligde kerken tegen de vlakte gegaan: de Onze-Lieve-Vrouwe-van-Lourdes, de Maria-Goretti, de Joseph-Hubertus en de Blijde-Boodschap-Kerk. Allemaal tot gruis geslagen.

Maar Onze-Lieve-Vrouw is aangekocht door de gemeente. Die maakt er een multifunctioneel centrum van. Het priesterkoor is ontdaan van altaar en allerheiligste en is nu een podium voor evenementen waar de Heer geen deel aan heeft. Tussen de bejaardensoos, jubilea, carnaval, toneel of fanfare blijft er in de Onze-Lieve-Vrouw een kapel waarin Dogge de mis kan doen. Hij kijkt als een kind zo blij als hij zegt: 'Dan mogen we ook weer luiden.'

De kerk ligt straks aan de rand van een groot mooi park, belooft de gemeente. Het met onkruid en gras begroeide gat wordt een groen oord waar kinderen komen spelen en sporten, waar oudjes wandelen en op bankjes toeven, en waar de Kerkradenaren midden in de stad buiten wonen; een beetje zoals het Arcadië zich hier vóór de steenkoolinvasie ongeschonden had uitgestrekt. Op billboards wordt van de nood een deugd gemaakt: 'Kerkrade-West wint aan ruimte!'

Beloftes van autoriteiten worden hier alleen niet zo snel meer geloofd. 'De hoge heren daarboven' hadden hen te vaak laten zitten. De Limburgse boeren die rond 1900 geen heil hadden gezien in het uithollen van de aarde, hadden van de vloek van grondstoffen geen weet, maar hun intuïtie had hen niet bedrogen. Zelden profiteert een bevolking van de schatten in haar bodem.

Het zwaarst woog de moeder aller beloftes, die was zo grof geschonden. Joop den Uyl had bij de aanzegging van de mijnsluiting de regio een toekomst vol voorspoed beloofd. En kijk wat er van Heilust was geworden. Het werk dat Den Uyl had beloofd, kwam er niet; een halve eeuw na de mijnsluiting leven hier families van drie generaties werklozen. Vervolgens bleken de pensioenen van mijnwerkers te schraal om van rond te komen. Kompels die tientallen jaren onder de grond hadden gediend, kregen een pensioen dat honderd gulden hoger lag dan de AOW.

En dan de stoflongen. Eerst was bij de sluiting iedereen met een pijntje hier of daar afgekeurd – dat had de werkloosheidsstatistieken goed gedaan. Toen onder premier Lubbers en later Wim Kok de WAO onbetaalbaar werd, moesten de oud-kompels zich melden voor een herkeuring. Intussen was menigeen echt ziek, de stof had hun longen geteerd en benam hun de adem. Voor die beroepsziekte was nooit een fatsoenlijke compensatie betaald.

Toen Lubbers in december 1990 Heerlen bezocht, werd hij aangesproken door oud-mijnwerkers. Ze vertelden hem dat er meer dan 4000 mensen ziek waren en hoe menigeen een marteldood stierf, en dat als gevolg van hun werk in dienst van de nationale economie. Lubbers erkende toen dat de Nederlandse overheid 'een ereschuld' had bij de mijnwerkers.

Elske ter Veld werd als staatssecretaris voor Sociale Zaken en Werkgelegenheid belast met het dossier 'ereschuld mijnwerkers'. Zij besloot in 1993 dat hooguit 180 gevallen in aanmerking kwamen voor een uitkering. Bij een bezoek aan Heerlen zei ze tegen een verslaggever van het *Limburgs Dagblad*: 'Het is het verhaal van het huilende jongetje dat zijn dubbeltje kwijt is. Als je hem een nieuw dubbeltje geeft, blijft hij huilen. Hij had twee dubbeltjes kunnen hebben als hij zijn eerste dubbeltje had teruggevonden.' Het denigrerende in de woorden van de staatssecretaris ontstak in de Mijnstreek een woede die niet meer luwde. (Datzelfde jaar keerde haar eigen PvdA-fractie zich tegen hervorming van de bijstand en moest Ter Veld aftreden. Jaren later zou ze, oh ironie, voorzitter worden van de Vereniging Samenwerkingsverband Chronische Ademhalingsondersteuning.)

Het was het moment waarop SP-politicus Jan de Wit, echtgenoot van de Heerlense politica Riet de Wit, het 'Aktiekomitee Ereschuld Mijnwerkers' oprichtte. Het resoneerde in de hele regio met comités, actieavonden en petities. Toen er in oktober 35.000 handtekeningen waren gezet, reed Jan de Wit met vier bussen vol oud-mijnwerkers naar Den Haag. De mannen waren ziek, sommige van hen ernstig. Een paar haalden adem met een pompje. Het was al venijnig koud en Jan de Wit had afgesproken dat de mijnwerkers in de kantine van het ministerie van Sociale Zaken met een kop koffie en een broodje zouden worden ontvangen. Het ministerie liet ze staan in de parkeergarage. Terwijl De Wit binnen was om de handtekeningen aan Jacques Wallage (Ter Velds opvolger) te overhandigen, viel op het betonnen parkeerdek de ene na de andere mijnwerker om. Er moesten mannen beademd worden.

Uiteindelijk ging Wallage door de knieën en kregen dik 2000 mijnwerkers of hun weduwen een uitkering van 20.000 gulden. De silicose-overwinning zou de grote doorbraak blijken van de SP in de Mijnstreek. Vanaf de dagen dat de mijnen gesloten waren en SP'ers de kolonieën in gingen om ontslagen mijnwerkers bij te staan, had de partij een achterban opgebouwd. Nadat Jan de Wit in 1982 Heerlens eerste SP-raadslid was geweest, groeide de partij gestaag, ten koste van vooral CDA en PVDA. In 2002 won de SP de verkiezingen en leverde twee wethouders, in 2006 werd ze de allergrootste, daarmee ook de grootste SP-stad van het land.

De staat had de zieke oud-kompels ruim 40 miljoen gulden betaald, maar het kwaad was geschied. Het vertrouwen was opnieuw geschonden, en de Limburger werd volgens CBS-onderzoek de meest wantrouwende van alle Nederlanders. Vertrouwen in politiek was nergens lager, dat in de medemens daalde mee. Het aantal verbindingen tussen mensen – wat sociologen 'sociaal kapitaal' noemen – was lager dan in andere provincies. De kolonie met deuren zonder sloten, de vertrouwenssamenleving waarin bewoners zonder te bellen bij elkaar binnenliepen, was in haar tegendeel komen te verkeren.

In de oude Mijnstreek broeide een gevoel van te zijn afgedankt, van slachtofferschap – hun baan was afgepakt, vervangend werk uitgebleven, pensioenen waren armoe en om een vergoeding voor silicose hadden ze moeten smeken. De mensen in de Mijnstreek concludeerden dat ze niet meer op Den Haag hoefden te rekenen.

Pas in december 2005 werd een klein mijnmuseum geopend in het schachtgebouw van de Oranje-Nassau dat was ontsnapt aan de sloop. Het waren oud-kompels die houwelen, mijnlampen, pneumatische boren, helmen en uniformen verzamelden en ze tentoonstelden. De verzameling breidde zich gestaag uit; er kwamen een projector, een wit scherm en rijen stoelen; nu konden ze groepen een film over de mijnen laten zien. Wie naar de wc wilde, moest naar een nabijgelegen kantoorpand. Tijdens een gesprek met een groep oud-mijnwerkers viel de vraag waarom er pas zo laat een mijnmuseum was ingericht? De voorzitter van het museum antwoordde: 'Omdat de kompels zich heel lang hebben geschaamd.' Ze geneerden zich voor het feit dat ze onder de grond hebben gewerkt?

'Absoluut niet!' baste de voorzitter. 'Daar zijn ze tot op de dag van vandaag trots op. Ze schamen zich voor de manier waarop ze zijn afgedankt.'

Toen Limburg een wingewest was, werd vanuit Den Haag feilloos de weg naar het zuiden gevonden. Na de mijnsluiting bleef de Mijnstreek zitten met de bloedeloze restanten van een monocultuur. De herstructurering was kortzichtig uitgevoerd, gericht op nieuwe banen in oude industrieën. Ten enenmale ontbrak het besef dat de streek die in de twintigste eeuw voor zijn bodemschatten was omvergewoeld, niet alleen economisch overhoop was gehaald, maar ook sociaal en cultureel. Alleen met even grote inspanning en ambitie zou de regio de omslag kunnen maken naar een op nieuwe leest geschoeide welvaart. Maar social engineering was helemaal uit. Over 'de maakbare samenleving' hoorde je niemand meer, of het moest zijn in combinatie met het woord illusie.

De 'mijnwerkerstraditie' van gehoorzaamheid en hard werken had plaatsgemaakt voor wat universitair onderzoeker Paul Jungbluth 'een werkloosheidsgen' noemt. Daarmee bedoelt hij dat ouders zonder werk lage verwachtingen hebben van hun kinderen, die vervolgens als een zichzelf vervullende voorspelling uitkomen. Waardoor in de oude Mijnstreek werkloosheid van vader op zoon kon worden overgedragen zoals vroeger het mijnwerkersvak.

Dat wakkert gevoelens aan die niet helpen bij het ontwikkelen van een positieve, op de toekomst gerichte identiteit. De mijnwerkersstam voelde zich misbruikt. Zoals Limburg pas door de steenkoolindustrie bij Nederland was gaan horen, zo dreef het er na de mijnsluiting weer van af.

Op 9 juni 2010 spatte het ongenoegen als een clusterbom in het gezicht van de zittende macht. Die dag waren de verkiezingen voor de Tweede Kamer. Nergens in Nederland kwamen minder mensen naar de stembus dan in Kerkrade: 64 procent (landelijk 75 procent). Van hen stemde gemiddeld 16 procent op Geert Wilders. Het hoogste percentage stemmen haalde hij in Kerkrade: 36,2 procent.

Het was de opstand van een regio die zich zo voorbeeldig had geplooid naar de steenkoolindustrie, zelfs de sluiting was zonder onvertogen woord gepasseerd. Nergens in Europa waren mijnwerkers zo trouw en gedisciplineerd de steenkool toegewijd geweest als in de Limburgse Mijnstreek. In de Waalse, Noord-Franse en de Engelse mijnen hadden arbeidsconflicten, socialisme en georganiseerde en wilde stakingen de geschiedenis van de steenkoolindustrie getekend. Maar het onbehagen was meer dan een betreurde geschiedenis. Het industrieële verleden werkt door in het heden. De bevolking is scheef samengesteld omdat opeenvolgende generaties jonge Limburgers hun geboortestreek verlieten op zoek naar ontplooiing elders. Meestal keerden ze niet terug.

Gevolg was een kleine middenklasse van hoogopgeleiden en een grote massa met een lage opleiding die slecht uit de voeten kan in de flexibele, hypercompetitieve mondiale economie. Zuid-Limburg had veel zogenaamde 'globaliseringsverliezers'.

Dat amorf monster dat globalisering heet, was het best zichtbaar als het via Brussel kwam. Daar werd bijvoorbeeld de gulden ingenomen of de grens opengezet voor Poolse schilders en timmerlui. Zo kon het gebeuren dat de Europese Grondwet werd weggestemd in de regio die bij Europa het meest te winnen heeft. Liever hoorden ze iemand zeggen dat Limburg moest worden teruggegeven aan de Limburgers (al wist niemand wat dat nou eigenlijk inhield). De Limburgse kranten *Dagblad De Limburger* en het *Limburgs Dagblad* onderzochten na Wilders' overwinning in een groots opgezet project het onbehagen van de Limburgse ziel. Ze concludeerden: 'In Limburg, waar de high trust traditioneel het grootste was in het land, heeft de modernisering de hardste klappen uitgedeeld. Daarom die retraite naar de vraag wie we zijn. Op zoek naar die cocon, iets wat lijkt op die toeptafel van dertig jaar geleden, met het rood-bruine tafelkleed, de walmende sigaren, "Wie sjoeën ós Limburg is" op de jukebox en Frühschoppen na de zondagsmis.'

Vijfendertig jaar na sluiting van de laatste mijn boorde gesmoorde opstandigheid zich door de dikke laag van gelatenheid, als kokend magma door de kraterprop van een slapende vulkaan. De politieke partij die een kleine eeuw haar gezag met totalitaire slag had kunnen doen gelden, het CDA, werd weggevaagd. Het was het bewijs van een geslaagde ontvoogding. Ook de Partij van de Arbeid kreeg zware klappen. Een klein jaar later werd in de Provinciale Statenverkiezingen van 2011 de PVV de grootste partij van heel Limburg. Eindelijk was daar iemand die durfde te zeggen wat velen in de oude Mijnstreek dachten. Iemand die zonder te worden gehinderd door ontzag voor autoriteit – ontzag waar menig Zuid-Limburger historisch mee is belast – de 'dikkoppen' in Den Haag de waarheid zei.

Het enthousiasme over de PVV lijkt te luwen, maar de revolte zou helend kunnen zijn. 'Ontevredenheid is de eerste stap naar vooruitgang van een mens of volk,' schreef Oscar Wilde in *A Woman of No Importance*. De opstand tegen de paternalistische arrogantie van een eeuw katholiek bestuur heeft de Limburgers goed gedaan. Uiteindelijk is er dan verzet, is de bijl geslagen aan de wortels van de indolentie.

Het fonkelende Glaspaleis had de Heerlense bestuurders geestdrift gebracht; het geloof dat het goed kon komen, als ze de stad maar een metamorfose konden geven. De macht van de SP verhoedde dat de hoogst biedende projectontwikkelaars hun gang konden gaan. Weer ontdeed de stad zich van haar recente verleden. Dit keer werd in een ruime cirkel rond het NS-station alles gesloopt. Wat foerageergebied voor heroïneverslaafden was geweest, Heerlens schandvlek, is vermorzeld in de muil van bulldozers. De gedaanteverwisseling komt in de vorm van een nieuw stadsdeel van 36.000 vierkante meter: het Maankwartier. Hier is de voorbede van zijn ontwerper: net als de maan gaat deze wijk licht vangen en dat uitstralen over de hele stad. Als het aan Michel Huisman ligt, herovert Heerlen de allure die het na de mijnsluiting is kwijtgeraakt. Te beginnen hier, bij de poort naar zijn stad.

De ontwerper van het Maankwartier is geen architect en ook geen vastgoedmagnaat, hij is een kunstenaar die het niet langer kon aanzien. Wanneer hij foto's zag van zijn moeders zaak in de jaren vijftig, moest hij zijn best doen niet te huilen. Haar ouders hadden een mooi pand in de Saroleastraat: voorname lijsten om de ramen, glas in lood boven in de winkelpui, jaren-twintiginterieur en in art-decoletters op de ruiten Verheugen Janssen Lunchroom Patisserie. Binnen zat de bon chic, bon genre; deftig Maastricht doorkruiste er Zuid-Limburg voor.

In de jaren tachtig trok de Etos erin. Het pand kreeg 'een dwarslaesie van 4 meter hoog'. De gevel is dichtgetimmerd met witte kunststofplaten. Het glas in lood werd gesloopt voor elektronische schuifdeuren, zoals de hele stad van Huismans jeugd is weggemoderniseerd met gevangenisarchitectuur. De ontwaarding van zijn stad heeft Huisman in beeld in zijn laptop gestopt. Op een groot scherm braakt de Apple de vernieling van art deco, neoclassicisme en Amsterdamse School, voor en na, voor en na, een uur lang, tot een overweldigende treurnis rest. 'In de tijd dat mijn moeder de patisserie had, streefden mensen naar waarde,' zegt Huisman, 'naar zaken die overerfbaar waren. Nu is iedereen uit op winst. Functionaliteit bepaalt de vorm. Waarden als schoonheid en kwaliteit zijn geofferd aan minimale kosten en maximale winst.' Die verminking van de stad is niet zonder gevolgen gebleven, meent de kunstenaar. Een vervormde omgeving geeft vervormde mensen. De lelijkheid maakt neerslachtig, ambitie wordt gesmoord.

Toen in 2002 een Amsterdamse projectontwikkelaar een plan presenteerde dat het stationsgebied modelleerde naar Almere, was voor Huisman maat vol. De kunstenaar besloot een daad te stellen. Huisman bouwde in zes weken een maquette van zijn gedroomde entree naar Heerlen. Hij bood burgemeester en wethouders een schaalmodel aan van wat er ook mogelijk was: 'een sprookje voor de stad'. En daar gebeurde wat niemand had gedacht: de projectontwikkelaar werd bedankt. Onder aanvoering van SP-wethouder Riet de Wit gaf de gemeente de opdracht aan een beeldhouwer die nog nooit een gebouw had neergezet.

Halverwege 2015 rijst de nieuwe wijk de lucht in. Het Maankwartier is groots, gewaagd; immense bogen van 18 meter getuigen van de hoge inzet. In een jaren-twintigbouwstijl herinneren die bogen aan Heerlens eerdere bloeitijd, aan zijn Romeinse verleden. Een immens plein dekt de treinsporen af en verbindt de 'goede' en de 'slechte' kant van de stad. Aan de zuidkant kost een huis een derde minder dan eenzelfde pand aan de noordkant. Nu wordt de zuidkant de stad in getrokken met een majestueus soort fort in een halve cirkel. Huisman gaf het getroebleerde stadsdeel een half Colosseum als entree. Hoog boven in dit Colosseum worden betonnen bakken – formaat container – geplaatst waar cipressen van 16 meter in komen te staan. De bakstenen waaruit het maankwartier is opgetrokken, zijn gemaakt van alle soorten grond die op de Zuid-Limburgse bodem te vinden zijn en worden met een kalkachtig grijzig wit naar de maan gesausd.

Het Maankwartier is eerherstel in de vorm van allure en lef, compromissen in kwaliteit worden liever niet gesloten. Boven in de bouwwerken aan de noordkant zitten gebeeldhouwde hoofden.

De kleinste woningen hebben plafonds van 3 meter hoog, onder de bogen zijn ze 5 meter. De appartementen krijgen voor hun balkon geen plaat van matglas, maar een gegoten koperen hekwerk.

De ambitie reikt verder dan de stad een nieuw hart geven. Hier moet Heerlen weer een ziel krijgen. Er komen kantoren, winkels en woningen aan immense pleinen en langs intieme straatjes die zowel grandeur hebben als romantiek, belooft de ontwerper. Maar de ambitie is zo groot als de risico's, en Huisman moet zijn plan verdedigen tegen een hoop scepsis. Want als Heerlen een nieuw hart krijgt, wat gebeurt dan met de markt en het Pancratiusplein? Daar proberen bloemenverkopers en restauranteigenaars te overleven. Als het hart van de stad zeshonderd meter verderop gaat kloppen, kunnen zij de tent sluiten.

En waarom in vredesnaam 36.000 vierkante meter nieuwe ruimte als een deel van de binnenstad leegstaat? Het antwoord – dat het Maankwartier juist een remedie is tegen die leegstand, dat het de stad de bloedtransfusie geeft waar ze om schreeuwt, dat het aantal bezoekers en kopers geen *zero sum game* is, maar juist zal groeien – stelt niet iedereen gerust. Na Joop den Uyl is de Heerlenaar opgehouden in sprookjes te geloven.

Hoe in de oude Mijnstreek een nieuw zelfbewustzijn groeit, was al te zien op 17 december 2014, toen het Jaar van de Mijnen begon. 49 jaar eerder stond Joop den Uyl daar, op de toneelvloer van Theater Heerlen, om de sluiting van de mijnen aan te kondigen. Nu kwamen duizenden Limburgers om de verwaarloosde geschiedenis eer te bewijzen.

De schouwburg ligt midden op een winderige en veel te grote vlakte, het door hoge flats omzoomde Burgemeester van Grunsvenplein. Als Siena's Piazza del Campo een van de mooiste pleinen ter wereld is, tegelijk groots en intiem, dan komt Heerlens schouwburgplein aan de andere kant van de meetlat. Maar die avond was het vol. Motregen dartelde in de bundels van paarse en oranje theaterlichten. De hoogste bestuurders betuigden met overweldigend vuurwerk eer aan de mijngeschiedenis. Niet als voltooid verleden tijd, maar als de immense schouders die de regio weer moeten dragen.

Onder het afdak van de schouwburg stond een vader met zijn zoontje, een kleuter van vier of vijf. Het vuurwerk knalde als een luchtaanval, afweergeschut en onweer door elkaar heen, en het kind zocht met bange armen om zijn vaders nek beschutting, het hoofdje weggestopt in een kraag. Het kind huilde al even en toch bleef de man staan – iets dichter bij de deur nu, maar nog steeds buiten. Er liepen oud-mijnwerkers rond in hun oranjebruine jas en broek, helm met mijnlamp op de kop. Zij hadden een prominente rol, maar de organisatie van het herdenkingsjaar was in handen van drie broers uit Heerlen, Maurice, Ivo en Martijn Hermans, de oudste geboren toen de eerste mijnen sloten, de man met het bange kind in zijn armen.

Hij hoort tot de eerste generatie die opgroeide na de mijnen en die nu het spoor naar het verleden opgraaft. Wat was weggevaagd, moet worden gekend om te weten waarop deze streek is gebouwd: honderden inwandige, gestapelde kilometers mijngangen. Hun kinderen zullen niet meer opgroeien zonder te weten dat zich onder hun voeten een heel andere stad verbergt.

Kort daarvoor was de aftrap van een ander groot en langlopend project. In juni begon in Kerkrade de eerste Internationale Bau Ausstellung Parkstad, Nederlands eerste IBA. Voormalig Rijksbouwmeester Jo Coenen leidt de tien jaar durende, van Duitsland afgekeken manifestatie die Parkstad 'weer betekenis en oriëntatie' moet geven. Het gaat om inrichting van de regio, om economische structuur en om cultuur, om alles wat de vernieuwing en dynamiek kan brengen om een ingesukkeld gebied nieuw leven in te blazen. De opening was in de Onze-Lieve-Vrouw van Altijddurende Bijstand in Heilust, een maand nadat ze was opgehouden een kerk te zijn. De wanden ontdaan van Christus' geschilderde lijdensweg waren mooi uitgelicht, de zijbeuken schimmerden in blacklight en het priesterkoor met Jo Coenen als voorganger was het podium voor een nieuwe toekomst. Onze-Lieve-Vrouw was tot de laatste bank gevuld.

Sjaak verliet Heilust, maar hij is altijd blijven wonen op honderd meter vogelvlucht van de kolonie. In hem brandde de geldingsdrang, maar anders dan generaties na hem had hij boven de rivieren niets te zoeken. Als zanger zocht hij dertig jaar naar de taal om in te zingen, zijn vaders dialect.

Alleen de Rijksweg scheidt hem van zijn geboortedorp, zoals hij Heilust noemt. (Kerkrade voelt als een andere plaats.) Wanneer hij naar de dokter moet, rijdt hij de kolonie in. En toch is de afstand groot. Sjaak moest zich losmaken van wat Heilust zo eigen maakte. Eerst van zijn geborgenheid – en de verstikking ervan. Daarna van zijn berusting – en de futloosheid die initiatieven smoort. Sjaak bevocht de vrijheid om van mannen te houden, én van vrouwen; tegelijk, zoals toen hij dertien was en nog niemand er wat van zei. De vrijheid om door te leren en meester te worden, en acteur en cabaretier en uiteindelijk een gevierd zanger.

Waar hij op een radicale manier trouw was aan zichzelf, egocentrisch ook, kon hij loyaal zijn aan de mensen om hem heen. 44 jaar stond hij voor de klas op de Sint-Jozefschool, docent in wat buitengewoon lager onderwijs is gaan heten. Toen hij zich kandidaat stelde voor de gemeenteraad, was dat voor de partij van zijn vader, de Partij van de Arbeid. De platenmaatschappij die zijn eerste cd uitgaf, produceerde ook zijn zevende. En in het jaar dat hij 65 werd, vierde Sjaak met Ans en Daan dat ze 43 jaar samen waren – een kleine halve eeuw waarin het leven aan de Sint-Hubertuslaan was gaan draaien om Sjaak. De jongen die door zijn moeder niet werd gezien, is in zijn eigen kasteel de prins.

Meteen toen Sjaak in 2000 met zijn liedjes de planken op ging, was hij gevestigd en gevierd als dialectzanger; een chansonnier à la Jacques Brel, een volkszanger gelijk Ben Kramer en een cabaretier die net als Toon Hermans zijn publiek met tranen in de ogen achterlaat – van herkenning, ontroering of de slappe lach. Zijn liedjes gaan, zoals bijna alle liedjes, over geluk, gemis en verlangen, maar in de eigen taal komen woorden over liefde bij Limburgers heel anders binnen: harder. Het dialect is het geluid van thuis, geleider van intimiteit, klankkleur van de eigen identiteit. En die streektaal werd de laatste jaren belangrijker. Zuid-Limburgse steden, dorpen, pleinen en straten zijn ook op de blauwe borden hun naam in het dialect gaan spellen. Heerlen-Heële, Kerkrade-Kirchroa met Spekholzerheide-Sjpekhei, Gronsveld-Groêselt, Vaesrade-Vaosje en Wijnandsrade-Wienesrao.

In Heerlen was het dialect ingeruild voor wat Heerlens-Nederlands, Steenkolennederlands of *Koelbollesj* was gaan heten: Nederlands met een zwaar Limburgs accent. Vroeger was 'Hollands' de taal waarin ouders hoopten dat hun kinderen iets zouden bereiken. Nu is het de taal 'van daarboven'. En ineens was daar muziek met een stem zo eigen, brons als Limburgs eikenhout, die zong over nostalgie in een taal die doorstootte naar het hart. In zalen waarin geen stoel leeg bleef, haakten mensen elkaars armen en deinde de zaal van links naar rechts, ze schunkelden en schaterden. Buiten bleef het leven schraal, in het theater gloeide een Limburgs lichtje.

Sjaaks eerste zelfgeschreven nummer 'D'r Kloon' voert de Limburgse Top 100 aller tijden aan, en Sjaak werd verkozen tot beste Limburgse zanger. Elke nieuwe cd komt met een voorstelling, en tussendoor toert Sjaak door Limburg, met een symfonieorkest of met zijn muziek op een cd en alles daartussenin. Op grote, buiten opgerichte podia tot in verzorgingstehuizen met alzheimerpatiënten zingt hij over zijn eenzame clown.

Op een dag werd hij uitgenodigd door Toneelgroep Landgraaf om te komen zingen met Claudia Zanuttini. Claudia was 23, spastisch, verstandelijk gehandicapt en groot fan. Toen Claudia hem zag aankomen, zwiepten haar armen omhoog en omlaag door de lucht. Met een monotone stem door haar neus riep ze: 'Sjaakie! Sjaakie!' Ze repeteerden. Sjaak zong de songtekst van een bord, Claudia kende hem van buiten. Soms zette Sjaak iets te laat in, hij verhaspelde eens een woord, maar ze zongen van begin tot eind 'Iech zeen diech', 'Ik zie jou, en vraag me af hoe jij kijkt naar mij'.

De orkestleider was tevreden: 'Dat kan heel mooi worden.' Claudia zei: 'Ja ja, heel mooi, Sjaakie, maar dan moet jij wel eerst goed die tekst oefenen...' Sjaak deed zijn best. Elke keer dat hij een noot of woord miste, greep Claudia hem vast. Dan gaf ze Sjaak dwars door zijn smetvrees heen een natte kus. 'Het is niet erg hoor, het is niet erg.' Zijn volgende tournee nam Sjaak Claudia mee en zongen ze samen in alle Limburgse theaters.

De schoenendozen in Sjaaks werkkamer hadden er jaren gestaan. Half verscholen achter zijn boekenkast hadden ze een dekje van stof gekregen. Onverschilligheid (of was het ongemak) won het van nieuwsgierigheid. In het voorbijgaan had hij met zijn vinger 'Tineke' geschreven in het stof, niet eens bedoeld om postuum zijn moeders poetsmanie te bespotten. Maar nu hij het zag staan, moest hij erom grinniken. Dat Herrejödsje maar verhoedde dat ze dat nog meekreeg.

Eigenlijk dacht hij helemaal niet meer aan de dozen. Tot hij naar zijn computerscherm zat te staren, een leeg wit vel voor zich. Een schrijfster wilde weten hoe zijn jeugd was geweest en ze hadden uren, dagen, maanden aan zijn keukentafel zitten praten. In een e-mail had ze nog wat vragen gestuurd. Ze vroeg naar Tineke, steeds weer, en hij werkte mee, dat had hij beloofd, al was het soms lastig. En dus vertelde hij over de kwellingen van zijn moeder. Over een verkrachtende stiefvader en haar doodgeboren kinderen, over haar angst voor vuil en de toorn van God, over de pijn van de onmogelijkheid te zijn wat ze zo diep had verlangd: een volwaardige moeder. Een moeder met een groot gezin, rein en toegewijd als Onze Lieve Vrouwe.

Zo had Sjaak het eigenlijk niet eerder gezien. Hij had nooit iemand verteld over Tinekes jeugd, en ook niet onnodig veel over die van hemzelf. Niets over de demonen die haar in een ochtendjas de straat op joegen, weg van huis, en het mannetje dat haar terughaalde en dat vanaf toen ging helpen met het huishouden, zo klein nog, zeven.

Het vertellen had bronnen gevonden en laatjes opengezet waarvan hij niet wist dat ze er waren. Eigenlijk was zijn vroege jeugd weggestopt en begraven geweest als een 2000 jaar oude sarcofaag. Het was zijn voltooid verleden tijd geweest, met de nadruk op voltooid. Wat zou hij daarin gaan wroeten. Hij had zijn eigen weg gezocht – en gevonden. Wat deed het er verder toe hoe het in de Romeinenstraat was geweest? Hoe het misbruik van zijn moeder zijn jeugd had getekend, had hij nooit gezien.

Sjaak had Ans een stuk tekst over zijn leven laten lezen. Ze veegde haar ogen droog. 'Dat is verzonnen,' zei ze tegen Sjaak. 'Toch?'

Sjaak was stil.

Ans: 'Dat heeft ze toch gewoon voor het boek zo aangedikt?'

Sjaak zei nog steeds niks.

Ans pakte Sjaaks hoofd in haar handen. 'Sjaak?'

'Ach jong, wat erg, en ik heb dat nooit geweten.'

Nu zat hij te staren naar een wit scherm. Hoe ze uiteindelijk was gegaan? Was ze bitter geweest? Verzoend met het lot? En met haar dissidente zoon? De laatste woorden die ze hadden gewisseld voordat Tineke door een zuster werd meegenomen, waren van het gebruikelijk gekift. Zijn broer Hein had gezegd: 'Mam, zorg nou maar dat je rustig bent als je straks in de operatiekamer komt.'

Toen zei Sjaak: 'Bid maar liever dat die dokter rustig is, mam is dan allang onder zeil.'

Tineke: 'Hoor hem, hij had voor dokter moeten leren.'

Sjaak stond op en tilde van achter de kast de drie schoenendozen op zijn bureau. Hij schoof zijn toetsenbord weg, duwde het beeldscherm naar achter. Met zijn mouw veegde hij de letters van de bovenkant. Sjaak tilde van de eerste doos het deksel op. Meteen ook van de tweede en van de derde. Alles viel stil, het denken, de tijd. De schoenendozen waren schatkisten als uit een romantische film, conserven ingemaakte onvermoede liefde. Voorzichtig woelde Sjaak met zijn hand door de doos, als om zich ervan te vergewissen dat aan de bodem hetzelfde zat als bovenop. Zijn zicht werd wazig. Drie dozen vol met knipsels.

Tineke had hem één keer op een groot podium zien zingen, toen hij zijn eerste cd presenteerde. Ze was toen al een schim geweest, meer bij wijlen Hein dan bij hem. Vanaf de eerste talentenjacht, toen hij 26 was, tot zijn eerste cd bijna 26 jaar later, had Tineke nooit iets over zijn zingen gezegd, niet één keer gevraagd hoe het was gegaan. Hein en zij waren steeds naar het voetballen van zijn broer Hein gaan kijken. Nooit waren ze bij Sjaaks optreden geweest. Aanstellerij, dat was het, en opvallen kon je maar beter laten. 'Wie hoog vliegt die valt diep.'

Daar zat Sjaak, met op zijn bureau drie schoenendozen vol foto's, fanclubkrantjes en honderden artikelen van 1975 tot het jaar 2000 over de zanger Jack Vinders. Er was geen krant of tijdschrift overgeslagen.

Tineke moet hebben verzameld, gesprokkeld, rondgevraagd. Thuis was nooit de *Avrobode* gekomen, toch was er een plaatje met Sjaak in een talentenjacht uit die tv-gids geknipt. Een compleet archief had zijn moeder aangelegd. Hier zat hij met op zijn schoot het bewijs van een zeker gevoel, al had ze daar nooit woorden voor gevonden, zoals heel haar generatie voor emoties weinig vocabulaire had geleerd. Pas nadat een psychiater daar jarenlang op had aangedrongen, vond Tineke aan het eind van haar leven de moed om te vertellen dat ze als meisje door Van de Berg was verkracht.

Hoe was ze uiteindelijk gegaan? Sjaak wist het niet. Dat hij zoveel kapot had moeten maken om los te komen van Heilust, was hem misschien een beetje vergeven. De dozen leken te zeggen dat ze trots op hem was geweest, dat ze zwijgend had genoten van wat hij in Heilust en in de rest van Limburg losmaakte – van wat hij in haar had losgemaakt? Ze had daar nooit iets van laten merken, van die clandestiene trots, maar misschien had hij haar wat kunnen troosten. En dan, dan had ze hem wel degelijk echt gezien. Dan had hij toch iets goedgemaakt.

Dankwoord

Voor het schrijven van *Het geluk van Limburg* ben ik veel mensen dank verschuldigd voor hun tijd, hun vertrouwen en hun hulp. Dat geldt voor alle mensen die bereid waren hun verhaal met me te delen; ik hoop dat het boek recht doet aan hun geschiedenis. Verder wil ik met name mijn dank uitspreken aan Wiel Beijer, Con Dogge, Rob Hamers, Martin Herbergs, Martijn Hermans, Ad Knotter, Sjef Maas, Jos Meuwissen, Wim Ortjens, Olaf Oudheusden, Funs Patelski, Janice Reul, Sjef Smeets, Nic. Tummers, Maxime Verhagen, Theo van de Wetering en Yvonne Zonderop.

Een speciaal en warm woord van dank gaat uit naar Ellen Langenkamp. Als onderzoeksassistent heeft ze met geestdrift, toewijding en precisie een belangrijke bijdrage geleverd aan *Het geluk van Limburg*.

Geraadpleegde literatuur

Beek, Johan van de, & Paul van Gageldonk, *Het Onbehagen. Een zoektocht naar de Limburgse ziel* (2012), Media Groep Limburg, Sittard

Bekman, Bernard, *De boom en zijn vruchten. Vijftig jaar Staatsmijnen in Limburg* (1952), in samenwerking met De Staatsmijnen: De Toorts, Heemstede

Cammaert, A.P.M. (Fred), *Het verborgen front. Geschiedenis van de georganiseerde illegaliteit in de provincie Limburg tijdens de Tweede Wereldoorlog* (1994), Eisma, Leeuwarden

Derks, Wim, 'De arbeidsmarkt in Limburg 1960-2005: is de sluiting van de mijnen verwerkt?' (173-195) in: *Jaarboek 2009 van het Sociaal Historisch Centrum voor Limburg* 2009

Dohmen, Joep, *De vriendenrepubliek* (1996), Uitgeverij SUN, Nijmegen

Dohmen, Joep, *De geur van kolen* (2013), LVD-U, Heerlen

Ervan, A. 'De pogingen van de directie van de Willem Sophiamijn tussen 1966 en 1970 tot het creëren van vervangende werkgelegenheid', scriptie M.O.-B., Sittard

Etil, *Na de mijnsluiting in Zuid-Limburg* (2013), Maastricht
Hillebrand, Karin, & Wiel Beijer, *Mijn Heilust* (2011), Media Groep Limburg, Sittard
Hoekstra, Wiel, *Mijn verleden* (2013), Uitgeverij Boekenplan, Maastricht
Hubben, A., *Oostelijke Mijnstreek. Veel verloren... Niet vergeten. Kerkrade en vakbeweging* (1991), Uitgeverij Eygelshoven
Hovens, Frank (red.), *Geschiedenis van Limburg* (2010), Uitgeverij Waanders, Zwolle
Knotter, Ad (red.), *Dit is Limburg! Opstellen over de Limburgse identiteit* (2009), Waanders Uitgeverij – Sociaal Historisch Centrum voor Limburg
Knotter, Ad (red.), *Mijnwerkers in Limburg. Een sociale geschiedenis* (2012), Vantilt, Nijmegen
Kreukels, Loek, *Mijnarbeid: volgzaamheid en strijdbaarheid. Geschiedenis van de arbeidsverhoudingen in de Nederlandse steenkolenmijnen, 1900-1940* (1986), Van Gorcum, Assen-Maastricht
Kurris, F., 'Huisvrouwen reageren op herindustrialisatie. Een gesprek met Mia Stollman', in: *Streven* (feb. 1969), Desclée, De Brouwer, Brussel
Kusters, Wiel, & Jos Perry, *Versteende wouden. Mijnen en mijnwerkers in woord en beeld* (1999) Em. Querido's Uitgeverij BV, Amsterdam
Kusters, Wiel, *In en onder het dorp* (2012), Vantilt, Nijmegen
Liempt, Ad van, *De jacht op het verzet* (2013), Balans, Amsterdam
Maas, J. (Sjef) c.s., 1912-1987, *57 jaar woningvereniging 'Spekholzerheide'* (1987)
Meuwissen, J., '"Waar het uniform regeert...!" Collectieve identiteitsprocessen en de bloei van de Limburgse blaasmuziek (1959-1970)' in: Ad Knotter (red.), *Dit is Limburg! Opstellen over de Limburgse identiteit* (2009), Waanders Uitgevers, Sociaal Historisch Centrum voor Limburg
Nijsten, W., e.a., *Mijnwerkers, verhalen om te onthouden* (1979), Link, Nijmegen

Palm, Jos, *Moederkerk. De ondergang van rooms Nederland* (2012), Contact, Amsterdam

Rutten, Felix, *Terugblik 1880-1930* (red. Peter Schulpen en Lou Spronck), Professor Doctor Timmersstichting / Stadsarchief Sittard-Geleen, Sittard 2003

Schaeps, L.J., *Kerkrade en zijn inwoners in de oorlog 1940-1945* (1990), Historische Kring Kerkrade, Kerkrade

Spanjaard, Jan (red.) en Frans Dohmen, *Frans Dohmen: memoires. Het gezicht van een tijdperk* (1986), Heerlen, Uitgeverij Winants

Smeets, J., *Kerkraadse verzetshelden in de Tweede Wereldoorlog* (2010), Deurenberg Media

Smeets, J., *Kerkraadse gezagsdragers tijdens de Tweede Wereldoorlog* (2008), Uitgeverij Wiel Eijdems

Steen, Paul van der, *Schampschot. Een klein Nederlands dorp aan de rand van de Groote Oorlog* (2014) Amsterdam

Staatsmijnen, Wereld van Groei (1962), Heerlen

Wetering, Theo, *Het verzet in Landgraaf* (2014), eigen beheer

Wever, Robin de, 'Waarom het ene dorp veel Joden redde en het andere niet', in: *Trouw*, 27 maart 2014

Zandvoort, René van, *Kerkrade en de Tweede Wereldoorlog 1937-1947* (1995), Kerkrade

Zola, Emile, *De mijn* (1927) (Germinal, 1894), Wereldbibliotheek, Amsterdam – Antwerpen

TIJDSCHRIFTEN

Zone: tijdschrift voor ruimtelijke theorie en politiek, 'De Mijnstreek Enkele aspecten van regionale ontwikkeling', mei 1976

Kreukels, Loek, 'Onder de rook van een mijn', in: *Weet je nog, Koempel? De mijnen in Limburg* (2003), Waanders, Zwolle